HAIYANG JIANCHA DE
LILUN YU SHIWU

海洋检察的
理论与实务

糜方强　主编

中国检察出版社

图书在版编目（CIP）数据

海洋检察的理论与实务 / 糜方强主编. —北京：中国检察出版社，2022.3
ISBN 978-7-5102-2673-1

Ⅰ.①海… Ⅱ.①糜… Ⅲ.①海洋法－研究－中国 Ⅳ.①D993.5

中国版本图书馆 CIP 数据核字（2021）第 260283 号

海洋检察的理论与实务
糜方强　主编

责任编辑：杜英琴
技术编辑：王英英
美术编辑：棋　锋

出版发行：中国检察出版社
社　　址：北京市石景山区香山南路109号（100144）
网　　址：中国检察出版社（www.zgjccbs.com）
编辑电话：（010）86423704
发行电话：（010）86423726　86423727　86423728
　　　　　（010）86423730　86423732
经　　销：新华书店
印　　刷：保定市中画美凯印刷有限公司
开　　本：710 mm×960 mm　16 开
印　　张：19
字　　数：347 千字
版　　次：2022 年 3 月第一版　2022 年 3 月第一次印刷
书　　号：ISBN 978-7-5102-2673-1
定　　价：58.00 元

检察版图书，版权所有，侵权必究
如遇图书印装质量问题本社负责调换

《海洋检察的理论与实务》
编委会

主　编： 糜方强

副主编： 虞英波　张亚平

撰稿人： 邵海凤　米　卿　刘玲红　姚秉正
　　　　　　胡　旦　王思敏　郑雄华　邵　跻
　　　　　　夏海滨　钱汗飞　寇纬华　周鲁婧
　　　　　　万珉江　卢文昊　王忠良　陈　斌
　　　　　　葛逸敏　余良任　庄力文　黄志刚
　　　　　　杜　力　潘颖莹　李　凯　郭琼洁
　　　　　　王双蝶

前　言

　　1992年联合国环境与发展大会通过《21世纪议程》，确立了海洋可持续发展战略，使得合理利用海洋资源和加强海洋综合管理得到各国重视。进入21世纪以来，随着地球人口的膨胀以及现代海洋科学技术的发展，各国对海洋资源和空间的依赖程度和开发力度大幅提高，围绕海洋的博弈和竞争愈发激烈，海洋治理和海洋权益保障面临严峻挑战。

　　我国是海洋大国，海域面积辽阔。1996年，《中国海洋21世纪议程》确立了海洋事业可持续发展战略的基本思路：有效维护国家海洋权益，合理开发海洋资源，切实保护海洋生态环境，实现海洋资源、环境可持续和海洋事业的协调发展。之后，我国在制定海洋战略、政策与计划，推进海洋开发，加强海洋事务协调和执法队伍建设方面不断取得进展，并把发展海洋经济、维护海洋权益作为新世纪的战略重点。党的十八大以来，随着我国经济发展成为高度依赖海洋资源、海洋空间的外向型经济，党中央站在民族复兴的历史高度，着眼于国际国内发展大势，提出建设海洋强国的战略目标。党的十九大报告再次提出"加快建设海洋强国"。习近平总书记围绕建设海洋强国发表了一系列重要讲话、作出一系列重大部署，指出"建设海洋强国是中国特色社会主义事业的重要组成部分""要进一步关心海洋、认识海洋、经略海洋"，为新时代发展海洋事业、建设海洋强国提供了思想罗盘和行动指南。

　　浙江是海洋资源大省，拥有相当于陆域面积2.6倍的26万平方公里广阔海域，占全国的1/5和2/5的海岸线和海岛数，拥有可捕捞量位居全国第一的舟山渔场，以及货物吞吐量连续13年蝉联世界第一的宁波舟山港，在我国海洋发展战略中占据重要地位。浙江因海而兴、依海而强。早在2003年习近平总书记主政浙江时，就把新一轮发展的视野投向广阔的"蓝色国土"，将海洋经济列入"八八战略"，明确"要把浙江建设成海洋经济强省"。党的十八大提出建设海洋强国战略以来，浙江以创新赋能海洋经济高质量发展，以开放扩大海洋经济拓展空间，推动"海洋大省"向"海洋强省"迈进，先后发布海洋港口发展"十三五规划"、海洋经济发展"十四五"规划，聚焦浙江高质量发展、竞争力提升、现代化先行和共同富裕，全省域、全方位、系统性推进海洋经济发展，着力加快建成海洋经济发达、海洋科技领先、海洋生态环境优美、海洋治理高效科学、涉海综合实力强大的海洋强省。

海洋治理是国家治理体系和治理能力在海洋领域的落实和体现，海洋治理体系则是党领导下的一整套紧密相连、相互协调的国家海洋管理制度体系，包括海洋政治、经济、文化、社会、生态文明等各领域体制机制和法律法规安排。海洋强省建设是一项系统工程，实施海洋智治、系统性重塑海洋治理体系是重要保障。充分发挥法律监督职能，服务保障海洋强国建设，推进海洋领域治理体系和治理能力现代化，是新发展阶段检察机关义不容辞的责任和使命。

浙江省舟山市作为海岛地区，近年来承接了群岛新区建设、浙江自由贸易试验区、江海联运中心等系列国家海洋发展战略，随着海洋经济的持续活跃，海域安全、生态环境等问题及潜在风险给海洋治理带来重大挑战。舟山市检察机关按照习近平总书记"秉持浙江精神，干在实处、走在前列、勇立潮头"的要求，切实增强检察监督职能融入海洋治理的自觉意识和作为意识，呼应经略海洋的司法需求，积极开拓创新，大力向海洋领域延伸检察监督职能：2017年以来，在普陀区人民检察院设立全国首个海洋检察部门，首创"海洋检察"概念，对涉海涉渔案件实行"侦诉监防"一体化集中办理；设立全国首家驻海警局检察官办公室，对海上侦查执法开展全域全线监督；对发生在舟山海域的破坏生态资源行为向海事法院提起民事公益诉讼，成为全国首例，就该批涉案犯罪嫌疑人提起刑事公诉，开创了检察机关开展跨区域诉讼的先例；与宁波海事法院建立监督协作机制，探索与海事刑事、民事、行政"三合一"审判

前　言

改革相适应的海洋检察监督模式，在全国具有领先性；通过深入开展"守护海洋"公益诉讼专项监督行动，深化海上"枫桥经验"，加强检察机关之间区域联动以及与海洋行政机关、海事法院、高校之间的协作配合，海洋检察监督效能不断提升，在保障海洋安全、保护海洋资源、发展海洋经济、推进海洋法治等方面发挥了积极的职能作用，打造了具有鲜明地域特色的舟山海洋检察工作品牌。

浙江省人民检察院高度重视海洋检察工作，为解决海洋检察工作对海洋法治人才的需求和理论供给不足等问题，2018年以来先后在舟山设立省海洋检察教学基地、省海洋检察理论研究基地，建立起一支由高校专家教授和检察业务专家、业务人才组成的海洋检察师资队伍，产出了一系统高层次的海洋检察研究成果，一批研究成果逐步转化为海洋检察工作机制，为推动"四大检察"在海洋法治领域延伸发展提供了扎实有力的人才支持和理论储备；先后主办沪津粤浙闽琼六省市"自贸检察暨海上丝路"、沿海十一省市"海洋检察理论创新与实践发展"研讨会，并交由舟山市人民检察院承办，有力提升了浙江海洋检察工作影响力。最高人民检察院张军检察长先后两次作出批示肯定，认为浙江的海洋检察履职思考很有价值，要求浙江"进一步探索海洋检察工作规律，发挥更大作用，更好服务经济发展""进一步深入研究，服务国家深耕海洋、经略海洋战略，把检察服务保障国家战略想到、做到前面"，为浙江海洋检察工作进一步大胆实践创新指明了方向，提出了新的更高要求。为贯彻落实张军检察长指示要求，浙江省人民检察院要求舟山市检察机关着力抓好特色检察发展，切实发挥好海洋检察"孵化器"作用，辐射全省，培育打造海洋检察浙检品牌。

由于海洋具有不同于陆地的复杂特点，海洋治理又涉及国家安全、海洋资源开发利用保护、渔业生产、物流航运、国际贸易等诸多领域，海洋检察具有多学科、多部门法、跨法域等特点，决定了新兴的海洋检察工作必须大胆假设、小心求证。舟山市检察机关在创新推进"四大检察"向海域延伸的过程中，面临着检察监督权在海洋领域的配置比较弱、法律法规不够健全、司法执法联动机制需进一步完善等难题和一些瓶颈深层问题，需要海洋法治理论和检察基础理论的规范指导。为此，舟山市检察院以高度的政治自觉、法治自觉和检察自觉，依托省海洋检察理论研究基地这一平台，组织开展"海洋检察的理论与实务"研究，对海洋检察内涵、外延及制度体系进行系统解读，对近年来舟山海洋检察工作经验进行总结。该研究围绕海洋检察制度体系的理论框架、海洋刑事检察、海洋民事检察、海洋行政检察、海洋公益诉讼检察、海洋强国背景下的自贸检察、打造海上"枫桥经验"检察版、海洋检察管理体制及专业化建设等展开论述，探究海洋检察工作规律，寻找检察职能参与服务保障海洋治理的理论依据、职能定位及途径方法，以期为丰富海洋检察监督理论、创新发展中国检察制度、推动检察职能在推进海洋现代化治理中发挥更为有效的监督保障作用提供借鉴与参考。

"海洋检察的理论与实务"研究，既是回应最高人民检察院张军检察长有关加强海洋检察研究与实践的期待要求，也是落实浙江省人民检察院要求舟山海洋检察发挥示范引领作用的具体举措，同时更是检察职能服务保障党和国家中心任务的现实需要。新时代、新使命。舟山市检察机关将深入学习贯彻党的十九届六中全会以及浙江省委十四届十次全会精神，认真落实《中共中央关于加强新时代检察机关法律监督工作的意见》，坚定不移地将习近平法治思想融入检察履职全过程，对标省委"打造法律监督最有力示范省份"要求，坚持"特色发展、质效为要"，持续深化海洋检察理论研究与实践，积极谋划以更优检察履职推动检察工作高质量发展，以高质量法律监督践行者、引领者的姿态，打造法律监督最有力海岛样板，为舟山高质量发展建设共同富裕示范区先行市提供更加有力的法治保障。

浙江省舟山市人民检察院党组书记、代检察长
2022 年 1 月

目 录

前　言 ………………………………………………………………… 1

第一章　海洋检察理论框架与制度体系 ……………………………… 1

　第一节　海洋检察的提出与概念界定 …………………………… 1
　　一、海洋检察的提出与实践 …………………………………… 1
　　二、海洋检察的概念界定 ……………………………………… 4

　第二节　海洋检察的职能范围 …………………………………… 7
　　一、涉海刑事案件的审查逮捕、起诉 ………………………… 7
　　二、涉海侦查监督 ……………………………………………… 8
　　三、涉海刑事审判监督 ………………………………………… 9
　　四、涉海民商事监督 …………………………………………… 10
　　五、涉海行政检察监督 ………………………………………… 11
　　六、海洋公益诉讼 ……………………………………………… 12
　　七、海上诉源治理 ……………………………………………… 13

　第三节　海洋检察的价值功效 …………………………………… 13
　　一、海洋检察的政治功效 ……………………………………… 14
　　二、海洋检察的法治功效 ……………………………………… 14
　　三、海洋检察的社会功效 ……………………………………… 17
　　四、海洋检察的制度功效 ……………………………………… 17

　第四节　海洋检察制度体系的构建 ……………………………… 18
　　一、统筹构建海洋检察组织保障体系 ………………………… 18
　　二、加快构筑立体化海洋检察监督体系 ……………………… 19
　　三、建议修订涉海洋检察相关法规体系 ……………………… 22

四、加快建立海洋执法实施体系 ·················· 24

第二章 海洋刑事检察 ·················· 26

第一节 海洋刑事检察概述 ·················· 26
一、海洋刑事检察的概念和特征 ·················· 26
二、海洋刑事检察的范围 ·················· 28
三、海洋刑事检察的实践 ·················· 29

第二节 海上常见刑事犯罪的入罪把握 ·················· 30
一、交通肇事罪 ·················· 30
二、走私罪 ·················· 35
三、污染环境罪 ·················· 39
四、非法捕捞水产品罪 ·················· 44
五、海上跨国犯罪 ·················· 47

第三节 海上侦查活动检察监督 ·················· 52
一、海上侦查制度的改革变迁 ·················· 52
二、海上侦查活动存在的问题与难点 ·················· 58
三、海上侦查监督机制的缺失 ·················· 65
四、海上侦查检察监督机制的构建 ·················· 68

第四节 海洋刑事检察的实务难点 ·················· 74
一、跨海域刑事案件的管辖问题 ·················· 74
二、海上犯罪案件刑事政策的运用 ·················· 76
三、海上跨国犯罪的查证 ·················· 76
四、派驻海警检察官办公室的职责 ·················· 79
五、国际刑事司法协助中的检察作用 ·················· 80

第三章 海洋民事检察 ·················· 82

第一节 海商事再审与法律适用 ·················· 82
一、我国近年来海商事诉讼的基本情况 ·················· 82
二、海商事诉讼存在的主要问题 ·················· 84
三、再审判决法律适用中的主要争议 ·················· 85

目　录

第二节　海商事检察监督的必要性 … 88
一、我国海商事检察的法理追溯 … 88
二、海商事检察的价值和现实困境 … 89
三、海商事检察的定位和原则 … 90
四、海商事检察监督的范围 … 92

第三节　海商事诉讼检察监督 … 94
一、海商事诉讼监督的实践探索 … 94
二、海商事民事监督的重点和难点 … 96
三、海商事检察监督的路径探索 … 101

第四节　虚假海商事诉讼的识别与查证 … 103
一、问题的提出 … 103
二、检察机关介入的必要性和监督方式 … 104
三、虚假海商事诉讼的甄别 … 107
四、检察机关监督海商事虚假诉讼的瓶颈和路径 … 109

第五节　海商事执行检察监督 … 113
一、案例中反映的海事执行问题 … 113
二、海商事执行监督的现状和瓶颈 … 116
三、海商事执行监督的重点 … 117
四、海商事执行监督的构想 … 121

第六节　"三审合一"、海商法及与民法典的融合 … 122
一、海事法院的"三审合一"与民法典的融合 … 122
二、海商法与民法典的融合 … 124

第四章　海洋行政检察 … 128

第一节　海洋行政检察概述 … 128
一、海洋行政检察的概念和特点 … 128
二、海洋行政检察的范围 … 130
三、海洋行政检察的理论依据 … 132
四、海洋行政检察的价值和意义 … 133

第二节　海洋行政执法检察监督……………………………………135
一、海洋行政管理体制的发展变迁………………………………135
二、海洋行政执法监督机制存在的问题…………………………136
三、海洋行政执法检察监督的实践探索…………………………138
四、海洋行政执法检察监督的困境………………………………139

第三节　海洋行政执法检察监督机制的构建……………………141
一、海洋行政执法检察监督的原则………………………………141
二、海洋行政执法检察监督工作机制……………………………142
三、检察监督与行政体制内部监督的配合协作机制……………144
四、检察监督与行政复议、行政审判相衔接机制………………145

第四节　海洋行政诉讼检察监督…………………………………146
一、海洋行政诉讼管辖制度的变迁………………………………146
二、海洋行政诉讼概况……………………………………………148
三、海洋行政诉讼检察监督的实践与困惑………………………150

第五节　改革完善海洋行政诉讼检察监督制度…………………152
一、树立海洋行政诉讼检察监督的正确理念……………………152
二、完善海洋行政诉讼检察监督制度的构想……………………154
三、创新海洋行政诉讼检察监督实践机制………………………155

第五章　海洋公益诉讼检察………………………………………158

第一节　海洋公益诉讼检察相关问题概述………………………159
一、海洋公益诉讼检察的概念……………………………………159
二、世界范围内海洋公益诉讼的发展与借鉴……………………161
三、我国海洋公益诉讼检察的特点………………………………164
四、海洋公益诉讼的价值意义……………………………………167

第二节　海洋公益诉讼检察的实践现状…………………………169
一、海洋公益诉讼检察在我国沿海区域现状概述………………169
二、海洋公益诉讼在沿海检察机关的实践展开…………………173

目　录

第三节　海洋公益诉讼检察发展中面临的困境 …………………… 178
　一、缺乏规范完善的法律制度体系及机制 ………………………… 178
　二、海洋公益诉讼检察实践发展中的不平衡、不充分问题 ……… 181
　三、海洋本身的复杂性带来的实践操作难题 …………………… 182

第四节　海洋公益诉讼检察探索完善的意见建议 …………………… 183
　一、建立完善海洋公益诉讼检察法律法规体系 ………………… 183
　二、理顺现阶段与海洋公益诉讼检察需求相对应的体制机制 … 187
　三、实现海洋公益诉讼检察的专业化发展 ……………………… 189

第六章　海洋强国背景下的自贸检察 …………………………… 192

第一节　我国现有自贸试验区海洋区块现状分析 ………………… 192
　一、海洋强国与自贸试验区建设的互动关系 …………………… 192
　二、自贸试验区海洋区块发展现状 ……………………………… 193

第二节　海洋区块自贸检察工作现状 ……………………………… 195
　一、海洋区块自贸检察工作特征 ………………………………… 195
　二、海洋区块自贸检察类比分析 ………………………………… 196

第三节　融合与发展：四大检察在自贸区法治化进程中的布局 …… 199
　一、夯实刑事检察工作，筑牢"事前事中事后"全风险链
　　　监管防线 ……………………………………………………… 200
　二、强化公益诉讼检察工作，筑牢公共利益保护的检察防线 … 203
　三、持续推进民事检察工作，筑牢海商事法律关系公平正义的
　　　监督防线 ……………………………………………………… 204
　四、积极完善行政检察工作，筑牢海事行政诉讼和海洋执法
　　　规范化监督防线 ……………………………………………… 206

第四节　服务与保障：自贸检察在海洋强国建设中的延伸与发展 … 208
　一、完善检察官前置介入刑事侦查机制 ………………………… 208
　二、充分提升海洋公益诉讼司法效益 …………………………… 209
　三、积极融入海商事纠纷解决多元化机制 ……………………… 209
　四、切实保障海洋行政执法一体化建设 ………………………… 210

五、持续加强各地区自贸检察交流协作 …………………… 211

第七章　打造"海上枫桥经验"检察版 …………………… 212

第一节　"海上枫桥经验"检察版基本概述 …………………… 212
　　一、新时代"枫桥经验"的核心内涵 …………………… 212
　　二、"海上枫桥经验"的基本概念 …………………… 213
　　三、"海上枫桥经验"与检察职能的融合 …………………… 214
　　四、打造"海上枫桥经验"检察版的价值与意义 …………………… 216

第二节　"海上枫桥经验"的检察实践——以浙江为样本 …………………… 218
　　一、"海上枫桥经验"完善基层社会治理模式 …………………… 219
　　二、"海上枫桥经验"防范化解矛盾纠纷和社会重大风险 …………………… 222

第三节　"海上枫桥经验"检察版的治理领域 …………………… 226
　　一、涉海企业组织流动人口检察服务管理 …………………… 226
　　二、涉海涉自贸涉外人群检察服务管理 …………………… 228
　　三、涉海涉渔社区矫正人群检察服务管理 …………………… 230
　　四、失海失渔人群检察服务管理 …………………… 232

第四节　"海上枫桥经验"检察版与社会治理体系 …………………… 233
　　一、海岛基层检察室对社会治安综合治理的创新和发展 …………………… 233
　　二、检察参与多元矛盾纠纷化解体系的路径和方法 …………………… 237
　　三、检察参与海岛法治文化建设体系的作用发挥 …………………… 241

第八章　海洋检察管理体制及专业化海洋检察人才培养制度的建设 …………………… 244

第一节　海洋检察管理体制建设现状 …………………… 244
　　一、海洋检察专业化机构的改革变迁 …………………… 244
　　二、海洋检察办案组织在四大检察机构中的布局 …………………… 245
　　三、基层检察室在海洋检察工作中的职能发挥 …………………… 247
　　四、海洋检察现有管理体制存在的问题 …………………… 249

目　录

第二节　完善海洋检察管理体制的路径选择 …………………… 253
　一、构建与海洋检察监督职能相适应的管理体制 ……………… 253
　二、执法司法改革背景下海洋检察管理体制建构的维度 ……… 254
　三、健全海洋检察工作综合配套机制 …………………………… 262
　四、创新海洋检察数字化监督体系 ……………………………… 266

第三节　海洋检察人才培养的目标定位及其战略价值 ………… 271
　一、海洋检察人才培养的目标 …………………………………… 271
　二、海洋检察人才培养的战略价值 ……………………………… 273

第四节　我国海洋检察人才开发不足的原因及其完善措施 …… 275
　一、海洋检察人才开发不足的原因 ……………………………… 276
　二、树立海洋检察专业化人才建设的全局意识 ………………… 277
　三、明确海洋检察专业化人才保障的思路和方向 ……………… 279
　四、建立科学合理的海洋检察专业化人才保障体系及人才标准 … 281
　五、多措并举化解人才缺乏短板和培训资源不足问题 ………… 283

后　记 …………………………………………………………………… 286

第一章 海洋检察理论框架与制度体系

中国特色社会主义检察制度是中国特色社会主义政治制度、司法制度的重要组成部分,是植根于中国国情的制度选择。随着中国经济社会的发展,检察制度适应时代发展要求,不断汲取新的理论成果、新的实践经验,引领检察工作与时俱进,体现出时代性、规律性和创造性的发展特征。进入21世纪以来,我国海洋强国战略的实施和海上丝绸之路建设的推进,对海洋法治保障和海洋法治监督的需求日益增强,检察职能向海洋领域纵深延伸已是箭在弦上。新形势下,加强对检察权在海洋领域行使规律的研究,加快确立海洋检察制度体系,构筑检察职能在海洋领域的立体化监督格局,对于补充完善中国特色社会主义检察制度、推进海洋治理体系和治理能力现代化具有重要意义。

第一节 海洋检察的提出与概念界定

一、海洋检察的提出与实践

(一)海洋检察的提出

从百度引擎搜索"海洋检察"这一术语,首页头条文章是一篇来源于美篇 App 的题为"你听说过'海洋检察'吗?"的新闻稿,[①] 被百度抓取后设置成头条已达三年之久。该新闻稿内容为:2018 年 6 月 8 日下午,浙江省舟山市检察院举办"舟山市海洋检察工作新闻发布会",向社会通报该市检察机关海洋检察工作情况。2018 年 6 月 8 日恰逢第十个世界海洋日和第十一个全国海洋宣传日,舟山市检察院选择在这一日发布海洋检察工作情况,受到了新闻

[①] 《你听说过"海洋检察"吗?》,载 https://www.meipian.cn/1dhi83gp,最后访问日期 2020 年 8 月 30 日。

媒体和社会各界的广泛关注和报道,"海洋检察"这项工作也逐渐为外界所熟悉。从有关新闻报道及该新闻发布会介绍看,"海洋检察"概念率先由舟山市普陀区检察院提出。该院在取得浙江省检察院的支持后,于 2017 年 5 月 3 日成立全省首个海洋检察部,对涉海案件实行"捕诉监防一体化"集中办理。①重点履行两块检察职能:一是对辖区内的涉海涉渔刑事案件进行审查逮捕、审查起诉和出庭公诉;二是海洋环境、海洋资源保护、海洋行政执法法律监督及海岛巡回检察。②之后该院召开新闻发布会,向社会外界介绍"海洋检察"这一检察术语及相关职能。

(二) 海洋检察的实践

1. 浙江的实践

2017 年 12 月,舟山市检察院为更好地服务保障全国首个以海洋为主题的群岛新区和自由贸易试验区建设,专设自贸检察部实行专业化办案模式。2018 年以来,该院先后将检察官办公室进驻当地环境保护、海洋与渔业、国土资源、海洋产业集聚区等机构,加强海洋行政执法与刑事司法、行政检察、公益诉讼检察的衔接与联动。2020 年,驻地海警局体制改革落地后又率先成立全国首个派驻海警检察官办公室,对海警侦查活动和海上执法实行全线监督。该市检察机关立足职能,延伸服务,近年来已形成海洋刑事犯罪打击、海洋执法监督、海洋公益诉讼和参与海洋综合治理的海洋检察工作格局。着眼检察工作转型发展新形势,舟山市检察院于 2020 年 7 月聘请宁波大学法学院教授在该院设立海洋检察专家工作室,与中国海洋大学法学院共建海洋法治研究实践基地、与上海海事大学法学院共建海事检察研究实践基地,就海洋治理以及海洋检察业务工作中的重点、难点、热点、堵点问题开展课题研究合作,就海洋检察发展战略和重大业务机制创新开展决策咨询,促进法学理论与司法实践的深度融合。

浙江是海洋资源大省,是首个全国海洋经济发展示范省,在全国海洋发展战略中占居重要地位。保护海洋生态、维护海洋权益、强化海洋法治,是海洋强国建设、21 世纪海上丝绸建设、自由贸易试验区建设、全球海洋中心城市建设等多重国家战略叠加实施背景下检察机关法律监督职责所在。浙江省检察院为此高度重视海洋检察工作,于 2017 年 10 月成立省海洋检察教研组,于

---

① 《保护海洋资源环境,全省首个海洋检察部门重拳出击》,载 http://www.zjzspt.jcy.gov.cn/pjdt/201801/t20180115_2135341.shtml,最后访问日期 2020 年 8 月 30 日。

② 《普陀区检察院率先探索海洋检察工作》,载 http://www.zjjcy.gov.cn/art/2017/5/17/art_33_47608.html,最后访问日期 2020 年 8 月 30 日。

2018年3月在舟山设立海洋检察教学基地，为加强全省海洋检察专业人才队伍建设搭建了新平台，有效助力全省海洋工作的发展。2020年8月，该省进一步作出工作部署，提出要创新发展特色检察工作，发挥舟山海洋检察的"孵化器"作用，辐射全省，打造浙江海洋检察工作品牌。最高人民检察院张军检察长对浙江海洋检察工作给予高度肯定，批示指出"浙江的海洋检察履职思考很有价值，要把检察服务保障国家海洋经济发展想到、做到前面"①。

2. 海南的实践

放眼全国沿海检察机关相关涉海检察工作，首个以"海洋"命名检察机关派驻基层检察室的是海南省琼州市检察院。2013年3月22日，该院在该市潭门镇成立全国首个海洋检察室，主要行使维护渔民权益、保护海洋生态环境、行政执法监督、法制宣传四项职责。② 2018年9月3日，海南省在潭门海洋检察室五年试点的基础上，在全省统一挂牌成立13个海洋检察室，实现涉海保护领域检察监督全省覆盖，海洋检察室主要职责包括开展涉海刑事诉讼监督、海事行政执法监督、海洋公益诉讼、海洋法治宣传教育等。③ 相比潭门海洋检察室，新设的海洋检察院的职责有了明显拓展，但从介绍来看，检察室不承担海上刑事案件的审查逮捕和起诉职能。

3. 广东的实践

以"海洋检察"命名组织机构的还有广东省珠海市，2020年8月14日，珠海市横琴新区检察院在海警局横琴工作站设立该省首个海洋检察工作室，主要职责为与海警局横琴工作站共同打击海域违法犯罪，推进海陆一体平安建设及保护横琴海洋生态环境等。④

纵观全国沿海其他省市检察机关，互联网上尚无相关"海洋检察"专门工作的介绍。可见，"海洋检察"的概念是由浙江舟山率先提出，浙江、海南、珠海等地开展了相关实践，但向海洋领域延伸检察职能的执法理念总体而言尚未在全国沿海检察机关范围内形成一致共识。由于缺乏顶层设计以及理论

---

① 范跃红、陈洪娜：《海洋检察理论创与实践发展研讨会召开》，载《检察日报》2020年10月27日头版。

② 《海南第一个海洋检察室落户在琼海潭门镇》，载 https://news.qq.com/a/20130323/000610.htm，最后访问日期2020年8月30日。

③ 《我省挂牌成立13个海洋检察室 实现涉海保护领域检察监督全覆盖》，载 http://www.hainan.gov.cn/hainan/tingju/201809/2b76bf31cf254b58b5031cdc4ff51a59.shtml，最后访问日期2020年8月30日。

④ 《全市首个"海洋检察工作室"正式成立！》，载 http://www.zhuhai.jcy.gov.cn/jcgz/jcxx/202008/t20200820_2916242.shtml，最后访问日期2020年8月30日。

支撑，造成全国海洋检察工作开展不全面、不协调、不充分，制约海洋检察制度体系的构建，影响检察机关在海洋法治方面作用的发挥。

二、海洋检察的概念界定

海洋检察同金融检察、生态检察一样并非正式的法律概念和司法专门术语，而是伴随着检察机关向海洋领域延伸职能、参与海洋治理过程逐步提出的一个概念。新形势下，要做好海洋检察工作，先要对海洋检察进行理论定位，明晰海洋检察概念，科学概括其工作特点，为海洋检察理论奠定基础。

（一）海洋检察的概念

现有国内外研究文献尚无"海洋检察"这一概念，也未对其进行系统化、清晰化的专门界定，但已有研讨会对海洋检察制度展开研讨。2020年10月26日，由检察日报社、浙江省检察院联合主办的"海洋检察理论创新与实践发展"研讨会在浙江省舟山市举行，沿海11个省、市、自治区检察机关及相关涉海部门代表、高校专家学者参加了研讨会。浙江省检察院检察长贾宇指出，"海洋检察"是近年来浙江沿海检察机关向海洋领域延伸检察职能、参与海洋治理过程中提出的术语。最高人民检察院检察理论研究所所长谢鹏程认为，海洋检察是检察机关整个检察业务工作的一部分，是"四大检察"中的特色检察、区域检察，不是"四大检察"之外的新的检察职能，其职能行使必须坚持检察机关的法律监督定位。中国人民大学法学院教授、博士生导师陈卫东在研讨会上对海洋检察的定义、职能定位和职权范围作出界定，他认为，海洋检察是人民检察院依照法律，对涉海的执法和守法行为行使检察权，保护海洋资源，维护海洋秩序，保障海洋权益的法律监督活动，是"四大检察"在海洋领域的延伸，从属于"四大检察"的职能范围。海洋检察从执法类型上可分为执法办案和检察监督，具有空间特定性、对象专门性和内容综合性三个特征。[①] 本书认为，可对海洋检察作如下定义：海洋检察是检察机关适应海洋现代化治理需要，立足法律监督职能，监督海洋法律制度的实施、促进社会主体遵守海洋法律制度，维护海洋安全、海洋权益和海洋良好生态环境所开展的各项检察工作。海洋检察概念的提出，是对检察职能从陆域向海域延伸所作的总体性概述，是对检察基础和实务理论的扩充。

在海洋领域开展检察工作，具体包括：对发生在涉海领域各类刑事犯罪嫌

---

① 王晓青、冯瑞瑞、邵海凤、陈栎旭：《海洋检察：参与海洋治理延伸检察职能》，载《检察日报》2020年12月19日观点版。

疑人进行批捕起诉，对海洋行政执法行为、海上侦查活动进行监督，对涉海民商事、行政诉讼实施监督，对涉海司法人员渎职犯罪开展侦查，维护海洋生态资源公共权益等专业化业务工作，是法律监督参与海洋治理的重要手段和措施。

1. 海洋检察的主体。海洋检察的主体无疑是行使检察职能的检察机关及其工作人员，但有别于金融检察、生态检察主体为全国所有各级检察机关及其工作人员，具有海洋检察职权的检察机关除最高人民检察院外，仅为沿海省级以下三级地方检察院。从我国大陆沿海省市看，从北到南有辽宁、河北、天津、江苏、上海、浙江、福建、广东、广西、海南共10余个省、市、自治区。上述各省、市、自治区中部分具有海域管辖区的地级市及其沿海县区、直辖市下设区检察院具有海洋检察职能。故海洋检察主体局限于沿海省、市、县。

2. 海洋检察的客体。海洋检察尽管最终指向的是海洋，但直接指向的是涉海有关实践活动及其参与者，包括海洋经济活动中的违法犯罪行为，海洋执法机关及其工作人员的懈怠执法、不当执法、违法执法行为，涉海各类民事、海事、商事诉讼及执行活动，涉海各类涉检涉法社会矛盾纠纷等。这些行为可能产生影响或损害他人、社会、国家等权益的负外部效应，如海洋环境污染、海洋资源破坏、海洋权益受损、海洋执法违法、海洋司法不公正等。

3. 海洋检察的目标。开展海洋检察是为了回应我国海洋经济发展和海洋治理环境的变化，与时俱进地为海洋强国战略实施和推进海洋治理现代化提供公平正义的法治保障和法律服务，促使政府转变职能，优化海洋治理模式，促进海洋行政机关依法执法，维护海洋司法公平公正，保障海洋权益，不断满足社会民众对法治需求、保障人权、执法价值等新要求和社会稳定、经济发展、改善民生、社会和谐、执法能力等新期待。

进一步讲，海洋检察的内涵涉及三个方面：一是检察机关从国家海洋治理的宏观层面开展海洋检察，促进海洋法治；二是检察机关在系统内部层面开展海洋检察内部管理，提高海洋检察工作质效；三是检察机关在外部层面加强与政府及其海洋行政机关，海警、公安、法院等司法机关以及各海洋社会组织的关系协调，综合运用各种社会资源，实现运用法律监督传送维护公平正义的目标。

(二) 海洋检察的特点

海洋检察是新时代检察机关在海洋领域开展的综合检察业务工作。具有以下四个特点：

1. 涉海性。所谓海洋检察，其首要的特征便是涉海性。从字面看，海洋与涉海是不同词组,涉海概念比海洋更为宏观、范围比海洋更为广泛。自20世纪70年代以来,海洋管理、海洋综合治理的概念被海洋学界广泛使用。从海洋的管理空间看,不仅是指国家管辖范围内的海域,还涉及与海洋有关的陆域,就一国而言,包括海岸带、内水、领海、毗连区、专属经济区、大陆架。① 从人类活动脉络看,从陆地开始逐步延展到海滨,再到沿海和深海。随着海洋开发力度的增大,海陆联系进一步密切,并向一体化发展。从宏观的视角,海洋检察应跳出纯海域的思维,确定陆海一体、陆海联动的整体思维,将海洋检察职能延展空间定位在除我国管辖范围内的海域外,还包括与海洋有关的陆域,以及有关海洋实践活动、行为与海洋相连的港口、码头、海湾等,检察工作涉及上述涉海领域的,都可纳入海洋检察范畴。

2. 综合性。海洋检察不是单一性的检察业务工作,不是如刑事检察、民事检察,主要受部门法刑事法律或民事法律的调整。它是当前四大检察职能在涉海领域的延展,是一项综合性的检察业务工作。从法律依据看,有宪法、人民检察院组织法、刑法、民法、行政法、海商法、三大诉讼法、海事诉讼特别程序法,以及各类海洋法律法规、各类涉海司法解释、地方规范性文件,甚至联合国海洋公约等国际性法律条约。且由于海洋的开发利用等海洋实践活动、海洋执法、海洋司法等涉及多种力量、多方因素、多个层次、多个领域,彼此间相互关联,因此,海洋检察内容涉及对象广泛、内容多样,检察执法思维需要树立统筹观、整体观,综合加以谋划、布局,系统加以协调推进。

3. 复杂性。海洋治理本身就是一项相当复杂的系统工程,海水具有流动性、联通性与开放性,海岸具有连绵性,海洋与海滨区域有其特殊性与未知性,无法将海洋划分为一些封闭海域进行单独管理,诸如海水污染并不局限于某一海域,会随着海水逐步扩散,海洋渔业资源也往往跨区域迁徙繁殖,由此带来海洋生态环境损害评估、修复治理的难度加大,渔民为逐利跨区划、跨界、跨境非法捕捞渔业资源造成冲突等,破坏海上治安秩序。且由于涉海管理的范围广、对象多,各类涉海企业、涉海组织、公众等利益相关者及其活动复杂多样,都给海上执法管理本身带来难度。检察机关介入对海上违法犯罪行为的查处、对海上侦查活动以及海洋行政、海洋司法活动等实施监督,在案源线

---

① 海岸带指海洋与陆地交互作用的地带,包括紧邻海岸一定宽度的陆域和海域;内水指领海基线向陆一侧的水域;领海指紧靠沿海国陆地领土和内水的宽度不超过12海里的海域;毗连区指毗连一国领海并从领海基线量起不超过24海里的海域;专属经济区指连接领海并从领海基线量起不超过200海里的区域;大陆架指沿海国领海之外依其陆地领土的全部自然延伸,扩展到大陆边缘的海底区域的海床和底土,最多可扩展到350海里。

索获取、取证、查证等方面具有更大的疑难复杂性,且随着21世纪海上丝路和自由贸易港区建设的推进,涉外贸易、国际航运等涉外因素会不断增加,各类涉海涉外海商海事执行等诉讼关系更趋复杂多样,给海洋检察的专业化程度带来不同于陆域的困难和挑战。

4. 联动性。海洋的自然特征及其海洋开发利用的特殊性,决定了海洋治理需要全社会各级不同机构组织等主体的共同参与和共同努力。为控制海洋实践活动对海洋的损害,需要各方协调,共同担负起海陆联动下的海洋治理责任。由此也决定了检察机关行使检察职能参与海洋治理同样需要上下左右内外的协调联动。比如在系统外,检察机关要监督海上刑事侦查活动、海洋行政执法,必定与海警、公安、海关缉私等侦查部门,海监、渔监、海事、生态环保、自然资源等涉海行政部门建立衔接联系,增强信息互通、工作协作;在系统内,首先需要加强上下一体化统筹,系统部署有关检察工作,如探索开展对海事法院的海商事诉讼监督,由于海事法院实行长臂管理,在管辖区域内涉及多个地市级检察院,对于检察公诉权、检察监督权的管辖配置,需要省一级检察院作出统一授权;县区级检察院没有对海事法院的同级监督权,但应在地市级检察院的统一部署下,加强监督线索挖掘管理、涉海商事矛盾纠纷化解的一体化运作,以提高监督效能。其次,在对海洋生态资源环境的公益保护、对跨区划海上刑事犯罪的查处中,需要建立省域间、市域间的协作联动,实现提升海洋检察监督质效的目的。

第二节 海洋检察的职能范围

我国检察监督职能被划分为"四大检察""十大业务",在检察监督职能的总体框架下,海洋检察涉及的职能范围主要分为七项。

一、涉海刑事案件的审查逮捕、起诉

随着海洋活动的日益多样化、复杂化,涉海刑事案件发生量呈上扬趋势,近年来诸如非法从事渔业活动、非法实施海洋开采作业、船舶越境捕捞或海底打捞、船舶碰撞而引发的泄油漏油重大污染等重大犯罪事件屡有发生,影响海上生产作业秩序和治安稳定。从近年来浙江省查办的各类海上刑事案件来看,主要涉及走私、破坏环境资源保护、侵犯财产类、危害公共安全、妨害国边境

管理等 10 余种类型，具体涉及 20 余种罪名①。最常见的犯罪是非法捕捞水产品和走私犯罪。如 2018—2020 年，浙江沿海公安边防、海警、海关缉私等侦查机关向检察机关移送审查起诉的海上非法捕捞水产品案件共 764 件，海上走私案件共 345 件。非法采砂、非法杀害、收购、运输濒危野生动物（海龟）等破坏海洋生态环境类案件时有发生。危害海上公共安全犯罪出现劫持船只、船舶交通肇事、重大责任事故等案件。恶性伤亡案件主要是船员之间矛盾纠纷引发故意杀人、故意伤害案，对海上从业人员生命健康造成严重损害。② 检察机关运用审查逮捕、审查起诉职能开展对涉海刑事案件的查办打击。2019 年内设机构重塑性改革后，检察机关对于逮捕、起诉职能作出历史性改革，由之前的侦查监督、公诉部门分别行使捕、诉职能，改为统一由刑事部门实行捕诉一体。

二、涉海侦查监督

侦查活动是国家执法机关运用侦讯权力实施的专门性调查活动以及对物对人的强制措施，这种活动可能对公民的正常生活和各种权利造成影响，而且其侦查方式和结果直接作用于审判，对能否有效合法地追究惩治犯罪有决定性作用。因此，对于侦查活动实施法律监督，是现代刑事诉讼制度的重要内容。检察监督则是我国主要的侦查监督方式。

从涉海侦查主体看，以 2018 年 7 月中国海警体制重大变革为分界线，之前我国海上刑事案件侦查机构有隶属于公安部管理的公安边防、海警，隶属海关的缉私局三支刑事侦查队伍，改革后，公安边防部门撤销，地方公安机关负责陆域刑事案件侦查，海上缉私侦查移转海警，海关缉私局只负责港口及陆域走私案件的侦查。海上刑事案件侦查权全部划归转隶武警部队的海警机构。至

---

① 从舟山市人民检察院发布的《海洋检察白皮书（2014—2018）》来看，舟山查办的海上案件类型有：走私类犯罪、破坏环境资源保护类犯罪、侵犯财产类犯罪、侵犯公民人身权利类犯罪、扰乱市场秩序类犯罪、危害公共安全类犯罪、妨害司法类犯罪、妨害国边境管理类犯罪、危害税收征管类和扰乱公共秩序类犯罪。从罪名分布看，共涉及 23 个罪名，分别为：走私普通货物罪、盗窃罪、非法捕捞水产品罪、故意伤害罪、故意杀人罪、污染环境罪、倒卖船票罪、重大责任事故罪、走私国家禁止进出口货物罪、合同诈骗罪、组织他人偷越国边境罪、职务侵占罪、非法收购运输濒危野生动物罪、骗取出口退税罪、劫持船只罪、交通肇事罪、诈骗罪、破坏生产经营罪、故意毁坏财物罪、寻衅滋事罪、妨碍作证罪、伪造证据罪、窝藏罪、掩饰非法所得罪。

② 2014 年以来，在舟山海域及舟山籍船舶上发生的故意杀人恶性案件有 6 件 6 人，故意伤害案 9 件 9 人，数据来源于检察机关统一业务运行系统公诉基础报表。

2019年年中，海警机构体制改革到位，中央层面成立中国海警总队（又称中国海警局），总队在北海、东海、南海设立三大海区指挥部，在沿海各省设立支队并各辖1—3支负责机动巡逻的机动支队。各海区海警指挥部与各省海警支队的管辖分工以海域24海里以外、以内为划分依据。各省海警支队又在各沿海地市设大队、在县区设工作站，自上而下统一行使海上侦查权。2020年2月20日，最高人民法院、最高人民检察院、中国海警局联合下发《关于海上刑事案件管辖等有关问题的通知》（海警〔2020〕1号），明确海警机构建制、海上刑事案件管辖、侦检衔接等具体问题，[①] 为海上刑事案件办理提供了法律依据。由此，检察机关对于涉海侦查活动的监督，主要系对海警机构开展，同时包括海关缉私局、公安机关对发生在港口、码头、船坞、海湾等刑事案件的侦查监督。从监督内容来看，包括立案监督和侦查活动的监督。

三、涉海刑事审判监督

刑事审判监督是检察机关依法对审判机关的刑事审判活动是否违反法律规定的诉讼程序所进行的专门法律监督。监督的途径有出席法庭、庭外调查、检察长列席审委会会议等，监督的方式有发出《纠正违法通知书》《检察建议书》，提出抗诉，对于审判人员在审判过程中徇私舞弊、枉法裁判，情节严重构成犯罪的，移交侦查部门追究刑事责任等。

通常刑事案件由地方人民法院进行审理。检察机关的刑事审判监督主要针对人民法院及其审判人员。但在2017年2月以后，由于最高人民法院授权宁波海事法院作为海事刑事案件的管辖试点院试行刑事审判，由此，检察机关又增加了对海事法院刑事审判的监督。宁波海事法院试点以来到2021年7月，共受理宁波市检察院、舟山市检察院提起公诉的船舶交通肇事、非法收购运输濒危野生动物、走私、重大责任事故等犯罪案件30余件。2020年9月，宁波市检察院与宁波海事法院会签《关于海事刑事案件审理试点工作机制的纪要》，明确宁波市域港口和水域发生的一审海事刑事案件由宁波海事法院审理，海事法院审判类型进一步扩大。随着试点成效在浙江全省海域以及全国海事法院的推广，检察机关对海事法院的刑事审判监督业务将全面化。

---

① 《关于海上刑事案件管辖有关问题的通知》明确侦检衔接对应关系：海警工作站对应所在地县级人民检察院；属地地市级区划海警局对应所在地区的市级人民检察院；属地省级区划海警局对应所在地省级人民检察院；中国海警局各分局、中国海警局直属局均对应所在地设区的市级人民检察院。

四、涉海民商事监督

对民事诉讼进行法律监督，是检察机关作为法律监督机关的题中应有之义，也是法律明确赋予检察机关的责任。1982年《民事诉讼法（试行）》就对检察机关有权对民事审判实施法律监督作出规定。2012年修订《民事诉讼法》时在第14条规定"人民检察院有权对民事诉讼实行法律监督"，从民事审判监督修订为民事诉讼监督，使得检察机关的监督贯穿于民事诉讼的全过程和全领域。

就涉海民商事诉讼而言，在我国一般特指海商海事诉讼，由1984年11月以来先后设立的11家海事法院进行审理。① 改革开放以后，我国海上运输和对外经济贸易事业迅速发展，在海域中发生的海事案件和海商案件日益增多，其中有不少是涉外案件。为及时审理这类案件，有效行使海上司法管辖权，经全国人大授权，最高人民法院在有关港口城市设立海事法院，设立之初明确海事法院专属管辖18种海事海商案件，之后于1989年、2001年、2016年三次修订海事法院受案范围的司法解释，海商事案件的受案范围进一步调整充实至海事侵权纠纷、海商合同纠纷、海洋及通海可航水域开发利用与环境保护相关纠纷、港口货物质押监管合同纠纷共4类78项。

尽管2000年7月1日施行的《海事诉讼特别程序法》未涉及检察监督的内容，但该法第2条规定"在中华人民共和国领域内进行海事诉讼，适用《中华人民共和国民事诉讼法》和本法"。2013年11月18日施行的《人民检察院民事诉讼监督规则（试行）》（已失效）第97条明确规定，民事诉讼法规定的审判程序包括海事诉讼特别程序等9种程序。2021年8月1日起实施的《人民检察院民事诉讼监督规则》保留了此规定。《民事诉讼法》和《海事诉讼特别程序法》是作为同一部门法中一般法和特别法的关系存在。《民事诉讼法》中的有关基本原则等一些特别程序法未涉及的规定，同样适用于海事案件的诉讼。检察机关对海事法院管辖的海商事诉讼和执行案件实施法律监督于法有据，有必要加快推进监督职能付诸实践。

从司法实践看，辽宁省大连市于2011年6月22日挂牌成立全国首家海事

---

① 1984年11月，全国人大常委会通过《关于在沿海港口城市设立海事法院的决定》，最高人民法院随后在广州、上海、青岛、天津、大连、武汉6个对外开放城市设立海事法院，成为第一批审理海事和海商案件的专门法院。1990年，海口、厦门海事法院先后成立；1992年、1999年先后成立宁波、北海海事法院；2019年12月，南京海事法院挂牌成立运行。

检察室，将法律监督触角延伸至海商事领域[①]，对发生在大连市海域内发生的海商事诉讼案件开展监督[②]，后逐渐扩展到海事执行监督、海事行政诉讼监督等业务[③]。2014年12月，上海市检察院第三分院成立后，根据上海市高级法院和上海市检察院的共同指定管辖，受理上海海事法院管辖的海事审理、执行等8大类监督案件，具体由民事检察处负责办理[④]。2015年4月，该院首次办理了一起海上货运代理合同纠纷申请执行监督的海事检察监督案[⑤]，两地的实践可为各地沿海检察机关开展海商事诉讼的检察监督提供有益借鉴。

五、涉海行政检察监督

1990年《行政诉讼法》对检察机关有权对行政诉讼实施法律监督作出规定，目的是保证行政司法的公正。行政诉讼监督是行政检察的核心，贯穿行政诉讼活动全过程，就其功能来说是"一手托两家"：一方面监督法院公正司法，另一方面促进行政机关依法行政。从实践看，行政检察职能除行政诉讼监督外，还包括对行政执法的检察监督。党的十八届四中全会提出"完善对涉及公民人身、财产权益的行政强制措施实行司法监督制度。检察机关在履行职责中发现行政机关违法行使职权或者不行使职权的行为，应该督促纠正。探索建立检察机关提起公益诉讼制度"。这就赋予检察机关对于行政强制措施、督促纠正行政违法和行政公益诉讼三项行政检察监督权，成为检察机关开展相关行政检察的依据。尽管2017年修订后的《行政诉讼法》新规定了行政公益诉讼制度，但根据该制度，检察机关对于生态环境和资源保护、国有资产保护、国有土地使用权出让等四大领域的公益违法提起诉讼，将以检察建议督促纠正行政违法、行政不当作为前置程序，即从法律上肯定了检察机关的行政执法监督权。对于四大领域以及之后确定的英烈名誉保护、公民个人信息保护等领域以外的行政执法行为，检察机关行使相关监督权，符合十八届四中全会以及十

[①]《大连首设海事检察打造三位一体大民行格局》，载http：//news.enorth.com.cn/system/2012/06/30/009549094.shtml，最后访问日期2019年9月12日。

[②]《大连探索海事审判同步监督积累经验》，载《检察日报》2014年11月12日第1版。

[③] 参见"2016年海事检察处工作总结"，载大连检察院内网。

[④]《全国首个跨行政区划法院和检察院在上海成立明确管辖范围》，载https：//society.huanqiu.com/article/9CaKrnJGhmf，最后访问日期2020年5月12日。

[⑤]《上海市检三分院跨行政区划改革见闻：勇立潮头敢为先》，载http：//www.spp.gov.cn/spp/tt/201505/t20150507_96808.shtml，最后访问日期2020年5月12日。

九届四中全会有关"加强对法律实施的监督,保证行政权、监察权、审判权、检察权得到依法正确行使",推进国家治理体系和治理能力现代化的要求,也是完善行政权监督机制、救济私权利的需要。

就涉海行政诉讼检察监督而言。根据2016年最高人民法院《关于海事法院受理案件范围的规定》,海事法院管辖7项与海事行政机关相关的海事行政诉讼案件、海事行政赔偿案件及海事非诉行政申请执行案件,其他涉海行政案件的诉讼仍由地方人民法院管辖。检察机关对海事法院、人民法院的涉海行政诉讼具有诉讼监督权。

就涉海行政执法检察监督而言。2018年中共中央印发《深化党和国家机构改革方案》,国务院政府机构自上而下进行改革,海洋管理体制也由此发生变革。省一级成立省自然资源厅,加挂省海洋局牌子,加强对海洋资源等自然资源管理,成为海洋事务新的主管部门,原来的海洋生态环境保护、渔业管理职能则分别划给新组建的省生态环境厅、农业农村厅,加上行使水上交通安全的行政管理和执法职责的海事局以及行使海上执法权的海警,共同构成海洋行政执法机关。检察机关对上述海洋行政执法机关以及海警的部分海上执法权实施法律监督。

六、海洋公益诉讼

检察机关对于海洋生态资源环境行使公益诉讼职能,法律依据主要来源于2017年新修订的《民事诉讼法》《行政诉讼法》对检察机关公益诉讼权的新增规定。

随着海洋经济活动的不断深入,带来海洋环境不断恶化、海洋生态资源不断受到侵害。根据宁波海事法院于2020年1月首次发布《宁波海事法院海洋生态环境司法保护情况通报(2015—2019年)》,2015年1月至2019年12月,该院依法审理涉及入海污染源、海洋生态损害、石油泄漏等引发的纠纷有79起。这其中,包括了舟山市检察院向该院提起的沈某勇等3件15人非法收购、运输、出售海龟民事公益诉讼,请求海事法院判令各被告公开赔礼道歉、承担生态修复补偿金并承担鉴定评估费650余万元,成为全国首例由检察机关提起的海洋生物资源民事公益诉讼案[①]。

在行政公益诉讼方面,检察机关应紧盯非法占用海域、违规围填海、非法

---

① 《舟山检方向海事法院提起海洋生物资源民事公益诉讼案系全国首例》,载 ht-tp://news.sina.com.cn/c/2019-05-24/doc-ihvhiews4156404.shtml,最后访问日期2020年7月2日。

捕捞水产品、海洋污染等问题，以检察建议形式督促海洋行政执法部门严格监管、依法整治，加强海域、海洋地貌、海洋生物多样性等保护。同时，检察机关要注重做好"后半篇文章"，以向损害者发出"海洋生态修复令"、进行垃圾清理等"劳役代偿"、提起刑事附带民事公益诉讼，积极促进海洋生态资源环境修复。

七、海上诉源治理

检察机关在履行海洋检察各项法律监督职能的同时，坚持以风险防控为底线，在检察办案中践行新时代"枫桥经验"，加强检察各环节预防和化解社会矛盾机制建设，主动做好风险预警、释法说理、教育稳控等风险防范、矛盾化解，是海洋检察工作的一项重要职能。首先，检察机关要以少捕慎诉、认罪认罚从宽为抓手，深化刑事办案检调对接、刑事和解，减少社会对抗。其次，检察机关在办理海商事诉讼、海洋行政诉讼、海洋公益诉讼案件过程中，要强化调解在涉海纠纷解决机制中的作用，积极配合海洋行政、司法机关合力解决涉海纠纷，将矛盾纠纷消灭在萌芽状态，避免无止境的申诉。同时可以将相关调解行为纳入国家法律监督范围，减少其权力寻租空间，实现调解的公平与正义目标，有利于减少甚至杜绝涉海纠纷行政、司法调解中的腐败现象。最后，检察机关作为法律监督机关，有义务和责任提高公众海洋保护意识，要发挥驻乡镇检察室、巡回检察室和控告申诉部门的作用，做好以案释法、息访息诉、法治宣传，积极引导社会公众树立海洋法治思维与政策思维，推动相关行业、领域的源头治理。

第三节 海洋检察的价值功效

检察工作的价值功效，是指检察机关通过履行职责在国家和社会生活中所产生的价值、功用和效能。价值功效是检察职能所要达到的效果，不仅体现检察机关在国家权力结构和诉讼程序中的地位和作用，而且体现了社会公众对检察机关的期待和要求。[①] 海洋检察是检察机关将检察职能向海洋领域的延展，在当前海洋强国战略实施和海洋治理现代化背景下，具有很强的价值功效。

---

① 朱孝清、张智辉主编：《检察学》，中国检察出版社2010年版，第218页。

一、海洋检察的政治功效

海洋治理是国家治理体系和治理能力在海洋领域的落实和体现,是推进海洋强国战略实施的具体治理实践。推进海洋治理现代化,就是要健全完善海洋法治体系,提高依法治海能力,对海洋事务切实做到系统治理、依法治理、综合治理、源头治理。海洋治理体系是党领导下的一整套紧密相连、相互协调的国家海洋管理制度体系,包括海洋政治、经济、文化、社会、生态文明等各领域体制机制和法律法规安排。这也决定了现代海洋治理主体已从以往主要靠政府和行业组织管理扩展到包括司法机关、社会民间组织等共同参与的多元主体。中央对国家治理体系作出设计时,对司法体制改革和完善司法制度也提出要求,期待司法职能有效发挥法治保障作用。

检察制度是国家政治法律制度的重要组成部分,检察监督是国家权力机关下设的由检察机关独立行使的法律监督职权,根本意义在于保障国家法律的严格遵守和执行,以实现国家法制在国家各方面的各种重要作用,遏制国家工作人员的颓废作为和权力滥用,调节各种社会关系,实现安宁与秩序的价值。在当前推进海洋治理现代化进程中,检察机关的主体职能作用不可或缺。用检察职能服务和保障海洋强国战略,推进海洋治理现代化是检察机关责无旁贷的政治责任,也是义不容辞的政治任务。检察机关长期以来在海洋领域工作谋划不多、职能延伸不够,同海洋事业发展的要求、人民群众的期待、推进海洋治理现代化的目标相比,存在许多不相符合、不相适应的体制机制上的短板与问题。紧扣新形势新要求,牢固树立起参与海洋治理的主体责任意识,从国家海洋事业发展的全局和长远出发,加强对检察监督职能在海洋治理领域的谋划,为促进海洋行政权司法权等权力正确运行、海洋法律统一实施提供检察保障,方可在助力海洋治理现代化中体现检察担当和检察作为。

二、海洋检察的法治功效

我国是海洋大国,改革开放以来海洋经济发展迅猛,党的十八大提出要维护海洋权益、建设海洋强国,之后党和国家又提出建设"21世纪海上丝绸之路"、自由贸易港、构建"陆海统筹"的海洋治理体系等,这些海洋战略奠定了当下我国海洋法治建设的政策和原则基础。当前,我国海洋事务不断增多且日趋复杂,海上维权执法和海洋司法面临诸多困境和问题需要破解。检察机关通过履行法律监督职能,可以实现强化海洋法治的保障功能。

（一）强化海域安全管控

当前，我国海洋经济持续活跃，随之而来的海域安全及潜在风险给海洋治理带来重大挑战。比如，海上渔民为争夺渔业资源发生武力冲突、聚众斗殴、暴力抗法，违法违规船舶在近海海域从事非法运输，海上走私、贩毒、偷渡、跨国海上犯罪等严重危害海上治安秩序，由于部分航路与渔船作业区交叉重叠，商渔船交会概率高，船舶碰撞导致重大交通事故、海上油污环保灾难等时有发生，防范水上交通事故与化解事故引起的海事纠纷任务重、压力大。海上执法任务复杂、艰巨，不仅执法难度大而且威胁着海上执法人员的安全。而现实中，由于海洋执法体制不完善、执法力量薄弱、海上刑事侦查力量分散等原因，造成海洋执法干预、海上刑案侦查发现难、取证难、固证难，未能建立起严密的海上维稳法网，急需加强行政执法与刑事侦查、刑事司法相衔接，形成海上执法合力，强化安全管控。检察机关通过在涉海领域贯彻执行刑事法律和参与刑事诉讼，惩治涉海刑事犯罪，给犯罪分子以应有的刑事制裁，从而达到保护公民权益、维护海洋治安秩序的目标。同时，通过对海警、公安、海关缉私等机关侦查活动的监督，保障刑事司法活动的合法性。

（二）促进依法规范行政

党的十九届四中全会提出要"构建职责明确、依法行政的政府治理体系"，这就为检察机关在海洋领域强化对海洋行政权运行的监督、促进海洋法治治理能力提升提供了根本遵循。由于长期以来检察职能在海洋领域延伸不足，对于海洋行政执法权监督缺位严重。2018年以来海洋行政执法管理机构以及海警部队均进行了颠覆性的改革，但执法主体多层、多头，执法权限分权、分散，执法机制分割、分裂的状态并未完全解决。尽管每年海监、渔政、海事、海警、海关等涉海行政、涉海侦查机关也会开展一些海上联合执法行动，或是建立一些联合协作机制，但多部门协同执法在海洋管理领域充分发挥执法合力的典型案例并不多见，反过来，因部门利益冲突和执法机制分裂导致相互推诿、互踢皮球等执法矛盾仍然存在，既损害海洋行政执法队伍的整体形象，也影响海洋行政执法工作的顺利开展。比如，就涉海污染监管来说，职能仍显分散，由生态环境部门负责统筹协调，并负责陆源污染案件，由海洋局负责海洋倾废污染案件，由海事局负责港区水域内的非军事船舶海洋污染监管、港区水域外非渔业、非军事船舶污染海洋环境案件以及外国籍船舶污染事故的查处，由农业农村局负责渔船污染海洋以及渔业水域生态环境案件，涉及军事的船舶污染海洋环境案件，则由海军环保部门查处。涉海污染，管理部门众多，按照管辖水域不同、船只类型不同、作业方式不同等多重标准进行职能划分,导致涉海污染行政管理职能仍严重分散,给推诿扯皮留下了制度的灰色空间。显然,当前海洋行政执法体制运行情况下强化检察监督不可或缺。

(三)保障海洋司法公正

党的十九届四中全会提出要"加强对司法活动的监督,确保司法公正高效权威",但检察职能对于海洋司法的监督尤其是对海事司法的监督尚有很大空间。我国自1984年11月以来已设立了11家海事法院,受案范围涵盖海商事诉讼、海洋行政诉讼、海洋公益诉讼等6大类108种,并正在宁波海事法院试点海上刑事、民事、行政"三审合一"海事审判体制改革,是世界上海事审判机构设置最全、海事案件最多的国家。在海事法院年收结案数达近3万件的办案规模下,海事诉讼检察监督案件却少之又少。开展海洋司法检察监督,通过运用纠正错误海事司法裁判、违法执行、化解行政争议、公益诉讼等职能,有利于改变作为公权力的检察监督权与海事司法权的失衡状态,为海洋治理体系的构建输送秩序、规范、程序、信用等价值,为各种权利提供最终救济渠道,有效维护海洋执法司法公正、维护国家利益和社会公益、保障人权,守住海洋治理公平正义的最后一道防线。

(四)促进海洋生态治理

我国是海洋大国,海域面积有300万平方公里,大陆海岸线18000千米,海岛岸线14000千米,岛屿6500多个。随着海洋经济的发展,海洋污染治理、生态环境保护压力加大,近海尤其是一些重点湾区劣四类水质比例较高,海洋垃圾对近海海洋生物多样性、渔业环境带来破坏;一些沿海地区近岸过度开发严重,大规模围填海给海洋生态环境保护和海域使用管理带来巨大压力,可利用岸线、滩涂空间和浅海生物资源日趋减少等;我国近海海域油船、渔船众多,在航行过程中或锚地停泊中压舱水、含油废水未经处理直接排入海或随意投放船上垃圾,对海洋环境造成污染。与此同时,我国海洋治理体制机制缺陷长期未能消弥,政府海洋管理体制条块结合、执法权限分散,海上维权执法机制分割、不配套,海上刑事侦查力量薄弱等,导致海洋公益维权机制缺漏,需要司法职能强力介入以促进依法治理。检察权具有在诉讼活动中解决实体问题和违法行为的功能,检察机关积极介入海洋生态治理,通过与海洋行政执法机构、公安海警、审判机关等分工配合、协同共治,利用提起、督促提起或支持环境公益诉讼、提出检察建议等职能纠正破坏海洋生态资源违法行为保障海洋公益,有利于促进依法用海、依法护海、依法治海。

三、海洋检察的社会功效

随着海洋强国、"21 世纪海上丝绸之路"、自由贸易港建设等国家战略的加快实施，海上热点问题多发频发，且呈常态化、多边化、国际化、司法化之势，越来越多的经济、社会纠纷进入涉海诉讼渠道，给有限的司法资源带来挤压，给社会和谐带来不利因素。海洋治理现代化的目标之一就是要落实习近平总书记"把非诉讼纠纷解决机制挺在前面，从源头上减少诉讼增量"的重要指示精神，全面推进诉源治理工作，努力实现诉讼增量明显下降、办案质效和司法公信力稳步提升的目标，不断增强人民群众的司法获得感。检察机关在开展海洋检察工作中，通过着眼于源头防范，深入践行"海上枫桥经验"，以刑事和解、矛盾调解、诉讼终结、监督纠错、法治宣传等方式，在检察各环节建立健全相关社会稳定风险评估、矛盾源头化解等纠纷解决机制，可以着力预防和减少社会矛盾，为受损正义提供救济，推进海洋领域良法善治。

四、海洋检察的制度功效

我国检察监督权的内容紧随着国家经济形势和政治生活方向的调整而不断有所变化，已从恢复重建之初的刑事检察拓展为与民事、行政、公益诉讼检察"四轮齐驱"。最高人民检察院《2018—2022 年检察改革工作规划》提出要全面、充分履行宪法和法律赋予检察机关的法律监督职责，构建与国家治理体系和治理能力现代化要求相符合，与建设中国特色社会主义法治国家相适应的新时代检察体制和工作机制。党的十九届四中全会进一步提出要"完善检察制度"。2018 年底以来，检察体制自上而下进行改革，构建起"四大检察""十大业务"相互支撑、融合发展的检察监督工作新格局。这也是对党的十九届四中全会有关"深化司法体制综合配套改革""完善检察制度"要求的具体回应。检察制度是中国特色社会主义制度的重要组成部分，要发展完善检察制度，就是要落实检察机关是国家法律监督机关的宪法定位，牢固树立起整体性、系统性法律监督的检察监督新理念。将检察监督职能由陆域向海域延伸，以"陆海统筹""陆海一体"的执法思维，确立海洋检察制度理论，在海洋领域全面履行检察监督职能，有利于推动完善海洋法治监督体系、提升海洋法治监督能力，真正实现"四大检察"陆海一体、全面平衡充分发展。通过建立和发展海洋检察监督体系，补充完善中国特色检察制度，充分展示中国特色社会主义法治体系的独特性和优越性。

第四节 海洋检察制度体系的构建

2018年6月,习近平总书记在青岛考察工作时指出,"海洋经济发展前途无量,建设海洋强国必须进一步关心海洋、认识海洋、经略海洋"。在党的十九大作出加快建设海洋强国、十九届四中全会提出推进国家治理现代化的时代背景下,检察机关必须切实提高政治站位,深刻领会海洋发展战略对法治保障和法治监督的需求,克服长久以来"重陆轻海"的执法理念,增强检察监督职能融入海洋治理的自觉意识和作为意识,进一步确立海洋检察制度体系,加快构筑检察职能在海洋领域的立体化监督格局,以海洋检察制度的发展完善和海洋检察职能的充分履行助力海洋强国战略实施。

一、统筹构建海洋检察组织保障体系

针对海洋治理体系中存在诸多制约因素,需要强有力的海洋法治管控作支撑,当前应加快规划构建有力的海洋检察保障体系。

(一)建立由党、政、司、监等部门参与的海洋治理委员会

要推进海洋治理现代化,需要从全局出发找定位、看问题、办事情、作决策、抓落实,还要因地制宜、尊重规律、开拓进取,努力使国家各项制度、上级各项决策部署在本地本部门得到细化、具体化和可操作化。当前在海洋治理领域,总体缺乏未雨绸缪、统筹规划。尤其是省级层面对于海洋的管理仍侧重于政府为主导的管理,突出政府的领导作用,突出政府对海洋资源开发利用和环境保护的规划,而缺乏由党委主导的,凝聚、协调政府、行业组织、司法、社会公众等各方主体的省际海域治理的组织机构,来系统性地指导、推进海洋治理现代化。为此,检察机关应积极建议在省级层面建立海洋治理委员会,将党委、政府、海警、检察院、法院、监察委等职能机构纳入其中,建构党委领导、政府行政、司法保障、监察委监督等一整套完备的海洋法治保障体系,总体由党委政法委、法治办统筹整合各方面资源和力量,履行好谋划、协调、督促、检查、推动职能工作,加快推进海洋法治建设。

(二)把海洋治理纳入检察工作总体部署

海洋治理是国家治理的一个重要组成部分,切实围绕党和政府的中心工作,建立完善检察保障体系、加强海洋依法治理,是检察机关的一项重要的政

治任务。当前，在加快推进海洋强国战略、自由贸易港的背景下，全国各级检察机关主动融入海洋治理大局的主动意识和作为意识还不够强，对于检察职能融入海洋治理的谋划不够、部署不多，对于检察职能运行中遇到的结构性、体制性和政策性问题及时调研、及时调适的能动意识不强。因此建议沿海检察机关要切实转变观念，着力提升改革创新能力，自觉把检察职能从陆域向海域治理延伸、拓展，做到工作有部署、职责有分解、举措有落实，使检察参与海洋治理成为一项制度化、常态化的重点职能工作，稳步推进，久久为功。

（三）完善共建、共治、共享社会治理司法服务

推进社会治理现代化要善于运用法治精神审视社会治理、运用法治思维谋划社会治理、运用法治方式破解治理难题，把社会治理纳入法治化轨道。[①] 沿海检察机关要坚持和发展新时代"海上枫桥经验"，切实推进检察各环节诉源治理。要完善检察信访制度，畅通和规范群众诉求表达、利益协调、权益保障通道，努力解决人民群众的合理合法诉求，有效化解社会矛盾。要坚持公正司法、为民司法，探索提前介入行政复议调解、虚假诉讼联防联治、公益诉讼诉前协商、起诉必要性审查等工作，健全行政调解、刑事和解、司法调解联动工作体系，加强社会矛盾纠纷多元预防调处化解，着力解决好损害群众利益的突出问题。要注重在检察办案中发现制度建设、治理能力方面的问题，向党委、政府提出检察建议、司法建议，促进加强和创新社会治理。

二、加快构筑立体化海洋检察监督体系

法治监督是国家治理的重要方面，是权力正确运行的根本保证。严密法治监督体系是坚持和完善中国特色法治体系的重要内容。十九届四中全会提出要"完善检察制度""加强对司法活动的监督，确保司法公正高效权威""加强对法律实施的监督"，这就为完善和发展检察制度、提升检察法治监督能力和水平带来了契机。当前，检察机关内设机构通过重塑性改革，法律监督总体布局实现了刑事、民事、行政、公益诉讼检察并行。针对当前检察法治监督职能在海洋领域的相对缺失，需围绕"四大检察"监督体系，加快构筑海洋检察立体化监督格局，在推进海洋治理现代化进程中体现检察作为。

（一）充分履行海洋刑事检察职能，强化海洋安全保障

2020年2月20日，最高人民法院、最高人民检察院、中国海警局联合下

[①] 《陈一新：推进市域社会治理现代化要发挥"五治"作用》，载 https://www.sohu.com/a/329616294_357727。

发《关于海上刑事案件管辖等有关问题的通知》，明确海警机构建制、海上刑事案件管辖、侦检衔接等具体问题，为海上刑事案件办理提供了法律依据。由于体制改革后的海警执法队伍建设尚处在转型期，当前执法能力和专业化水平尚不能有效适应打击海上犯罪及维权执法形势需要，沿海检察机关应在检侦对应关系明确的情况下，建立起与属地海警局的协作配合，通过设立派驻海警局检察官办公室，对海警侦查办案整个流程实行全线监督和立体监督，通过派员提前介入海上侦查活动、积极引导侦查取证，形成海上违法犯罪的打击合力。当前，要着力加强对海上"渔霸""油霸"等各类侵害人身财产安全类犯罪，海上走私、组织偷越国边境、船舶交通肇事、危险品肇事、重大责任事故等海上物流类、公共安全类犯罪的查办力度，关注跨国、跨行政区域非法采砂、走私煤炭等大宗货物问题、国际公约海上恐怖主义等涉外犯罪，维护海区治安安全稳定。对于非法侵占海洋资源、严重破坏海洋环境的我国公民、企业和组织，要综合运用行政、民事、刑事等手段追责，严格防止出于经济利益或者其他因素的考量而放纵违法犯罪的情况，以刑法手段切实促进海洋生态治理。要加强海区刑事法治问题研判，统一执法标准，确保执法效果，提升法治保障效能。

（二）探索拓展海事诉讼检察职能，维护海洋司法公正

根据最高人民法院发布的《中国海事审判（2015—2017）》白皮书，全国三级海事法院受理各类海事海商、海事行政、海事特别程序以及海事执行案件95043件、审执结92598件，收结案量每年达29000件以上，在防范和化解海上矛盾纠纷、促进海洋治理方面发挥着积极作用。2016年以来，全国海事法院又积极打造国际海事司法中心，海事司法权在海洋法治领域的影响力不断提升。近年来，我国沿海检察机关对海事法院尝试相关诉讼监督，如浙江省舟山市检察院就4件海上刑事案件和3件海洋民事公益诉讼案件向宁波海事法院提起跨区域监督，辽宁省大连市检察院通过设立海事检察处针对大连海域的海商事案件实施监督，上海市检察院第三分院集中统一对上海海事法院管辖海域开展监督，但总体属个案监督，成效不明显。在宁波海事法院不断扩大"三审合一"审判模式试点改革的背景下，加强与海事法院的研商，明确海事法院受理海上刑案的类型，统一规范海事刑事案件的办理。同时，要加快转变理念、开拓创新，着力破解阻碍和制约海商事诉讼监督职能开展的瓶颈问题和关键环节，加强制度设计，统一规范部署，把探索开展海事诉讼检察监督作为拓展民事检察职能的一项重要业务增长点，大力加以推进实施，这是检察机关落实最高人民检察院全面充分平衡行使检察监督权的重要路径。当前尤其要突出重点，对于海上劳资纠纷、虚假海事诉讼、船舶违法扣押、海上救助等热点难点问题着力加强监督，有效打开检察监督的突破口。

（三）积极开展海洋行政检察监督，推进海洋依法行政

海洋行政权行使对象广、自由裁量权大，与公民、法人切身利益密切相关，又容易被违法使用或滥用，但检察机关对这一重要的国家权力在一些领域的监督仍显缺失，同时对海洋行政诉讼监督一直以来也呈现出疲弱、缺位、滞后等难点、堵点和痛点问题，这与当前推进海洋治理现代化的形势不相符。故此，检察机关在思考谋划检察职能定位时必须突出整体观、系统观，充分发挥能动性，关注海域海岸线使用、围海造田等资源利用，海监、渔政、海事行政执法等重点领域和环节，积极运用检察建议等手段来监督海洋行政机关严格履职、依法行政。另外，要通过对海洋行政诉讼及行政非诉案件监督来维护司法公正，助推行政相对人合法权益依法获得有效救济，在法治监督体系中切实发挥好维护公正司法与监督、促进依法行政的法治监督作用。

（四）大力开展海洋公益诉讼检察，促进海洋生态文明建设

保护海洋生态环境是当前加强生态文明建设、打好污染防治攻坚战的重要内容。相对陆地上的环境治理，海洋环境保护呈滞后态势，不仅对行使海洋管理职责的海洋行政机关提出要求，也对具有公益诉讼权的检察机关带来新的要求。2019年以来，最高人民检察院在全国部署开展了"守护海洋"检察公益诉讼专项监督活动，办理了一批海洋公益诉讼案件，彰显了检察监督权威。但由于海洋是个流动的整体，非法用海、违法排污、盗采海洋资源等诸多案件呈现出跨地域性、成因复杂，为此，沿海检察机关必须积极运用公益诉讼这把利器，进一步树立陆海统筹、河海共治的全局观，有效搭建海洋生态环境检察跨区划协作、横向联通、纵向联动的海洋环境保护协作配合机制，有力推动跨地域、跨区划协作配合，推动司法机关与行政机关形成治理合力。要持续加大力度保护海洋生态安全，部署开展海洋污染整治、海洋生态资源保护等公益诉讼专项活动，为推进海洋强国建设、依法治理海洋生态提供有力的检察保障。要注重在司法办案中发现制度建设、治理能力方面的问题，向党委、政府提出检察建议，促进加强和创新社会治理。

（五）积极开展自贸检察工作，打造良好港区营商环境

随着全国1+3+7+1+6自贸试验区建设的不断提速，以自贸试验区逐步过渡到自贸港区建设为核心的经济模式再升级和社会管理需求再提升，对区内整体治安管控、营商环境建设、新时期自贸区法治的完善等都提出较高要求。自贸港区所在检察机关要积极应对形势需要，不断深化检察环节保障自贸区建设的举措，发挥服务改革创新、优化海洋法治环境和自贸区营商环境的重要职责。要建立改革创新容错机制，依法审慎处理自贸区建设中出现的新型案件，

积极营造鼓励创新、支持改革、宽容失误的司法氛围。要加大对环境保护、食品安全、劳务用工、资金管理等领域的专项检察监督，强化自贸港区刑事合规风险防范，服务自贸区建设法治环境优化。加强自贸港区建设法治保障，结合自贸区监管政策特点，准确把握投资、金融、税收、知识产权、互联网等领域相关刑民交叉、新类型等案件法律政策界限，着力营造更加稳定公平透明、可预期的法治化营商环境。

三、建议修订涉海洋检察相关法规体系

虽然我国建有一批海上执法司法管理相关的法律法规体系，但尚不完善。随着海洋事业的发展、海洋管理体制和司法体制的变革，相关海上执法司法管理的政策支撑体系还不够健全。在此情况下，应当适应形势发展，进一步强化纵向配套法规政策体系的建构，为促进海上执法司法体制规范运行、推进海洋治理现代化提供制度保障。

（一）研究制定海洋综合行政执法工作办法

新一轮行政机构改革、海警转隶后，海洋行政执法职能分散在海洋与渔业、海事和海警三家机构。海上多头管理、资源分散配置、涉海执法各家信息不通、联动不多、合力不强、缺乏强制执行力等问题还没有得到解决。为提高海洋行政执法效能，应按照"综合执法+联合执法+指挥平台"三位一体的海洋行政执法体系要求，建议在省级层面制定《海洋综合行政执法工作办法》，明确海洋管理的主体、职责范围，行使渔业执法、海洋监察以及航政、滩涂围垦、海域内文物保护、海域矿产资源勘探开采、无居民海岛土地和矿产资源管理等全部或部分行政处罚及相关的行政监督检查、行政强制职权；推进海洋行业主管部门与海洋行政执法部门之间衔接配合、资源共享、技术支撑、协调联动，协调海洋与渔业、海事、海警等国家局与地方局相关涉海单位的海洋联合执法，在开展联合巡航、执法管理、抢险救灾、海上安全预警预控、突发事件应急处理等工作方面，形成紧密型、常态化的协作配合机制，为海洋维权与执法提供法律依据。

（二）加快制定海洋行政与刑事司法相衔接工作办法

鉴于海上行政执法力量分散、因海上办案环境复杂导致取证难、固证难等问题与困难，为有效破解瓶颈、提升海洋执法效能，在国家层面未出台相关海洋行政执法与刑事司法相衔接工作办法的情况下，有必要在省级层面出台规范性文件，加强工作指导，以有效打击惩治海上相关违法犯罪行为，促进海洋治理。可采取以下措施：一是建立联席会议制度。明确各海洋行政部门、海警、

公安机关、检察机关的牵头机构和联系人,加强日常工作沟通与协作。定期召开联席会议,协调解决重要问题,并以会议纪要等方式明确议定事项。二是建立联合办案机制。对于海上发生的破坏海洋资源开发利用、海洋环境污染损害、渔业生产安全事故、船舶交通事故等的调查,应明确由相关海洋行政部门第一时间通知海警介入调查,检察机关相关办案部门派员提前介入监督,以加强案件证据的收集、固定与保全,案件法律适用问题的协商,对涉及刑事犯罪的及时移送、立案、批捕、起诉。三是加强执法协作保障。地方公安机关应对海警执法办案提供现场勘验、专业鉴定等技术支持,对于海警在陆上调查取证、通缉、抓捕、遣返、取保候审、监视居住、非法财物追缴等执法活动予以协助;同时应对应海警体制改革设置,协调解决海警执法办案中人员羁押问题、在相关公安业务培训时为海警提供支持,尽快帮助提升海警执法素养和执法能力。四是建立执法信息共享机制。为有效提升海上执法办案的效率与效能,应建立海洋行政管理数据、信息系统和海警执法信息系统的共享机制,为海洋管理和海上执法工作提供支持。各海洋行政部门、海警、检察机关应当运用信息化手段,逐步实现涉嫌海上违法犯罪案件的网上移送、网上受理和网上监督。

(三)加快制定海事诉讼检察监督指导意见

2000年7月起施行的《海事诉讼特别程序法》因未明确规定检察机关对海事诉讼行使法律监督权的条文,再加上海事法院属长臂管辖,涉及所在地以外其他省域或市域相关案件,导致相关地域检察机关能不能对专门法院实行监督、怎样监督的疑虑一直存在。在业经大连市检察院的专门监督、上海市第三检察分院的长臂监督、舟山市检察院的跨区域监督的实践探索,当前沿海检察机关全面开展海事诉讼检察监督的条件已经成熟。为打破当前个案授权、零打碎敲式的监督现状,建议由省高院、省检察院联合制定出台相关指导性意见,统一授予有关地市级检察院海事诉讼监督管辖权。根据宁波海事法院派出法庭和巡回法庭的设置,一是赋权温州、台州、金华市人民检察院对其辖区内海事案件的诉讼实施监督,分别通过所在地派出海事法庭、巡回海事法庭向宁波海事法院提起监督;舟山市人民检察院对舟山海域及浙江自贸区范围内发生的海事案件通过自贸区海事法庭提起监督;宁波市人民检察院负责对嘉兴、杭州湾、宁波海域内的海事案件直接向宁波海事法院提起监督。二是针对宁波海事法院"三审合一"审判模式试点情况,进一步明确海事诉讼监督案件类型。总体根据2016年最高人民法院《关于海事法院受理案件范围的规定》,将相关海商事、海洋行政诉讼案件纳入检察监督案件范围;拓展检察机关海洋公益诉讼案件范围;明确海事法院对海事刑事案件的受理类型为与海事法院管辖的海商事案件、海事行政案件相关联的犯罪案件，如船舶碰撞所构成的犯罪案件、海上污染所构成的破坏海洋环境犯罪案件、违法捕捞构成犯罪的案件、船舶触碰桥梁、码头、海底电缆以及海上航运作业等构成重大安全生产责任事故的犯罪等，以发挥海事法院在查明海事案件事实证据方面的专业优势，便于刑民、刑行案件协调处理，同时也有利于统一涉海法律法规的理解与适用。

四、加快建立海洋执法实施体系

海洋治理重在法律实施与法治保障，需要一套高效的海洋法治实施体系作为支撑。从实践来看，社会公众对法律实施方面反映的问题主要是有法不依、执法不严、司法不公。习近平总书记深刻指出"司法是维护社会公平正义的最后一道防线"。在当前转型期社会背景下，要通过深化司法改革、推进司法责任制、提升司法规范化专业化建设等多种途径，加快建立起公正高效权威的海洋司法实施制度，保障和促进海洋治理现代化。

（一）强化海洋法律实施监督

党的十九届四中全会提出要保证行政权、监察权、审判权、检察权得到依法正确行使，保证公民、法人和其他组织合法权益得到切实保障，坚决排除对执法司法活动的干预。这就首先要求发挥各级党组织在建设海洋法治实施体系中的领导核心作用，党在率先垂范建设好党内法规实施体系的同时，坚持海洋行政机关依法执政和在宪法法律范围内活动，发挥好保证执法、支持司法和带头守法的重要作用。就司法机关而言，既要严格司法，切实履行相关海洋司法职能，充分发挥司法对海洋法律实施的支持和保障作用，又要牢固树立高效与公正相统一的法治实施理念，以公正为前提、为基础，以高效为支撑，切实提升司法在保障海洋法治实施的权威和公信力。

（二）完善海洋司法权力运行

要完善海洋司法管理体制和司法权力运行机制，建设公正高效权威的海洋司法制度和确保法律有效实施的海洋司法体系，重点健全完善侦查权、检察权、审判权、执行权相互配合、相互制约的体制机制，推动形成服务保障海洋经济发展的司法合力。深化检察机关内设机构改革，全面拓展海事诉讼、海洋行政检察监督职能，大力拓展海洋公益诉讼案件范围，健全完善司法工作人员相关职务犯罪侦查机制。建立检察监督与监察委监督相衔接、相配合、相制约机制，严格监督海洋行政执法和海洋司法行为。加强民生、公众权益司法保障，完善司法便民利民措施，落实"最多跑一次"、认罪认罚从宽制度等改革，增强人民群众的司法获得感。

(三) 打造海洋执法司法信息化平台

要把对涉海涉渔违法行为、海洋行政执法常态化全程化监督作为长期目标，对重点领域和关键环节实施精准监督。以快速发展的网络信息技术为支撑，以满足法治实施需求、参与和监督为根本，推动"社会监督与投诉平台""违法线索统一登记管理""行政执法事项信息库""违法监督情况通报"等平台机制建设，畅通群众申诉渠道、拓展法治监督线索，打造法治实施公开平台，实现法治实施信息系统内畅通、系统间共享。着力打造法治实施流程平台，让法治实施活动全过程公开透明，保障人民群众对法治实施的知情权、有效行使监督权，保障法治实施活动公开公正运行。着力打造法治实施过程中各类生效法律文书统一上网和公开查询平台，推进法律规范性文件解读和案例指导，展示法治实施结果和理由，实现法治实施信息全社会共享，充分发挥其宣传法治，教育公民、法人和其他组织以及引领社会风尚的重要作用，让人民群众在每一个司法案件中感受到公平正义。以法治实施体系内的各种机制共同发力，形成强大的社会合力，实现良好的法治实施效果。

(四) 加强海洋检察专业化队伍建设

1. 深化司法体制综合配套改革，全面落实司法责任制，加强对海洋司法活动的监督，确保海洋司法公正高效权威。要贯彻落实党的十八届四中全会《中共中央关于全面推进依法治国若干重大问题的决定》提出的办案质量终身负责制和错案责任倒查问责制等工作机制，针对各类检察人员职责和各类案件的具体情况，建立科学合理、切实可行的案件质量考核考评制和错案问责制。对于社会广泛关注的错案，要向社会公开有关信息，及时回应社会关切，确保谁办案谁负责、谁违法谁担责全面落实。完善入额领导干部办案机制、员额检察官绩效评价机制，建立员额退出机制，实行对员额的动态管理，让能者上庸者下，形成正向竞争激励导向。

2. 大力实施人才战略。针对当前海洋检察队伍知识结构和能力短板，既要招才引智，积极引进海洋、海事、航运、金融、贸易、知识产权等领域有法学教育背景的专业人员，并从相关专业研究机构、仲裁机构引进具有专业研究能力的成熟人才充实司法队伍，又要以更加开放的思维加强检察人员专业化、职业化培养。通过将培养对象定向选送自贸区、政府法治办、海警、海洋与渔业、航运、海关、金融等涉海行政组织机构以及法检互派挂职学习，加快熟悉掌握相关专业领域知识，提高综合法治素养。必要时，可选派优秀司法人员与国外海洋执法司法队伍进行访问交流、到国外学习交流，学习国际前沿执法司法理论，吸收相关先进经验，提高海洋检察执法能力的国际化水平。

第二章 海洋刑事检察

第一节 海洋刑事检察概述

一、海洋刑事检察的概念和特征

(一) 海洋刑事检察的概念

近几年来,由于国家海洋发展战略的实施,我国海洋经济得到长足的发展。据统计,"十二五"期间,海洋生产总值的年均增速达到8.1%,海洋生产总值占国内生产总值的比重始终保持在9.3%以上,涉海就业人员超过3500万人。[①] 与此同时,也诱发诸如海域的走私、非法经营、海上交通肇事、海上污染、海上抢劫和盗窃等刑事犯罪行为,给国家、社会和公民个人的利益造成不可估量的损害。现实情况迫切需要对海洋刑事犯罪予以及时、有力的制裁,对涉海刑事诉讼进行专门的检察监督,实现刑法的打击和预防作用,保障国家海洋战略的顺利实施。

明确海洋刑事检察的概念,首先要了解刑事检察的概念。刑事检察是人民检察院的主要业务之一,按照法律规定,人民检察院对侦查机关(主要是公安机关)的刑事侦查活动和人民法院的刑事审判活动是否合法进行监督检察。主要表现形式包括:(1)对于公安机关提请逮捕人犯的案件进行审查,决定是否批准逮捕;(2)对于侦查机关侦查终结后移送起诉或免予起诉的案件进行审查,决定是否提起公诉或免予起诉;(3)对于侦查机关侦查活动的合法性进行监督;(4)对于向人民法院提起公诉的案件,出席法庭,支持公诉;(5)对于人民法院刑事审判活动的合法性进行监督;(6)对于人民法院发生法律效力的判决、裁定,认为确有错误时,按照审判监督程序提出抗诉等。

---

① 载中国政府网,http://www.gov.cn/xinwen/2015-12/29/content_5029344.htm.

海洋刑事检察，顾名思义，就是人民检察院按照法律规定，对涉海刑事侦查活动和人民法院的涉海刑事审判活动是否合法进行的监督检察。主要表现形式与普通刑事检察相同。

（二）海洋刑事检察的特征

1. 海洋刑事检察尚未形成专门的体系

尽管从 2012 年起我国就实行"海洋强国"战略，但在立法层面，我国现行海上犯罪立法理念仍显滞后，未区分陆上犯罪和海上犯罪，没有建立海上犯罪体系理论用以指导海上犯罪的立法和司法实践活动，海洋刑事检察体系目前只存在于理论探索阶段，且现有的相关理论成果仅限于对海上刑事犯罪的零星研究，鲜有涉及海洋刑事检察的研究。

实践中，沿海地区的检察机关多致力于探索建立海洋检察部门，这类机构实行的是民刑合一的办案模式，既办理涉海刑事检察案件，也办理涉海民事行政检察案件。我国沿海地区的检察机关尚无专门的海洋刑事检察部门。

2. 接受海洋刑事检察的侦查机关是特定的

在一般刑事检察中，接受监督检察的侦查机关并不是特定的，有行使一般侦查权的地方公安机关，有行使国家安全侦查权的国安部门，有行使出入境缉私侦查权的海关部门，也有行使涉海刑事侦查权的海警部门，另有行使军队内部侦查权的军队保卫部门、行使森林侦查权的森林公安和行使铁路侦查权的铁路公安。实践中，大部分刑事案件的侦查工作由地方公安机关承担。

在海洋刑事检察中，接受监督检察的侦查机关是特定的，一般为行使海上侦查权的海警部门。海警部门的侦查权源自 2018 年修改后《刑事诉讼法》第 308 条第 2 款的规定，即"中国海警局履行海上维权执法职责，对海上发生的刑事案件行使侦查权"。在 2018 年 10 月 26 日之前，海上走私侦查权由海关行使，海上一般刑事案件的侦查权则由地方公安机关行使。从 2018 年 10 月 26 日起，海警部门成为海上刑事案件法定的侦查机关。

3. 海洋刑事检察案件具有特殊性

由于海上犯罪所处场所的特殊性，导致海上犯罪与陆上犯罪相比具有一定的特殊性，主要表现在以下几个方面：

（1）海上刑事犯罪主体具有较强的群体性。陆上犯罪中，单独个体犯罪数量要远大于共同犯罪或有组织犯罪。由于海上自然环境的限制，犯罪主体必须要先解决水上行动、工作和生存的问题，需要具备专业的航海知识、海洋知识及无线电通讯、卫星定位设备使用技能的人加以辅佐才有可能顺利实施犯罪行为，海上犯罪群体成员少则几人，多则上百人。另外，海上犯罪的人员基本上是青壮年男性，未成年人、老年人和女性较为罕见。①

（2）海上刑事犯罪行为具有较强的流动性、隐蔽性。海上犯罪行为以可航内水或者辽阔的海洋为场所条件，海水、船只、人员时刻处于流动状态，从犯罪预备到犯罪结果发生涉及的场域范围非常广阔。海上犯罪的隐蔽性也是由海上犯罪场域辽阔、流动性强的特征所决定的，海上不存在陆上随处可见的监控设施和证人目击，犯罪行为人可以精心密谋、从容撤离，隐蔽性远高于陆上犯罪。同时，犯罪场域的广阔性和流动性也给侦查工作和检察工作带来了很大的挑战，海上犯罪的证据收集与核实工作困难很大。

（3）海上大部分刑事犯罪具有较强的牟利性目的。实践中，除了少部分人身伤害类海上犯罪案件外，常见的海上盗窃罪、海上抢劫罪均要求以非法占有为目的，其他多发的海上犯罪类型，如走私罪、非法捕捞水产品罪、非法采矿罪、运送他人偷越国（边）境罪等，基本都以牟取经济利益为目的，甚至多数海上聚众斗殴案件的最终目的也是争夺渔场资源。

二、海洋刑事检察的范围

海洋刑事检察的范围是指对涉海刑事案件侦查和审判进行监督检察的范围。在刑事诉讼过程中，无论是起诉还是审判，归根结底都是由刑事侦查引起。而对涉海刑事案件审判的监督，与一般刑事案件审判的监督无异，此处不再赘述。因此，明确海洋刑事检察的范围，重点是把握对涉海刑事侦查案件的检察范围。根据刑事诉讼法的规定，海警局对海上发生的刑事案件行使侦查权。可见，"海上"概念是认定海洋刑事检察范围的关键。一般而言，根据《联合国海洋法公约》的规定，沿海国管辖的海域包括内水、领海、毗连区、专属经济区和大陆架等。海上犯罪中的"海上"应该理解为包括各种海域的海水表面、水体以及水体下的底土等，② 既包括一国依法管辖下的海域，也包括不受任何国家管辖的海域（一般指公海、国际海底区域等）。

---

① 张保平：《海上犯罪的特点与海上治安防控体系的构建》，载《中国人民公安大学学报》2003年第6期，第27页。

② 李林：《我国海上刑事司法管辖的主体与范围》，载《岳麓法学评论》2013年第1期。

三、海洋刑事检察的实践

（一）设立海洋检察部门

如前文所述，我国尚无专门的海洋刑事检察部门，已有的探索模式是设立海洋检察机构专门办理涉海刑事和民事检察案件。比如 2017 年 5 月，浙江省舟山市普陀区检察院成立全省首个海洋检察专治办案组；2018 年 9 月 3 日，海南省检察机关增设的 13 个海洋检察室同时挂牌成立。而在 2019 年全国检察机关实行内设机构改革以后，各地海洋检察机构不复存在，其职能又分别被刑事检察和民事行政检察部门所吸收。但是，从省级检察院到部分县区检察院，按照普通刑事犯罪、重大刑事犯罪、经济犯罪等不同受案类型设立不同的刑事检察部门。由此可见，设立专门的海洋刑事检察部门，在制度操作上完全可行。

（二）明确涉海侦查、检察、审判管辖问题

2020 年 2 月 20 日，最高人民法院、最高人民检察院、中国海警局发布的《关于海上刑事案件管辖等有关问题的通知》明确了海上刑事案件的审判管辖、侦查管辖、提请批准逮捕和移送起诉、检察机关派员介入侦查等有关问题。

《关于海上刑事案件管辖等有关问题的通知》规定，不同层级海警局办理的刑事案件，需要提请批准逮捕或者移送起诉的，依法向对应级别所在地的人民检察院提请或者移送。管辖地未设置海警机构的，由有关海警局商同级人民检察院、人民法院指定管辖。

考虑到刑事诉讼法规定的地域管辖是审判管辖，检察院对案件审查起诉的管辖依从于法院的审判管辖，而不应依从于侦查机关的管辖，为了与刑事诉讼法、司法解释协调一致，同时考虑到海上刑事案件的特殊性和管辖的便利性，《关于海上刑事案件管辖等有关问题的通知》区分在内水、领海发生的犯罪，我国领域外中国船舶上发生的犯罪，中国公民在领海外犯罪，外国人在领海外犯罪以及适用普遍管辖的罪行等五种情形，明确了海上刑事案件的审判管辖原则。[①]

为完善检警协作机制，强化检察院对海警侦查活动的支持配合与监督制约，确保办案质量和效率。《关于海上刑事案件管辖等有关问题的通知》第 6

---

① 高翼飞：《立足海上执法司法需求 规范海上刑事案件管辖》，载《检察日报》2020 年 3 月 3 日。

条规定，海警机构办理刑事案件应当主动接受检察机关监督，与检察机关建立信息共享平台，定期向检察机关通报行政执法与刑事司法衔接，刑事立案、破案，采取强制措施等情况。海警机构所在地的检察院依法对海警机构的刑事立案、侦查活动实行监督。海警机构办理重大、疑难、复杂的刑事案件，可以商请检察院介入侦查活动，并听取检察院的意见和建议。检察院认为确有必要时，可以派员介入海警机构的侦查活动，对收集证据、适用法律提出意见，监督侦查活动是否合法，海警机构应当予以配合。

2020年3月13日，浙江省舟山市检察院成立全国首个驻海警局检察官办公室，该办公室的职能范围除了传统的刑事检察，还涉及民事检察、行政检察、公益诉讼、控告申诉检察等多元职能，为双方共同打击海上刑事犯罪、推进涉海公益诉讼、加强非诉讼纠纷解决机制建设等一系列工作奠定基础。

第二节　海上常见刑事犯罪的入罪把握

就犯罪构成要件而言，海上刑事犯罪和一般意义上的刑事犯罪并无本质区别，区别主要是一个发生在海上，一个通常发生在陆地。陆上常见的刑事犯罪在海上也一定程度存在。但由于地理特征的区别，刑法规定的479个罪名中，海上常见刑事犯罪涉及的罪名在20个左右，本书对其中最常见且最具海上特色的四种刑事犯罪进行入罪分析，这四个罪名分别是交通肇事罪、走私罪、污染环境罪、非法捕捞水产品罪。

一、交通肇事罪

（一）概述

交通肇事罪，是指违反交通管理法规，发生重大交通事故，致人重伤、死亡或者使公私财产遭受重大损失，依法被追究刑事责任的犯罪行为。

在海上犯罪中，交通肇事罪既可以表现为行为人未按规定航道行驶或违反避碰规则行驶，导致发生重大事故的行为，也可以表现为行为人驾驶船舶未按引航员指引进出港口或通过交通管制区、通航密集区和航行条件受到限制的区域，或未按规定移泊、系泊、停靠，导致发生重大事故等行为。

与陆地上交通肇事犯罪相比，海上交通肇事犯罪的危害有过之而无不及。陆地上一起交通肇事犯罪造成的人员伤亡数通常较少，而海上交通肇事造成的伤亡少则几十人，多则数千人。例如，1987年12月20日晚，菲律宾客轮"多纳·帕兹号"与油轮"维克多号"相撞起火后两船均沉没，造成1530人死亡、失踪。① 不同于陆上交通肇事后伤者通常可以得到较为及时的救治，海上交通肇事的后果往往是船毁人亡，生还者较少。由于陆地和海洋的不同地理特性、车辆与船只的性能差别，使得海上发生的交通肇事犯罪有其特殊的法律适用和法律完善情形。

（二）海上交通肇事犯罪的立法与司法困惑

1. 海上交通肇事犯罪立法的缺陷

现行刑法体系对海上交通的保护具有一定的滞后和缺陷。在我国，船舶交通肇事没有独立的罪名，与机动车交通事故共同采用"交通肇事罪"这一罪名，在入罪条件与量刑幅度上只考虑了车辆的问题，没有兼顾船舶肇事的特殊性，在司法适用上出现了诸多困惑。② 船舶交通肇事罪适用的法律依据和机动车交通肇事是一样的，即《刑法》第133条，该条规定"违反交通运输管理法规，因而发生重大事故，致人重伤、死亡或者使公私财产遭受重大损失的，处三年以下有期徒刑或者拘役；交通运输肇事后逃逸或者有其他特别恶劣情节的，处三年以上七年以下有期徒刑；因逃逸致人死亡的，处七年以上有期徒刑"。

刑法条文的规定高度概括，具体入罪的认定和量刑的适用还要依据相关司法解释，即最高人民法院《关于审理交通肇事刑事案件具体应用法律若干问题的解释》（法释〔2000〕33号，以下简称《交通肇事司法解释》）。而在该司法解释中，半数以上的入罪标准和量刑情节均明确规定适用的是机动车辆，船舶肇事的情形被排除在外。例如其第2条第2款中，交通肇事致一人以上重伤，负事故全部或者主要责任以交通肇事罪定罪的6种情形中有4种只针对"驾驶机动车辆"；第5条和第7条关于交通肇事罪共犯的人员里，圈定的只有"单位主管人员、机动车辆所有人、承包人或者乘车人"，按照文义解释，如果船舶所有人、承包人和乘船人指使或者强令船舶驾驶人肇事的，恐将难以定罪。

2. 海上交通肇事犯罪的取证障碍

（1）肇事和逃逸证据难以固定。与道路交通事故不同，海洋面积广阔，且具有流动性，因而船舶发生交通肇事后，案发现场难以保留，涉案证据难以

---

① 参见《1987年12月20日菲律宾重大海难1500人遇难》，载搜狐新闻网，http://news.sohu.com/20081220/n261321658.shtml，最后访问日期2021年2月3日。

② 赵微：《海上交通事故刑法规制研究》，法律出版社2020年版，第254页。

固定,遇到船沉人亡的情况,更是无法认定刑事责任。由于海上执法困难,海域肇事后的逃逸较为多见。刑法规定逃逸是加重处罚情节,但逃逸的前提是肇事者主观上明知发生了碰撞事故,为逃避法律追究而选择逃逸。实践中,要证明碰撞后仍然驾驶船舶离开现场的"肇事者"主观上明知事故发生,也并不在意。船舶在海上航行会遇到体积较大的漂浮物,雷达也会误判碰撞事故是风浪拍打所致,大船碰撞到一些漂浮物有时确实是没有明显感觉的,除非是特别有经验的船员。①

(2)"因逃逸致人死亡"难以认定。在交通肇事罪的刑法条文中,"逃逸致人死亡"是处刑最高的加重情节,应判处 7 年以上有期徒刑。在实践中,证明受害人死亡原因是船舶碰撞事故本身导致,还是由于肇事者逃逸导致,本身就有很大难度。即便在陆地交通肇事案件中也是证明难点,更遑论海上肇事。船舶碰撞的海难事故获救概率很小,受害者或当场死于事故,或死于救助不及时。前者并非因肇事船舶逃逸致人死亡,后者的证明需要充分的主客观证据,茫茫大海导致取证障碍重重。还有一种极端情形,船舶碰撞发生人身伤害后,肇事船舶虽有逃逸情节,但当时客观上根本不具备医疗救治条件,即便肇事船舶不逃逸也难以避免死亡结果的发生,伤者于船舶逃逸后的较短时间内死亡,能否认定"逃逸致人死亡"也存有争议。

3. 海上交通肇事犯罪的司法认定难点

(1)罪与非罪难以界定。根据司法解释的规定,交通事故导致 1 人死亡,负全部或主要责任的;死亡 3 人以上,负事故同等责任的,就可以构成交通肇事罪。但实践中,船舶碰撞致人死亡的大量案例并没有认定本罪,而是通过民事诉讼途径解决。笔者通过在中国裁判文书网搜索"船舶碰撞""海上"等关键词,从 2004 年至 2020 年的 800 份裁判文书中,大部分为民事裁判文书,刑事案由仅有 16 件,其中发生在海上认定交通肇事罪的只有 3 起。这 3 起分别为 2013 年判决的"陈某某、林某交通肇事案",致 7 人死亡,1 人失踪,被告人负事故主要责任;② 2017 年判决的"艾伦·门多萨·塔布雷交通肇事案",致 14 人死亡,5 人失踪,被告人负事故主要责任;③ 2018 年判决的"崔某某交通肇事案",驾船逃逸,致 12 人死亡,负事故主要责任。④ 大量的海上船舶碰撞事故,却仅有 3 起被追究交通肇事刑事责任,而且死亡人数均远远超过构

---

① 赵微:《海上交通事故刑法规制研究》,法律出版社 2020 年版,第 94 页。
② 参见福建省连江县人民法院(2013)连刑初字第 333 号刑事判决书。
③ 参见宁波海事法院(2017)浙 72 刑初 1 号刑事判决书。
④ 参见上海市杨浦区人民法院(2018)沪 0110 刑初 657 号刑事判决书。

罪标准，这是不正常的。甚至在"泰州市某运输有限公司、南京某船务有限公司船舶碰撞损害责任纠纷案"中，两船相撞已经导致6名船员死亡，3名船员失踪，双方负同等责任。但该案却仍然以民事裁判解决。究其原因，在海上交通肇事犯罪中，罪与非罪界定的最大难点不在司法人员对法律适用或证据认定层面，而是在海上行政执法和刑事司法的两法衔接层面。海事执法人员在处理海上船舶肇事案件时，更注重区分肇事船舶的责任比例，对于船员个人行为与肇事结果之间的因果关系认识不足，同时对于本罪的入罪标准存在认识误区。长期来看，海事部门很少将死亡3人以下的船舶肇事犯罪线索移送侦查部门。在海域航运领域，船员作业具有高风险，海上充满各种不确定因素，使得执法人员也不倾向于以刑事手段打击船舶肇事者，甚至受害人家属也习惯于通过调解索赔来解决人身伤亡案件。这些原因使得大量海上交通肇事案应入罪而未入罪。

（2）"致人失踪"的法律后果难以确定。"致人失踪"是海上交通肇事的常见结果，却不是我国刑法上的量刑情节，理论界对于该情节产生的法律后果存在较大争议，司法实践中也存在两种不同的处理方式。第一种持否定意见，严格主张罪刑法定原则，在海难或者其他生产事故中并不因"致人失踪"而追究刑事责任，海上执法部门普遍采用这种观点。但这种教条的认定方法并不符合刑法的公平正义原则，反而助长了肇事者故意不进行救助和打捞的行为，本书不予认同。第二种持肯定意见。最高人民法院在给四川省高级人民法院电话答复中，主张"水上交通肇事案件中被告人造成被害人下落不明的，依照刑法定罪处刑"①。虽然水上失踪的大概率结果是死亡，但该处理结果也并没有穷尽所有可能，万一失踪人员生还，则意味着对被告人的错误刑罚已无法挽回。

（3）海上交通肇事罪责任主体难以认定。从《交通肇事司法解释》可知，机动车交通肇事的责任主体除了车辆驾驶人以外，单位主管人员、机动车辆所有人、承包人或者乘车人都可以构成共犯。船舶肇事的责任主体涵盖范围则更为广泛，因无论是船舶航行还是逃逸，都是团队配合的结果，除了船长或承运人的指挥，还需要大副、轮机长、水手、机舱人员等通力配合才能确保船舶行驶。海域情况复杂，首先从主观上要证明所有船舶行驶参与人对于肇事的"明知"就是一个难题，另外《交通肇事司法解释》着眼于机动车肇事责任主体，忽视了船舶肇事责任主体的认定，使得船舶航行参与人构成共犯的法律依

---

① 1992年最高人民法院给四川省高级人民法院《关于遇害者下落不明的水上交通肇事案件应如何适用法律问题的电话答复》。

据不足。

(三) 海上交通肇事犯罪刑法规制完善

1. 增设"重大航行事故罪"

我国《刑法》第131条、第132条分别设立了"重大飞行事故罪"和"铁路运营安全事故罪",却没有专门用于水上交通事故犯罪的独立条款和罪名,船舶肇事只能与机动车肇事共同采用"交通肇事罪"。由于前文所述的立法缺陷,导致大量海上船舶肇事因法律依据模糊而无法得到刑法规制。"为了保持刑法体例的完整性,建议在我国《刑法》第131条的重大飞行事故罪之后增加一项罪名,即重大航行事故罪"。[①] 将船舶交通安全责任事故犯罪从机动车交通肇事犯罪中分离出来,成为独立罪名,既有利于规范海上交通秩序,也能减少实践中大量的漏罪。

2. 严格把握罪与非罪的界限

(1) 加强立法,完善案件移送机制。由于海事执法部门对海上交通肇事犯罪的理解误区,导致大量船舶肇事犯罪事件没有得到刑法制裁。应加强立法,畅通两法衔接,完善犯罪线索移送机制,对于应移送而未移送、情节严重的海上船舶肇事案件,对相关海事执法人员追究渎职责任。

(2) 审慎认定船舶肇事"致人失踪"的法律后果。由于我国刑法体系中没有明文规定将"致人失踪"作为犯罪结果,因此司法实践中很少有直接将"致人失踪"单独作为刑事处罚的情节。中国裁判文书网上也没有单独以"致人失踪"情节作为刑事判决的判例。在海上交通事故中,致人坠海后失踪的生还概率很小,等同于死亡,若不进行追责,将严重影响公平正义。本书建议参照民法典[②]和民事诉讼法中有关"宣告下落不明人死亡"的规定处理海上船舶肇事的刑事责任。当船舶肇事致人失踪后,海事部门应依职权或依申请介入调查,根据案发海域的洋流、潮汐、水温、与岛礁大陆距离等各项因素,出具"无生存可能性"的鉴定报告,可设定一段时间的观察期,观察期满而不见失踪人出现,即可推定死亡,从而追究肇事者的刑事责任。

3. 立法解决船舶肇事的其他主体责任问题

《交通肇事司法解释》第5条、第7条规定的交通肇事罪其他共犯,如"机动车辆所有人、机动车辆承包人、乘车人"等无法适用于船舶肇事情形。

[①] 赵微:《海上交通事故刑法规制研究》,法律出版社2020年版,第322页。

[②] 根据《民法典》第46条的规定,因意外事件下落不明满二年,利害关系人可以向人民法院申请宣告该自然人死亡。因意外事件下落不明,经有关机关证明该自然人不可能生存的,申请宣告死亡不受二年时间的限制。

本书建议的"重大航行安全罪"可增加司法解释，参照前述两条规范将船舶所有人、船长、二副、轮机长等共同参与船舶肇事或逃逸至人死亡的主体纳入本罪的共犯中来。

二、走私罪

（一）概述

走私罪，是指个人或者单位故意违反海关法规，逃避海关监管，通过各种方式运送违禁品进出口或者偷逃关税，情节严重的行为。具体罪名包括走私普通货物、物品罪、走私文物罪等十项罪名。海上走私以普通货物、物品罪居多。随着中国经济的高速发展，成品油市场需求快速上升，在非法利益的驱动下，海上成品油走私案件激增。由于走私集团组织周密、加工链条完善齐备、犯罪手段层出不穷等客观原因，导致海上成品油走私案件成为破获难度最大、犯罪金额最高的走私类案件。笔者在中国裁判文书网的"刑事案件"版块输入"走私罪""海上"两个关键词进行搜索，发现从2008年至2020年有162个刑事案件，最后输入关键词"油"，仍有109个刑事案件，其内容基本为走私成品油。本书对走私罪的分析主要针对的是海上走私成品油案件的法律适用和责任认定问题。

成品油走私的主要形式是绕关走私。所谓绕关走私，是指未经国务院或者国务院授权机关批准，在没有设立海关或者边境检查站的地点，运输、携带国家禁止进出境的物品、国家限制进出口或者依法应当缴纳关税的货物、物品进出境的。其犯罪手法一般表现为：走私分子与上家或中间人取得联系，谈妥购买成品油的时间、价格、数量以及交易的海域后，走私分子租用"中巴"（从走私母船驳运走私油品到近海的船）前往指定海域。当"中巴"在公海与"大巴"（母船）完成钱款交易后，开始接驳成品油。过驳完成后，"中巴"一般有两种操作方式：一是直接停留在海上，将成品油售卖给海上作业的渔船或者其他运输船只（均称为"小巴"）；二是绕关行驶到指定码头，再雇佣车队运输成品油至销售地区，灌入提前租赁好的储油罐，或分销成品油给炼油厂、运输公司或者郊区小型加油站。

（二）海上成品油走私犯罪的高发成因和特征分析

通过中国裁判文书网的搜索，从地域上看，广东省和福建省的海上油品走私案件数就占到全国的73.8%，从时间上看2015年以前该类案件还是个位数，2016年的案件数为2015年的2.6倍，2017年案件数为2016年的2.3倍，此后保持平稳态势。本书试对海上成品油走私犯罪的特征和高发成因作一些分析。

1. 海上成品油走私案件特征

（1）人员特征明显。涉案人员多为东部沿海渔民，以广东、福建、浙江三省沿海地区为主，具有船舶驾驶经验；普遍学历较低，80%人员均为初中以下学历；到案后对抗性较强，不供、翻供现象普遍存在。

（2）走私犯罪呈组织化特征。从破获的成品油走私案件来看，很多走私团伙从公海购买油品、海上运输、出资打款、销售装卸等环节均有专人负责。成员之间多为亲友、同乡，特别是在重要环节，组织者出于安全考虑，往往安排自己的亲属作为负责人，亲朋好友之间共同走私是一种常态。

（3）反侦查意识极强。近年来，走私犯罪的手段不断升级，走私集团选择深夜时间、隐秘地点、使用黑话进行交易等方式已是常态。在出海航行过程中，走私船全程关闭定位系统，组织者事先约定公海驳油的具体时间和经纬度，再以一元人民币尾号号码作为电台暗号呼叫境外走私母船，并且不断更换船号和船主姓名，并编写虚假航海记录应对缉私检查，等等。

2. 海上成品油走私案件高发成因分析

（1）油品利益驱动。除了国内需求增加的内因之外，国际油价震荡波动也是成品油走私的重要外因。国内成品油价格和国际成品油价格之间存在较大差异，形成价格倒挂，一旦国际油价持续走低，就会快速形成成品油走私的利润空间，海上走私便开始猖獗。走私成品油不用缴纳一切税费，成本远低于正规渠道的进口成品油。一般而言，走私成品油和正常贸易进口油的每吨差价在800—2000元，导致走私成品油在内地市场有着极强的竞争力。①

（2）渔民生计原因。近年来，过度捕捞导致我国近海渔业资源衰竭，渔民收入减少。成品油走私的高利润使得许多渔民为生计走上犯罪道路，充当走私集团的帮手。特别是休渔期间，一些赋闲在家的渔民为增加收入，与走私人员串通，为其提供运输、领航、销赃帮助，有的渔民甚至干脆加入走私集团。还有相当一部分渔民虽然不参与走私，但为了降低捕捞成本，大量购买低价走私柴油作为渔船油料储备，客观上形成很大的销售市场。②

（3）打击力度有限。一是侦破难。海上走私的地理位置特殊，犯罪活动持续时间紧，交易时间短，海域面积宽广，走私人员作案手法隐蔽，反侦查能

---

① 上海市人民检察院第三分院侦监处课题组：《海上走私成品油、白糖类犯罪的实务问题研究》，载陈晖主编：《海关法评论》（第9卷），法律出版社2020年版。

② 郭锦勇、顾广绪：《海上成品油走私案件办理情况调查报告》，载《检察调研与指导》2019年第4辑。

力强,缉私工作难度很大。二是走私组织者易逃避法网。走私犯罪已经呈现出组织化、集团化特征。在实际运作走私过程中,组织者通常躲在幕后远程遥控,并不直接参与到具体的走私犯罪活动中。实践中,被抓到的也只是一些被临时雇佣而来承担相应运输任务的渔民、雇工等,达不到从根本上铲除犯罪的目的。

(三) 海上走私犯罪法律适用疑难及解析

海上走私犯罪的司法实务疑难主要集中在对行为人主观故意的认定,以及共同运输人和其他环节参与人刑事责任的认定这两个方面。

1. 行为人主观故意的认定

走私犯罪主观上只能由故意构成,过失不能构成本罪。在司法实践中,犯罪嫌疑人的反侦查能力较强,到案后多辩称不知道是走私行为,以此来否认走私的主观故意,司法人员很难取得有效证明其犯罪心态的证据,认定其构成走私犯罪就有了相当的难度,此时需要明确刑法意义上"明知"的含义。通说认为,"明知"就是知道或应当知道,既包括行为人明确知道自己实行的是走私行为,也包括行为人从种种迹象应当判断出自己实行的是走私行为。主观心态可由客观行为反映出来,在犯罪嫌疑人为逃避法律制裁拒不供认的情况下,依据证据事实从"应当知道"的角度推定其主观明知,也符合证据认定规则。

2002年7月,最高人民法院、最高人民检察院、海关总署联合颁布的《办理走私刑事案件适用法律若干问题的意见》(以下简称《走私意见》)中也肯定了"推定明知",该意见专门列举了7种情形作为认定行为人具有"明知"的依据,具体如下:(1) 逃避海关监管、运输、携带、邮寄国家禁止进出境的货物、物品的;(2) 用特制的设备或者运输工具走私货物、物品的;(3) 未经海关统一,在非设关的码头、海(河)岸、陆路边境等地点,运输(驳载)、收购或者贩卖非法进出境货物、物品的;(4) 提供虚假的合同、发票、证明等商业单证委托他人办理通关手续的;(5) 以明显低于货物正常进(出)口的应缴税额委托他人代理进(出)口业务的;(6) 曾因同一种走私行为受过刑事处罚或者行政处罚的;(7) 其他有证据证明的情形。这7种情形包括兜底条款为认定走私犯罪的主观故意提供了详细的依据标准,但法律规定永远无法涵盖所有的犯罪情形,尤其是在走私成品油案件中对船员主观故意的认定,始终是个难点。司法人员在具体办案过程中,还需要充分利用接驳过程的细节来推定船员的主观明知。实践中,可以通过以下细节来推定:(1) 从接驳行为来看,船员在知道接驳成品油后是否提出过反对意见,如果是完全听从安排实施绑缆绳、抬油管等行为,就能反映出船员对接油程序相当熟悉,可以作为其"应当知道"并参与走私的证据;(2) 从接驳时间和地点来看,"大巴"和"小巴"的接驳时间如果主要安排在夜晚，又利用了海域宽广且缺乏照明的有利条件，可以一定程度印证其行为的非法性；（3）从接驳的设备来看，如果事先将渔船进行内部改装，船身加盖帆布伪装成货船，而实际是具备储油功能的油船，可以推测出其预谋走私的主观故意；（4）从接驳方式来看，用一元人民币的尾号和对方进行交接，这是走私成品油惯用的联络方式，可以认定"明知"；（5）其他方面，包括从出发到与外轮接驳，驾驶时间大多在20多个小时，时间较长符合外海的航程时间跨度、对"大巴"船身有英文船名的供述、交接地点并非合法位置；等等。但对上述细节的推定，大多是通过行为常识去判断的，内心推断的比重较高，辩解空间也较大，确定性并不十分经得起推敲，① 还是要结合在案客观证据谨慎认定。

2. 走私参与人刑事责任的认定

（1）一般认定标准

司法实践中，走私犯罪的组织者通常在幕后遥控指挥，并不直接参与运输走私货物，侦查机关抓获的往往是走私货物的运输人员，而非组织者。在这种情形下，能否追究运输人员的刑事责任？被抓获的船长、大副、轮机长、骨干船员、其他船员等不同层级的运输人员应当如何处理？这些都是需要解决的问题。

《走私意见》第14条规定："对刑法第一百五十五条第（二）款规定的实施海上走私犯罪行为的运输人、收购人或者贩卖人应当追究刑事责任。对于运输人，一般追究运输工具的负责人或者主要负责人的刑事责任，但对于事先通谋的、集资走私的，或者使用特殊的走私运输工具从事走私犯罪活动的，可以追究其他参与人员的刑事责任。"该规定明确了追究运输人员刑事责任的两个要点：一是无条件追责，即只要是走私船舶等运输工具的负责人或者主要责任人，就应该追究其刑事责任。二是有条件地追责，即对于其他运输人员，如果事先通谋、集资走私、使用特殊运输工具从事走私犯罪活动，就应该追责。实践中，对于运输人员，一般只追究主要负责人如船长、大副、轮机长、押货人、骨干船员的刑事责任，而对于一般船员、勤杂人员不追究刑事责任，除非有证据证明一般船员也有事先通谋和集资走私的行为，或者1年内曾因走私被给予二次行政处罚后又走私的。

（2）特殊认定情形

"骨干船员"的认定是实践中的又一难点。船长、大副、轮机长都有明确

---

① 上海市人民检察院第三分院侦监处课题组：《海上走私成品油、白糖类犯罪的实务问题研究》，载陈晖主编：《海关法评论》（第9卷），法律出版社2020年版。

的职位和分工,但是"骨干船员"却没有一个统一的判断标准。司法实践中,可以通过该船员的工资高低和在走私活动中参与的程度来判断。如果工资高于一般船员,或者在走私过程中职能不限于抬拉油管,而是参与联络接头等环节的,可认定为"骨干船员"。

三、污染环境罪

(一) 概述

污染环境罪,是指违反国家规定,排放、倾倒或者处置有放射性的废物、含传染病病原体的废物、有毒物质或者其他有害物质,严重污染环境的行为。在海上犯罪中,污染环境罪既可以表现为行为人在沿岸铺设在地上或地下管道直接延伸至水体中,实施的排放、处置废物、有害物质的行为;也可以表现为行为人利用水上交通工具如货船、客船、大型渔船等,直接将承载的废物、有害物质倾倒于水体环境中的行为。海洋环境污染通常表现为石油污染、重金属以及放射性污染、赤潮和海洋垃圾等。根据相关数据显示,每年仅进入海洋的垃圾就达到 800 万吨,其中有超过 70% 沉入海底,有 15% 漂流在海上,另外 15% 则滞留在海滩之上[1];我国沿海地区每年排放入海的工业污水和生活污水共约 60 亿吨……这些还不包括石油、重金属等污染的情况。如此触目惊心的海洋污染数据,但追究刑事责任的案件数量却很少。从中国裁判文书网搜索可知,从 2012 年至 2021 年 3 月 10 日,该网上刑事裁判文书对应的污染环境罪刑事案件有 13631 件,而细化到"海域"后,从 2014 年至 2020 年的刑事案件只有 24 件,可见大量的污染海洋环境事件并没有通过刑事诉讼途径予以制裁。

最典型的例子是 2011 年 6 月 4 日发生在我国渤海湾的"康菲石油泄露事件"。该事件造成 6200 平方公里的海域海水污染,其中 870 平方公里海水受到严重污染,大量海洋生物死亡,海洋生态损害价值总计 16.83 亿元人民币。[2] 事故发生后始终未启动刑事诉讼程序,康菲石油(中国)有限公司只支付了 20 万元行政罚款和 168 万余元的渔民赔偿款。实践中大量污染海洋环境事件没有得到刑事追责的主要原因是立法层面在设置"污染环境罪"时没有充分考虑海洋污染的情形,导致本罪的内涵及外延在海洋污染领域的适用存在困境

---

[1] 《2020 年中国海洋污染治理产业分析报告——市场调查与发展商机研究》,载中国报告网,http://baogao.chinabaogao.com/huanbao/515565515565.html。

[2] 《蓬莱 19-3 油田溢油事故调查处理报告发布》,载中国新闻网,https://www.chinanews.com/gn/2012/06-21/3980404_2.shtml。

和争议,下面试对污染环境罪的疑难问题进行解析。

(二) 本罪相关法律在海洋领域的适用困境

1. 犯罪构成要件的争议

(1) 客观行为。《刑法》第338条对本罪规定的具体行为方式只有三种,即"排放、倾倒、处置",而污染海洋的客观行为和手段庞杂多样,很多污染事故均超出这三种行为方式,例如油轮泄漏污染、船舶故意相撞导致沉船污染、海上不当作业导致的污染等,是否能认定为对海洋环境的污染犯罪却存有争议;最高人民法院、最高人民检察院于2017年施行的《关于办理环境污染刑事案件适用法律若干问题的解释》(以下简称《环境污染解释》)第1条列举了18项构成污染环境罪的情形,仅从数量而言,已经是司法解释中对刑法个罪罪状列举最多的,但实际上却很难直接适用于海洋环境污染犯罪,就常见污染情形的适用而言,只有第10项"造成生态环境严重损害的"和第18项"其他严重污染环境的情形"这两项兜底条款。第1条中的第12项、第13项已细化到对基本农田、防护林地、其他农用地、其他土地、森林、其他林木和幼树的保护,却还是没涉及海洋环境,不能不说是一种遗憾。

(2) 主观要件。关于本罪的罪过形式,理论界一直存在较大争议。有过失说、故意说和混合说。

①过失说。过失说认为从法定刑上看,污染环境罪的法定最低刑是单处罚金,法定最高刑为7年以上有期徒刑。还有学者认为,本罪的罪过形式只能是过失,如果是故意的心态,则应认定为以危险方法危害公共安全罪。正如交通肇事罪也是以过失构罪,如果是故意,则定故意杀人罪或以危险方法危害公共安全罪。

②故意说。故意说是学界通说,认为污染环境罪删除了重大环境污染事故罪中"事故"等过失犯罪的文理依据。因此,在刑法没有规定污染环境罪的主观要件为过失的情况下,其主观要件只能是故意。① 最高人民法院、最高人民检察院、公安部、司法部、生态环境部于2019年发布《关于办理环境污染刑事案件有关问题座谈会纪要》以后,故意说又有了一个重要的依据,该《纪要》"关于主观过错的认定"规定:会议认为,判断犯罪嫌疑人、被告人是否具有环境污染犯罪的故意,应当依据犯罪嫌疑人、被告人的任职情况、职业经历、专业背景等证据,结合其供述,进行综合分析判断。实践中,具有下列情形之一,犯罪嫌疑人、被告人不能作出合理解释的,可以认定其故意实施

---

① 栗相恩:《污染环境罪法益与罪过形式探析》,载《人民检察》2012年第9期。

环境污染犯罪。

③混合说。混合说认为，污染环境罪主观方面既包括故意也包括过失，首先污染环境罪法条并无明确主观方面是过失或是故意，司法实践中既有过失违反规定导致污染物泄漏案例，亦有故意倾倒污染物案例，出于预防环境犯罪和严惩个人、单位违法行为的考量，其次同一罪名存在两种罪过，并不违背刑法理论和立法惯例，例如《刑法》第408条食品监管失职罪，实为混合罪过。

（3）入罪标准。根据2017年《环境污染解释》中的入罪标准，"非法排放、倾倒、处置危险废物3吨以上的；违法所得或者致使公私财产损失30万元以上的"即可构成本罪。危险废物3吨和财产损失30万元这两个入罪门槛，对于动辄几十万吨油污污染和上千万元、上亿元损失计算的海洋环境污染事故而言，实在太低了。如果严格按照该司法解释的标准来认定，将有半数以上的海洋污染事故被认定为犯罪，甚至达到最高量刑幅度。这显然会导致严刑峻法，有违刑法的谦抑性。

2. 刑罚效果与环境修复之间的矛盾

惩罚犯罪不是刑法的最终目的，刑法的最终目的是修复社会关系。这就是为什么法院要在刑事判决书中载明追缴赃款赃物、退赔违法所得等内容，为什么被害人谅解书可以作为对被告人酌情从轻处罚的依据。破坏环境资源类犯罪除了惩罚严重污染环境的行为人和单位，也应该将修复环境的作用包含在内，而现行污染环境罪的立法体系在修复环境方面存在一定的不足。

（1）罚金刑没有具体操作标准。现行刑法和司法解释没有明确罚金的数额和标准。破坏环境资源犯罪大多是经济犯罪和单位犯罪，对于受经济利益驱动的犯罪，处以罚金刑，不让犯罪分子在经济上非法获益，有很大的必要性。但现行刑法未能突出罚金刑的重要性，也没有明确罚金的幅度区间或计算参数，使其威慑力降低。从司法实践来看，对污染环境的犯罪分子判处的罚金数额大多低于行为人因污染环境而获益的金额，更远远低于环境受损的金额，以至于行为人宁可受罚也不愿停止污染行为，起不到应有的惩戒作用。①

（2）刑种单一，修复效果不明显。破坏环境资源类犯罪的刑种设置只有两种，即自由刑和罚金。这种刑罚配置虽然可以满足惩治污染环境犯罪的基本需要，但却无法充分发挥刑法的环境保护功能。污染环境犯罪与其他犯罪不同，除了预防和打击功能，更应该具备修复功能。环境污染必须得到治理，修复生态环境原貌的责任应该由犯罪分子来承担。但现行刑法的规定，除了刑罚措施外，别无其他非刑罚处罚措施，往往使得犯罪分子承担刑罚后，无须承担

---

① 叶良芳：《海洋环境污染刑法规制研究》，浙江大学出版社2015年版，第212页。

生态环境修复责任,从而起不到刑法应有的社会效果。

(三)污染海洋环境犯罪的法律适用建议

我国污染海洋环境犯罪在司法实践中存在一定困境和争议,污染环境犯罪的立法体系有待调整。由于海洋环境的特殊性,与陆地、大气等环境污染迥然不同,故理论界有学者建议增设"污染海洋环境罪"。本书认为在"污染环境罪"之外另增设"污染海洋环境罪"并不可取,这会对刑法的结构统一和立法逻辑完整性造成不利冲击。涉海犯罪本身就具有特殊性,如果增设"污染海洋环境罪",意味着也要增设其他有海洋特色的涉海罪名,如"海上交通肇事罪""海上走私罪""海上危险驾驶罪"等,这无疑是对刑法权威的严重削弱。因此,为解决海洋环境污染犯罪的特殊性,兼顾刑法的统一和权威,需要对现有"污染环境罪"的内涵和外延进行完善。

1. 修正和完善本罪的构成要件

(1)明确污染海洋环境的客观行为。建议在刑法条文中加入"排放、倾倒、处置"三种方式以外的其他污染行为方式,并辅以兜底条款,将本罪的罪状描述严谨化。扩充本罪司法解释,在设计污染海洋环境罪名时,可以从其行为方式是否违反国家规定或者行业操作规范等方面进行综合分析判断。对船员操作不当溢油、故意倾倒船舶压舱水等常见的部分污染行为做出列举式的规定,辅以兜底条款,尤其是对非法排放、倾倒、处置行为进行认定时,参考现有行政法规和相关国际条约中相关规定,灵活应用进行甄别,避免由于法条文义所限,影响司法实践认定。[①]

(2)明确主观故意。对于本罪的罪过形式,本书认可学界第三种观点,即"故意+过失"的混合罪过说。首先,污染海洋环境的行为既可以通过故意来实施,包括直接故意排污和间接故意放任污染后果的发生。也可以出于过失而发生,比如船员出于疏忽大意或过于自信,操作不当导致污染。其次,同一罪名上同时存在两种罪过形式并不违反刑法理论和实际,比如《刑法》第397条滥用职权罪、第408条环境监管失职罪,就是混合罪过。故意和过失不能并存于一个罪名的情况在刑法罪名里有明确表述,如故意杀人罪和过失致人死亡罪,故意伤害罪和过失致人重伤罪。对于污染环境罪,无论是实践和立法都没有禁止两种罪过形式并存。

(3)精准化入罪标准。将司法解释精细化,类别化不同的污染犯罪类型

---

① 陈远航、赵微:《海洋环境污染犯罪刑事立法存在的问题及应对》,载《社会科学家》2020年第12期。

标准,根据海洋环境的特点量化污染海洋犯罪构成标准。例如,可以以污染海域面积大小、海洋生物受损程度、造成海洋经济损失程度、经鉴定达到何种污损级别等标准来界定对海洋环境的污染程度是否构成犯罪,进而决定定罪量刑。

2. 设置污染海洋环境犯罪危险犯

污染环境犯罪的危险犯,指的是行为人实施污染环境犯罪的行为后,对环境、人身及财产产生损害的威胁,即可构成犯罪的一种形态。刑法上典型的危险犯罪名是危险驾驶罪。我国的破坏环境犯罪都是实害犯或结果犯,要求产生一定的危害结果才能构成犯罪,没有危险犯。海洋污染有其特殊性,由于海洋具有流动性和极其广袤的特征。在大多数情况下,污染行为发生后,污染结果或损害结果并不会在短期内产生,而是经过很长时间才能显现,具有很大的潜伏性。为有效保护海洋资源环境,有必要通过立法设置污染海洋环境犯罪的危险犯,充分发挥刑法的预测和指引功能。入罪标准可参考前文,比如何种污染达到多大海域面积即可构成本罪,量刑也与产生实害结果的行为相区别。

3. 优化污染海洋环境犯罪的刑种配置

(1) 细化罚金刑适用标准。本罪的罚金刑规定缺乏明确计算标准,可操作性很弱。建议采取相对明确的罚金刑立法模式。在具体计算标准方面,可以根据污染海洋环境行为所获得的经济利益,或者造成海洋环境损害的数额和程度,确定一定比例,作为行为人应当受到的处罚数额。该比例的设定,应达到遏制行为人今后实施类似污染行为的目的。①

(2) 设置修复环境的强制措施。自由刑和罚金只能起到惩罚和威慑的作用,是一种事后救济,对于已经发生的环境污染后果起不到修复作用。因此,有必要在判处犯罪分子自由刑和罚金刑的同时,强制其采取阻止污染扩大和修复生态的措施,可以效仿英美法系国家设置劳役刑,或者在罚金之外责令行为人支付用于修复环境的其他费用。

(3) 增设单位犯罪的"资格刑"。海洋环境污染犯罪大多数情况下体现的是单位意志,属于单位犯罪。但现行刑法对于单位的处罚只有罚金一种,显然不利于遏制单位犯罪。可对单位设置一些资格刑,如限制单位营业活动、取消单位资格、公开单位犯罪等。② 法律依据可以参考《刑法》第37条之一的"从业禁止"规定,禁止污染单位自刑罚执行完毕之日起从事相关职业,期限为3—5年。

---

① 叶良芳:《海洋环境污染刑法规制研究》,浙江大学出版社2015年版,第226页。
② 刘佳:《论我国海洋环境污染的刑法规制》,大连海事大学2016年硕士学位论文。

四、非法捕捞水产品罪

（一）概述

非法捕捞水产品罪，是指违反水产资源保护法规，在禁渔区、禁渔期或者使用禁用工具、方法捕捞水产品，情节严重的行为。非法捕捞水产品罪是水域内常见多发犯罪。在中国裁判文书网上搜索该罪，历年案发数量惊人，2013年该罪裁判文书不过23份，到2014年猛增至268份，2015年又翻了一倍达到594份，2016年是1100份，2020年则达到5476份，可见非法捕捞水产品的刑事案件激增速度之猛烈。再次输入关键词"海域"搜索，刑事案件相对较少，但增加的概率与普通水域相似。其中江苏省和浙江省两地海域的案件数占到全国的48.8%。由于海域面积宽广，侦查难度较大，加上近海渔业资源衰竭，政府出台政策规定的禁渔期不断加长，部分渔民为利益昼伏夜出，频频利用各种破坏性极大的手段在海上非法捕捞水产品，给渔业资源的修复带来极大危害。

下面通过分析海上非法捕捞水产品犯罪的特征和司法认定争议，提出一些对策建议。

（二）海上非法捕捞水产品罪的类型和特征

1. 海上非法捕捞水产品罪的主要类型及原因分析

（1）主要犯罪类型。根据中国裁判文书网2013年至2021年期间公开的非法捕捞水产品罪裁判文书，发生在海域范围内的有1696个刑事案件，其中有1604个案件包含"禁渔期"，1202个案件包含"禁渔区"，1138个案件既包含"禁渔期"也包含"禁渔区"。可见，海上非法捕捞水产品犯罪的类型基本上集中于"在禁渔期或禁渔区使用禁用工具"的情形，"双禁模式"占全部非法捕捞水产品案件的67.1%。

（2）原因分析。之所以"双禁模式"占本罪案件的近七成，主要是出于司法机关易于定罪量刑的角度，因为"双禁模式"查处难度低、入罪门槛低。根据2016年最高人民法院《关于审理发生在我国管辖海域相关案件若干问题的规定（二）》（以下简称《海域规定（二）》）第4条规定了本罪的三种情节严重的认定标准：①定量认定模式。该条第1项规定"非法捕捞水产品一万公斤以上或者价值十万元以上的"，采用的是单纯计量的认定模式。②"定性+定量"认定模式。该条第2项、第3项分别规定了"有重要经济价值的水生动物苗种、怀卵亲体"和"在水产种质资源保护区内捕捞水产品"，两项均要求"二千公斤以上或者价值二万元以上的"，这属于"特定捕捞区域+较低构罪数量"的认定模式。③双禁模式。即第 4 项、第 5 项规定了"禁渔期/禁渔区+禁用工具/方法"。在实践中,非法捕捞的船只都是即捕即销的,被抓获时只有船上当时所装载的渔获,在缺乏客观证据的情况下,不能仅凭口供认定该船只之前非法捕捞的渔获物的数量和种类,何况认定渔获物的价值既依赖于对渔获物重量和种类的确定证据,又要参考渔获物实时的市场价格,实务操作中有一定难度。因此,"定量认定模式"和"定量+定性认定模式"能在实践中适用的情形很少。而"禁渔期""禁渔区"认定的标准是非常直观的,在立法模式上类似于行为犯,不受捕捞渔获物重量和种类的限制,渔业执法人员也可以根据这两个标准进行集中力量巡查,人赃并获,证据确凿,易于操作。

2. 海上非法捕捞水产品犯罪的特征

(1) 被查处的以现行犯为主。由于海域面积宽广,渔业资源潜藏于海洋各处,渔民为了捕捞渔获会利用鱼探、声呐等科技产品追踪鱼类,航行轨迹不定。为了逃避侦查,很多从事非法捕捞的渔船还会在出海时把船上的卫星导航系统关闭,这就给海警及渔政部门打击非法捕捞活动造成很大困难,寻找非法捕捞渔船如同大海捞针,通常只能靠巡逻来现场发现该类渔船,人赃并获,抓现行犯。鲜少有通过遗留线索追查到之前的犯罪证据。

(2) 证据较难固定。由于海面宽阔无遮挡,所以当海警执法船发现涉嫌非法捕捞的渔船时,渔船上人员也能远远地发现海警执法船。并且由于大海航行速度较慢,海警执法船靠近非法捕捞船只需要一定的时间,这就为非法捕捞分子毁灭证据提供了可乘之机,从事非法捕捞的渔民可以乘机砍断渔网、电线等非法渔具,将这些犯罪工具沉入大海,执法人员难以获取证据。有些则会将非法捕捞的渔获物偷偷倾倒入海中,使得赃物无法被缴获和鉴别。①

(3) 禁用工具和方法以电鱼、使用违规网具为主。2013 年《渔业法》规定,禁用的工具包括使用禁用渔具和小于最小网目尺寸的网具;禁用的方法包括炸鱼、毒鱼、电鱼等破坏渔业资源的方法。海上非法捕捞最常见的禁用工具是使用网眼小于国家规定最低尺寸的网具捕捞,如地笼网、绝户网等。这种网具因网眼细小,会将尚未成年的小鱼小虾网罗殆尽。最常见的禁用方法是电鱼,海上非法电鱼捕捞一般是由渔民将金属导线缠绕在渔网上,将导线与专门的发电机或机舱发电机连接通电后,船只拖着带电渔网在海洋中行进,向水中释放强电流,所到之处大小鱼类基本上被电死或电晕,便可被一网打尽。电鱼方式作业海域宽广,渔获数量大,为近海区域的非法捕捞者所常用。

---

① 牛廉清:《海上非法捕捞水产品刑事案件侦查对策研究》,载《法制博览》2020 年 10 月(下)。

（4）渔业资源受损严重，环境可修复性差。无论是使用禁用网具，还是电鱼，都会导致大小鱼类被捕捞，一些幼鱼很难得到生存机会，捕捞一旦超过了鱼类种群本身的生长能力，会导致海洋渔业资源量不断下降，甚至出现一些海洋物种的灭绝，导致不可逆的后果。以电鱼为例，电流所到之处，小鱼当场被电死，大鱼被电晕，即便有侥幸存活下来的鱼类，也基本因为电击导致性腺功能受损而丧失了繁殖能力。与此同时，水里的虾蟹、贝类、浮游生物以及部分水草均可能因此死亡，进而导致食物链断裂，最终导致生态循环恶化。如果说使用禁用网具还有漏网之鱼，而电鱼则会造成电流所经海域灭绝性的损害，所有生物几乎遭受灭顶之灾，危害性极大，难以修复。即便在该海域增殖放流也收效甚微，因为生态食物链的每个环节都几乎断裂。

（三）海上非法捕捞水产品犯罪司法实务疑难及解析

1. 单禁模式的法律适用冲突问题

除了"禁渔期/禁渔区＋禁用工具/方法"的双禁模式，非法捕捞水产品构罪也有单禁模式，即在禁渔期或禁渔区使用禁用工具或方法中任意发生一种，且捕捞渔获物的重量或金额达到一定标准也能构成本罪。可单禁模式有两个不同的认定标准。最高人民检察院、公安部《关于公安机关管辖的刑事案件立案追诉标准的规定（一）》（公通字〔2008〕36号）（以下简称《追诉标准（一）》）第63条规定，"违反保护水产资源法规，在禁渔区、禁渔期或者使用禁用的工具、方法捕捞水产品，涉嫌下列情形之一的，应予立案追诉：（一）在内陆水域非法捕获水产品500公斤以上或价值5000元以上的，或者在海水水域非法捕捞水产品2000公斤以上或者价值2万元以上……"。而2016年《海域规定（二）》第4条规定，"违反保护水产资源法规，在海洋水域，在禁渔区、禁渔期或者使用禁用的工具、方法捕捞水产品，具有下列情形之一的，应当认定为刑法第三百四十条规定的'情节严重'：（一）非法捕捞水产品10000公斤以上或者价值10万元以上的……"。在单禁模式中，捕捞海域水产品的重量和价值认定标准在两个司法解释中出现了明显不同的规定，2016年《海域规定（二）》中的标准足足是2008年《追诉标准（一）》中的5倍，应该如何适用？

本书认为，2008年《追诉标准（一）》由公安部和最高检两家联合发布，是认定刑事侦查立案标准的权威依据。就办案实践而言，能在查处非法捕捞水产品案件时，一次性查获海水水域水产品2000公斤以上或价值2万元以上的，已是少见。如果依照2016年《海域规定（二）》的司法解释，查获水产品10000公斤以上或价值10万元以上才能认定本罪，势必放纵大部分的非法捕捞水产品犯罪，对于海洋渔业资源起不到应有的保护。因此，本书建议适用

2008年《追诉标准（一）》。司法实践中的单禁模式采用的也是2008年《追诉标准（一）》。

2. 上下游犯罪的量刑不均衡问题

非法捕捞水产品罪的法定最高刑为3年以下有期徒刑，如果下游行为人明知渔获物系非法捕捞所得而仍然予以窝藏、转移、收购、代为销售，达到一定数额或者情节的，应认定为掩饰、隐瞒犯罪所得、犯罪所得收益罪。按照浙江省法院的量刑标准，如果渔获物达到10万元以上的，掩饰隐瞒犯罪量刑在3年至7年有期徒刑。如此一来就出现了上下游量刑不均衡的情形，无预谋的帮助运输、购销行为量刑标准高于有预谋的非法捕捞行为，不符合罪责刑相适应原则。这也是刑法体系里的罕见现象。

有学者指出是因为非法捕捞水产品罪法定刑过低才会导致上下游量刑不均衡，且不利于渔业资源保护，建议提高法定刑。本书认为，实施非法捕捞水产品犯罪的大部分都是渔民，多数是为生计铤而走险，其主观恶性并不大，3年以下的有期徒刑、拘役和管制足以起到惩戒作用，再调高法定刑幅度会导致罪责刑不相适应，不符合社会大众的朴素正义观。上下游量刑不均衡问题在立法层面可以通过调整掩饰、隐瞒犯罪的司法解释来解决，而不是轻易去修改刑法。在司法层面，则需要司法人员贯彻宽严相济刑事政策，通过法定、酌定的减轻、从轻情节来达到量刑均衡的效果。

3. 海洋资源环境修复问题

非法捕捞水产品犯罪对海洋生态环境造成严重破坏，但修复程度往往难以与破坏程度成正比。实践中，直接以被捕捞渔获物的价值作为要求赔偿损失的数额，这种方式不能完全评价非法捕捞行为对海洋生态多样性所造成的破坏，且在非法捕捞渔获物没有同类物的情况下，如何进行修复尚无定论。目前在刑事附带民事公益诉讼进行增殖放流、培育人工鱼礁等基础上，还应根据法律规定创新探索海洋生态环境修复鉴定标准。一是明确损害补偿标准。在明确"捞什么补什么，捞多少补多少"原则的基础上，实行多样化海洋修复。二是建立立体的海洋修复方案。除增殖放流外，还提出建立"海洋牧场"、劳役代偿等方式共同修复被损害的海洋生态环境。[1]

五、海上跨国犯罪

海上跨国犯罪是指行为人以实施犯罪为目的，其犯罪行为或犯罪结果在海

---

[1] 张立：《非法捕捞水产品案件办理难点及应对》，载《人民检察》2018年第10期。

上,并跨越两个或是多个海上国境线实施犯罪活动。①

我国《刑法》第 8 条规定:"外国人在中华人民共和国领域外对中华人民共和国国家或者公民犯罪,而按本法规定的最低刑为三年以上有期徒刑的,可以适用本法,但是按照犯罪地的法律不受处罚的除外。"第 9 条规定:"对于中华人民共和国缔结或者参加的国际条约所规定的罪行,中华人民共和国在所承担条约义务的范围内行使刑事管辖权的,适用本法。"可见,对于跨国犯罪的行为和结果涉及我国国家或公民的,如果触犯我国刑法,则可用刑法惩处。如果未触犯我国刑法,则可以依照国际条约来管辖。

(一) 间谍罪

1. 罪名释义

间谍罪是指参加间谍组织或者接受间谍组织及其代理人的任务,或者为敌人指示轰击目标的行为。

我国《刑法》第 110 条规定:"有下列间谍行为之一,危害国家安全的,处十年以上有期徒刑或者无期徒刑;情节较轻的,处三年以上十年以下有期徒刑:(一)参加间谍组织或者接受间谍组织及其代理人的任务的;(二)为敌人指示轰击目标的。"

2. 海上犯罪

海上间谍犯罪可以表现为多种形式。实践中,有接受间谍组织的任务,利用观光船、测量船驶入我国海域进行监听、侦察等间谍行为;有利用渔船靠近军港拍摄军舰的间谍行为等。

3. 犯罪构成要件

(1) 主体要件。本罪的犯罪主体是达到刑事责任年龄,具有刑事责任能力的自然人,可以是中国公民,也可以是外国人或无国籍人。法人不能成为间谍罪的犯罪主体。

(2) 主观要件。本罪在主观方面表现为故意,其故意的内容表现为行为人明知是间谍组织,或者明知是间谍组织及其代理人任务等而参加或者予以接受。无论行为人出于何种动机和目的,都不影响该罪的构成。

(3) 客体要件。本罪所侵害的客体是中华人民共和国的国家安全,即人民民主专政的国家政权和社会主义制度。

(4) 客观要件。本罪在客观方面表现为参加间谍组织或接受间谍组织及其

---

① 裴兆斌等:《海上跨国犯罪与国际刑事司法协助》,人民日报出版社 2017 年版,第 3 页。

代理人的任务，或者为敌人指示轰击目标的行为。具体表现为以下三种情形：

①参加间谍组织，成为间谍组织的成员，充当间谍。所谓间谍组织，主要是指外国政府建立的旨在策反我国公职人员、人民群众、商业组织等向我国国家机构和各种组织进行渗透、窃取、刺探、收买、非法提供国家秘密和情报，进行颠覆和破坏活动的组织。

②接受间谍组织及其代理人的任务。间谍组织的代理人，是指受间谍组织或者其成员的指使、委托、资助，进行或者授意、指使他人进行危害中华人民共和国国家安全活动的人。

③为敌人指示轰击目标。是指为军事侵略我国国家的敌国提供攸关我国安全的重大军班设施、建设项目、城市等目标的行为。行为方式是在战时为交战敌对国或敌方用画图、文字、使用信号、标记等手段向敌人明示所要轰击我方目标。这里所谓的敌人，不是指国内暗藏的个别敌对分子，而是指军事侵略我国的敌国和武装力量。

4. 司法认定

（1）罪与非罪的界限

①行为人实施的间谍行为，必须是针对中华人民共和国，以对国家安全造成危害为目的，否则，不构成间谍罪。《刑法》第110条对构成间谍罪的间谍行为作了限制性规定，即行为人实施的间谍行为必须是危害我国国家安全的。行为人虽实施了间谍行为，若这种行为不具有危害我国国家安全性质的，则不能按间谍罪论处。

②应对参加间谍组织的间谍分子与组织中的非间谍分子进行区分。所谓非间谍分子，是指间谍组织中未履行参加间谍组织的手续，也未进行间谍活动的工程技术、一般勤杂、医务、传达、庶务等人员。这些人员虽然也来我国旅游、探亲、学术交流、经贸洽谈等，但没有进行间谍活动的，不能按间谍罪予以追究。

（2）典型案例

2017年3月，一名日本札幌市七旬男子在山东省与2名同事使用测定仪器进行地质调查时被拘留，该男子系日本千叶县船桥市的地质调查公司"日本地下探查"的负责人，因其以地质调查为掩饰为间谍组织收集我国相关情报，于2017年9月被逮捕，北京市法院以间谍罪判处其有期徒刑12年，并没收个人财产20万元。①

---

① 《日媒：日本一70多岁男子因间谍罪在中国被判刑12年》，载环球网2018年12月11日，https://world.huanqiu.com/article/9CaKrnKfO3C。

(二) 海盗罪

1. 罪名释义

海盗罪,是指未受交战国的允许、批准或不隶属于任何一个国家的海军,而驾驶船舰,意图对其他船只或其他船只上的人或物实施暴力进行胁迫的犯罪行为。①

《联合国海洋法公约》采取列举的方式对海盗行为进行了定义,即"下列行为中的任何行为构成海盗行为:(1)私人船舶或私人飞机的船员、机组成员或乘客为私人目的,对下列对象所从事的任何非法的暴力或扣留行为,或任何掠夺行为:①在公海上对另一船舶或飞机,或对另一船舶或飞机上的人或财物;②在任何国家管辖范围以外的地方对船舶、飞机、人或财物;(2)明知船舶或飞机成为海盗船舶或飞机的事实,而自愿参加其活动的任何行为;(3)教唆或故意便利(1)或(2)项所述行为的任何行为"。

2. 犯罪构成要件

(1) 主体要件。海盗罪的犯罪主体是自然人,包括私人船舶或私人飞机的船员、机组成员或乘客。作为例外情况,根据《联合国海洋法公约》第102条的规定,已发生叛变的军舰、政府船舶或政府飞机上的船员或机组成员,控制该船舶或飞机而从事海盗行为的,也可以成为海盗罪的犯罪主体。若一国的军航、政府船舶、政府飞机违反国际法对其他船舶、飞机实施暴力、扣留或掠夺行为,不构成海盗罪,只能要求该国依其国内法对有关人员进行惩处。

(2) 主观要件。海盗罪的犯罪主观方面表现为故意,一般认为包含"明知"和"自愿"两个方面含义。行为人在主观上必须"明知"其所在的船舶或飞机已经成为从事海盗活动的船舶或飞机的事实。如果行为人根本不知道这一事实,当然不构成国际法上的海盗罪。同时行为人还必须是"自愿"参加海盗活动。如果行为人是被迫参加的,也不构成海盗罪。

需要注意的是,海盗罪的犯罪目的是出于私人目的意图抢劫、扣留和掠夺财物。私人目的是相对于政治目的而言的,主要体现为意图抢劫和掠夺另一船只或飞机上的财物。如果出于政治目的,执行政府或某一政治团体的命令而实施的抢劫、扣留和掠夺财物等行为,不构成海盗罪。

(3) 客体要件。根据《联合国海洋法公约》的规定,海盗罪的犯罪客体是他国的船舶、飞机或乘客的人身和财产安全。海盗罪的犯罪对象是另一船舶或飞机,或在其上的人或财物。如果是在同一船舶或飞机内实施的不法行为,

---

① 邹瑜主编:《法学大辞典》,中国政法大学出版社1991年版,第12页。

如船员抢劫乘客、乘客之间的抢劫、掠夺行为、船员或乘客实施暴动、劫持船舶等行为，均不构成海盗罪。

（4）客观要件。海盗罪的客观方面具体表现在行为人对另一国的船舶或飞机，或在其上的人或财物实施了任何非法的暴力或扣留行为，或任何掠夺行为。根据《联合国海洋法公约》第101条第2项、第3项的规定，海盗行为也包括事先无通谋的海盗共犯以及海盗教唆、帮助行为。

3. 司法认定

（1）罪与非罪的界限

①海盗行为必须发生在公海上或在任何国家管辖范围以外的区域。按照公约规定，公海不包括国家的专属经济区、领海或内水或群岛国的群岛水域内的全部海域；公海对所有国家开放，极地也如此，不属于任何国家管辖。如果海盗行为不是发生在公海或无管辖区内，而是发生在主权国家的领海内，则属于该国的国内法管辖，不构成国际刑法上的海盗罪。

②国家能否构成海盗罪的主体仍是争议。从国际法上看，无论是《联合国海洋法公约》还是《公海公约》，均将国家军舰、政府船舶、政府飞机等排除在海盗罪之外。事实上很多海盗集团的背后，不乏国家机构的支持和资助，有些国家甚至直接将恐怖主义组织当作推行其政治目的或消除海外不同政见者的有力工具。既然国家可以成为国际恐怖主义犯罪的主体，海盗罪又是国际恐怖主义犯罪的一种，那么，国际公约在关于海盗罪主体的规定上就不能回避这一现实。

（2）典型案例

1999年3月17日，在印度洋安达曼海域，我国台湾地区巴商高速投资公司所拥有的巴拿马籍杂货轮"海的主人"号被劫。这起震惊海内外的"3·17"海盗劫持货轮案告破后，海盗船上的14名缅甸籍船员被广西警方拘留、逮捕。2000年1月31日，防城港市中级人民法院经公开审理后以抢劫罪对芒泰昂等人分别作出一审判决，14名国际海盗分别被判处死刑、无期徒刑或有期徒刑。二审维持了原判。①

---

① 《"3·17国际"国际海盗案终身判决：14名缅甸海盗被判刑》，载《北京晨报》2000年8月24日。

第三节　海上侦查活动检察监督

一、海上侦查制度的改革变迁

（一）侦查及海上侦查制度

现行《刑事诉讼法》第 108 条规定，侦查是指公安机关、人民检察院对于刑事案件，依照法律进行的收集证据、查明案情的工作和有关的强制性措施。与 1979 年《刑事诉讼法》规定"侦查是指公安机关、人民检察院在办理案件过程中，依照法律进行的专门调查工作和有关的强制性措施"相比，现行刑事诉讼法在侦查概念的界定上，一是限缩了案件的范围，将之限定为刑事案件，二是明确了侦查工作的内容，即将"专门调查工作"明确为收集证据、查明案情的工作。

2021 年 2 月 1 日起施行的《海警法》第 38 条规定，海警机构办理海上发生的刑事案件，依照刑事诉讼法和本法的有关规定行使侦查权，采取侦查措施和刑事强制措施。

关于海上侦查制度，《宪法》《刑法》《刑事诉讼法》《行政诉讼法》《公安机关办理刑事案件程序规定》《公安机关办理行政案件程序规定》等法律法规中均未明确规定，且《海警法》"海上犯罪侦查"一章的 8 个条文也未涉及海上犯罪侦查制度，仅做了一些程序性规定。

按照传统理解，海上侦查制度是将传统侦查制度在"海上"的延伸，是"海上"这一特定场域的特定侦查制度。理解其概念，首先必须对"侦查"和"海上"进行界定，其次是刑事犯罪和侦查制度。对于"侦查"，根据现行刑事诉讼法的规定比较容易理解，学界也已达成共识。对于"海上"的观点尚未统一。如有的学者认为"海上"犯罪，即发生在海洋上的犯罪，换言之，是借助海洋场域实施的犯罪，而非对海洋本身实施的犯罪；而"海里"犯罪是指直接以海洋环境和资源为犯罪对象的犯罪[①]。有的学者认为发生在《联合

---

① 吴立志、郑峥：《我国海洋犯罪体系的构建——一种"海上""海里"的二元模型》，载《西华大学学报（哲学社会科学版）》2018 年第 5 期。

国海洋法公约》所确定的海域犯罪都称为海上犯罪[①]。有的学者认为海上犯罪有狭义和广义之分，前者是指与国际法中的海域对应的发生在海上的犯罪，后者则不仅包含狭义上的海上犯罪，还包括发生在不可航的内湖、内河等水域的刑事犯罪[②]。可见，学界对海上犯罪界定的主要区别在于是否把发生在不可航的内湖、内水等水域的刑事犯罪也纳入海上犯罪的范畴。本书认为，内湖和内水是属于一国的领水范围，享有完全主权，其本身在陆地之内或之间，完全可依属地管辖权进行管辖，而国际法和国际条约对海洋范围已有清晰的界定，且获得了多数国家立法与学界的认可，应将海上犯罪界定为发生在依照国际法和国际条约所认定的海域范围内的犯罪行为，包括发生在该海域上的犯罪行为和以海域本身自然资源等为犯罪对象的犯罪行为。从2021年《海警法》中"海警机构在中华人民共和国管辖海域及其上空开展海上维权执法活动""海警机构办理海上发生的刑事案件"等规定来看，管辖范围不仅包括《联合国海洋法公约》的海域范围，还包括上述海域的上空范围，而就刑事案件的范围不仅包括上述海域范围，还包括上述海域的上空范围，统一称为"海上"。由此，海上侦查即是指公安机关、人民检察院对于发生在国际法和国际条约所认定的海域范围内的刑事案件，依照法律或国际条约进行的收集证据、查明案情的工作和有关的强制性措施。

（二）我国海上执法体系现状

我国的海上执法体系较之陆地执法体系发展较晚，体系较为分散。海上执法体系又细分为海上行政执法体系和海上刑事执法体系。

1. 海警局组建前的海上执法体系

在海警局组建前，我国的海上执法力量主要有：公安边防海警、海监、渔政、海关缉私警察、海事，分别隶属公安部、国家海洋局、农业部、海关总署、交通部。各自具体职责分别为：

（1）公安边防海警部队的前身是1982年组建的海上公安巡逻大队。经过发展，承担的主要职能有：对在我国水域内发生的且属于公安机关管辖的治安案件、刑事案件分别行使调查处理权、侦查权；对涉嫌违法犯罪的人员以及与违法犯罪行为有关的工具或者物品，依法采取登临、检查、执行逮捕等措施；为防止和惩处在我国主权管辖的陆地领土、内水、领海内实施的违法行为，在

[①] 王君祥：《中国-东盟打击海上犯罪刑事合作机制研究》，载赵秉志：《刑法论丛》，法律出版社2010年版，第387页。

[②] 赵微：《海上刑法的理论定位与实践价值》，载《中国社会科学报》2010年9月7日。

毗连区内实施管制的权力；对涉嫌违法犯罪的外国船舶，可以依法实施登临权和紧追权。

（2）中国海监于1998年成立，其承担的主要职能：依照有关法律和规定，对我国管辖海域开展海洋执法监察工作，发布监察公报、通报，对侵犯我国海洋权益、破坏海洋环境、损害海洋资源、扰乱海上秩序等行为进行处罚。

（3）中国渔政于1988年成立，其承担的主要职能：监督实施渔业方面的法律法规，开展渔业管理活动，对渔政、渔港、渔船进行检验监督，处理涉外渔业事件，承担对渔船、渔港、水产养殖等执法任务，指导渔业安全生产工作。

（4）中国海关海上缉私警察于1999年成立，其承担的主要职能：承担对全国各地的走私工作的组织协调、监督管理工作，侦办涉嫌走私的犯罪案件，研究提出走私的执法标准、措施，制定相关规章制度进行监督检查，开展打击走私的国际合作。

（5）中国海事于1998年成立，其承担的主要职能：拟定和组织实施国家水上交通安全监督管理、船舶及相关水上设备检验和登记、防治船舶污染和航海保障的方针、政策、法规和技术规范、标准；统一管理水上交通安全和防治船舶污染；负责船舶、海上设施检验行业管理以及船舶适航和船舶技术管理等；负责船员、引航员、磁罗经校正员适任资格培训、考试、发证管理；管理通航秩序、通航环境；负责航海保障；组织实施国际条约等。

由上可见，在海警局组建之前，我国的海上执法体系具有分散性、条块化特点，由不同的部门在各自职责范围内从事海上执法，有的职能还存在交叉、重叠现象。

2. 海警局组建后的海上执法体系

（1）隶属国家海洋局阶段

2013年3月，十二届全国人大一次会议通过《国务院机构改革和职能转变方案》和《国务院关于部委管理的国家局设置的通知》，将公安边防海警、中国海监、中国渔政、海上缉私警察进行整合，重新组建国家海洋局，以中国海警局名义开展海上维权执法。同时，成立国家海洋委员会，作为涉海部门的协调机构。依据上述方案，组建后的中国海警局统一行使原四部门的执法权，海警成为我国进行海上维权执法的重要执法主体，初步实现了海上统一维权执法。

（2）隶属自然资源部阶段

2018年3月，十三届全国人大一次会议通过《国务院机构改革方案》，组建自然资源部，将国家海洋局的职责整合进自然资源部，不再保留国家海洋局。中国海警局开展海上维权执法职能未发生变化。

(3) 转隶武警部队

根据中共中央印发的《深化党和国家机构改革方案》,2018年7月1日零时起海警队伍整体划归武警部队领导指挥,组建中国人民武装警察部队海警总队,称中国海警局,统一履行海上维权执法职责。转隶后实行中央军委—武警部队—部队领导指挥体制。

2018年6月22日,全国人大常委会通过《关于中国海警局履行海上维权执法职权的决定》,明确了海警的职权:中国海警局履行海上维权执法职责,包括执行打击海上违法犯罪活动、维护海上治安和安全保卫、海洋资源开发利用、海洋生态环境保护、海洋渔业管理、海上缉私等方面的执法任务,以及协调指导地方海上执法工作;中国海警局执行打击海上违法犯罪活动、维护海上治安和安全保卫等任务,行使法律规定的公安机关相应职权;执行海洋资源开发利用、海洋生态环境保护、海洋渔业管理、海上缉私等方面的执法任务,行使法律规定的有关行政机关相应职权。中国海警局与公安机关、有关行政机关建立执法协作机制。

2018年10月,全国人大常委会通过《关于修改〈中华人民共和国刑事诉讼法〉的决定》,规定中国海警局履行海上维权执法职责,对海上发生的刑事案件行使侦查权;中国海警局办理刑事案件,适用本法的有关规定。至此,我国以法律的形式正式确定了中国海警在办理海上刑事案件的执法主体资格,办理海上刑事案件程序执行刑事诉讼法的相关规定。

2021年1月22日,全国人大常委会通过了《海警法》,明确规定了海警的机构和职责、海上安全保卫、海上行政执法、海上犯罪侦查、警械和武器使用的内容,为海警履行海上维权执法提供了法律依据。

3. 海警局承担的维权执法任务

根据《海警法》第12条规定,海警履行的职责包括:(1) 在我国管辖海域开展巡航、警戒,值守重点岛礁,管护海上界线,预防、制止、排除危害国家主权、安全和海洋权益的行为;(2) 对海上重要目标和重大活动实施保卫,采取必要措施保护重点岛礁以及专属经济区和大陆架的人工岛屿、设施和结构安全;(3) 实施海上治安管理,查处海上违反治安管理、入境出境管理的行为,防范和处置海上恐怖活动,维护海上治安秩序;(4) 对海上有走私嫌疑的运输工具或者货物、物品、人员进行检查,查处海上走私违法行为;(5) 在职责范围内对海域使用、海岛保护以及无居民海岛开发利用、海洋矿产资源勘查开发、海底电(光)缆和管道铺设与保护、海洋调查测量、海洋基础测绘、涉外海洋科学研究等活动进行监督检查,查处违法行为;(6) 在职责范围内对海洋工程建设项目、海洋倾倒废弃物对海洋环境污染损害、自然保护地海岸线向海一侧保护利用等活动进行监督检查，查处违法行为，按照规定权限参与海洋环境污染事故的应急处置和调查处理；（7）对机动渔船底拖网禁渔区线外侧海域和特定渔业资源渔场渔业生产作业、海洋野生动物保护等活动进行监督检查，查处违法行为，依法组织或参与调查处理海上渔业生产安全事故和渔业生产纠纷；（8）预防、制止和侦查海上犯罪活动；（9）按照国家有关职责分工，处置海上突发事件；（10）依照法律、法规和我国缔结、参加的国际条约，在我国管辖海域以外的区域承担相关执法任务；（11）法律、法规规定的其他职责。

4. 中国海警的机构设置

根据 2013 年中央编办《国家海洋局主要职责内设机构和人员编制规定》，海警局下设海警司（海警司令部、中国海警指挥中心）、人事司（海警政治部）、财务装备司（海警后勤装备部），其中海警司下设综合处、法制处、调度指挥处、维权巡航处、治安处、刑侦处、缉私处、渔业执法处、渔业调查处、资源环境执法处、海域执法处、海岛执法处、训练督查处、情报处、通信处、勤务管理处。人事司、财物装备司下设部门此处不再赘述。

中国海警局下设北海分局、东海分局、南海分局、辽宁、天津、河北、山东、江苏、上海、浙江、福建、广东、广西、海南支队（即地方海警局），第一至第六支队（即直属局），第一至第三航空大队，沿海地级海警局，海警工作站（即县一级行政属地海上执法机构）。①

5. 海上侦查制度

（1）刑事案件管辖规定

2020 年 2 月，最高人民法院、最高人民检察院、中国海警局联合印发《关于海上刑事案件管辖等有关问题的通知》，主要内容包括：

①确定管辖的原则。在中华人民共和国内水、领海发生的犯罪，由犯罪地或者被告人登陆地的人民法院管辖，如果由被告人居住地的人民法院审判更为适宜的，可以由被告人居住地的人民法院管辖；领域外的中国船舶内的犯罪，由该船舶最初停泊的中国口岸所在地或者被告人登陆地、入境地的人民法院管辖；中国公民在中华人民共和国领海以外的海域犯罪，由其登陆地、入境地、离境前居住地或现居住地，或被害人离境前居住地或现居住地的人民法院管辖；外国人在中华人民共和国领海外对中华人民共和国国家或公民犯罪的，

---

① 王俊：《海警首次分区域设置海警工作站：县一级行政属地海上执法机构》，载澎湃新闻 2019 年 6 月 28 日，https：//www.thepaper.cn/newsDetail_forward_3790464。

根据刑法应当受到处罚的，由该外国人登陆地、入境地、入境后居住地、被害人离境前居住地或现居住地的人民法院管辖；对中华人民共和国缔结或参加的国际条约所规定的罪行，中华人民共和国在所承担的条约义务的范围内行使刑事管辖权，由被告人被抓获地、登陆地或入境地的人民法院管辖。依据前述确定的管辖地未设置海警机构的，由有关海警局商同级检察院、法院指定管辖。

②确定同级提请批准逮捕或移送起诉。沿海省（自治区、直辖市）海警局、下属海警局（各分局、直属局）、海警工作站办理刑事案件分别向省级、所在地设区的市级、所在地基层检察院提请批准逮捕或移送起诉。

③确定了检察机关对海警的法律监督。海警机构办理刑事案件应当主动接受检察机关监督，与检察机关建立信息共享平台，定期向检察机关通报行政执法与刑事司法衔接、刑事立案、破案、采取强制措施等情况。海警机构所在地的人民检察院依法对海警机构的刑事立案、侦查活动实现监督。

④明确了介入侦查内容。海警机构办理重大、疑难、复杂的刑事案件，可以商请人民检察院介入侦查活动，并听取人民检察院的意见和建议。人民检察院认为确有必要时，可以派员介入海警机构的侦查活动，对收集证据、适用法律提出意见，监督侦查活动是否合法，海警机构应当予以配合。

（2）海上侦查程序

根据全国人大常委会的授权，中国海警对海上发生的刑事案件行使侦查权，在办案程序上适用刑事诉讼法的规定。同时，《海警法》在"海上犯罪侦查"一章用8个条文规定了海上犯罪侦查的法律依据（《刑事诉讼法》和《海警法》）、技术侦查措施、通缉、登临、检查、拦截、紧追规定、取保候审和监视居住、海上犯罪级别管辖规定和逮捕、起诉规定。在"监督"一章规定了询问、讯问、继续盘问、辨认、当事人的救济途径等内容。

从现有法律规定来看，赋予海警与公安机关在办理刑事案件上同样的职权，《海警法》未明确规定的，可以适用《刑事诉讼法》，如回避、辩护与代理、证据、强制措施、期间送达、立案、侦查及特别程序案件办理等内容。但《海警法》未明确规定海警办理海上刑事案件能否适用《公安机关办理刑事案件程序规定》。但从侦查需要来看，《刑事诉讼法》对一些程序规定的较为原则，而《公安机关办理刑事案件程序规定》对管辖、证据种类及取证程序、侦查程序等有更为细化的规定，且《公安机关办理刑事案件程序规定》也是依据《刑事诉讼法》规定而制定的，在刑事案件办理中依据该规定也并不违反《刑事诉讼法》的规定。故本书认为，近期在办理刑事案件中，海警可以参照《公安机关办理刑事案件程序规定》进行侦查取证；从长远来看，可以通过制定《海警机构办理刑事案件程序规定》等单行规定，或立法授权海警可以依据《公安机关办理刑事案件程序规定》办理海上刑事案件。

二、海上侦查活动存在的问题与难点

（一）海上侦查活动法律依据位阶低、执法程序繁杂不统一

就刑事执法依据而言，《海警法》规定办理海上发生的刑事案件，依照《刑事诉讼法》和本法的有关规定行使侦查权，采取侦查措施和刑事强制措施。但《刑事诉讼法》和《海警法》的规定有的过于原则，有的并未规定，导致海警侦查海上犯罪中存在适用法律的窘境。本书认为，海警作为海上刑事犯罪的侦查主体，理应同样适用或参照适用依照《宪法》《刑法》《刑事诉讼法》等法律规定而制发的司法解释、程序性规定，如最高人民法院、最高人民检察院、公安部、司法部、海关总署《关于走私犯罪侦查机关办理走私犯罪案件适用刑事诉讼程序若干问题的通知》、最高人民法院《关于审理发生在我国管辖海域相关案件若干问题的规定（一）》《关于审理发生在我国管辖海域相关案件若干问题的规定（二）》、公安部《公安机关办理刑事案件程序规定》《关于公安边防部门办理刑事案件有关问题的通知》《公安边防部门缉私工作规定》等。同时，《宪法》《立法法》等法律中均未涉及海洋、海洋事项的问题，导致现行海洋法律法规效力位阶低，缺少上位法的依据，有的各单行海洋法规之间缺少协调性，有的甚至相互之间存在交叉重叠或矛盾冲突现象。就刑事执法程序而言，组建后的海警仍执行组建前海监、渔政、缉私警察、公安边防海警的工作职责，在过去分散型海上执法模式下，执法主体多导致执法程序存在多层级、条块化，各司一定范围，缺少系统性。在海警组建后，所承担的以原公安边防海警和缉私警察为主的刑事犯罪侦查职能，所办案件差异性大，本身也缺乏程序性规定，导致刑事执法混乱。

（二）海上侦查活动依据的专门涉海法律法规与刑法的协调性不够

截至目前，我国制定了《海上交通安全法》《渔业法》《海洋环境保护法》《海域使用管理法》《领海及毗连区法》《专属经济区和大陆架法》等一系列涉海法律法规，涉及海洋的开发、利用、保护和管理等内容，基本构建起了各涉海领域均有相应法律法规的海洋法律法规体系。

从适用范围来看，既包括我国领海内的管辖海域，也包括我国领海外的管辖海域，如毗连区、专属经济区、公海等海域，各单行海洋法律法规明确了我国在各海域享有的海洋权益，为海洋执法提供了依据。

从单行海洋法律法规中附属刑法的设置来看，大多数单行海洋法律法规明

确规定了有关刑事责任的条款,如《海岛保护法》第 55 条规定"违反本法规定,构成犯罪的,依法追究刑事责任";又如《海洋环境保护法》第 90 条规定"对严重污染海洋环境、破坏海洋生态,构成犯罪的,依法追究刑事责任"。这为依法惩治海上违法犯罪行为提供了基本遵循。

从附属刑法和刑法的衔接来看,除《渔业法》《海洋环境保护法》中涉及的非法捕捞行为、破坏海洋环境行为在《刑法》中有非法捕捞、破坏环境等罪名与之呼应外,其他海洋法律法规所涉及的海岸带、海岛、海洋资源、海洋石油勘探开发等权益鲜有刑法罪名与之对应,如《海洋环境保护法》中规定了海洋环境保护部门对违法行为的行政处罚种类和情形,但在《刑法》中并未规定超过行政处罚种类和情形的何种行为得以刑罚进行调处,这也导致即使发生了海上相关刑事案件,也难以用刑事手段追究其责任的窘境。

例如,广东海警破获全国首宗国际海底电缆刑事案:2015 年 3 月 31 日,广东省汕头市中级人民法院开庭审理沈某等 15 人涉嫌全国首宗国际海底电缆刑事案,最后法院以过失损坏公用电信设施罪追究被告人的刑事责任。① 该案暴露出破获国际海底电缆的行为,因《刑法》未规定专门罪名,只能牵强适用破坏公共设施罪,罪不当罚的情形广泛存在②。

2003 年 2 月 17 日广东省汕头市中级人民法院对阿丹·奈姆等 10 位印度尼西亚籍公民宣判的抢劫案:1999 年 6 月 8 日晚,印度尼西亚人阿丹·奈姆(Atan Naim)等 10 人在马来西亚海域劫持泰国一艘名为"暹罗差猜号"(Siam Chatchai)油轮。在释放该船 16 名泰国船员后,不久该油轮进入中国南澳岛附近海域,当它正将船上的柴油向一艘中国名为"正阳一号"的杂货轮销赃时,被我国查获。纵观全案,阿丹·奈姆等人触犯了《制止危及海上航行安全非法行为公约》规定的危害海上航行安全罪,但是,由于《刑法》没有规定该罪,最终广东省汕头市人民检察院以最相类似的抢劫罪提起公诉,最终法院以抢劫罪定罪处罚。③

从海洋行政执法和刑事执法实践看,诸多海洋法律法规都规定了海洋行政执法的种类、内容和程序,而就附属刑法大多仅以"构成犯罪的,依法追究

---

① 郑澍:《广东海警破获全国首宗破坏国际海缆刑事案》,载环球网 2015 年 4 月 1 日,https://china.huanqiu.com/article/9CaKrnJJtSW。

② 何海榕:《完善惩治海上刑事犯罪的立法思考》,载《人民法院报》2016 年 3 月 23 日第 6 版。

③ 许维安:《海洋发展战略背景下我国海洋刑事立法若干理论问题探讨》,载《北方法学》2016 年第 6 期。

刑事责任"进行宣誓性的规定,且缺少附属刑法和刑法及相关司法解释的配套、衔接,暴露出传统的重海上行政执法、轻海上刑事执法的倾向。同时,海洋行政执法依据又存在原则性规定多,本身行政执法又存在依据不明确、操作不具体等问题,各部门涉海职能交叉多,对易管领域争相介入、对难管区域互相推诿,对海上行政违法可能升级触犯刑法的重视度不够。海洋行政执法与刑事执法的"两法衔接"机制不畅,从实践看,每年海上行政执法的案件不在少数,因各涉海部门各司一定范围,部门之间缺少信息共享机制和案件线索移送机制,导致海上刑事案件较少。据学者统计,我国每年海上各种溢油事故发生约 500 起,某些海域海水含油量已超过国家规定的海水水质标准 2—8 倍①,但从 2010 年《刑法修正案(八)》对重大环境污染事故罪的修改后,国内至今无一例因海洋环境污染事故而定罪的案件。一方面暴露出海上违法案件数量较多,海事等相关部门往往也已经介入调查,但将涉刑事案件线索移交的机制尚未建立;另一方面暴露出对海洋环境污染犯罪打击不力症结并不完全在于"无法可依",环境行政执法部门对涉嫌犯罪案件的人为滞留,致使大量海洋环境污染案件并未移交刑事制裁②。

(三)海上侦查体制尚未成型,部门衔接机制不畅

海警组建前,原公安边防海警、海监、渔政、海关缉私警察本身就存在部门横向沟通联系少、权能交叉多、易管事项争着干难管事项推诿扯皮、执法力量不统一等问题。自 2018 年海警组建以来,海警内部机构正处于磨合阶段,职能合并后也处在磨合阶段。

从机构体制看,目前中国海警局下设 3 个分局、11 个海警总队、6 个直属局、3 个航空大队、市级支队、县级大队和海警工作站。这种方案参照了原国家海洋局的 3 个海区分局以及渔政部门的 3 个海区渔政局的管理体制③。各海监支队则保持独立工作,各地方海洋渔业局基本上维持组建前状态,各自按照组建前的职责进行海洋执法④。而原公安边防海警和海关缉私警察并没有海区级的设置,因而海警局海区分局的组建以原海监、渔政为主,而省级总队则以

---

① 朱姝霖:《海洋溢油事故的影响及处理分析》,载《航海》2011 年第 4 期。
② 赵微、郭芝:《我国海洋环境污染犯罪的刑事司法障碍及其对策》,载《学习与探索》2006 年第 6 期。
③ 董加伟:《中国海洋执法体制重构路径探析》,载《公安海警学院学报》2018 年第 17 期。
④《国家海洋局主要职责内设机构和人员编制规定》,载中国政府网,http://www.gov.cn/zwgk/2013/07/09/content-2443023.htm。

原公安边防海警和海关缉私警察为主,这样的设置使得海警内部执法人员因原部门而彼此间距离更加疏远,沟通工作难以开展。

从海上侦查职能履行看,原承担海上侦查职能的为公安边防海警和海关缉私警察,本身两者管辖的案件就不同,原海监、渔政又缺少与公安边防海警、海关缉私警察的"两法衔接"机制,导致海上刑事案件侦查存在各自为战情况。在海警局组建后,承担海上维权执法的职责,其具体职责为原四部门的职能合并,本身就存在点多面广的特点,各项职能尚未有机整合,限制了海上侦查职能的履行。

从海警局与地方其他部门的关系看,组建前,公安边防海警隶属公安部,在办理海上行政案件与刑事案件时,业务受公安部指导,而海警局组建后,隶属武警部队,编制和业务上均脱离公安部,军事属性也限制了其职能的发挥。组建后,承担了自然资源部涉及海洋事项的管理和执法职责、农业农村部渔业资源管理等职责、海上走私案件、海洋环境保护等职责,导致涉海法律法规的制定部门为自然资源部、农业农村部、海关总署、生态环境部等,而海警局仅履行海上行政执法权和刑事执法权,即出现了决策制定权和执行权的分离,也限制了海警履职的主动性。原涉海部门,包括海警局组建后,与地方执法队伍,如公安机关、地方政府等没有实际的领导和业务指导关系,导致海警局的工作因缺少地方的支持难以开展。海警局因刚组建,加之其案件数量有限,与地方法院、检察院虽有提请批捕、移送起诉等职能上的对接,与地方公安机关相比,仍存在明显生疏。这些方面都限制了海上侦查权的履行。

(四)海上侦查活动具有海洋特殊性,配套的程序法缺失

海上刑事案件具有高度暴利性、群体性、流动性、常业性的特点[①],导致海上刑事案件侦查比陆上刑事案件侦查难度更大,如海上刑事案件多为有组织的犯罪或集团犯罪、跨国犯罪,其犯罪预谋地、犯罪主体所在地、犯罪行为实施地、犯罪结果地可能处在不同国家、不同海域,或海域与陆地交叉等,案件可能涉及多个犯罪环节、多个地点,有一定的规模和组织体系,行为人多具有常业性特点,以从事海上犯罪为业,犯罪更为隐蔽、运用通信联络等科技含量更高等特点,而目前海上刑事案件侦办中并未区分海域犯罪和陆域犯罪从而专门制定海上犯罪查处程序和机制,导致海上刑事案件侦破难度更大。

海上侦查证据取证难度大,除环境污染案件以海洋为犯罪现场外,其他的

---

① 张保平:《海上犯罪的特点与海上治安防控体系的构建》,载《中国人民公安大学学报》2003年第6期。

海上刑事案件大多发生在船舶上。与陆上刑事案件不同的是,船舶作为犯罪现场,随时可移动,且船舶本身及其移动轨迹都是证据,同时除海上临时起意实施的犯罪外,其他的犯罪活动,如海上走私、海上贩毒、非法采矿(海砂)等,往往犯罪嫌疑人在陆地上预谋或操纵海上犯罪,犯罪行为地或结果地均涉及海上和陆上,导致该类犯罪存在多个现场、多处证据。船舶具有可移动性,导致案发地点甄别难度大。证据又易受海风、海浪等的影响,随时可能发生变动或灭失,实物证据收集难度大,如海上贩毒案件中,一旦被海警发现,嫌疑人可能会将毒品抛入海中,导致毒品证据灭失;又如"5·6"海上特大抢劫案中,嫌疑人将油船拖翻,由于船体长时间浸泡,导致现成勘查未获得有价值的痕迹、物证①。船舶又具有空间狭小、船员较少、船员地域性集聚等特点,导致案发后证人证言收集难度大,言词可信度低,案发至海警处警时,往往时间跨度长,导致犯罪嫌疑人串供、干扰证人作证等发生,取证难度大。海上侦查中,在扣押、搜查、辨认活动中见证人见证问题能否以同步录音录像代替、对易变质腐烂等证据的保管和转移的程序性规定等,均未与陆上侦查程序相区分,导致实践操作难度大。这些问题在海上侦查中确实存在,但《刑事诉讼法》《公安机关海上执法工作规定》《公安机关办理刑事案件程序规定》等法律法规中均未对陆上和海上侦查作区别性规定,在证据资格和标准上同一对待,导致海上侦查难度骤增。

海洋具有跨海域、跨国境特点,如海上走私案件中,案发地、途径地、行为地、结果地可能涉不同海域、不同国境,而开展国际刑事合作又存在配套机制少、外交谈判耗时长等特点,导致侦查活动受限。又因发生的海域不同,侦查所依据的法律或国际条约(公约)不同,发生在我国领海以内的案件适用我国法律没有争议,但发生在毗连区、专属经济区、公海上的刑事案件,虽然我国《刑法》第9条规定"对于在中华人民共和国缔结或参加的国际条约所规定的罪行,中华人民共和国在所承担条约义务的范围内行使刑事管辖权的,适用本法",但我国刑法对行使普遍管辖权的案件种类、取证程序、适用罪名等均未作专门性规定,导致实践中无法行使。我国作为《联合国海洋法公约》的成员国,当然享有该公约规定的两项重要海上执法权——登临权和紧追权,但在我国法律法规中规定的过于原则,如《专属经济区和大陆架法》第12条规定我国可以行使登临权,但未明确规定授权的执行政府公务的船舶是指哪个部门的船舶,且对登临对象、登临程序、登临理由也未作出明确规定,导致海警开展维权执法时缺乏可操作性;又如《领海及毗连区法》规定在毗连区内

---

① 李宝宇:《海上犯罪的特点及侦查研究》,载《公安海警学院学报》2011年第3期。

对违反安全、海关、财政、卫生或出入境方面法律法规的行为行使紧追权,但对紧追前发出停驶信号行为、紧追的接替和中断程序、武力适用的程序等程序性规定未做细化,导致无法有效行使紧追权。

(五)海上侦查活动具有涉外性特点,国际法与国内法衔接机制缺乏

海警进行海上维权执法具有一定涉外性,承担着维护国家主权、保护海洋资源和环境等重要职能,其主权宣示性特征明显。20世纪以来,各国争夺海洋资源、对争议岛礁或海域宣誓主权的争端升级恶化,各沿海国大力构建自己的海警队伍和执法体制,我国海警的组建也是在此形势下完成的。

我国现已加入的涉海犯罪的国际条(公)约有《联合国海洋法公约》《制止危及海上航行安全非法行为公约》《制止危及大陆架固定平台安全非法行为议定书》《联合国打击跨国有组织犯罪公约》等,这些国际条(公)约中对海上战争罪、海盗罪、暴力危及海上航行安全罪、破坏海底管道和电缆罪、危及大陆架固定平台安全罪、海上贩毒罪、海上走私罪、海上恐怖主义犯罪等罪名作了明确规定,但只规定了具体的罪名和罪状,并没有规定法定刑,按照国际惯例,要使国际条(公)约规定的罪名在一国适用,必须在本国法中确立援引国际条(公)约或直接适用的原则。从我国情况看,目前刑法中并无对应性的规定,导致对该类国际犯罪我国无法有效行使管辖权[①]。

同时,根据我国《刑法》第6条规定,"中华人民共和国领域"为我国的领陆、领水(领海和内水)、领空(领陆与领水的上空),即我国刑法只能管辖领域内的犯罪行为,属地管辖例外原则中包括了我国的船舶、航空器,但对领水外的犯罪行为也无法调控。而《联合国海洋法公约》将海域划分为内水、领海、群岛水域、毗连区、专属经济区、大陆架、国际海底区域和公海。根据国际法规定,沿海国对在其领海内发生的犯罪管辖权,除受"无害通过权"限制外,仍然享有绝对的国家主权。领海外国家管辖海域内的海上犯罪不仅受一国国内法规制,而且也受国际法规制,沿海国对其领海外国家管辖海域享有不完全的国家主权[②]。也就是说,我国现行刑法不适用于发生在毗连区、专属经济区和大陆架上的犯罪,且在该些海域所享有的权利不同,所管辖事项也存在一定差异,我国刑法也未作此区分。由此导致海警在海上维权执法中对领海外发生的涉外案件无法查处,即使进行了查处,在国内法中也无相应的惩处机

---

① 何海榕:《完善惩治海上刑事犯罪的立法思考》,载《人民法院报》2016年3月23日第6版。

② 许维安:《海洋发展战略背景下我国海洋刑事立法若干理论问题探讨》,载《北方法学》2016年第6期。

制可以适用,从而使得维权执法陷入窘境。

(六)海上侦查人员的执法理念和素质、证据意识、侦查手段等与现实需要不相适应,限制了侦查效果的发挥

在执法事项上,海警局组建前,各涉海执法部门存在分散执法、横向联系少、执法信息不畅等问题,在分属领域各司其职,执法内容单一。在组建后,以中国海警局名义统一进行海上维权执法,执法范围大幅度增加,现职能整合上仍存在不少问题,基本上仍以原部门执法人员履行原定职责为主,具有海警综合性执法技能和能力的人员相对较少,原条块化的执法模式和执法理念在短期内还难以适应综合性执法的需要。在执法人员组成上,组建后整合了原四个部门的执法人员,人员分武警官兵、国家公务员、地方公务员、事业编等各种身份,且本身法律素质、法律知识背景,尤其是熟悉刑事侦查法律和程序的人员缺乏,执法人员面临法律知识储备不足的窘境,一时不能满足海上综合执法的专业要求①。在执法理念上,无论是组建前还是组建后,执法人员履行较多的为行政执法权,而行政执法权具有天然的扩张性,在缺乏行政执法程序性限定的情况下,导致执法人员重权力行使轻程序保障等情况时有发生。刑事执法上又存在案件少,更强调保障当事人合法权益、保障无罪的人不受追究等特点,导致刑事执法人员执法经验少,可供借鉴的经验少。受制于海监、海关缉私等部门与地方政府职能部门的隶属关系不同,地方监督机关,如人大及其常委会、监察委、法院、检察院,对其的监督制约缺乏,导致这些部门执法人员自觉接受监督意识欠缺,加之部门内部的监督制约机制又存在一些问题,共同导致海警执法人员的执法理念、监督制约机制等与新需求不相适应。

海上犯罪的特点决定了侦查人员要在狭小空间开展勘查,对现场图制作、现场分析、证据提取等提出了更高的要求。侦查人员不仅需要掌握侦查取证技术,还需要航海、船舶工程等专业知识。但从实践来看,海警局刚组建,从事海上刑事侦查的执法人员基本上为原公安边防海警和海关缉私警察,且现转隶武警部队,其人员实行现役制,入伍官兵基础文化层次不一、有的缺少正规专业化的侦查技能培训,对海上侦查技能更为缺乏,同时又存在人员流动性大等特点,导致现有侦查人员的侦查技能和人才储备严重不足。从讯(询)问情况看,存在的问题主要有:海上犯罪嫌疑人多为渔民或船员,地域性特征明显,如福建、广东、浙江籍船员多采用方言交流,侦查人员往往因语言不通无

---

① 殷文瑞:《我国海警执法面临的问题及对策探析》,载《浙江海洋大学学报(人文科学版)》2019年第6期。

法开展有效讯（询）问；侦查讯（询）问应根据不同案件、人员身份不同等有所区别，但有的讯（询）问未包括案发时间、地点、经过、动机、目的、结果等必备要素，未询问证人与嫌疑人关系等，存在讯（询）问策略性不强等问题，影响了证据的证明力。有的侦查人员证据意识和程序意识不强，虽然《刑事诉讼法》和《公安机关办理刑事案件程序规定》对证据种类和证据规格都有明确规定，但在实践中，还存在有的侦查人员对证据种类划分不清、每种证据的基本要件不明，扣押、辨认、勘验需要见证人见证不清，扣押物证、书证、进行搜查需要有相应证明文件不清，扣押、辨认、提取笔录记载不如实、客观，物证、书证的送检程序不到位，鉴定意见告知程序不到位等问题，严重影响了证据的证明力。证据意识的欠缺，给后续审查逮捕、起诉、审判带来了严重影响。从全国部分已办或在办的（涉海）非法采矿犯罪、掩饰、隐瞒犯罪所得犯罪等案件中发现，海警侦查人员存在询（讯）问时未有二名侦查人员在场或签名，航海日志、AIS、作案使用手机、涉案货物物品等未依法进行扣押、保管、提取，涉案物品未依法采样提取、送检、委托鉴定和检材送检程序，鉴定意见告知程序与法律规定不符，案件未审结前处置涉案款物等诸多问题，暴露出海警侦查人员的侦查技能、侦查意识与程序规定仍存有差距。

海上犯罪受制于海洋特点，本身侦查取证难度就大，加之现代化海上快速反应机制（接警、出警、上报、指挥、处警等体系）尚未构建、警用设备（海上巡逻舰艇数量、吨位、速度、通信指挥、导航系统、雷达监控等系统）和取证手段（海上犯罪情报收集、研判系统、录音录像设备、水下遥控机器人、无人机、情报信息自动比对系统、图像自动识别技术、移动轨迹定位技术、指纹、足迹、DNA、声纹等的比对和识别技术）与实践需要还有一定差距，海警内部部门之间、海警与海关、海事、地方公安、海军等的情报和执法信息共享机制不畅，导致海警现代执法装备和沟通协调机制与现实需要不相适应，限制了侦查效果。

三、海上侦查监督机制的缺失

（一）决策权和执行权的分离，导致执行惰性

海警承担着海上安全保卫，维护海上治安秩序，打击海上走私、偷渡，在职责范围内对海洋资源开发利用、海洋生态环境保护、海洋渔业生产作业等活动进行监督检查，预防、制止和惩治海上违法犯罪活动的职能，其执法依据有《刑事诉讼法》《治安管理处罚法》《行政强制法》《行政处罚法》等法律，但更主要的是公安部、自然资源部、农业农村部、海关总署、生态环境部等制定的部门规章,且其本身作为海上维权执法的力量,其执法程序与现有法律法规的配套规定并未出台,也就是说,海上行政案件和刑事案件处理的法律法规和部门规章在制定主体上非海警局本身,其仅作为执法主体。这种决策权和执行权的分离,从应然状态讲,理应能保证权力决策行使的科学和公正,但从实然状态看,我国虽经过长期的发展,官本位思想、权力思想有了较大的改观,但仍不同程度地存在,海警执法的模式与现代治理体系和治理能力还不相匹配,且缺乏法律法规部门规章的制定主体与执行主体之间的协调配合机制,导致海警执法上,包括海上刑事案件侦查,具有天然的惰性,由此限缩了"二元"分离模式的应有效能。

(二)海警作为武装力量,其内部军事法律监督效能有待进一步发挥

根据2018年1月1日起施行的《中共中央关于调整中国人民武装警察部队领导指挥体制的决定》,武警部队领导主体发生改变,由列入国务院序列,变为党中央和军委统一领导。海警队伍转隶至武警部队后,实行中央军委—武警部队—部队领导的领导体制,又与地方行政机关的管理体制存在不同。海警适用《人民武装警察法》,是国家武装力量,不属于国家行政机构范畴,与实行《公务员法》管理的行政机关不同,但其履行职权上又参照公安机关和行政机关,身份、属性的交叉带来内部法律监督机制上捉襟见肘。

作为国家武装力量,其首先实行军事法律监督。军事法律监督的目的在于防止和纠正军事法律制定和实施过程中出现的各种偏差和不足,促使有关的国家机关及其工作人员严格依法办事,确保国家军事利益和军人合法权益不受非法侵害[1]。从实践来看,首先在(武警)部队内部存在着监督缺乏统一、明确、可行的标准,各监督体系缺乏相互制约和协同等问题。其次作为党领导下的武装力量,也应实行党内监督,以《中国共产党纪律处分条例》等为依据,但这些监督主要为政治监督和纪律监督,与海警承担的行政执法、刑事执法的法律监督本质不同。再次其在履行职权时具有行政机关和侦查机关的属性,但行政机关、侦查机关的内部监督效能尚未有效发挥。最后作为国家武装力量,亦接受军委内部监督、军事检察监督等,二者监督的重点为武警部队官兵涉嫌军事(人)犯罪等方面,在海警从事行政执法和刑事执法的过程中,往往不涉及军事(人)犯罪方面,在履行行政执法和刑事执法权时与地方行政机关和侦查机关并无本质差别,该职能范围内的监督事项不能纳入军委内部监督和

---

[1] 郭向军:《新时期我军基层部队加强军事法律监督的现实对策》,载《西安政治学院学报》2008年第3期。

军事检察监督范畴。

(三) 司法监督上存在监督乏力现象

司法监督主要包括检察院的侦查活动监督、立案监督、撤案监督和法院的审判监督。

海警在海上刑事案件侦查过程中,需要提请批准逮捕、移送审查起诉时要向同级检察院提请或移送,检察机关要对海警的刑事侦查活动是否合法、是否限制和侵害当事人合法权益、证据是否以非法方法获取、嫌疑人是否涉嫌犯罪等内容开展审查,对审查发现的违法行为或瑕疵行为要以口头纠正、书面纠违、检察建议等形式提出进行监督。但从实践来看,第一,如舟山市设有舟山海警局,下设海警检查站,其所办理的案件以舟山海警局名义向市检察院提请批准逮捕或移送起诉,而市院再按级别管辖、属地管辖原则交至县区检察院办理,限制了监督效果。第二,检察机关具有接受群众控申、举报中挖掘监督线索的职能,但海警局刚组建,其执法权能群众知之甚少,有的即使权益受到侵害、或不应当立案而立案、或应当立案而不立案等情况,也不知道向检察机关提出申诉和控告,检察机关线索发现渠道缺乏。第三,海警组建后,所办理的刑事案件数量较少,日常检察机关与海警的沟通联系更少,也缺乏行之有效的监督手段。检察机关与地方公安机关办案联系多、沟通协调多、案件基数大,监督机制构建较为顺畅,采取了在公安机关法制大队或执法办案中心设立检察官办公室,定期指派员额检察官入驻加强监督,成效比较明显。与之相比,检察机关与海警的配合机制比较缺乏。

海上刑事案件在检察机关提起公诉后,由同级人民法院进行审理,审理也往往以书面审理为主,主动去讯问犯罪嫌疑人、询问被害人和证人、复核证据等情况比较少,主要围绕检察机关指控的犯罪事实和提供的证据进行审理。与检察机关相比,法院本身与海警的关系更为疏远,监督的时效性进一步减弱。

(四) 海警内部侦查监督机制弱化

从前文所述的海警内部机构设置来看,主要是应对原四部门职能整合后执法领域广、人员力量分散等情况而设置的,重点是做好各执法领域的机构设置,如刑事侦查上设置刑侦处、缉私处,而未设置相应的内部监督部门。同时,海警内部现有的监督又存在重事后监督轻事前监督,重追究轻预防,重形式轻实效,重制度轻落实等倾向,对刑事案件侦查的立案、侦查、提请批捕、移送起诉等环节缺乏完整的、系统的、覆盖全流程的内部执法监督机制。就检察机关办案中提出的监督事项,往往采取以补救性监督为主的方式,即通过证据补证等形式予以完善,在针对同类问题的预防性监督机制上构建不足,使得监督效果不理想。部分海警执法人员还存有抵触监督情绪,不愿接受监督。

四、海上侦查检察监督机制的构建

(一)提前介入引导侦查

检察机关提前介入引导侦查是在我国推行刑事诉讼制度改革的进程中产生的,以适应"以审判为中心"诉讼模式转变、构建"大控方"格局而进行的机制创新。从司法实践看,各地检察机关与公安机关进行了有益探索,积累了一定经验,办理一批卓有成效的案件,如舟山市检察机关就扫黑除恶案件、"5·14"特大跨境网络诈骗案件、网络赌博、开设赌场系列案件中均适用了提前介入机制。但从总体来看,检察机关对引导侦查机制的探索仍停留在引导的范围、程序等方面,在机制探索方面无重大突破或创新①。

海警组建后,所办理的海上刑事案件相对较少,而海警局与检察机关的沟通机制尚处在摸索阶段,提前介入引导侦查机制也未成型。从司法需求来看,一方面受制于海洋特点,海上刑事侦查取证难度大,证据需要达到确实、充分的证明标准难度更大,加之海警刑事侦查人才和力量缺乏,海警有需要检察引导侦查的需要;另一方面海上刑事案件集中在海上走私、贩卖、运输毒品、海洋环境污染犯罪、非法采矿犯罪、海上交通肇事犯罪等罪名上,且涉案人员多、环节多、案值大、取证固证难度大、社会影响大,检察提前介入引导侦查,以确保侦查程序合法、犯罪事实清楚、认定有罪事实有证据予以印证已达到逮捕、起诉标准,为法院判决所认定,检察机关有顺利指控犯罪的现实需要。在机制构建上应重点把握以下几点:一是在提前介入引导侦查的案件范围上,理想状态下,检察机关可以就海警办理的所有海上刑事案件提前介入,但从现实看,本身检察机关员额检察官就存在案多人少矛盾等情况,提前介入所有案件势必"雪上加霜",同时海警虽办理海上刑事案件较少,但也存在不愿接受同步监督的思维惰性。可行的方案是两家协商确定提前介入的案件范围,建议可参考提前介入公安机关案件种类,可以选择以影响大的涉外案件、特别重大案件、重大犯罪集团案件、定性有重大分歧案件、新型疑难复杂案件、社会舆论关注等案件为重点,其他案件类型可以协商确定。实践中,既要根据监督需要适当扩大介入案件的范围,又要防止重点不突出,甚至因为介入案件过多、过深而影响监督的客观性和公信力。二是提前介入引导侦查,要坚持参与不干预、参谋不代替、指导不包办的原则,介入侦查不能成为共同侦查,检察

---

① 毛江波、顾翠姣:《检察引导侦查的困境与出路》,载《人民检察》2019年第9期。

机关介入侦查的着眼点和落脚点不是联合办案或指挥侦查，而是为了履行监督。三是提前介入引导侦查的类型和启动方式可以分为个案介入和类案介入；在启动方式上可以采用通知介入和提前介入。四是在提前介入引导侦查的工作内容上，应以对收集证据、适用法律提出意见，监督侦查活动是否合法为重点，履行对海上侦查活动进行同步法律监督的检察职能。

在证据收集方面，注意以下几点：（1）对证据种类的引导。具体涉及：①引导收集危害结果的证据，包括法益被侵害的危险状态和实害结果两种，体现为人身、尸体、物品、现场、状态等；②引导收集因果关系的证据，即犯罪起因、动机等行为与结果关系的证据；③引导查证行为人的行为是否具有侵犯法益的特征，收集证人证言、被害人陈述、监控录像、鉴定意见、犯罪嫌疑人供述、物证等，必要时可进行侦查实验，有的还要收集是否达到定罪的程度，如数额犯、危险犯等；④引导收集行为人主观状态的证言，查证有无故意或者过失，重点收集犯罪起因、决意、疏忽及学识、经验、习惯、人际交往、与人嫌隙等证据；⑤引导收集是否存在违法阻却事由方面的证据，如年龄、精神状态、诉讼时效、正当防卫、紧急避险、意外事件、自助行为等阻却事由，主要查证户籍、出生证明、骨龄、行为时精神状态、案发时间、有无正在发生的不法侵害等内容。（2）对证据要素的引导。证据资格是指证据材料在法律上能够作为证据的资格，即证据的合法性，包括主体和程序。前者重点引导侦查人员在收集、搜查、扣押、辨认时要有见证人在场，鉴定要聘请有相应鉴定资质和资格的具有专门知识的人进行，讯（询）问要由二名以上侦查人员进行，在讯（询）问未成年人、盲聋哑人、民族语言行为人或外国人等时要有法定代理人或合适成年人、翻译人员、女性侦查人员在场等。后者重点引导证据的收集、调取程序要合法，物证、书证、电子数据、视听资料的调取、制作、转移要经法定程序，鉴定要经法定程序等内容。证明力是特定证据对待证事实的证明作用，即证据的真实性和关联性。前者重点引导证据的载体要真实，以及所记载的内容和反映的信息要真实等，后者重点审查证据跟案件事实之间要有逻辑上的关联关系。合理怀疑的排除方面，对具有证据资格和证明力的证据审查后，形成完整的证据锁链，证据与证据之间、证据与案件事实之间、证据与结论之间的矛盾能排除合理怀疑，尤其要重点引导收集嫌疑人及其辩护人提出的无罪、罪轻等证据，进行反向证据的取证。（3）客观性证据优先原则的引导。言词证据虽具有直接性，但也具有易变性等特点，因此要重点引导收集客观性证据，包括物证、书证、视听资料、电子数据、勘验检查辨认等笔录、鉴定意见等，做到言词证据反映的内容有客观证据予以印证。（4）证据全面收集原则的引导。从实践来看，侦查人员往往重视有罪证据、罪重证据的收集，而忽视了无罪、罪轻证据的收集，对辩护人及犯罪嫌疑人提交的有利于嫌疑人的证据或线索不重视，导致证据收集先入为主，不能客观公正反映案件事实，在引导侦查中应加强该类反向证据收集的引导。

在适用法律方面，侦查机关的强项在于侦查取证，而检察机关的强项在于证据分析和法律适用，因此提前介入引导侦查的一个重要方面是法律适用上的引导。检察人员的法律专业是检察机关的强项[①]，要求介入人员不仅要熟悉审查逮捕、审查起诉业务，还要有犯罪现场勘查、侦查措施策略、法医学知识、痕迹学、法律理论功底等的知识储备，才能做到引导侦查而非影响侦查，提出的建议才能既有针对性又具专业性。在适用法律的引导上，可以结合对现有证据进行证据体系的分析，提出补充调取证据意见，对瑕疵证据提出补证要求，对构罪标准、构成此罪还是彼罪及需要的证据内容提出意见，对法律适用的冲突及解决提出专业性意见。

（二）常态化派驻检察官办公室

可以借鉴成熟的检察机关在公安机关派驻检察官办公室模式，在海警局派驻检察官办公室，如舟山市人民检察院已在舟山海警局派驻，属全省首例，定期派检察官到海警局借助警务平台或专网了解办案情况，实现监督动态化、全程化。可以探索的工作有：一是出台派驻的规范性文件，明确检察官办公室开展工作的原则、职责范围、提前介入侦查的程序、监督的重点，形成检警共识。二是以派驻为平台，搭建案件信息双向互通机制，可以形成海警局定期通报海上刑事案件发案、报案、立案、破案、撤案、强制措施采取、治安处罚等情况，检察机关定期通报海上刑事案件办理进度、证据采信标准、瑕疵证据、法律适用、刑事政策等情况，形成互通机制。三是将派驻作为延伸法律监督的触角，通过日常巡查、定期巡查、专项检察、个案监督等行使，就发现的轻微瑕疵问题、多发性普遍性问题、侦查违法行为等区分情形以口头方式、书面纠违、检察建议等多种形式开展监督。四是履行好提前介入引导侦查工作（具体内容见上述，不再赘述）。

（三）牵头形成"大监督"格局

一是履行好检察监督主责主业。实践中，检察机关的监督还存在不少问题，如出于碍于情面、不好意思，担心监督影响检警合作，监督手段上依赖书面查询台账、从侦查机关定期反馈的刑事案件信息通报等收集监督线索，均受制于侦查机关愿不愿意公开信息，检警信息不对等、不通畅，有的监督存在滞

---

① 毛江波、顾翠姣：《检察引导侦查的困境与出路》，载《人民检察》2019年第9期。

后性，如解除刑拘、撤销案件、终止侦查案件，有的监督重协调配合轻互相制约等，这些问题的存在影响了检察监督的整体效果。因此要按照最高检张军检察长提出的"在办案中监督，在监督中办案"的要求，树立"监督是手段不是目的，目的是通过双方配合协作，共同提高案件质量和执法规范化水平"①的认识。检察机关实践中探索出两种监督模式，一种是内部参与型引导模式，是指检察机关通过派驻检察官等形式将人员安排到侦查一线直接参与全程侦查活动，对证据收集、提取、固定及侦查方向提出符合批捕、起诉条件的法律意见，并在侦查过程中对侦查行为的合法性形成同步监督②。如有的地区创设"四同办案模式"③，即办案同在、取证同力、协调同时、监督同步，其中办案同在是指检察机关与公安机关商定通过提前介入、案中审查、捕后跟进等方式，在刑事犯罪侦查全过程中充分发挥侦查引导作用，促进案件顺利侦结；取证同力是指从侦查源头入手，有针对性地引导办案人员及时收集、固定、完善证据材料，对审查逮捕阶段证据有瑕疵、有欠缺的案件督促公安机关补充、固定、完善证据材料，弥补捕后诉前的监督空白；协调同时是指检察机关与公安机关实现沟通联络常态化，在开展打击犯罪等刑事活动过程中加强沟通、协作，增进共识，凝聚合力；监督同步是指将检察监督的触角延伸至公安执法办案第一线，加强捕前捕后全过程监督，加强"两法衔接"信息共享，从源头上为侦查工作"把脉"，促进规范执法、公正司法。另一种是外部监督型引导模式，是指检察官从侦查阶段开始并不直接参与公安机关的侦查活动，而是根据公安机关移送的案卷材料发现事实与证据等问题，并通过口头或者书面形式提供法律意见。其重点是做好（退回）补充侦查的说理，明确侦查方向、标准和要求。本书认为，在监督模式的选择上不一定要对上述两种模式进行照搬照抄，要结合舟山检察实际，以"四大检察"的需求为出发点，探索适合舟山检察对海警的监督模式。

二是要转变检察监督理念。提升检察机关对海警侦查活动监督的实效，需要从监督理念、监督能力、监督手段、调查核实权保障等方面着手。从实践看，有的检察人员满足于办理逮捕、起诉案件，监督意识不强，存在不愿监

---

① 吕玉博、蒋剑华：《派驻公安机关检察工作室的实践探索与经验总结》，载《中国检察官》2019年第11期。

② 周新：《检察引导侦查的双重检视与改革进路》，载《法律科学（西北政法大学学报）》2020年第2期。

③ 《"侦捕诉一体化办案模式"研讨会在深圳召开》，载《法制日报》2019年10月16日第9版。

督、不敢监督、不善监督的情形,在挖掘侦查活动监督线索和主动开展监督方面下功夫不够,对法律赋予的侦查活动监督职责落实的不坚决、不彻底,监督措施不够有力;有的未将监督事项案件化办理落到实处,"办案意识"不强,调查核实侦查违法的能力与强化侦查活动监督的要求之间还存有较大差距。因此,要树立监督也是主业和办案的意识,发挥主观能动性,切实提高发现监督线索、调查核实、跟踪监督等的能力和水平;强化监督线索的管理,实现监督重点按照人民群众对更高水平的司法需求目标,将表面化、一般化的监督向源头性、根本性、基础性的监督转变,以人民群众反映突出的普遍性问题、反映强烈的侦查违法行为、严重侵犯人民群众各项合法权益和利用刑事手段干预、插手经济纠纷处理等事项为监督重点,切实增强人民群众对法律监督职能的感受度和满意度。同时,要通过切实举措提升监督效果,从形式上讲,对侦查监督文书做到件件有回复是基本要求,需要检察机关一方面苦练内功,提高侦查监督工作质量,使海警对监督结论完全认可,另一方面,提高检察监督的刚性,对侦查工作中的问题做到"问题不解决案件不放手"①。

　　三是要形成"大监督"格局。海警既作为国家武装力量受军委、军事检察监督外,又作为类行政机关和侦查机关受权力机关监督、纪委监委监督、检察法律监督、法院司法监督、群众监督和舆论监督。从实践来看,存在各类监督主体各自为战、各管一定区域,未能形成监督合力,过分突出国家武装力量属性而不敢监督,海警办理刑事案件相对较少,以个案开展监督乏力,对海警职能不熟悉,监督流于形式,对海上执法事项不了解,监督线索匮乏等问题。因此有必要在"大监督"格局上有所探索和创新。第一,检察机关作为对海警行使侦查权的专责法律监督机关,要从自身职能定位出发,坚持监督主责主业,强化"在办案中监督,在监督中办案"的理念,从提前介入、审查逮捕、审查起诉等环节入手,以侦查活动合法性、诉讼权利保障、立案监督、撤案监督等为重点,以口头纠违、书面纠违、检察建议、瑕疵通报等多种形式就瑕疵或违法情形开展全方位监督,探索对强制措施适用和执行、捕后诉前侦查行为、查封扣押冻结等程序适用等空白领域的监督。第二,要发挥法院的司法监督功能,检察机关将案件提起公诉后,法院在审理过程中勇于通过非法证据排除、通知侦查人员出庭作证等形式对案件进行司法监督。第三,检察机关要寻求外力,借鉴检察机关与地方人大及其常委会、党委政法委达成的支持监督意见,推动地方人大及其常委会、党委政法委将权力监督、执法监督的触角延伸到海警队伍,并将支持检察机关对海警开展法律监督作为一项重要内容,纳入

---

① 靳洪良:《构建新型侦查监督模式的思考》,载《法制与社会》2019年第1期。

平安考核,强化检察监督的刚性。第四,加强宣传,强化群众监督和舆论监督效力,检察机关、海警都要做好职能和案件办理的信息宣传工作,推进执法公开、公开听证、公开答复等工作,让人民群众对办案享有知情权,检察机关可以重点宣传检察机关受理人民群众对海警执法办案不公的控告、申诉,让人民群众知晓海警职能。第五,要强化前述多项监督渠道的有机整合,建立监督融合、配合、协调机制,形成"大监督"合力,共同推进。

(四)做好"两法衔接"机制

根据国务院颁布的《行政执法机关移送涉嫌犯罪案件的规定》、最高检和有关行政执法部门会签文件,各地通过召开联席会议、会签文件、开展专项行动、构建信息平台等方式推动了行政执法与刑事司法衔接工作机制的建立,形成了一些具有地方特点的工作模式。但是由于工作依据的法律位阶不高,有些会签文件规定得比较原则,没有对衔接机制和共享信息平台如何构建、怎样构建作出具体规定,工作机制不健全,检察机关获取信息的渠道仍然不畅①。

海警组建后,对原有涉海行政部门的职能进行了整合,具有点多面广、专业性强的特点。同时,无论是组建前还是组建后,涉海行政部门在执法信息的共享上未形成良性机制,导致各涉海行政部门各管一定区域,无法形成执法合力。在海上刑事案件侦查中相应的信息移送机制更为缺乏。如实践中,政府海洋生态环境保护责任存在严重缺位、错位问题,具体而言,涉海行政机构在履职中考虑海洋生态环境因素、影响和风险的职责,以及违反职责后的追责与责任承担方面法律依据严重不足。海洋生态环境保护职责因责任主体不明、追责机制不完善而落空,涉海行政部门在维护海洋环境公益方面并没有太大的履职压力。② 虽然国务院《行政执法机关移送涉嫌犯罪案件的规定》第 3 条规定,行政执法机关对涉嫌构成犯罪,依法需要追究刑事责任的案件,必须向公安机关移送。因为仅对某些污染环境的行为给予行政处罚或经济制裁,制裁远远小于违法行为所得,不足以让行为人产生心理紧张而矫正自己的行为,在追逐经济效益的时候注重环境效应③。从涉海环境污染案件发生情况看,尚未有一例由涉海环境主管部门移送海警或地方公安机关从而追究相应行为人刑事责任的案件,很大一个原因就是"两法衔接"不畅。

---

① 王传红:《创新检察机关侦查监督工作若干问题研究》,载《人民检察》2018 年第 21 期。

② 崔金星:《环境管制变迁视角下的海洋环境公益诉讼功能定位与机制优化》,载《浙江海洋大学学报(人文科学版)》2019 年第 6 期。

③ 杨春洗等:《危害环境罪的理论与实务》,高等教育出版社 2003 年版,第 211 页。

在"两法衔接"机制的构建上,现海警整合了海监、渔政等职能,需要在系统内建立执法信息的共享机制,将行政执法信息与刑事执法信息无缝对接。就与海关、海事、环保等平行部门的衔接上,也要构建信息共享,就行政案件立案、调查、破案、查处及是否涉嫌违法犯罪的信息实现共享。在"两法衔接"机制的构建上,要同步引入检察监督,实现检察机关对行政执法、刑事执法信息的对接从源头介入,实现办案流程的全流程监督,从而促进"两法衔接"的实效提升,并对海上刑事案件形成严打态势。

第四节　海洋刑事检察的实务难点

一、跨海域刑事案件的管辖问题

刑事诉讼法层面的海上犯罪指发生在海上且按照刑法规定构成犯罪的行为。刑事诉讼只对发生在海上的犯罪进行追诉,因而以法律上成立犯罪为前提。目前,海上发生的刑事案件,由海警管辖。海上刑事管辖权,是指国家依据国内刑法及国际条约所享有的对海上犯罪进行侦查、逮捕、起诉和审判的权力。我国刑法规定了以属地管辖权为基础,兼采属人管辖权、保护管辖权和普遍管辖权的刑事管辖权体制。我国《刑法》第6条规定:"凡在中华人民共和国领域内犯罪的,除法律有特别规定的以外,都适用本法。"内水和领海属于一国领域,因此国家在内水和领海的刑事管辖权的根据是属地管辖权,国家对其领土内的一切人、物和事情,有按照本国法律进行管辖的权力。

2020年2月20日,最高人民法院、最高人民检察院、中国海警局《关于海上刑事案件管辖等有关问题的通知》对海上刑事案件管辖作了规定。该《通知》第1条规定:"对海上发生的刑事案件,按照下列原则确定管辖:(一)在中华人民共和国内水、领海发生的犯罪,由犯罪地或者被告人登陆地的人民法院管辖,如果由被告人居住地的人民法院审判更为适宜的,可以由被告人居住地的人民法院管辖;(二)在中华人民共和国领域外的中国船舶内的犯罪,由该船舶最初停泊的中国口岸所在地或者被告人登陆地、入境地的人民法院管辖;(三)中国公民在中华人民共和国领海以外的海域犯罪,由其登陆地、入境地、离境前居住地或者现居住地的人民法院管辖;被害人是中国公民的,也可以由被害人离境前居住地或者现居住地的人民法院管辖;(四)外国人在中华人民共和国领海以外的海域对中华人民共和国国家或者公民犯罪，根据《中华人民共和国刑法》应当受到处罚的，由该外国人登陆地、入境地、入境后居住地的人民法院管辖，也可以由被害人离境前居住地或者现居住地的人民法院管辖；（五）对中华人民共和国缔结或者参加的国际条约所规定的罪行，中华人民共和国在所承担的条约义务的范围内行使刑事管辖权的，由被告人被抓获地、登陆地或者入境地的人民法院管辖。前款第一项规定的犯罪地包括犯罪行为发生地和犯罪结果发生地。前款第二项至第五项规定的入境地，包括进入我国陆地边境、领海以及航空器降落在我国境内的地点。"

跨海域刑事案件既包括跨越海上国境线的犯罪，也包括跨越国内海域的犯罪。对于跨越海上国境线的犯罪，按照跨国海上犯罪查证进行处理，此处不再赘述。对于跨越国内海域的犯罪，涉及内水、领海、毗连区和专属经济区的管辖问题以及不同地区之间海警执法管辖问题。这主要与《联合国海洋法公约》对领海、毗连区、专属经济区刑事管辖权的分配不同有关。在领海中发生的刑事案件，依据属地原则沿海国享有管辖权。例如，在沿海国领海违反刑法规定非法捕捞水产品、非法走私、贩卖毒品以及进行其他犯罪，根据属地管辖原则由沿海国依法追究刑事责任。对在领海内危害沿海国国家安全和秩序，违反沿海国刑事法律的外国船舶、船员和乘客可以行使刑事管辖权，必要时可以扣押外国商船和逮捕船上人员。但是，领海的地位与内海有所不同，外国商船和政府船舶享有无害通过权。当这些外国船舶无害通过领海时，在这些船舶上发生的犯罪案件，沿海国原则上不得行使刑事管辖权。《联合国海洋法公约》第33条第1款规定，沿海国可在毗连其领海称为毗连区的区域内，行使下列事项所必需的管制：(1) 防止在其领土或领海内违反其海关、财政、移民或卫生的法律和规章；(2) 惩治在其领土或领海内违反前述规章的行为。我国《领海及毗连区法》第13条也规定，中华人民共和国在毗连区内，为防止和惩处在其陆地领土、内水或领海内违反有关安全、海关、财政、卫生或者出入境管理的法律、法规的行为行使管制权。《联合国海洋法公约》明确规定，针对沿海国主权权利和管辖权的犯罪，主要是以生物资源、海洋环境等为对象的犯罪。综上所述，《联合国海洋法公约》对沿海国的刑事管辖权因领海、毗连区、专属经济区而不同，在跨海域的情况下，沿海国对于外籍船舶及人员所实施的犯罪行为是否有管辖权要考察具体的犯罪行为和类型，不能一概而论。对于国内跨海域刑事案件的管辖，如几个海域所在地的海警均有管辖权，由最初查获的海警管辖，或者由主要犯罪地的海警管辖。

二、海上犯罪案件刑事政策的运用

刑事政策是国家的刑事法律思想的外化形式,是以抑制和预防犯罪为根本宗旨,用于指导国家刑事立法、刑事司法和其他与之相关的社会活动的策略、方针和原则。"刑事政策"一词源于德语中的 Krminal Politik,始见于费尔巴哈 1803 年所著的刑法教科书中,后为李斯特等人推广于欧洲大陆法系诸国。目前,法学界对"刑事政策"的阐释有广义和狭义两说。广义说认为,刑事政策是国家或社会团体,以抑制和预防犯罪为目的所采取的一切手段和措施,包括刑事立法政策、刑事司法政策、刑事社会政策。狭义说认为,刑事政策仅指国家以预防犯罪为宗旨,制定如何运用刑法及有关制度,打击、控制和预防犯罪的战略和对策,主要是刑事立法政策和刑事司法政策。狭义说着眼于刑事政策的直接性和现实性,广义说着眼于刑事政策的广泛性和综合性,研究视角不同,其目的也不完全一致。

在我国,刑事政策有宽严相济刑事政策、少捕慎诉刑事政策等。宽严相济的刑事政策是我国的基本刑事政策,贯穿于刑事立法、刑事司法和刑罚执行的全过程,是惩办与宽大相结合政策在新时期的继承、发展和完善,是司法机关惩罚犯罪、预防犯罪、保护人民、保障人权、正确实施国家法律的指南。贯彻宽严相济刑事政策,要根据犯罪的具体情况,实行区别对待,做到该宽则宽,当严则严,宽严相济,罚当其罪,打击和孤立极少数,教育、感化和挽救大多数,最大限度地减少社会对立面,促进社会和谐稳定,维护国家长治久安。

海上刑事犯罪贯彻宽严相济刑事政策,要注意以下几点:一是要严厉打击海上恐怖活动犯罪、有组织犯罪、海上毒品犯罪、海上集团走私犯罪;二是要结合认罪认罚从宽制度,对于仅领取工资报酬不参与核心业务的犯罪嫌疑人,依法认定为从犯,加大从宽处罚力度,对于符合缓刑、不起诉条件的,可依法建议适用缓刑或作相对不起诉处理;三是要结合服务非公精神,对于涉海企业工作人员偶发的过失犯罪,要充分考虑刑事诉讼对企业正常经营所产生的影响,尽量采取取保候审的强制措施,加大从宽处罚力度,扩大缓刑和相对不起诉的适用。

三、海上跨国犯罪的查证

国际刑警组织原秘书长、法学博士安德烈·博萨曾指出:"所谓跨国犯罪,是指这样一种反社会行为,即犯罪行为的准备、实施或结果跨越至少两个以上国家的国境线,使得至少两个以上国家可以对其进行刑事处罚"①。广义的跨国犯罪是指犯罪行为、犯罪结果或者犯罪行为人涉及不同的国家。狭义的跨国犯罪指犯罪行为和犯罪结果涉及不同的国家。按犯罪的性质,联合国将跨国犯罪细分为 17 种,其中主要有暴力犯罪、有组织犯罪、诈骗犯罪、走私犯罪、金融犯罪、贩卖毒品犯罪、制贩伪币犯罪、组织非法偷渡犯罪、贪污贿赂犯罪、侵犯知识产权犯罪等。海上跨国犯罪是指犯罪人以实施犯罪为目的,其犯罪行为或犯罪结果在海上,并跨越两个或多个海上国境线实施犯罪活动。海上跨国犯罪主要有跨国性、群体性、暴利性和常业性、现代化、犯罪主体青年性等特点。

当前,各国打击和惩治海上跨国犯罪的国际警务合作主要是在国际刑警组织的框架下进行的合作。国际刑警组织不隶属于世界上任何一个国家,政治上保持中立,任何国家内部的政治斗争、国际间的领土争端、军事战争以及宗教或种族之间的冲突等都不会介入,更不会受理和介入非跨国性质的刑事案件。其职能重点首先在于保护民众安全,主要职责和工作重点是追踪、调查和打击全球性的恐怖主义活动、侦查和破获有组织的国际性犯罪案件,诸如走私军火、贩卖毒品、偷渡、清洗黑钱、儿童色情、高科技犯罪以及贪污等罪案。国际刑事警察的组织机构主要为全体代表大会、执行委员会、秘书处及国家中心局。国际刑警组织的宗旨是为各成员国在预防和打击各类国际犯罪而进行的国际警务合作中提供强有力的保证和支持。它的主要任务是收集、整合、审核和汇编一切在掌握的国际犯罪的详细资料,包括犯罪指纹、照片、档案等;研究犯罪心理及对策;负责同各个成员国之间的情报互换;及时通报重要的案犯线索、缉捕追拿国际要犯和引渡犯罪分子;编写有关刑事犯罪方面的资料等。在国际刑警组织框架内,各成员国的合作是多层次、多渠道的,目前各国广泛运用的合作方式是:直接合作与间接合作,双边合作与多边合作,专案合作与战役合作以及联络员制与定期会谈制。各国可以根据具体犯罪及涉及的国家和地区的范围不同,采用多角度、多方位的合作方式。在国际刑警组织的框架内开展国际警务的侦查合作,需要通过特定的渠道,遵守既定的运作程序,履行特定的手续。国际侦查合作的运作程序主要有两种:一种是请求程序,另一种是协助程序。虽然这两种程序在具体执行上存在差异,但有一个共同点,即都要通过本国的国家中心局来完成。所谓请求程序,就是成员国将警察机关或其他司法机关的国际合作请求通过本国的国家中心局传递给国际刑警组织总部或其

---

① [法]安德烈·博萨:《多重性跨国犯罪》,冯锐译,载《环球法律评论》1992 年第 3 期。

他相关国家中心局的具体操作步骤。在处理跨国案件的过程中,成员国的各级警察机关或者司法机构务必经过本国的国家中心局向国际刑警组织总部或相关成员国的警察部门提出合作请求,其具体的请求程序为:由受理案件的具体经办部门将请求协助意向送呈一定级别的领导审批后,向国家中心局提出具体的国际合作申请;国家中心局在接到申请后,经研究认为确有向相关国家提出合作请求的必要,即由国家中心局负责起草请求文件;而后国家中心局将此请求协助的文件通过国际刑警组织专有的通信联络系统发送到国际刑警组织总部的秘书处机构,或直接发送至相关国家的中心局并将请求协助合作的具体内容向国际刑警组织总秘书处通报备案。协助程序是指某成员国的国家中心局在接收到国际刑警组织总部或有关国家的合作请求后,对请求国的回复与具体落实的步骤。国际刑警组织章程规定,某成员国的国家中心局在收到国际刑警组织总秘书处或有关国家中心局的请求后,必须尽快地就本案在本国范围内进行侦查,掌握翔实的材料,从而提供迅速而有效的协助。依据国际警务合作办案的通例,某国在接到案件相关国家的合作请求后,要重视,而且要专事专办,急事速办,优先给予大力协助和帮助。具体的协助程序是:国家中心局将请求合作的文件转送本国的侦查机关,予以具体查证核实;侦查机关查证核实后将结果报告给本国的国家中心局;国家中心局将协查的结果回复国际刑警组织总秘书处或有关国家的国家中心局。

在1984年9月4日第53届国际刑警组织全体大会上中国得到其他成员国的一致同意,被接纳为正式代表,并于1984年10月正式成立了国家中心局。在共同打击国际刑事犯罪斗争中,受国际刑警组织委托,我国的国家中心局成功地侦破了很多跨国刑事案件,诸如诈骗、贩毒、走私、贩卖儿童妇女等要案。我国作为成员国应有效地利用国际刑警组织的渠道实现对境内外罪犯的惩治:第一,与国际刑警组织、各成员国定期联络、互通交换和传递犯罪信息,收集有价值的情报,预防和控制犯罪。第二,发布国际通报。对于要抓捕的境外逃犯,请求国际刑警组织发布国际通报,以便及时查明罪犯行踪,尽早逮捕归案。第三,请求国际刑警组织帮助协查犯罪事实。第四,通过国际刑警组织有关证据的收集与送达规定,寻求成员国帮助收集相关证据,代为送达有关的证据资料和诉讼文书,弥补我国与有些国家未建立司法协助制度的缺憾。第五,引渡罪犯。可由国家中心局会同外交部门向被请求国提出交涉,还可请求国际刑警组织居中协调,顺利将罪犯引渡回国。第六,利用国际刑警组织业已构筑的高效、完整的预防犯罪体系,与成员国共同研究各种预防犯罪的对策,采取预防犯罪的联合行动,吸收国际刑警组织及其成员国的有益经验,完善我国预防犯罪的各种制度。

四、派驻海警检察官办公室的职责

履行海上刑事犯罪主要由海警负责侦查。由于海警属于武警部队序列，既担负武装任务，又肩负海上执法任务，执法力量不足，专业性不强，不利于海上刑事犯罪的打击。检察机关作为宪法确定的法律监督机关，在以审判为中心的诉讼制度格局中，检察机关要发挥审前主导作用，审前过滤、庭审指控。因此，要加强检察机关与海警部门的配合协作，积极引导侦查取证。目前，已有多家检察机关与当地海警机关建立了协作机制。

例如，2020年3月13日，舟山市人民检察院和舟山海警局会签《关于加强检警协作配合的若干意见》，设立驻海警局检察官办公室，明确健全双方在海洋案件联合督办及案件执法情况通报制度，要求双方在分工负责、相互制约的基础上，加强协作配合，在海上刑事犯罪打击、海洋行政执法、海洋环境公益诉讼和生态修复补偿等方面形成工作合力，为服务舟山自贸区建设和海洋经济发展贡献力量。根据两家会签文件，检察官办公室的职能范围除了传统的刑事检察，还涉及民事检察、行政检察、公益诉讼、控告申诉检察等多元职能，为双方共同打击海上刑事犯罪、推进涉海公益诉讼、加强非诉讼纠纷解决机制建设等一系列工作奠定基础。

为提升海上执法工作效能，更好地服务海南自由贸易港建设，2020年6月1日上午，海南海口海警局与文昌市人民检察院一同签署了《关于加强检警协作配合意见》，明确由文昌市人民检察院在海口海警局文昌工作站设立检察官办公室，以实质性举措健全协作配合机制，强化工作合力。该《意见》就双方加强信息资源共享、刑事案件沟通协商、案件协作配合等7个方面做出了细化明确。同时，双方商定，要建立台账制度、落实绩效考评制度等方式来加强组织领导，规范工作开展，强化责任落实。

为贯彻落实上级精神，适应当前海洋形势，依法惩治海上犯罪，维护国家海洋权益和海上秩序，青岛海警局和青岛市人民检察院积极联络对接，探索建立双方协作配合机制，全面深化检警合作。2020年6月1日，青岛市人民检察院驻青岛海警局检察官办公室启动仪式在青岛海警局举行。双方还就加强检警协作配合提出了具体办法，明确在职能范围内加强资源共享、有效沟通指导、提高办案质量，推进侦查、监督、检察、诉讼无缝化衔接，在海上刑事犯罪打击、海洋行政执法、海洋环境公益诉讼和生态修复补偿等方面形成工作合力，为服务青岛市海洋经济贡献力量。

由此观之，驻海警检察官办公室的职能设置要兼顾检察机关的宪法定位、检察机关的四大检察、十项业务等方面。从刑事检察角度来讲，驻海警检察官办公室主要履行以下职能：了解海警机构的检察需求，为两家深化合作，共同研究解决司法实务问题提供便利；获取海警执法立案监督、撤案监督等监督线索；应海警机关要求，提前介入重大、疑难、复杂海上刑事犯罪案件，积极引导侦查取证，提高取证精准度和效率，为顺利报捕、起诉打好基础。

五、国际刑事司法协助中的检察作用

刑事司法协助是指一国的法院或者其他司法机关，根据另一国的法院或者其他司法机关的请求，代为或者协助实行与刑事诉讼有关的司法行为。狭义的刑事司法协助是指与审判有关的刑事司法协助，广义的刑事司法协助除了狭义的刑事司法协助外，还包括引渡等内容。所谓引渡，是指一国把在其境内被他国指控为犯罪或已被定罪判刑的人，根据有管辖权的国家的请求，在条约或互惠的基础上，移交给请求国，以便追究其刑事责任或执行刑罚的一项制度。我国对刑事司法协助采广义理解。刑事司法协助的主体，是指请求提供刑事司法协助和接受请求提供刑事司法协助的司法机关，包括请求国的司法机关和接受请求国的司法机关。我国刑事司法协助的主体包括公安机关、检察机关和人民法院。国际刑事司法协助应当遵循国家主权原则、平等互惠原则、法制原则、特定性原则、人权保护原则等。

在我国，检察机关是宪法确定的法律监督机关。这就意味着检察机关在国际刑事司法协助中要发挥应有作用，申言之就是要充分发挥法律监督职能。对于拟提请外国进行刑事司法协助的，要加强与公安机关沟通协作，发挥审前主导作用，提前介入，积极引导侦查取证，指导公安机关提出协助请求。对于接受外国刑事司法协助的，要依法行使法律监督职能，彰显司法主权，加强侦查监督，在审查逮捕时，注意审查对犯罪嫌疑人的刑事拘留是否经过省公安机关批准；强制措施的执行是否符合法律规定；对犯罪嫌疑人的羁押是否尊重其民族习惯等情况；对外国犯罪嫌疑人讯问是否配备翻译人员；审查逮捕要在法定期限内办结，无法办结的，通知侦查机关改变强制措施；涉嫌危害国家安全犯罪案件或者涉及国与国之间政治、外交关系的案件，以及在适用法律上确有疑难的案件，认为有逮捕必要的，由分、市人民检察院审查并提出书面请示，连同案卷材料一同呈报省级人民检察院审查后，层报最高人民检察院审查，在征求外交部意见后作出决定。对涉外共同犯罪案件，外国籍、无国籍共同犯罪案件应区别情况，分别按照不同程序处理：涉案犯罪嫌疑人全部为外国人的，区市人民检察院受理审查后认为不需要批准逮捕的，可以直接作出不批准逮捕决定。涉案犯罪人全部为外国人的，区市人民检察院受理审查后认为对其中至少一人需要批准逮捕的，应对全案犯罪嫌疑人分别提出处理意见，报省、市、自治区人民检察院审查决定。涉案犯罪嫌疑人中部分为外国人的,区市人民检察院受理审查后认为外国人需要批准逮捕的,也应对全案犯罪嫌疑人分别提出处理意见,报省人民检察院审查决定。涉案犯罪嫌疑人中部分为外国人的,区市人民检察院受理审查后认为,中国公民需要批准逮捕,而外国人不需要批准逮捕的,可以直接作出对外国人不批准逮捕和对中国公民批准逮捕的决定。

第三章 海洋民事检察

第一节 海商事再审与法律适用

一、我国近年来海商事诉讼的基本情况

对于海商事案件的诉讼及再审情况,本书通过ICOURT司法数据网,并借助最高人民法院大数据平台,通过撷取全国11家海事法院特别是宁波海事法院近年来的数据和典型案例,试对海商法以及司法解释在司法判决中的应用现状以及存在的问题展开分析。

(一)海商事诉讼的基本情况

随着海洋经济的迅猛发展,海商事诉讼有着持续扩张的趋势。以宁波海事法院为例,宁波海事法院2012年1月至2019年1月海商事案件受理数由低到高,在2015年达到高峰,近几年逐渐趋于平稳。其中2018年收案4620件,收案标的金额达45.89亿元,共结案4703件,结案标的金额达40.96亿元。新收执行案件1693件,首次执行案件实际执结率为68.95%,终本率为14.05%,实际执行到位率为31.12%,扣押船舶192艘,拍(变)卖成交船舶37艘。其中三个派出海事法庭共受理各类案件2308件,审(执)结案件2379件,分别占全院收、结案件总数的49.96%和50.58%。三个海事法庭中舟山法庭案件受理率最高,占比约为60%[1]。因目前派驻海事法庭在三审合一制度探索阶段基本还是以办理海商事案件为主,说明派驻海事法庭承担了海商事办理的主要任务。

之所以近年来海商事纠纷频发,原因是多方面的,以宁波—舟山港为例,

---

[1] 宁波海事法院《宁波海事法院涉外、涉港澳台案件审判状况(2011年1月—2015年12月)》。

各类国际货船进出频繁,东海渔业作业繁忙,货船、渔船密集度居高不下,加上台风等灾害频发,一旦航行中不遵守航行规则、船速过快、疏于瞭望、船舶不适航、船员不适格、过于自信而冒险航行等,极易发生船舶碰撞事件,从而引起包括人身和财产的相关赔偿、海难救助、共同海损以及赔偿责任限制基金的适用;同时,海上货物运输中因无单放货、货损货差、货物退运等争议而常常引起货物索赔、船舶留置权、抵押权等方面诉讼以及"海上风险"免责责任的适用;而船舶建造、买卖合同纠纷,主要是因为航运市场一度低迷、船东因资金紧张拖欠船款,或是对经济形势分析不足而使解约纠纷频发。国内造船厂因拆借、挪用造船资金以及对外投资或担保等,导致无法按期履约而引起融资、保险、船舶留置等方面的系列纠纷;船舶抵押合同纠纷的诉请大多涉及银行等抵押权人主张优先受偿权利,呈现出诉讼标巨大、法律关系错综复杂的特点。如6年前,商人胡某与朋友合伙造船,4条船引发了16个相关诉讼,成为宁波海事法院成立20年来最为错综复杂的案件。

(二) 海商事诉讼的主要法律关系

通过对以上数据进行分析,发现主要存在以下几个法律关系:一是经营主体的内涵及外延。近年来,海商事呈现经营模式多样化和船舶经营主体多元化的特点,附着在船舶之上的不再是一两个单纯的主体,而是逐渐演变成庞大的利益群体,包括船舶所有人、光船承租人、船舶融资出租人和承租人、船舶经营人和实际经营人、船舶管理人、期租承租人、航次承租人、船舶抵押权人以及船舶保险人,等等。二是责任主体的认定。按照权利义务相一致的原则,凡是在船舶上享有某种利益的人,都有可能因为利益的存在而成为船舶后面的人,而承担对船舶的责任[①]。而与船舶相关联的海商事实践反映出的执法司法问题也层出不穷,如海事法院在对船舶经营人与船舶管理人的责任认定上容易发生认识偏差。三是"船舶运输经营者"的范围。国际上"船舶运输经营者"的外延既包括船舶经营人,也包括船舶所有人、船舶承租人以及无船经营人,但都以"实际占有、控制与经营船舶"为核心要件,审查时首先要看船舶经营人对外是否承担船舶责任,再看船籍港登记机关是否对船舶经营人的名称、地址和法定代表人有登记,以此推断是否实际经营。这关系到船舶经营人是否能成为海事赔偿责任主体[②]。如果船舶管理人系在他人授权下从事对船舶的管理,并不实际占有、使用与控制船舶,则不能成为海事赔偿责任的主体。

---

① 郭瑜:《海商法的精神——中国的实践和理论》,北京大学出版社2005年版,第146页。

② 曲涛:《船舶碰撞损害赔偿责任研究》,法律出版社2015年版,第283~286页。

二、海商事诉讼存在的主要问题

我们通过司法裁判网查阅了全国 11 个海事法院涉及海商法方面的案件共 500 件和被改判的近 50 个案例,涉及的案由和案件性质基本涵盖了海商法领域大部分案件类型。这些案件与普通民事案件相比,呈现出标的额大、审判周期长、延伸案件多的特点,本书对其中发回重审和一审案件被改判的各 10 件案件进行分析,归纳出主要存在的四个方面问题。

(一) 举证责任分配不一

《海牙规则》的参与国中许多都是航运大国,其对是否适航等方面的举证责任分配的回避态度,导致了世界各国对于海商法举证责任分配采取不同的方式[①]。我国《海事诉讼特别程序法》遵循"谁主张,谁举证"的一般诉讼原则,这在很大程度上给处于弱势的受害人带来不利。由于海上情况非常复杂,大部分证据仅凭受害人无法取得,如在承运人迟延交付的举证责任与对《海商法》第 50 条规定的理解上,对是否适航的举证责任的分配、对不可抗力免责事由的举证责任和无单放货的举证责任的分配等,都是易产生争议的方面。因此,完善海运货损索赔的举证责任分配,对是否适航等的举证责任加以明确规定,以改善司法实践中不统一、不规范的举证责任分配[②],应是当务之急。

(二) 适用特别程序依据不足

主要反映在以下几个方面:一是登记与受偿、催告和公告程序的适用不规范。二是海事请求保全、海事强制令、海事证据保全涉及的担保程序不适合。三是设立海事赔偿责任限制基金和先予执行等程序不正当。四是海事请求保全扣押船载货物的期限与其债权数额并不相当。五是拍卖程序不合法,如竞买人之间恶意串通而致拍卖无效。六是《海事诉讼特别程序法》第 21 条规定的可以申请扣押船舶的 22 种情形和第 23 条规定的海事法院可以扣押当事船舶的不正确适用。[③]

(三) 优先受偿顺位分配不平衡

按照《海商法》规定,船舶优先权较船舶抵押权具有更高的优先受偿顺

[①] 司玉琢:《"海牙规则"与"汉堡规则"浅析》,载《大连海运学院学报》1978 年第 2 期。

[②] 莫伟刚:《刍议几种海商事案件实行举证责任倒置》,载《广西政法管理干部学院学报》2004 年第 4 期。

[③] 参见《海事诉讼特别程序法》第 21 条和第 23 条。

位,船舶留置权后于船舶优先权得到受偿,但对于海损事故后为继续航行所必须的修船费用请求是否应当具有更高的受偿顺位,是一个需要斟酌的问题。其次,船舶优先权制度与海事赔偿责任限制制度间的优先顺位关系。船舶优先权担保的限制性债权和非限制性债权是否都应设置在责任限制基金的顺位之前,是否有所区别①,包括在破产程序中船舶优先权如何确保及时实现②。此外,船舶扣押、先予执行是否符合《海事诉讼特别程序法》第21条中22种情形也是需要关注和审查的重点。

三、再审判决法律适用中的主要争议

(一)三个争议点

本书根据实地调查的情况,重点关注宁波舟山港和上海洋山港两个片区海商事诉讼中存在的较为普遍的三个方面法律适用问题。

一是对滞箱费的合理性认定。多数法院认为,承运人就滞箱费的实际损失水平为同类集装箱的新箱价值,并以此作为滞箱费的合理上限予以保护。课题组收集到的海事审判实践中也有多起案件,承运人在提起诉讼时主动降低了其主张的滞箱费损失数额,以同类集装箱的重置价格向有关当事人主张损失,或在案件调解中同意以该标准进行调解。但实践中有少数案件滞箱费的数额高出1倍标准,如以1.5倍或2倍的标准予以保护。这种例外情况主要是考虑到集装箱自身的特性、货方的过错程度。③因此,滞箱费的合理性如何认定值得关注。

二是海上污染责任及与国际公约的对接。课题组以交通运输部上海打捞局与普罗旺斯船东有限公司、法国达飞轮船有限公司、罗克韦尔航运有限公司海难救助与船舶污染损害责任纠纷案的再审案为分析对象,宁波海事法院一审认为,有关防污清污费应当由漏油船所有人、光船承租人赔偿,而不应由非漏油船所有人赔偿,因此判决上海打捞局对普罗旺斯公司、达飞公司享有防污清污费8958539元人民币的海事债权;上海打捞局就上述债权参与普罗旺斯公司、达飞公司为案涉碰撞事故所设立的非人身伤亡海事赔偿责任限制基金的分配。上海打捞局、普罗旺斯公司、达飞公司不服一审判决提起上诉。浙江省高级人民法院二审驳回上诉,维持原判。上海打捞局向最高人民法院申请再审。最高

---

① 张丽英:《船舶优先权法律性质若干学说析》,载《比较法研究》2004年第4期。
② 李璐玲:《对〈海商法〉船舶留置权界定的反思》,载《法学》2009年第2期。
③ 郭萍:《国际货运代理法律制度研究》,法律出版社2007年版,第112页。

人民法院再审认为：上海打捞局在案涉事故应急中派遣三艘船舶分别从事海难救助与防污清污作业。本案应当适用中华人民共和国加入的《1989 年国际救助公约》和《2001 年国际燃油污染损害民事责任公约》；对于有关国际条约没有规定的事项，适用《中华人民共和国海商法》《中华人民共和国侵权责任法》[①] 等中华人民共和国国内法及其司法解释的规定。有关国际条约和国内法分别对污染者与第三人实行无过错责任原则、过错责任原则的基本内涵——原则上污染者负全责，另有过错者相应负责。非漏油船"舟山"轮船舶所有人也应当按照其 50% 的碰撞过失比例承担污染损害赔偿责任。最后最高人民法院判决：普罗旺斯公司、达飞公司应当向上海打捞局给付救助款项 13295446.45 元人民币及其利息；普罗旺斯公司、达飞公司应当向上海打捞局给付防污清污费 6324841.70 元人民币及其利息；罗克韦尔公司应当向上海打捞局给付防污清污费 3162420.85 元人民币及其利息；上海打捞局从碰撞事故双方所设立的的两个海事赔偿责任限制基金中受偿的债权总额，应当以防污清污费 6324841.70 元人民币及其利息为限[②]。该案再审判决主要从法律适用的逻辑关系出发进行了推理阐述，但这仅是法律技术的一个层面的论述。其实还牵涉到国际条约与国内法关系的处理、法律论证技术层面对归责原则的考察、从利益均衡的角度作出的公平考量等问题，具有很好的指导意义[③]。

三是海上保险因果关系的判断。我国保险法因果关系判断规则的分歧根源在于，对保险法与侵权法中的因果关系的混同及对合同解释功能的忽略，导致结果的"原因"与"条件"和"背景因素"无法达成共识。因此课题组认为，我国保险司法实践中应对"原因"的合同解释与"实质作用"作有机关联，进一步明确层层递进的因果关系判断，在司法解释以及指导性案例中对"实质作用原因"的概念进行诠释，确立合同解释以及复合原因选择的基本规则，在保险条款中约定更为详尽的比例因果关系规则，避免直接适用推定全损的规则，允许被保险人对是按全损还是部分损失赔偿作出选择。对于是否考虑船舶残值，应按照《海商法》第 246 条之规定，对拯救费用与船舶保险价值的大小进行比较，只要前者大于后者，则可构成推定全损，而根本不考虑船舶

---

① 已因民法典的实施而失效。——编者注

② 案例参见交通运输部上海打捞局与普罗旺斯船东有限公司（Provence Shipowner 2008 - 1 Ltd）、法国达飞轮船有限公司（CMA CGM SA）、罗克韦尔航运有限公司（Rockwell Shipping Limited）海难救助与船舶污染损害责任纠纷案。

③ 一审案号：（2015）甬海法商初字第 442 号；二审案号：（2017）浙民终 581 号；再审案号：（2018）最高法民再 368 号。

残值①。

(二) 法律适用中的主要问题

课题组通过对相关数据的比对,结合相关判例,总结出海商事诉讼中容易发生法律适用争议性的问题。

一是法律适用上的冲突问题。对于立法缺失,制定在前的《海商法》和制定在后的《物权法》,包括刚出台的《民法典》之间的适用问题,这些法律在船舶所有权的登记对抗、留置权、抵押权等方面的规定存在一些不衔接的地方。例如,船舶物权登记程序与船舶物权实体制度之间存在矛盾,我国采用的是形式审查制度,船舶物权的公示方式导致信赖这项制度的第三人受损,实质审查对登记对抗主义立法模式下的船舶物权变动并非具有完全的对世性②;此外,国际货物运输和国内港口之间货物运输的"双轨制"立法模式,导致对两种承运人保护的不平等。

二是法律适用的选择问题。海事法官大量引用或轻易适用民法一般性规定,而不愿适用《海商法》。从2007年、2012年、2013年上海海事法院审判情况通报来看,法官援引《民法通则》《合同法》《物权法》《担保法》③的比例远远超过《海商法》,违反了特别法优于一般法的法律适用原则④;在海商法特别程序设置的适用上,对于因海洋环境保护的需要,清除打捞费用是否设立船舶优先权;船员过错导致损害时,船员工资顺位是否后于损害赔偿(船舶优先权的顺位权),船舶优先权准据法中关于侵权行为地与最密切地法、法院地法等,都是法律适用容易发生错误的节点;在多式联运的责任限制上,区段承包人、港口经营人、货运代理人等哪些主体应该承担多式联运的责任,在延迟交付责任上,如因台风等不可抗力原因导致的江海联运的非海运河段延迟交付是否适用海商法上的责任限制赔偿规则,是否需要解决与《合同法》的冲突和竞合,对于故意不当行为和故意不作为的责任主体是否适用责任限制制度等,都是法律适用需要面临的问题,包括对最高人民法院《关于审理人身损害赔偿案件适用法律若干问题的解释》的适用,都是应该关注的重点。

三是法律适用上的空白问题。海商法中特殊的制度设计反映出法律体系确实存在逻辑冲突以及人类理性在某些方面的无能为力。如海商法对船舶租购、

---

① 罗汉文:《海上货物船舶保险条款释论》,三民书局1990年版,第249页。
② 赵春总:《完善船舶所有权法律制度探讨》,载《中国航海》2001年第1期。
③ 已因《民法典》的实施而失效,下同。——编者注
④ 马得懿:《作为补充型特别民法之海商法的丰富性与体系性》,载《社会科学战线》2016年第4期。

船舶融资租赁没有相关规定,对未经报备的真实提单(无船承包)是否具有法律效力也未予以明确。基于现代船舶融资业的发展趋势,融资需求与船舶优先权的矛盾,及船舶优先权的标的和顺位,都是今后可能成为争议的内容。

第二节 海商事检察监督的必要性

一、我国海商事检察的法理追溯

对于每年呈递增趋势的海商事案件,与之不对应的是,我国对海商事领域的民事法律监督一直处于空白。自 1991 年《民事诉讼法》颁布施行后,全国各级检察机关陆续介入民事法律监督领域。2017 年修改后的《民事诉讼法》更明确赋予检察机关相关法律监督权,包括民事公益诉讼,但并未明确将监督范围扩展至对海事法院的监督。纵观全国,检察机关对海事法院实行法律监督工作目前还处于探索阶段,已经成功的典型案例更是凤毛麟角。

(一)海商事检察的法源

我国的主要法律渊源是成文法,检察机关对民事诉讼活动进行检察监督的法律条文主要规定在有关的法律、法规和司法解释中。我国《宪法》第 3 章第 8 节"人民法院和人民检察院"就两大司法机关的性质、组成、职权、设置和上下级关系及法律地位等问题从国家根本大法的角度作了原则性规定。其中第 134 条规定"人民检察院是国家的法律监督机关",第 136 条规定"人民检察院依照法律规定独立行使检察权,不受行政机关、社会团体和个人的干涉"。这两条规定的是检察机关对民事诉讼进行检察监督的根本原则[①]。民事诉讼法是检察机关开展海商事检察监督的基本法律,现行《民事诉讼法》第 14 条明确规定,人民检察院有权对民事诉讼实行法律监督。此外,《民事诉讼法》第 208 条规定的检察机关抗诉的法定事实和理由,正是针对存在错误的生效民事裁判设定的。抗诉情形分为四种:一是原判决、裁定认定事实的主要证据不足;二是原判决、裁定适用法律确有错误;三是人民法院违反法定程序,可能影响案件的公正裁判;四是审判人员在审理案件时有贪污受贿、徇私

---

① 梁景明:《检察监督的多元发展刍议——基于检察监督起源的比较参考》,载《法学杂志》2009 年第 9 期。

舞弊行为。以上四种检察机关法定抗诉理由,也是对海商事进行监督的根本依据,是维护海商事法律统一正确实施的根本保障①。

(二) 海商事检察的概念

民事检察制度是指检察机关对民事诉讼活动进行监督的诉讼法律制度。海商事检察制度是检察机关对海商事民事审判和执行活动进行监督的诉讼法律制度。实现监督的路径是通过检察监督起到介入和平衡的目的。在当前海商事法律监督机构尚未明确的状况下,亟待相关法律对法律监督体系作出进一步明确和完善,同时也需要检察机关正确认识过渡阶段的角色定位,沿海检察机关既要大胆探索先行先试,也要秉承司法谦抑性理念规范监督。本章探讨的重点在于检察机关是否可以参入对民商法体系下的海商事案件的监督、监督价值和监督路径等问题,以及如何理性监督、科学监督,做到在监督中保障和服务、在服务和保障中实现监督。在此基础上,就探索阶段海商事检察监督的理念、抗诉前置程序的设置和运用,以及相对成熟阶段海商事一审直抗的重点、虚假诉讼的合力打击、海事执行监督的提前介入等展开研究,并尝试对海商事法律监督特别程序进行设计。

二、海商事检察的价值和现实困境

(一) 海商事检察制度的价值

1. 理论价值。在当前海商事法律监督机构尚未明确的状况下,亟待就两个方面的理论价值进行探讨:一是公平正义的价值。检察机关通过对人民法院海商事诉讼的个案审查,对法院的错误裁判以抗诉方式提起审判监督程序,不仅是对个案的"纠错",更是进行追求司法公正的价值,本质上体现了司法的公正,也使司法公信力得到提升。二是维护海洋民事法律的统一和正确实施的价值。检察机关实施海商事法律监督,对存在错误的生效民事裁判通过抗诉启动再审程序,使错误的生效海商事裁判得到再次审理,具有维护民事法律统一、正确实施的功能。

2. 实践价值。恰逢"一带一路"、海洋强国战略实施以及《海商法》正在修改的特殊时期,对海商事司法开展检察监督是难得的历史机遇。实践证明,近几年检察机关对民事诉讼活动进行监督,法院经过再审,纠正错误的判决或裁定,恢复了法院公正审判,严肃了执法的司法权威,证明了由检察机关进行监督是可行的,也是有实践价值的。检察机关的监督对案件顺利审结和执

---

① 肖建国:《民事检察监督之功能与实施思考》,载《人民检察》2012年第21期。

行起到重要作用。推及海商事案件，检察机关介入对海商事案件的监督也必定有其现实需求和实践意义。

（二）海商事检察制度的现实困境

1. 理论的空白带来司法实践探索的困境。《民事诉讼法》和《人民检察院民事诉讼监督规则》虽然赋予检察机关明确的检察监督权。但民事诉讼法并没有对海商事诉讼监督作出特别规定。从《海商法》审判的重点以及《海事诉讼特别程序法》规定来看，立法对海商事检察监督的范围、方式、程序、举证责任等都缺乏明确规定，因此现行民事诉讼法勾勒的检察监督制度与海商事诉讼检察监督制度并不能完全融合，亟待法律制度设计层面的补正和完善。

2. 司法实践中典型案例体系尚未形成。从全国范围看，目前对海商事诉讼的检察监督仅仅停留在个案上，或只是对其中一个诉讼环节的监督，全域性、系统性的监督模式尚未形成。由于尚未形成监督气候，监督空间相对狭窄，加之海商事法律渊源不仅包括《海商法》，也包括我国已经加入的国际公约、国际惯例等，对检察监督能力提出了挑战。

3. 管辖上的不对应影响法律监督。海事法院属于专门法院，与中级人民法院同级，下面无基层海事法院，在案件审级上与民事诉讼法有关级别管辖的规定不对称，也与检察机关的机构设置不相协调。我国检察机关的设置是按照行政区域划分的，而海事法院跨地域设立，通常以设立派出法庭来及时行使管辖权，但是民事诉讼法并没有规定基层检察院对派出法庭的监督权。管辖的不对应性客观上造成了法律监督权能的发挥，同时也堵塞了当事人的申诉渠道。

4. 海商事诉讼程序上的特别设置对检察监督提出挑战。海商事诉讼适用海事诉讼特别程序，检察监督是否需要建立对应的海商事诉讼法律监督特别程序，是一个值得关注和探索的问题。

三、海商事检察的定位和原则

（一）海商事检察的定位

1. 探索阶段：创新性与多元性。现行立法对海商事检察工作未作具体规定，作为一项全新的检察监督工作，海商事检察应有探索性举措，充分运用多种监督方式，探索对海商事审判和执行的法律监督工作，以当事人、社会公众的获得感为目标，充分运用政治智慧、法律智慧、监督智慧，办理不同类型的海商事检察监督案件。

2. 初级阶段：层级化与对应性。虽然海商事诉讼法律监督工作是一项全新的探索性工作，但必须符合民事诉讼法的相关规定，必须按照级别管辖的理论实行层级对应下的合法性监督,实行严格的管辖层级对应。如宁波海事法院作为海商事审理的一审法院,对应的监督机构应该是宁波市检察院和舟山市检察院,而与二审法院浙江省高级人民法院对应的是浙江省检察院,检察机关实行法律监督必须严格依照法律规定的程序和职权配置进行监督①,对于海事法院派驻法庭,县区级检察院能否对一部分诉讼活动开展监督,以及监督的方式、方法都值得探讨和实践。

3. 完善阶段:监督中服务与服务中监督。最高人民检察院检察长张军强调要让群众在每一个案件中感受到公平正义,要在办案中监督,在监督中办案。近年来,我国民事检察监督正是把政治效果、社会效果、法律效果的有机统一作为监督工作的生命线,通过在监督中服务和服务中监督来优化监督方式,引领司法进步、促进社会治理,以此实现强化监督的目的。当前是海洋经济时代,海商事检察工作迎来新的发展机遇,监督工作必须贯彻办案中监督、监督中办案和寓服务于监督的理念,不断满足人民群众对公平正义的期待。

(二) 海商事检察的原则

作为一项探索性的法律制度,海商事检察监督必须要有一套规则作为其内在支撑和工作指引。海商事检察监督基本原则的确立,坚持依法、规范、有序、谦抑。一是坚持依法监督原则。在监督中要始终以对民事审判权、执行权的监督为中心,严格按照法律和司法解释相关规定,从实施法律监督的主体到客体、行为、程序、方法、方式、效力等方面开展监督。如民事诉讼法规定的申请再审期限为6个月的限制,对海商事检察监督也有拘束力,必须严格按照《民事诉讼法》第200条第1项、第3项、第12项、第13项规定的情形②受理当事人的申诉。二是坚持有限监督原则。在履行法律监督职能时,应尊重海事法院独立性,尊重海商事诉讼当事人的处分权,坚持当事人意思自治和公权力有限干预③。除非当事人的权利处分行为侵害了国家、社会或第三人的合法权

---

① 黄磊、李珉珂:《论民事行政检察建议的适用现状及制度完善》,载《广西大学学报(哲学社会科学版)》2009年第4期。

② 有新的证据,足以推翻原判决、裁定的;原判决、裁定认定事实的主要证据是伪造的;据以作出原判决、裁定的法律文书被撤销或者变更的;审判人员审理该案件时有贪污受贿、徇私舞弊、枉法裁判行为的。

③ 傅国云:《民事检察监督若干焦点问题》,载《法治研究》2013年第9期。

益,否则检察机关无权干涉①。三是坚持公权力监督和公力救济优先(国家利益、公共利益优先)原则。检察机关对海事法官审判活动中的违法行为的调查在任何时候都可以介入,对涉及国家利益、公共利益的民事调解书有权提出抗诉。但对案件中反映出的与行政监管不力有关,或涉及国有资产、公共利益,牵涉企业正常的债权债务纠纷,检察机关则不宜轻易介入②。

四、海商事检察监督的范围

从《民事诉讼法》第14条"人民检察院有权对民事诉讼实行法律监督"规定的立法原意看,民事检察的范围不仅限于人民法院在民事审判活动中认定事实、适用法律是否正确,是否错误作出民事生效判决和裁定,还包括为实现判决和裁定的执行阶段是否正确执行、穷尽执行手段的问题,也包括法官在履行职务时是否存在违法行为。鉴于海商事案件审判层级和审理程序的特殊性,下面对海商事检察的具体监督范围进行探索。

(一)对海商事审判权及公力救济的监督

监督前提是通过当事人申请再审和法院自行纠错仍然未能解决,当事人申请抗诉时,检察机关才可启动监督,以确保监督的必要性和合理性。对于标的较小、影响不大的错判案件,尽可能采取宽缓的监督手段,以检察建议的方式纠正生效裁判的瑕疵和不当。目前尚处于探索阶段,在授权不明的情况下,尽量以检察建议对海商事审判权开展监督,原则上不干预当事人的诉讼活动,检察机关处于中立、超然的立场。只有当事人的诉讼行为严重损害国家利益、公共利益的,检察机关才主动介入并将线索移送内部相关业务部门处理。对于因授权不明无法通过抗诉启动再审解决的案件,检察机关应尽可能与海事法院一起,通过协调、平衡当事人双方利益,引导当事人达成和解。对涉及群体事件的案件,更要充分考虑利益协调平衡。

(二)抗诉前置程序与依职权监督的适用

《民事诉讼法》第209条规定,当事人可以向人民法院申请检察建议或抗诉的有三种情形:一是人民法院驳回再审申请的;二是人民法院逾期未对再审申请作出裁定的;三是再审判决、裁定有明显错误的。显然,当事人不服人民

---

① 参见蔡彦敏:《论检察机关对民事审判的全面监督》,载陈桂明、王鸿翼主编:《司法改革与民事诉讼监督制度完善——中国法学会民事诉讼法学会年会论文集(2010年卷)》,厦门大学出版社2010年版,第16页。

② 傅国云:《民事检察监督若干焦点问题》,载《法治研究》2013年第9期。

法院生效判决、裁定的，应当先向人民法院申请再审，而不能直接向检察机关申请抗诉。对当事人多头申诉的，检察机关应坚持审慎的原则，不宜轻易介入监督。但对于判决、裁定、调解书损害国家利益、社会公共利益的，审判人员审理该案时有贪污受贿、徇私舞弊、枉法裁判行为且导致判决、裁定有明显错误的，检察机关应当直接受理并积极开展监督[1]。

（三）对审判、执行程序违法实施监督

主要包括以下几种情形：（1）一审终审的小额诉讼案件。主要反映在船员工资、养老金、社保金、遣返费上。应根据《民事诉讼法》第162条规定审查是否符合程序条件[2]。（2）据以作出生效判决、裁定的法律文书被撤销或变更的。（3）审判人员在审判活动中有贪污受贿、徇私舞弊、枉法裁判等违法犯罪行为的。（4）法院违法送达公告等法律文书，影响当事人上诉权的。（5）自然灾害等不可抗力导致无法行使上诉权的。（6）船员因严重疾病等客观原因无法行使上诉权的。（7）船员因经济困难无法缴纳上诉费的[3]。

（四）沿海基层检察院可以探索的监督方式

关于基层检察院对海事法院派驻法庭的监督，本书认为可以在以下几个方面进行尝试：一是对一审终审的小额诉讼，以及当事人未行使上诉权有正当理由的错判案件提请抗诉，包括对涉及国家利益、社会公共利益的调解书的提抗和建议提请抗诉；二是对审判监督程序以外的其他审判程序中审判人员的违法行为提出检察建议并向上级院移送线索；三是针对海商事执行活动中的违法问题发出检察建议和纠正违法通知；四是及时调处相关海商事申诉纠纷的服判息诉和参与船员群体性诉讼的公开听证工作等。

综上，基于涉《海商法》法律文本的独立性、法律规范的特殊性和海事司法的独立性，以及与国际公约的冲突，在法律适用和海商事案件审理上，检察监督应坚持审慎、谦抑的原则，结合《海商法》的自体性特征，从合理性、便利性、确定性需求出发，防止机械监督，避免人为割裂社会因素。

---

[1] 根据《浙江省高级人民法院关于民事抗诉案件审查工作的纪要》第8条规定，以上几种情形不受前置程序的影响，当事人可直接向检察机关提出监督申请。

[2] 《民事诉讼法》第162条规定："基层人民法院和它派出的法庭审理符合本法第一百五十七条第一款规定的简单的民事案件，标的额为各省、自治区、直辖市上年度就业人员年平均工资百分之三十以下的，实行一审终审。"

[3] 《德国基本法》第19条第4款规定，经济困境不能成为诉讼的障碍。

第三节 海商事诉讼检察监督

一、海商事诉讼监督的实践探索

纵观全国11个海事法院的审判情况，海商事纠纷每年均呈上升趋势，以宁波海事法院舟山法庭为例，海商事纠纷的占比非常高。本书以浙江省舟山市为例，对近年来舟山市区两级检察机关主动参与宁波海事法院舟山法庭虚假诉讼查处、案件线索移送、联合开展调解和生态放流、民事公益诉讼不断探索海商事检察监督的做法进行分析总结，以期梳理出初始阶段的监督脉络。

（一）关注营商环境的优化和船员利益的保护

我国《海商法》有关船舶优先权的规定借鉴了国际公约，但并没有对建造中船舶的优先权问题进行规定。《海商法》的修订征求意见稿中的船舶物权一章，除了将"在船舶营运中"一词改为"在船舶作业中"，还专门增加了"建造中船舶"一节，规定建造中船舶在试航过程中产生船员工资、人身伤亡赔偿请求、海难救助报酬给付请求、侵权产生的财产赔偿请求，适用有关船舶优先权的规定。为此针对沿海城市在建船舶纠纷多的特点，检察机关通过接受当事人举报和申诉，了解船舶纠纷案件的因果关系，在对个案中船舶拍卖环节进行监督的同时，着重做好矛盾化解和息诉服判工作。例如，2019年舟山市定海区检察院受理了一起船舶纠纷案件的申诉，申诉人（船东王某）前几年在经营海运期间因经营不善破产，欠下很多债务，包括船员工资和遣返费及社保，因债务众多，其在运营中的两艘船尚不够抵债，海事法院将其与他人合作尚在建造中的另一艘船也列入拍卖行列，申诉人认为海事法院可能存在枉法裁判的可能。该院向海事法院详细了解情况后，在对在建船舶的拍卖是否合法提出口头检察建议的同时，又向申诉人做好释法说理工作，细心解释船舶优先权的适用范围，终于打消了申诉人继续申诉的念头，如期支付了相关船员的工资。

（二）兼顾监督法定标准与社会效果

在海商事裁判案件中，应当根据案件作出裁判时的司法政策、国际惯例、社会背景等因素对监督的必要性进行充分审查，对相关因素综合考量后再作出是否予以监督的决定。例如，对于终审判决在认定事实或者适用法律方面存在错误,但实体判决结果正确或者相对公正的,以及终审判决存在程序瑕疵,但未影响实体判决结果的,应当作出论证和评估,一般不宜抗诉。但可以以检察建议的形式向法院提出,帮助其完善审判活动,维护审判活动的有序运行;此外,《合同法》第 308 条①是否适用于海上货物运输合同,一直是理论研究与审判实务中争议很大的问题,也是当事人申诉的热点。如甲公司因货物运错目的地要求改港或者退运,造成承运人乙公司相应的损失而向一审海事法院提起起诉,一审法院认为甲公司明知目的港无人提货而未采取措施处理,致使货物被海关拍卖,其举证也不足以证明乙公司未尽到谨慎管货义务,因此判决乙公司不承担责任。二审法院未审慎核实船舶抵押人身份不得善意取得船舶抵押权,改判甲公司承担 50% 的相关损失,后被最高人民法院改判,再审改判支持了一审法院和外方当事人乙公司的抗辩,认为二审判决缺乏事实依据,适用法律不当,应予纠正。此类纠纷发案率很高,适用法律和证据采信都会存在错误,是检察机关需要关注的重点。

(三) 发挥典型案例和媒体的效应

2020 年 3 月 18 日,宁波海事法院审监庭通过"云上法庭"公开开庭审理一起双方当事人均为外国主体、涉及纠纷标的额约 2.18 亿元人民币的船舶碰撞索赔案件,该案因涉及船舶漏油污染海洋环境而备受关注。这个案例系嘉兴检察机关介入对一起重大涉外涉油污船舶碰撞案件的司法实践,正是因为检察机关的介入,此案从一件船舶碰撞损害赔偿责任纠纷案牵扯出海洋环境损害索赔等多起诉讼。案件既涉及原诉中的海事赔偿责任限制基金,也涉及反诉中的油污损害赔偿责任限制基金能否适用的问题,案件的审理受到船舶保赔协会、中国油污理赔基金中心、嘉兴市人民检察院及有关海洋、渔业、生态资源职能部门及其他国内外机构及行业的广泛参入,由于证据到位,该案设立油污基金案件成为全国首例涉外油污损害赔偿责任限制基金案件,同时宁波海事法院并案审理与此案相关联的船舶碰撞损害赔偿责任纠纷、船载货物损害赔偿纠纷、油污清防污费用索赔、海洋环境损害索赔等 6 起案件,涉案标的超 5 亿元人民币②。嘉兴检察机关的介入有效提升了检察机关的监督影响力。

(四) 探索立体化监督格局和体系

从宁波海事法院近几年的审判实践看,典型海上保险合同纠纷占 46%,

---

① 相关内容规定于《民法典》第 829 条。——编者注
② 《涉案 2.18 亿元!宁波海事法院"云上法庭"审理涉外涉油污船舶碰撞案》,载中国长安网,访问日期 2020 年 4 月 3 日。

如保险公司参与诉讼的形式，较多表现为理赔后取代被保险人的法律地位，以自己的名义向法院提起诉讼，向违约方或事故责任方索赔，即保险人代位求偿纠纷。主要的基础案由是海上货物运输合同纠纷和船舶碰撞、触碰损害责任纠纷，审理难度较高。从近些年的司法实践看，近五成案件以判决结案，判决案件的三成因上诉进入二审。海上保险有其特殊性，由于海上风险的多样性与复杂性，加上证据固定困难，保险公司与被保险人对海上保险合同条款及特殊用语在理解上存在差异，从裁判结果看，保险公司完全胜诉的比例并不高①。其实这类纠纷大多数能够以调解方式结案，检察机关以中立的角度参与联合调解，并充分利用线上线下多种途径，能动司法，有效化解矛盾，以切实体现检察机关对海事的司法服务和保障。舟山市定海区检察院与海事、生态环境、自然资源和规划局、港航局等行政部门会签文件，联合成立了"护渔、护海、护岛"的"三护"平台，该平台还将扩至海事法庭，平台的运行除了监督海事行政外，很大一部分功能是参与社会矛盾联合化解，构建检察机关与各行政部门联合参与涉海、涉渔、涉岛案件矛盾纠纷化解和船员利益保护，具有很好的现实意义。

二、海商事民事监督的重点和难点

（一）海商事检察监督的重点

审查海商事纠纷案件重点在于过错程度的确定、船舶碰撞责任比例划分、对海上保险产生的推定全损、委付、"无论损坏与否"等特殊制度的适用和认定，以及共同海损、海难救助是否构成、保险人行使代位请求权的审查②等；对于海事赔偿责任限制重点要审查其中的适用匹配度，如与海相通并在海域与内河通行的内河船是否适用海事赔偿责任限制、船舶经营人的范围界定、国内油污损害海事请求的法律适用；船员劳务合同纠纷案中要重点审查是否存在错误扣押，以及船员是否恶意串通，代理人是否参与虚假诉讼等③。具体分为以下几个方面：

1. 责任限制的认定与鉴别

责任人在何种情形下享有或者丧失海事赔偿责任限制权利，直接决定了海

---

① 宁波海事法院：《宁波海事法院发布近五年海上保险纠纷审判情况》，载《海商法资讯》2018年11月7日。
② 司玉琢：《海商法专论》，中国人民大学出版社2018年版，第36页。
③ 司玉琢：《海商法专论》，中国人民大学出版社2018年版，第35~38页。

事赔偿责任限制制度能否适用,是海事司法实践中涉及责任限制案件中不可回避的核心问题。《海商法》第 59 条关于发生不合理绕航的情况,承运人往往会丧失责任限制的权利。实践中,沿海小型船只超航区、超载,甚至实施其他更为严重的违法航行行为屡见不鲜,而其责任限额却往往较低,远远无法弥补发生事故后造成的实际损失,而实际严重违法航行行为的责任人从违法航行经营中非法牟利①。因此,有效识别责任限制的前提和条件就显得非常重要。实践中应重点关注以下几个方面:一是同一事故的多方就各自船舶分别设立海事赔偿责任基金时,各基金下债权人的债权金额及该债权能否在基金下受偿;二是各方在碰撞事故中过错比例与货损案件债务人是否有权限制赔偿责任,以及是否适用"先抵销,再限制"原则②;三是连环碰撞中是一次事故还是两次或以上事故,过错比例如何,因果关系是否中断③。实践中应抓住三点,即责任人本人重大主观过错,违法航行中的船舶所有人、经营人是否具有重大主观过错,严重违法航行行为的责任方丧失海事赔偿责任限制权利是否能促进未来航行安全。

2. 连带责任的认定与鉴别

审查连带责任问题时,要重点关注两点:一是法律的适用,二是举证责任。连带责任的认定既牵涉到特别法和普通法的适用,又牵涉到海商法与国际公约的竞合,只有海商法就同一事项没有规定的,才产生普通法补充的问题,这里的普通法主要指民法典。如迟延交付实行过失责任,无过失不承担责任。承运人在承担迟延交付的责任后,仍可享受单位责任限制,除非是由于承运人的故意或明知可能造成损失。如果实际承运人未经承运人委托,私自无单放货,也要承担连带责任(取决于举证责任)④。如 2013 年 3 月 19 日 "浙嵊 97506" 轮开往舟山嵊泗途中与毛某某实际出资、所有经营的未经海事主管登记、无检验证书、船员无适任证书的"三无"砂石船"台联海 18"轮发生碰撞,造成"台联海 18"轮沉没、6 人死亡、2 人失踪的重大事故。"浙嵊 97506" 轮船籍港舟山,登记船舶所有人为陈某,船舶经营人为江山公司。经海事、渔监主管机关核查,该轮在涉案事故航次从未在嵊泗海事处办理过船舶

---

① 上海海事法院:《上海海事法院精品案例选》,法律出版社 2019 年版,第 16 页。

② 根据《中华人民共和国海商法》的规定,享受责任限制的人就同一事故向请求人提出反请求的,双方的请求金额应当相互抵消,赔偿限额仅适用于两个请求金额之间的差额。

③ 上海海事法院:《上海海事法院精品案例选》,法律出版社 2019 年版,第 205~215 页。

④ 司玉琢:《海商法专论》,中国人民大学出版社 2018 年版,第 125~133 页。

进出港签证手续、船员配备和持证情况严重不满足《船舶最低安全配员证书》要求。江山公司仅系登记的船舶经营人,而非实际经营人。上海海事法院经审理认为,作为"浙嵊97506"轮依法登记、对外公示的船舶经营人,江山公司未尽到安全管理职责,应与船舶所有人陈某承担70%连带赔偿责任①。

3. 法律意义上因果关系的认定与鉴别

课题组所在的宁波舟山港海域岛礁、航门众多,海区周边是经济发达的长三角地区,拥有我国港口吞吐量最大的上海、宁波舟山港等众多对外开放港口,东部是沿海南北航路的主通道,浙江沿海西、东、中、外公共航路贯穿舟山海区,是我国沿海南北航运的必经之地,加之商船航路与渔船作业区相互交叉重叠,商渔船交会概率高,各类水上交通事故高发多发,在全国占较大比例。两类案件最为多发,一是船舶碰撞案件,二是运输合同案件,在此两类案件中船舶的适航性和船长船员是否尽到瞭望和合理避碰,以及鉴别这几者与碰撞结果之间的因果关系非常重要。特别是在多船碰撞案件中,要区分多次碰撞之间是否具有法律上的因果关系。多船碰撞事故具体情况复杂,要区别三类情形甄别:前后碰撞不存在必然的因果关系、前后碰撞存在必然因果关系、多船会遇局面下连环碰撞船舶间存在直接避让关系。主要争议焦点是两次碰撞之间是否存在法律意义上的因果关系,不仅要求前次碰撞是后次碰撞发生的原因,还要求这种原因具有法律上的可归责任②。包括如何认定各方应当承担的责任比例,以及因果关系是否发生中断,如若未中断,则不管发生几次连续碰撞,都视为一次事故。又如,对于航运市场的"套约"③行为,需要以与船公司签署运输协议的大客户的名义出运货物,需要得到船公司的配合才得以实现。这样就有了擅自修改提单内容的可能,通过使用远程提单打印系统进行"套约",从而产生货权纠纷,并继续产生货物所有权归属的争议问题,也涉及托运人身份认定。对此,应当仔细审查其中的因果关系,"套约"提单不影响对

---

① 上海海事法院:《上海海事法院精品案例选》,法律出版社2019年版,第12~14页。

② 上海海事法院:《上海海事法院精品案例选》,法律出版社2019年版,第29~31页。

③ 随着航运市场竞争日益激烈,为了获得大客户的承运权,船公司往往会与这些大客户签订运输协议,承诺给予更优惠的运价,而没有协议运价的出口商或货代则无法取得如此优惠的报价。实践中,随之出现了"套约"行为,即在系统中将"托运人"栏中的托运人修改成与船公司有特别优惠运价协议的公司,以享受该公司与船公司之间的协议运价,提单生成之后,再将"托运人"信息改为真实的托运人。"套约"的做法会使船公司系统中显示的某次运输的托运人与客户手中持有的正本提单上记载的托运人不一样。

承运人无单放货的责任认定。只要授权打印提单的公司确认实际货主的身份，且实际货主仍持有一式三份正本提单，那么该实际货主虽然在船公司的内部系统中未被记载为托运人，其仍有权就无单放货向作为承运人的船公司主张权利①。

4. 免责抗辩效力的认定与鉴别

对于承运人滥用"合同自由"原则的现象，英美法通过一系列判决创造了"原始首要义务原则"，即谨慎照管货物的义务和航程开始时提供适航船舶的义务，承运人违反这两项义务并造成损失的，将不再适用相关免责规定。我国《海商法》第47条、第48条和第51条对适航义务、管货义务和免责事项分别作出了规定。对于"天灾、海难"免责抗辩的审查，应当根据《海商法》中关于"天灾、海难"免责抗辩的相关规定，与船舶适航性、管货义务及管理和驾驶船舶过失等因素有机联系、合并分析，对海况是否构成"天灾、海难"以及事故与海况之间的因果关系，审查造成货损的决定性原因是"天灾、海难"，还是承运人可免责的过失或不可免责的过失。在多种原因共同作用的情况下，按照各原因力的比例判定责任承担。

（二）海商事检察监督的难点

1. 船舶碰撞案件过失责任的认定

根据《海商法》规定，对于因船长和船员明知可能发生碰撞而轻率作为或不作为所引起的，不影响船舶所有人等责任主体享有责任限制的权利。因此，检察机关的审查重点是对船舶所有人过失责任的界定。按照《海商法》规定，在有实际经营人的情况下，船舶所有人已将船舶的占有权让渡给实际经营人，不再对船舶行使实际管理和控制，就不应该对船舶碰撞损害承担赔偿责任，除非在此过程中其有过失责任，且其过失与损害结果之间有因果关系，如交船前船舶没能提供适航船舶，因存在潜在缺陷而致相撞，或在其对船舶管理和控制期间，因船长、船员驾驶和管理上的过失导致碰撞，或系沉船导致碰撞。如果排除了这些，船舶所有人就没有过失责任，就可享受责任限制的权利②。

2. 船舶融资租赁责任主体的认定

船舶融资租赁的主要目的在于融资，鉴于对租赁船舶及出卖人的选择均系承租人根据需要自主选定，如果船舶存在瑕疵或不符合约定的使用目的，除非承租人与出卖人另有约定，或者出租人有过错，否则出租人不承担任何保证责

---

① 上海海事法院：《上海海事法院精品案例选》，法律出版社2019年版，第39~42页。
② 上海海事法院：《上海海事法院精品案例选》，法律出版社2019年版，第264~390页。

任。因此,审查的重点是船舶融资租赁人为碰撞责任主体时是否承担责任,甄别点是,融资租赁合同非以是否登记为界,登记与否并不影响碰撞责任主体的认定①。如果船舶融资租赁人对船舶处于占有、使用、经营期间,就应该承担责任。

3. 光船租赁合同的效力认定

最高人民法院《关于审理船舶碰撞纠纷案件若干问题的规定》第 4 条规定,船舶碰撞系在光船租赁期间并经依法登记的,由光船租赁人承担赔偿责任。光租租赁权通过登记,被法律赋予了物权的对世性、排他性和优先性,不仅可以对抗光船出租人即船舶所有人,而且还可以对抗合同之外的第三人。因此,应将光租船舶是否经过登记的审查作为重点,关注出租人将船舶所有权转让于第三人的情形,以"买卖不破租赁"的原则认定原光船租赁合同的效力。光船租赁经登记对抗的是第三人对其租赁权的侵犯,对于船舶碰撞中遭受损害的受害人不具有对抗力,这是监督中必须厘清的②。

4. 越权代理的责任认定

近年来随着大型和超大型集装箱的出现,以及冷藏、灌状、开顶等特种货物专用箱的大量增长,船舶营运业和租赁业的海运经纪人、船舶代理人、货运代理人应运而生。因此,应当关注是否存在越权代理的问题,如果存在越权代理,被代理人对代理行为不承担责任。此外,还要查清货物代理人是纯粹受委托人的委托从事货物代理,还是以货物代理人名义自己承运,如果是后者,其身份就类似于无主承运人,而不是货物代理人,相关责任认定就完全不一样③。

5. 无单放货纠纷中责任认定与鉴别

在海上货物运输合同关系中,承运人的基本义务是在卸货港完好地向正本提单持有人交付全部承运货物。承运人无正本提单交货,构成违约。正常情况下,收货人必须先付清货款再取得货物。如果承运人在未收回正本提单的情况下向收货人放行货物再收回货物并擅自回运,则损害了提单的可靠性,破坏了国际贸易规则,使托运人订立的国际贸易合同和海上货物运输合同的目的全部落空,正本提单持有人的合法权益将得不到保护,对无任何过错的守约方也是不公平的。在此情况下,让承运人承担责任有助于形成制止该类情况发生和维

---

① 上海海事法院:《上海海事法院精品案例选》,法律出版社 2019 年版,第 279~282 页。

② 邓瑞平:《海上侵权法比较研究》,厦门大学出版社 2013 年版,第 165 页。

③ 胡美芬、王义源:《远洋运输业务》(第四版),人民交通出版社 2005 年版,第 5 页。

护航运正当秩序的司法导向①。

三、海商事检察监督的路径探索

（一）个案监督：以当事人申诉和执行异议为入口

在当前立法尚未授权的情况下，检察机关可以尝试通过受理当事人不服法院判决的申诉和执行异议为突破口展开个案监督。如在船舶碰撞案件中直接造成的损害后果可能有很多，包括碰撞船舶自身的损害、船载货物的损害、碰撞船舶之外财产的损害以及人身伤亡，还可能造成一艘或者两艘碰撞船舶出现漏油，又因漏油而产生污染损害。对于碰撞直接造成财产或人身损害并同时造成油污时的责任，在目前法律制度下，通常涉及两种侵权责任：一是船舶碰撞双方（或多方）的碰撞侵权责任；二是漏油方对油污受害方的污染侵权责任。对船舶碰撞致漏油污染损害的责任性质以及船舶碰撞致漏油污染侵权行为与船舶碰撞侵权行为关系的认识，实践中莫衷一是。"东海209"轮与"闽燃供2"轮在珠江伶仃洋水域发生碰撞，造成"闽燃供2"轮的船体破裂，船上所载的重油发生泄漏，进而对部分水域和海岸造成污染。该案一审判决认定属环境污染纠纷，污染是由"闽燃供2"轮所载重油泄漏所致，故其所有人为环境污染的责任人，应对油污损害承担赔偿责任。由于油污不是来自"东海209"轮，故其所有人东海公司不承担油污损害赔偿责任②。根据该判决，可以理解法院认为船舶碰撞致漏油污染侵权行为与船舶碰撞侵权行为是两个不同的侵权行为。二审则认为本案污染损害系由双方船舶互有过失碰撞所致，故两船的所有人均为海洋环境污染损害的责任人，应按其各自应承担的责任比例对船舶碰撞所造成的油污损害承担赔偿责任。根据该判决，可以理解法院认为当事方承担的碰撞致漏油污染损害的责任仍属于船舶碰撞侵权行为的责任，按照船舶碰撞侵权法律确定。

此类型案件一旦提出监督意见具有重要的指导意义，从归责原则来看，船舶碰撞侵权行为的侵权责任适用过错责任原则，漏油污染环境的侵权行为的侵权责任适用无过错责任原则。对船舶碰撞造成漏油污染而发生的侵权，适用于相关国际公约时，公约已经明确只有在完全是因为第三方的原因造成的漏油污染外，污染侵权责任就由漏油的船舶承担100%的污染侵权责任，而不能适用《海商法》关于船舶碰撞造成第三方财产损失责任承担的规定，即不能按照碰

---

① 上海海事法院：《上海海事法院精品案例选》，法律出版社2019年版，第58~67页。
② "闽燃供2"轮责任限制案，（1991）广海法事字151号。

撞过错比例来承担油污责任。

(二) 类案监督：从判例看同案不同判问题

司法实践中，我们要树立类案监督的理念，在案件审查中发现存在以下情形的，应当提出监督意见：一是生效裁判之间存在法律适用分歧的；二是在审案件作出的裁判结果可能与最高人民法院生效裁判确定的法律适用原则或者标准存在分歧的；三是与最高人民法院《关于建立法律适用分歧解决机制的实施办法》有原则性冲突的。检察机关在对海商事诉讼监督的探索阶段，可以根据地方法治环境和与海事法院的工作对接情况，按照最高人民法院《关于建立法律适用分歧解决机制的实施办法》意见精神，同步跟进，与海事法院建立信息报备制度。

(三) 程序性监督：探索海商事法律监督特别程序

《海事诉讼特别程序法》要求对海商事案件的审理根据特别程序，如《海商法》第11章对海事赔偿责任限制规定了配套程序，但仅对设立海事赔偿责任限制基金程序，包括债权登记、债权确权诉讼、基金分配和受偿程序做出规定，却未对责任限制权利的确认程序作出规定，1999年施行的《海事诉讼特别程序法》也仅规定责任限制基金程序而没有规定责任限制权利确认程序，而是留待法院实体审理时解决该问题，致使各法院审查责任限制权利的程序极不统一。这些问题在"静水泉"轮沉没引发的系列案件中得到集中显现。三峰船务公司与青岛海运公司（系"静水泉"轮所有人）合作经营大连到广州的沿海运输，"静水泉"轮在山东水域沉没，青岛海运公司在青岛海事法院申请并设立了责任限制基金。由于运单是由三峰船务公司签发的，部分货主又分别在大连海事法院和广州海事法院对三峰船务公司提起水路货物运输合同下的货损索赔[①]。就海事赔偿责任限制问题，三家海事法院均认定三峰船务公司有权享受责任限制，但是，行使终审权的三家高级法院却都以无管辖权为由不受理三峰船务公司责任限制请求。在该系列案中，三家海事法院和三家高级人民法院对于责任限制程序问题所表明的不同观点，导致同一当事人受到"相互矛盾的生效判决约束"，一定程度上损害了法律的威严和司法的权威性。2003年6月9日，最高人民法院关于在答复山东省高级人民法院"关于招远市玲珑电池有限公司与烟台集洋集装箱货运有限公司海事赔偿责任限制申请一案请示的复函"〔(2002)民四他字第38号〕，"根据我国《海商法》和《海事诉讼特别程序法》规定，申请建立海事赔偿责任限制基金可以在诉讼中或诉讼前

---

① "静水泉"轮责任限制案，(2001) 青海法海事初字第49号。

提出海事赔偿责任限制属于当事人的抗辩权,申请限制海事赔偿责任,应当以海事请求人在诉讼中向责任人提出海事请求为前提,不能构成独立的诉讼请求"[①]。这类案件应该也是检察机关监督的重点。

(四)融合性监督:监督中保障和保障中监督

宁波海事法院相关工作数据显示:2018 年一审审结海商事案件调解撤诉率为 53.1%,民事调解案件自动履行率为 11.77%,同比分别下降 11.94% 和 7.48%[②]。从以上数据可以发现,调解和撤诉率非常高,从而说明了当前民事诉讼正从对抗走向调解。检察机关在进行监督的时候,更多是为了保障法律的统一实施,正是监督理念的转变,检察机关的民事监督体现的更多是"协同型"监督,而非传统意义上的"对立型"监督。检察机关的监督并不是为了阻碍当事人诉权的自由行使,也不是为了破坏审判权的独立性,而是为了对当事人权利予以救济、维护审判活动的有序运行。因此,要有依法监督、善于监督的理念,以保障诉讼参与人合理有序行使诉权、避免出现审判权运行脱轨为目标,同时充分尊重法官自由裁量权。对行使过程中有合理依据,但在比例分配方面稍有偏差的案件,一般不宜过度干涉和进行监督,以维护法院裁判的稳定性。对于超出必要限度、明显违反公平原则的案件才依法开展监督。

第四节　虚假海商事诉讼的识别与查证

一、问题的提出

原告舟山市定海某船厂(以下简称船厂)诉被告舟山市某船务有限公司(以下简称船务公司)拖欠船舶修理费 380 万元人民币,请求宁波海事法院自由贸易港区海事法庭支持起诉上述修理费、违约金、码头停靠费、安全费,并主张其享有留置权。审理期间,自贸区法庭发现原、被告诉称事实与法院查明事实不符,存在恶意串通情形,遂将该线索移送至舟山市定海区人民检察院。舟山市定海区人民检察院经调查发现,原被告均无异议的《船舶修理合同》

[①] 最高人民法院关于招远市玲珑电池有限公司与烟台集洋集装箱货运有限公司海事赔偿责任限制申请一案请示的复函〔(2002)民四他字第 38 号〕。

[②] 宁波海事法院《宁波海事法院 2018 年白皮书》。

《修理项目完工验收单》与航海日志记载相互矛盾,航海日志记载的原被告认可的船舶进坞修理期间船舶系停泊在外锚地。检察院的介入和调查对自贸区法庭查清虚假诉讼起到了关键作用,该案最后得到正确判决[①]。

虚假诉讼是指民事诉讼各方当事人恶意串通,采取虚构法律关系、捏造案件事实方式提起民事诉讼,或者利用虚假仲裁裁决、公证文书申请执行,使法院作出错误裁判或执行,以获取非法利益的行为。实践中,由于海事诉讼标的大、船舶主体复杂,极易产生虚假诉讼。而船员长期在海上漂泊、与世隔绝,信息相对闭塞,且又共处一船,客观上为虚假诉讼提供了"温床"。从近几年各地海事法院审判情况看,类似于上述案件的虚假诉讼并不少见,这还不包括未被查处的案件。如2015年12月宁波海事法院舟山法庭对某船务公司与某船舶修理企业合谋通过虚假诉讼获取不当利益一案作出判决,判处双方分别缴纳20万元人民币的罚款,并将案件移交公安机关立案侦查。

虚假诉讼的主体不是一方当事人,而是双方当事人,是双方当事人经过串通,达成共同的恶意,利用民事诉讼程序,通过法院和法官之手,获得民事裁判文书支持,实现侵害国家、集体或者第三人合法权益的诉讼目的。虚假诉讼和恶意诉讼的不同之处在于,恶意诉讼是一方恶意,侵害的是对方当事人的合法权益;而虚假诉讼是双方恶意、侵害的是他人的合法权益,包括国家、集体和第三人的利益。与普通民事诉讼虚假诉讼不同,海商事虚假诉讼案件查处难度更大。在当前相关授权不明的情况下,检察机关是否可以介入监督,又应如何甄别和监督,这是我们要探讨研究的问题。

二、检察机关介入的必要性和监督方式

鉴于海上取证、证据保存的特殊性要求,与普通民事虚假诉讼相比,无论是发现线索,还是证据审查、财产控制均有较大的难度,法院基于调查权的有限和坐堂审判的惯性常常会陷入司法困境。

(一)检察机关介入海商事虚假诉讼的必要性

1. 从海商事虚假诉讼的现状看

司法实践中海商事虚假诉讼主要通过虚假诉讼手段,骗取支付令、调解书、有强制执行效力的公证书、仲裁调解书、保险理赔等,主要方式是当事人双方串通后起诉、应诉、提供证据、自认、达成调解协议,法官很难发现破绽。特别是在调解案件中,一方或双方当事人以要出海作业或运营为由,呈现

---

① 案例来自宁波海事法院舟山法庭年度工作报告。

出比普通民事诉讼更高的调解意愿，也更易取得法官的信任，虚假诉讼目的更容易实现。

与普通民事诉讼一样，海商事诉讼也不要求当事人进行实质对抗，特别是运输合同等案件中提单等书证等的证明力非常大，一旦双方当事人串通，在一方提出诉讼主张后相对方予以自认，法院就认为符合证据规则要求，案件就能顺利判决，相关当事人轻而易举地实现了虚假诉讼的目的。海商事诉讼由于各个当事人和证人以及交易行为均发生在海上、与陆地隔离的特点，使得诉讼程序更易被利用，更易于形成与普通民事诉讼不同的诉讼规则。

此外，法律规定虚假诉讼案件的立案权在公安机关，但由于虚假诉讼对证据的要求相对较高，相关证据当事人不容易取证，如在海难案件的司法实践中，赔偿执行难的问题非常突出。其中一些案件是因为赔偿主体通过制造虚假的民事诉讼转移财产，从而规避对海难相关人员的赔偿。这类案件必须依职权启动司法程序调查，而实践中公安机关对于这部分案件启动侦查程序的并不多，更多的是持消极的态度。因此，由海事法院移送公安机关查处海商事虚假诉讼的案件很少，由海事法院自行查处的虚假诉讼案件也不多。

2. 从普通民商事案件虚假诉讼查处的经验看

近年来，检察机关把民事诉讼检察中查处虚假诉讼工作摆上重要位置，全国范围内广泛开展对民事虚假诉讼的打击，查处了一批又一批案件，取得了良好的社会效果，也积累了很多成功经验。最高人民检察院还发布了第十四批指导案例，其中的五个指导案例均为检察机关查处虚假诉讼的案件。法律不仅赋予检察机关法律监督职能，还赋予检察机关一定的侦查、调查权，使得检察机关更有条件通过多方联动和有效协同，获取虚假诉讼的客观事实，并通过固定证据绑定虚假诉讼的事实。同时，民事检察监督又有检察建议、抗诉的民事诉讼监督手段，能够对查证属实的虚假诉讼，通过向法院建议和抗诉的方法进行监督，使法院能够对虚假诉讼采取对策，还原事实真相，遏制虚假诉讼，防范虚假诉讼造成的后果。

3. 从检察调查权对查处海商事虚假诉讼的保障看

《民事诉讼法》第112条、第113条对虚假诉讼作出规定：对当事人之间、被执行人与他人恶意串通，企图通过诉讼、调解、仲裁，侵害他人合法权益、逃避履行法律文书确定的义务的，法院应当根据情节轻重予以罚款、拘留；构成犯罪的，依法追究刑事责任。2018年"两高"联合下发了《关于办理虚假诉讼刑事案件适用法律若干问题的解释》，为检察调查权在查处虚假诉讼领域发挥作用提供了准据。实践证明，检察机关通过启动调查权，向法院移送相关证据，大大提高了虚假诉讼查处的力度和成效。

(二) 检察机关接受虚假诉讼申诉的方式

1. 接受申诉

与其他普通民事诉讼不同的是,由于检察机关对海商事案件的监督缺乏广泛的知晓度,当事人来检察院申诉的相对较少,而当前在职能尚未明朗的情况下,检察机关也不便大肆宣传该项职能。为此,除了当事人及其代理人、案外人的举报、申诉、再审申请或提起第三人撤销之诉、执行异议之诉等,在探索阶段可以依赖两种方式:一是与海商事律师和诉讼代理人建立联络关系,开通海商事申诉的特别程序,规定任何阶段均接受其申诉和举报;二是通过建立相关绿色通道接受群众举报和当事人申诉。例如,2012 年 3 月辽宁省大连市人民检察院海事检察室收到一份关于因数百万元海难赔偿执行不能、引发 13 名申诉人严重不满的群体性申诉材料后,一方面通过程序审查发现海事法院对该案的诉讼主体合法性审查不严格,另一方面发现该案证据存在诸多疑点。海事检察室与公安、税务等相关部门多次沟通,取得了当事人进行虚假海事调解的确凿证据,从而查处了该虚假诉讼案,取得了良好的法律效果[①]。此外,舟山市定海区检察院在辖区执法船上和特定海域成立流动式检察官办公室就是一个很灵活的平台载体,能够有效方便船员举报和当事人申诉。

2. 海事法院移送

上文提到的舟山市定海区检察院和大连市检察院两个案例就是海事法院主动将可能涉嫌虚假诉讼的线索移送至检察机关,由检察机关启动调查程序,其中相关专业技术部分聘请相关行业专家给出专业意见,最后将调查材料和相关证据再移交法院,同步移送公安机关。虽然相关程序的适用是否依法、规范有待于进一步探索,但在法律尚未对此作出明确规定前,可视为海商事虚假诉讼联合查处的特别程序。

3. 依职权启动

我国民事诉讼采用不告不理、原告承担主要举证责任、法官坐堂审理的诉讼方式。虽然我国司法是以职权主义为主要特征,但鉴于虚假诉讼案件是当事人双方预谋在先,经过有意串通而起诉、应诉,并经过提供证据、自认、达成调解协议等看似合法合规的程序,对此法官很难发现虚假诉讼的破绽,极易使具有恶意的双方当事人实现虚假诉讼的目的。而检察机关不但具有调查权,而且可以通过接受举报和办理刑事、民事、行政、公益诉讼案件发现线索,因此对于检察机关通过办案自行发现以及人大、政法委、纪委(监察委)、信访部

---

① 大连海事法院《大连海事法院 2014 年度审判情况通报》。

门等机关、组织移送的线索，可以依职权启动调查程序，向法院提出检察建议或者抗诉，对虚假诉讼造成的负面后果及时救济，无疑能更好地促进海商事诉讼的程序公正和实体正义。

三、虚假海商事诉讼的甄别

(一) 虚假海商事诉讼的类型

1. 从违法行为方式看，分为单方虚构型虚假诉讼与双方恶意串通型虚假诉讼。单方虚构型虚假诉讼是原告单方虚构并不存在的或者已经受偿的海商事债权债务关系，主要表现形式为原告既不了解该船舶的用途、吨位等具体情况，也无法提交船舶买卖交易的付款凭证，其行为不符合船舶买卖的交易常规。而且，在立案过程中，原告与被告一直保持着良好沟通，不存在实质性争议和对抗。如已经付清工资的船员谎称未付清工资，主张行使船舶优先权，要求船东支付工资。双方恶意串通型虚假诉讼是原被告双方利用船舶优先权、抵押权或留置权等具有优先受偿顺位的权利，伪造劳务合同、抵押权合同等，诉请法院要求支付船员工资、修船费。如广州海事法院受理53件船员讨薪系列案时，发现三大疑点：四艘不同船舶的船员在同一时间起诉、所有船员的欠条都同一格式、几艘船的普通船员月工资额都比市场价高出3000元以上[①]。

2. 从保护的利益出发，分为对普通债权人的保护、对船舶登记人的保护和对船员的保护。如上述讨薪案，如果司法机关只偏重保护船员的角度，势必忽视对合法船东利益的保护。实践中极易出现船东与船员合谋，利用船舶优先权的特点虚构船员工资的给付请求，对抗已经付清工资的事实，以达到在执行拍卖船舶时得到船舶优先权，从而达成虚假诉讼的交易目的；有的虚假诉讼案件由船舶实际所有人与其他债权人恶意串通，在船舶登记人既无侵权行为也无过错的情况下，被要求承担相关过错责任和侵权责任，为此必须秉承公平公正的司法保护理念，既要保护船员的合法权益，又要维护海上运输和经营者的合法利益，避免导致司法不公，为此检察机关在监督中要兼顾多方利益，特别关注相对弱势的群体利益免受侵害和得到及时救济。

3. 从诉讼过程看，海商事虚假诉讼可能发生在诉讼过程中的所有环节，包括公证阶段、仲裁阶段、民事诉讼阶段、调解阶段。司法实践中，有的当事人利用法院发出支付令以形式审查为主、实质问题不易被发现的特点，恶意串通、虚构债务骗取支付令并获得执行，侵害其他民事主体的合法权益；以劳动

---

① 广州海事法院《广州海事法院2014年度审判情况通报》。

仲裁形式解决船员劳务合同纠纷是比较常见的形式。仲裁部门裁决的事项除了常规的工资、其他劳动报酬、遣返费和社会保险费以外，还可能包含未签订书面合同的船员双倍工资、经济补偿金、各种加班工资、缴纳社保、办理社保手续等事项。船员与船东进行恶意串通，伪造船员劳务合同至贸促会仲裁委员会要求确认债权。

（二）虚假海商事诉讼的特征化识别

海商事虚假诉讼与普通虚假诉讼相比，除了虚构的内容具有海商事特征外，其虚构的路径与普通民事虚假诉讼的违法路径基本一致，一般均为虚假诉讼行为人先通过向法院提起民事诉讼的方式，利用法院的裁判权固定其虚构的事实，后利用法院的强制执行权实现其不法目的，但海商事虚假诉讼还具备以下三个个性化特征：

1. 围绕船舶拍卖执行和分配虚构案件事实。海商事案件中的主要执行财产为船舶，特别是在被执行人为单船公司的情况下，船舶执行变现及分配关乎申请执行人权利的最终实现。根据《海商法》相关规定，船舶拍卖款仅在与船舶有关的债权间分配，在扣除实现债权费用和相关司法费用后，船舶拍卖款的受偿顺序依次为：船舶优先权担保的债权、船舶留置权担保的债权、船舶抵押权担保的债权、与船舶有关的普通债权。仅在船舶有关债权分配完毕后还有剩余的情况下，与船舶无关的被执行人的其他债权方可参与分配。在航运市场低迷的情况下，海商事案件的债权受偿顺序致使船款分配时与船舶有关的一般债权可能无法获得受偿。因此，海商事案件虚假诉讼的主要特点在于虚构有优先受偿属性的法定担保物权担保的债权或虚构与船舶有关的一般债权，侵犯相关权利人权益。

2. 围绕证据的伪造和虚构多方串通。这些案件诉争标的额较大，防范、查处、审理虚假诉讼难度大，调解、撤诉比例高。原告为了稀释普通债权人的利益，分配得到更多的船舶拍卖款，多会想方设法利用船舶优先权，而最容易伪造证据且易于操作的就是与船员串通，主张船舶优先权要求支付工资等费用。如船东为了争取更多的利益，会与多名船员串通，要求支付费用，诉请标的少则几十万元，多达上千万元。对于此类案件，在发现当事人有虚假诉讼嫌疑情况下，取得确凿证据需要耗费大量人力和时间，难度较大。因此在防范和查处海商事类虚假诉讼案件上，要将预防虚假诉讼的工作前置到扣船程序中。在扣船时即对与船舶营运有关事实进行详细核实，固定事实和证据。如提单作为货物收据和运输合同的证明、银行支付货款的担保（可质押）和可作流通和可转让的单据（物权凭证），电子提单的拟制占有主要反映在两个方面：一是电子提单的背书和流通。在海商事航运和交易中，电子邮件、语音、扫描等不具有书面形式的电子数据交换,或者没有以上这些形式,只有相关证人证明的其他有形方式复制的电子通信,能否认定为具有电子提单的功能,是否能作为物权的权利凭证。本书认为必须达到民事诉讼法规定的最低证明标准。二是电子签名的真伪。数据电文的规范、标准格式,签名的有效性鉴别——形式和实体认定,加密技术引发的电子签名的法律问题和权利质押是否有效问题,既有正本提单、又有副本提单情形下原件的真实性鉴别,原件的真实性、独一性,最后证据规则,传闻证据与书证的效力,都必须达到最低证明标准等。

3. 围绕海事法院的调解大作"文章"。这些案件大多以船舶经营人、船长、船员在海上作业为由,原告不出席法庭,法律文书送达困难,庭审对抗性弱。一方面,因为虚假诉讼双方当事人恶意串通,双方调解意愿强,原告多,主体关系错综复杂,原告或关键证人未出席法庭;另一方面,客观上因为原告船员多为外地人,或在远洋作业时间长,通信设备不通畅,法律文书多以公告方式送达,这些与普通民商事案件的不同特点,使得海事法院也逐步形成了缺席判决的惯性思维,庭审客观条件的缺失为虚假诉讼提供了出口。

四、检察机关监督海商事虚假诉讼的瓶颈和路径

(一) 检察机关发现和查处海商事虚假诉讼的困境

1. 线索发现渠道狭窄。我国审判制度不要求审查诉讼目的,一般情况下,正常民事诉讼对民事关系主体的主观方面只考查其主观过错程度,而不考查主观目的[①]。因此,虚假诉讼案件的诉讼目的很容易在双方当事人的配合下被掩盖。双方对案件事实、证据及诉讼请求争议不大,很少有激烈的诉辩对抗场面,更多采用以调解方式结案。

2. 海商事案件审理信息不互通。一些当事人就是利用海事法院与各普通法院之间、法庭之间的信息沟通不畅的现状,通过虚假诉讼转移可执行财产。加上检察机关等监督机构与海事法院目前尚未建立信息互通互报制度,客观上给当事人以可乘之机。

3. 相关书证审查识别难度大。《民事诉讼法》第63条规定了7种证据形式,在民事纠纷案件审理中法官会按照"对双方无异议的证据应予认定"的规则进行证据审查。虚假诉讼的证据一般为书证,虚假诉讼者为达到自己的非法目的,编制的书证形式上完全符合法定条件,书证上的签名、印章等也

[①] 郑新俭等:《民事虚假诉讼检察监督问题研究》,载《人民检察》2016年第6期。

都是真的,被告也都没有异议。从现行证据规则看,这些证据完全可以认定①。也就是说,证据规则上的漏洞为虚假诉讼当事人打开了方便之门。如对于提单,各种主体从承运人、交货人、托运人、收货人、指示人,到不记名持有人、质权人、持有人、复合角色,非常复杂,针对"认单不认人",如何认定可转让提单对货物的推定占有,必须加强对提单的实质性审查,防止提单欺诈行为。有形背书和交付以当事人协议为基础。在转让中一旦出现问题,应由托运人和承运人共同承担连带责任。对于电子提单,必须通过国际上认可的方式认证,如 Bolero 提单,一是要通过私钥的方式——电子签名或数字签名,二是必须取得公钥证书,即取得有资格的机构认证。这些提单的客观条件设置给审查带来难度。

(二)虚假海商事诉讼的查证重点

1. 加强对涉案相关程序性信息的审查。一是细致审核律师委托代理手续,确认主体是否适格。双方恶意串通型虚假诉讼的船东一方,为节约诉讼成本,数名原告多委托一名律师参加庭审,而原告多以远在海外作业或人在外地等各种理由不参与庭审调查。检察机关审查的重点是多名未在本地的原告船员如何签署起诉状、授权委托书。如 2015 年 4 月,"宏润 8"船经宁波海事法院自贸区法庭司法拍卖之后,经债权登记,35 名船员提起确权诉讼,均未到庭参与诉讼,且均委托一名律师参与庭审。后经查发现,律师系通过被告介绍接受委托,对于起诉状或授权委托书上的船员签名,律师本人无法确认授权的真实合法性②。二是对原被告的身份情况进行细致审核。比如在一起轮机长修船时致伤要求船东赔付治疗费用的案件中,原被告极力要求调解结案,而被告委托其子担任代理人,在审查被告代理人与原告的身份信息时,发现被告代理人与原告的身份证住址是同一地址,而被告代理人与原告同样姓林,通过代理人的身份信息情况审核发现原被告系夫妻且处于夫妻关系存续期间。自此重点环节揭穿了"自家人告自家人"的虚假调解行为③。三是对登记人和实际经营人的情况进行审核。检察机关还需重点审查船舶实际所有人与挂名登记人或者虚假登记人之间的真实法律关系。避免实际经营人与权利人恶意串通,损害挂名、虚

---

① 何秉群:《论虚假诉讼检察监督的现状、难点与对策——以河北省检察机关虚假诉讼监督开展情况为例》,载《河北法学》2017 年第 4 期。

② 《关于查处虚假诉讼的心得体会——以宏润 8 船 35 名船员工资欠薪系列案为例》,载宁波海事法庭内网,2016 年 5 月 4 日。

③ 《海事庭严查细审甄别一件虚假诉讼案件》,载宁波海事法庭内网,2019 年 4 月 3 日。

假登记人利益的虚假诉讼行为。

2. 细致比对在案证据。重点对各证据与案件事实的关联程度、各证据之间的联系等方面进行综合审查判断。发现有虚假诉讼嫌疑的，要及时依职权调查取证，查清事实真相。审查的重点包括：原告诉请与财务凭证记载、船员工资结算单是否相互矛盾；细致比对涉案船舶航海日志和出入境记录；查询银行流水，通过梳理银行流水找出原被告各账户之间转账的联系，看是否存在原告通过诉讼获得钱款后又直接回流至被告账户的情况。

3. 重点审查劳务合同。我国《海商法》第22条规定与船员劳务纠纷相关联的船舶优先权主要有两项：一是船长、船员和在船上工作的其他在编人员根据劳动法律、行政法规或者劳动合同所产生的工资、其他劳动报酬、遣返费用和社会保险费用的给付请求；二是在船舶营运中发生人身伤亡的赔偿请求。除此之外，还包括未签订劳动合同的二倍工资、解除劳动合同的经济补偿金、加班工资、社会保险金。部分船东为稀释普通债权人债权，在债权登记环节，与亲朋好友串通，让亲友持虚假的劳务合同至法院起诉主张船舶优先权。部分船东为减少经营成本，由不会游泳的农民工转岗至船舶工作，此类"船员"至法院申请扣船主张船舶优先权是否合理、合法、有据，都是检察机关监督的重点。

4. 对异常债权债务是否存在进行审查。双方恶意串通、虚构债权大多发生在执行拍卖船舶程序阶段，虚构的债务数额巨大，且存在异常点，如出借人明显不具备出借能力；出借人起诉所依据的事实和理由明显不符合常理；出借人不能提交债权凭证或者提交的债权凭证存在伪造的可能；当事人双方在一定期间内多次参加民间借贷诉讼；当事人一方或者双方无正当理由拒不到庭参加诉讼，委托代理人对借贷事实陈述不清或者陈述前后矛盾；当事人双方对借贷事实的发生没有任何争议或者诉辩明显不符合常理；借款人的配偶或合伙人、案外人的其他债权人提出有事实依据的异议；当事人在其他纠纷中存在低价转让财产的情形；当事人不正当放弃权利等。

（三）对虚假海商事诉讼的法律监督探索

1. 建立多渠道案件线索发现机制。海商事虚假诉讼案件线索发现难是对其惩治的难点之一，检察机关在案件审查过程中应进一步增强主观能动性，善于发现案件疑点，关注海事法庭是否追加了利害关系人和第三人参加诉讼；强化案件线索"深挖"，采取"以案找案，以人找案"的方式拓展案件线索来源[①]。

---

① 杨立新：《虚假诉讼检察监督的成果与发展对策》，载《检察日报》2019年7月3日。

依托相关工作机制,构建检察机关与涉海各行政部门就海商事虚假诉讼线索移送、案件协查、信息共享及执法协作等相关制度;由检察机关牵头,与海事法庭、仲裁机构、渔业管理部门、金融机构、出入境管理部门及渔业互保部门形成整体合力查处虚假诉讼;从船舶检验、船舶登记、船员培训与考核、船舶航行管理等视角,对船员劳务合同管理、船舶挂靠现象进行专项监督。条件成熟后,可以借鉴福建省龙海市检察院的做法,依托统一应用系统平台,建立共享数据台账,深挖虚假诉讼线索,扎实开展虚假诉讼监督专项活动。

2. 重点关注分析典型类型案件。虚假诉讼案件有类型化的特点,监督中应重点关注容易发生虚假诉讼的案件,从立案、法庭审理到结案各个环节,对于当事人对调解结案过于积极、当事人怠于答辩、缺席审判、被告全盘接受原告诉讼请求等进行重点监督。对原被告均强烈要求调解结案的情况,检察机关可建议法庭追加案外第三人,增加诉讼的对抗性,如船舶抵押权人、其他普通债权人。如浙江自贸区法庭审理的"新华油16"船舶修理合同纠纷,法院依职权追加抵押权人作为第三人参加诉讼,经释明,第三人申请对修理项目和金额进行鉴定,最终鉴定所确定的修理金额比原告诉请减少近一半[①]。如对于海上保险上的不当得利和欺诈问题,在海难救助时,因救助方的过失致使产生救助费用的,或救助方采取欺诈手段和其他不诚实行为而请求保险赔偿,或以相互勾结方式实施欺诈。审查的监督点是:是否属于有意地合理采取措施而造成的特殊损失或牺牲,包括共同海损也是一样,是否属于必须支付的特殊费用。对于救助没有效果是否支付救助费的问题,要看投保的是全损险还是一切险,是否必须同时承保的情形下才可享受特殊补偿。

3. 完善调查核实工作机制。检察机关的调查核实权是虚假诉讼检察监督案件突破的重要手段。现行法律对调查核实权的规定过于原则,对于调查对象拒绝配合调查也缺乏强制手段,实践中可操作性较弱。鉴于海商事案件取证难的特点,对海商事虚假诉讼案件,检察机关更应善于运用检察调查权,研究海商事虚假诉讼与其他虚假诉讼的不同特点和取证方式,明确调查核实权的程序和效力,对当事人、涉案法官、涉案律师等不配合调查时应承担的责任,均应在制度机制层面上作出明确规定。必要时,可以以伪证罪进行立案监督,对于未构成刑事犯罪的,检察机关还可以发出检察建议,如针对律师参与虚假诉讼、在同一案件中为双方代理等违规行为发出检察建议。惩罚不是司法的目的,但适当的惩罚能够令法律的权威得以维护,使得民众树立对法律的敬畏之

---

① 《关于查处虚假诉讼的心得体会——以宏润8船35名船员工资欠薪系列案为例》,载宁波海事法庭内网,2016年5月4日。

心和对查处虚假诉讼的信心。

4. 加强对外协调发挥司法合力。强化对海商法虚假诉讼的监督要进一步优化检察机关内部和外部司法环境，促进有关机关在各自职责范围内分工负责、密切配合，形成打击和防范虚假诉讼的合力。一是检察机关加强与法院的协调沟通，通过督促海事法院快速纠正虚假诉讼涉及的生效裁判、调解书以及审判执行程序中的违法情形，为其他涉嫌虚假诉讼犯罪案件的顺利办理提供有力支持。二是检察机关加强与公安机关的协调沟通，对办案中发现的涉嫌海商事虚假诉讼犯罪线索及时移送公安机关。检察机关侦查监督部门应加大立案监督力度，并对移送的虚假诉讼犯罪线索侦查情况进行跟踪反馈，提高监督实效。三是检察机关与有管辖权的地方党委、人大、政法委、纪检监察机关加强协调沟通，对出现层级管辖情况的及时报上级检察院决定，对海商事诉讼的审判执行人员涉嫌虚假诉讼尚未构成犯罪的违法行为加大惩处力度[1]。检察机关各业务部门在履行职责过程中发现海商事虚假诉讼线索的，应及时向民事检察部门移送，并积极探索建立各业务部门之间的线索双向移送、反馈机制，以及线索共享、信息互联机制。

第五节　海商事执行检察监督

一、案例中反映的海商事执行问题

（一）最高法再审案例

课题组以舟山某货运有限公司（以下称舟山货运公司）诉大连某远洋渔业有限公司（以下称大连渔业公司）申请海事请求保全损害责任纠纷案等案件为分析对象，对海商事执行中存在的主要问题进行收集和罗列，此案的判决情况如下：

舟山货运公司认为大连渔业公司错误申请法院扣押、拍卖船舶的行为，造成舟山货运公司扣船期间船期损失，遂向大连海事法院起诉请求大连渔业公司赔偿其相关损失及本案诉讼费用。大连海事法院一审认为，大连渔业公司的财

---

[1] 杨立新：《虚假诉讼检察监督的成果与发展对策》，载《检察日报》2019年7月3日。

产保全申请并不构成错误,不应负赔偿责任。遂判决驳回舟山货运公司的诉讼请求。辽宁省高级人民法院二审驳回上诉,维持原判。最高人民法院再审认为,因申请保全错误致被申请人遭受损失属于侵权行为的范畴,法律并未专门规定适用过错推定或者无过错责任原则,因此该行为属于一般侵权行为,应当适用过错责任原则。依据"谁主张,谁举证"之举证责任分配规则,保全损害赔偿请求人应就申请保全行为具备以上要件进行充分举证。根据(2008)辽民三终字第215号判决的认定,舟山货运公司应承担赔偿责任。大连渔业公司提出保全申请系基于舟山货运公司对涉案海事请求负有责任的认识。大连渔业公司提出海事请求保全申请已尽到了一般人应尽到的合理、谨慎的注意义务,无故意或重大过失,亦未有证据证明大连渔业公司提出海事请求保全申请存在明显违法或程序不当。最高人民法院遂裁定驳回舟山货运公司的再审申请。

关于当事人申请保全错误如何认定,《海事诉讼特别程序法》和《民事诉讼法》都规定得比较简单,没有进一步明确如何界定申请保全错误行为。本案再审裁定回到一般民法理论,依据《侵权责任法》[①]的相关规定,认定申请保全错误属侵权行为的范畴,在特别法无相关规定的情况下,依据《侵权责任法》的有关规定判断保全申请是否存在过错。对于因申请财产保全错误侵害他人合法权益的,法律并未专门规定适用过错推定或者无过错责任原则,因此该行为属于一般侵权行为,应当适用过错责任原则。在此基础上,对于申请人的诉请未得到法院支持是否即可认定申请错误,最高法判决认为对当事人申请保全所应尽到的注意义务要求过于严苛,将有碍于善意当事人依法通过诉讼保全程序维护自己的合法权益。最后通过再审明晰了相关法律规定的价值取向。指出了诉讼保全的目的是保证判决执行,但同时还应防止债权人滥用诉讼保全侵害债务人权益[②],为今后相关案件的审理明晰了相关法律规定的价值取向,另外统一了认定当事人申请保全错误的裁判尺度。

(二) 其他三个典型案例及思考

执行中,船舶抵押执行是一个值得关注的问题,因为除了船舶的普通抵押权外,船舶是否设有优先权和留置权,牵涉到船舶是否随船转移的问题,随之物权变动以及执行都要发生不同情形,存在船舶物权变动模式的冲突,造成实务中对第三人范围的扩大适用,包括登记对抗第三人范围的适用和理解。与民

---

① 已因《民法典》的实施而失效,下同。——编者注
② 一审案号:(2011) 大海长事外初字第1号;二审案号:(2018) 辽民终332号;再审案号:(2018) 最高法民申6289号。

商法关于动产物权变动规制必须以交付作为公示,海商法对此有不同规定,如对建造中的船舶险在海商法意义上的船舶转变,又如对船舶沉没或被强制报废,由海商法的船舶转向非海商法意义上的船舶的认定。不同适用规则,会产生不同的法律后果。

近年来,我国对于海事法院的船舶拍卖工作进行了较为系统和专业的制度建设,船舶司法拍卖制度基本建立,但在一些细节处理上仍然存在不足,包括船舶拍卖的公告、债权登记、确权诉讼、拍卖价款的处分与分配等环节,由此产生执行上的相关问题。课题组结合上述最高法再审的案例,并通过查阅相关材料及司法裁判网,发现海商事执行中主要存在以下几个问题:

一是错误扣船的问题。根据我国《海事诉讼特别程序法》第21条规定,申请人只要具有该条规定的22项中任何一项海事请求,即可向海事法院申请扣船,以此实现自身的权利诉求。该条罗列明确,但现实问题往往较为复杂,因此错误扣船的情况仍然无法完全避免。在司法实践中,错误扣船往往会以下列几种形态发生:申请人无海事请求权;基于船舶所有权或使用权的变更导致被申请人或扣押船舶的错误;无船舶所有权或占有有关的海事请求而扣押姐妹船舶的。

二是涉案船舶查扣方式的错误选择。对于船舶查扣的方式,通俗上讲可以分为"死扣押"和"活扣押"。所谓"死扣押"就是根据《海事诉讼特别程序法》第21条规定的22种情形,申请人可以申请扣押船舶,也就是对该船舶进行监督、限制离港、不予办理离港手续、不予办理转让、抵押、光船租赁手续。"活扣押"是指依照《海事诉讼特别程序法》第27条规定所实施的扣押,即"海事法院裁定对船舶实施保全后,经海事请求人同意,可以采取限制船舶处分或者抵押等方式允许该船舶继续营运"。被"活扣押"的船舶仍可以保持营运状态,只是对该船舶的处分和抵押行为受到限制,以此实现保全的目的。船舶扣押的方式直接影响申请执行人和被执行人的利益,司法实践中个别法官只考虑执行方面要确保万无一失,将一些具备"活扣押"条件的船舶进行了"死扣押",导致被执行人的偿债能力大幅削弱,执行费用提高,申请人的利益也受到了影响。

三是船舶司法拍卖存在的问题。拍卖具有公开、公平竞争等特点,有利于杜绝暗箱操作,实现变现结果的最大化,因此对于扣押船舶的变现大多均采用司法拍卖的方式进行。但在船舶拍卖的实际操作中,依然存在一些不规范的问题,影响拍卖的公正和价值最大化,并给公正执行埋下隐患。这些问题主要包括:(1)关于拍卖船舶价款的受偿问题,其中包括未到期债权和逾期债权能够参与受偿的相关问题;(2)关于船舶多次流拍后继续变现的问题;(3)当事人对拍卖环节的《价格评估报告》缺乏知情权和异议权的问题。

四是船运业破产环节可能出现的问题。由于船舶执行的专属管辖与破产案件的集中管辖存在诸多冲突，导致破产程序开始后已被扣押的船舶如何处理在执行实践中引发分歧。破产法律和海事诉讼法律在船舶的执行问题上产生交叉，二者在概念体系、处理程序方面存在很大差异。由于法律未对二者在冲突情况下的适用规则予以直接、明确的规范，导致司法机关对法律适用及程序的确定认识不一，海事法院在执行中容易产生一些问题，如中止执行但继续扣押船舶、拍卖船舶；涉案船舶的破产重整时间长，给债务人偿债带来更大成本等，这些都是检察机关应该重点关注的问题①。

二、海商事执行监督的现状和瓶颈

(一) 海商事执行监督的现状

从课题组向辖区内多家律师事务所、海事管理部门、专家教授反映的情况看，对于普通民商事执行案件中反映出的执行法官消极不作为、怠于执行、执行措施没有穷尽等问题，海事法院也不同程度地客观存在；从上述案例看，查封、扣押财产程序不合法，随意评估、变卖、查封、扣押财产，超标的查封、扣押财产，超期处理被查封、扣押的财产等情况虽然不是很普遍，但也部分存在；同时向检察机关申诉的当事人反映了海事法院在执行中随意适用执行中止、执行终结、执行异议冻结划拨款和不予执行的个别现象。此外，海商事案件"执行难"客观存在。根据《海事诉讼特别程序法》规定，海事执行具有专门管辖的特性，非海事法院不得行使。虽然这有助于此类执行案件的专业化操作，但也使得海事执行案件无法像普通执行案件一般采取指定执行、交叉执行和集中执行等执行方式，导致海事执行力量与一般的民事执行相比受到更多来自制度上的局限性。目前，由于检察机关对海事法院的监督权尚未明朗，全国各地检察机关缺少对海事法院执行进行成功监督的典型案例，课题组通过相关案例检索，只收集到相当有限的案例。实践中，检察机关对普通法院执行中涉及船舶扣押的不合法情况以制发检察建议书、纠正违法通知书等形式开展监督，尽管尚未形成典型案例，但也积累了一定的监督经验。

(二) 海商事执行监督的瓶颈

一是海事执行监督缺乏操作规范。目前，对于海事执行检察监督的规定并

---

① 徐德风：《破产法论——解释与功能比较的视角》，北京大学出版社 2015 年版，第 507~508 页。

没有明确的法律规定，有的检察院在监督实践中是直接适用《民事诉讼法》和 2016 年"两高"《关于民事执行活动法律监督若干问题的规定》。2016 年"两高"《关于民事执行活动法律监督若干问题的规定》是继 2012 年民事诉讼法后"两高"关于民事检察监督工作会签的第一个司法文件，也是现行的最具指导意义的办案操作规范。但 2016 年"两高"《关于民事执行活动法律监督若干问题的规定》也有其缺失，过多强调了沟通协调，缺乏强制性手段，谦抑有余而刚性不足，加上未对海事法院的监督进行特别的说明，更使得检察机关对此类监督的刚性较弱，监督信心受到影响。

二是海商事检察调查权存在现实困境。根据 2016 年"两高"《关于民事执行活动法律监督若干问题的规定》，检察机关办理执行监督案件的调查核查方式主要有三种：调阅执行卷宗；向当事人或者案外人调查核实；向法院书面了解情况。此规定没有明确检察机关对海事法院相关执行标的物真实状态的调查权，也没有赋予检察机关对案外人执行异议的调查权，其中第二种方式因为当事人和案外人可能在海上作业，调查工作难以开展。因为缺乏对关键证据的调查权，可能导致难以发现海事法院执行上的深层次违法问题。

三、海商事执行监督的重点

（一）对船舶的查控是否合法合理的审查监督

1. 对船舶扣押的监督

错误扣船一般发生在诉讼保全阶段。具体包括两种情形：一是扣押理由不能确定的。申请人在申请扣船时，只需提供己方具有海事请求的初步证据，此时案件的实体审理尚未完成，申请人实际上是否具有海事请求不能确定。二是扣押的船舶不属于可扣押船舶范围。我国《海事诉讼特别程序法》第 23 条规定了可以扣押的船舶为当事船或姊妹船，扣押当事船的，应当是被申请人对海事请求负有责任，并且在实施扣押时是该船的所有人、光租承租人或者申请人对船舶具有船舶优先权、抵押权或者同样性质的权利，又或者属于船舶所有权或者占有争议。扣押姊妹船应当是被申请人对海事请求负有责任，且船舶属于被申请人所有的其他船舶。船舶是航运企业的重要资产和生产工具，且日常维持费用极高，船舶的错误扣押将会给企业造成巨大损失，对上述两种情形，虽然《海事诉讼特别程序法》已经规定了海事请求权人的赔偿责任，但是海事法院在作出扣船裁定前应当尽到仔细审核的义务，错误扣船的情况一旦发生，应当对相关情况进行审查，办案人员存在过错的，应当追究其错案责任，但目前此类错案追究的情况极少见。检察机关应把错误扣船监督作为重点，对扣船的合法合规性进行监督,为相关当事人提供救济渠道。

2. 对船舶扣押和保管方式合理性的监督

在海事执行案件中,船舶是最具执行价值的执行标的,而一旦执行法院决定对船舶进行扣押,根据海商事执行工作相关规定该船舶将不得继续营运,不得离开扣押港的港区或锚地,在此期间对船舶的妥善监管是完成执行的前提。检察机关对此监督的重点是海事法院对扣押船舶的监管方式是否合理。被扣押船舶的监管主要有三种方式:第一种是船舶由被申请人继续控制,其缺点是存在被申请人违规离港的情况。第二种是将船舶交由申请人监管,这对申请人的能力提出了较高的要求,存在船舶管理不当受损的风险。第三种是由法院指定的第三方监管,此种方式能有效避免前两者的风险,但其唯一的问题是费用较高,如果案件处理在短时间内难以完成,将给相关当事人带来较大的负担。采取哪种方式,所选择的保管方式是否合理,也给检察监督留下了空间。

3. 对船舶拍卖是否合法的审查

(1)《价格评估报告》的不送达。海事法院船舶及船载货物拍卖实践中,当事人意见最大、垢病最多的就是《价格评估报告》的不送达问题。致使当事人难以对《价格评估报告》提出异议,并在适当的条件下申请重新评估。实践中甚至存在船舶已被拍卖的情形下,仍不知船舶的评估价格,这些是检察机关应该重点予以关注的[1]。

(2)流拍后的变卖程序不合法。相对于拍卖而言,变卖程序的公开性、透明性和竞争性都无法得到足够的保障,特别是不设保留价的情形下,为法院滥用执行权留下空间,船舶容易被"贱卖",这将给申请执行人、其他利害关系人以及被申请执行人的利益均带来损害。但在实践中,执行法官可能迫于债权人和舆论的压力,在流拍后的短时间内就将资产变卖,以此满足短期内对于标的物变现的压力,但这种做法往往会导致不可逆的严重后果。例如,某地海事法院在一起案件中,因执行标的船舶流拍,遂决定由债权人自行联系买家将该船舶变卖,因当时市场较差,最终该船舶被以极低的价格变卖,且该情况又未及时通知被执行人,最终导致上访事件。

(3)拍卖价款的受偿顺位分配不合理。拍卖的最终目的是使得债权人实现对拍卖价款的分配。《海商法》第 19 条至第 25 条规定了受偿的法定序位:第一序位,船舶优先权以及其内部的优先顺序;第二序位,船舶留置权;第三序位,船舶抵押权,第四序位,一般债权人。值得关注的是一般债权人作为申

---

[1] 徐曾沧:《中国海事法院船舶及船载货物的拍卖:现行做法、存在问题与解决方法》,载《中国海洋法学评论》2007 年第 2 期。

请扣押拍卖人的利益保护问题，也即当前三批序位的债权人受偿后，接下来的顺位是轮到一般债权人平分剩余的拍卖价款，在同样属于一般债权人的前提下，对于扣押拍卖申请人是否应当优先于一般债权人受偿？最高人民法院《关于人民法院执行工作若干问题的规定（试行）》第55条第1款规定，"多份生效法律文书确定金钱给付内容的多个债权人分别对同一被执行人申请执行，各债权人对执行标的物均无担保物权的，按照执行法院采取执行措施的先后顺序受偿。"此条规定说明扣押拍卖申请人应当优先于一般债权人受偿。这也是检察机关的监督重点。

（二）对终止本次执行程序的审查监督

终结本次执行程序，是指当执行案件无财产可供执行时退出执行程序的一种机制，也就是执行案件结案的一种方式，也是法院依职权或依申请裁定执行程序暂时终结，若之后查找到被执行人财产时再恢复执行的一种制度。该制度在2015年《关于适用〈中华人民共和国民事诉讼法〉的解释》正式确立，海事执行中该制度亦被广泛使用。对于法院为消极执行找借口而将执行不力的案件认定为执行不能，则成为检察监督的监督点。就课题组了解情况看，海事法院在终结本次执行程序适用上存在以下问题：

1. 终本程序实质标准认定主观化

最高人民法院《关于严格规范终结本次执行程序的规定（试行）》第1条①规定了适用终结本次执行程序的标准，其中可以分为形式上的标准和实质上的标准。在海事执行实践中对于实质标准的认定，存在主观化的倾向：一是可供执行财产认定的主观化，主要涉及海商事中一些未登记的船舶，通过财产查控很难查到船舶的真实状态，造成对实质标准认定主观化的问题；二是发现的财产能否变价的认定主观化，比如以不是首封法院没有处置权为由终结本次执行程序，或急于行使处置权或以处置权为筹码与优先债权人谈判谋取法外利益。②

---

① 《关于严格规范终结本次执行程序的规定》第1条规定："人民法院终结本次执行程序，应当同时符合下列条件：（一）已向被执行人发出执行通知、责令被执行人报告财产；（二）已向被执行人发出限制消费令，并将符合条件的被执行人纳入失信被执行人名单；（三）已穷尽财产调查措施，未发现被执行人有可供执行的财产或者发现的财产不能处置；（四）自执行案件立案之日起已超过三个月；（五）被执行人下落不明的，已依法予以查找；被执行人或者其他人妨害执行的，已依法采取罚款、拘留等强制措施，构成犯罪的，已依法启动刑事责任追究程序。"

② 郭策：《终结本次执行程序问题研究》，华侨大学2019年硕士学位论文。

2. 终结本次执行财产查控措施不到位

目前，法院依职权调查财产信息仍有其局限性，特别是海事法院，上文已经论述了其因自身职能定位，执行力量尤为薄弱，深受案多人少问题的影响。其中对被执行人的财产申报是制度设计和实践中最为严重的脱节点。由于海上运输、造船等行业的特性，致使合伙经营、挂名经营、隐名入股等现象比较严重，有的船舶实际经营人与经营人并非同一人，因此财产报告制度极易浮于形式，动产明示不到位，容易引发分歧。这些都给了法院全面核查的"借口"，特别对于财产发生变动的再次报告、虚假报告、拒绝报告的处罚跟不上，加上执行人员较少会对其真实性进行核查，而仅仅是按照最高人民法院《关于严格规范终结本次执行程序的规定（试行）》规定的财产查控步骤走流程，使得财产报告制度形同虚设。

（三）对船运业破产程序是否合法的监督

1. 对于破产及破产重整时间的监督。据统计，我国法院破产案件的平均审理周期都两三年，有的长达十几年。船舶长时间停泊，极端情况下相关的维持费用会超过船舶本身的价值。显然无论是对债权人还是债务人而言，都是一个难以承受的成本支出。因此，检察机关应当通过介入对破产程序的监督，建议海事法院尽可能及时处置船舶以减少相关费用的支出，保护债权人合法权益。

2. 对正确适用中止执行的监督。破产程序开始，已被扣押的船舶面临三种情况：中止执行但继续扣押；解除扣押移交给管理人；直接处置船舶。因中止执行的规定情况下，相关船舶不能处置也无法解除扣押，此时船舶面临巨大风险和巨额费用，无形中损害了债权人的利益。因此海事法院作出的中止执行是否合理也是检察机关监督的重点[①]。

3. 对因破产程序期间解除扣押的监督。解除扣押移交管理人前，要先解决已发生的看管费用。由于破产程序中债务人已经无力负担债务，债权人在达成重整方案前也不会有垫付船舶营运费用的动力，而继续停航等待重整结果，仍然需要对船舶进行看管继而发生看管、维持费用。此时海事法院应当催促船舶优先权人及时主张权利，及时处置已扣押船舶，以符合执行程序追求效率的价值取向和执行及时原则[②]。

---

① 李国光主编：《新企业破产法理解与适用》，人民法院出版社2006年版，第125页。
② 梁炳扬、姚中伟：《破产程序中涉及船舶执行问题的困境与出路》，载中国破产法论坛，2018年11月25日。

四、海商事执行监督的构想

和普通民商事执行一样,海商事执行中的查封、扣押、拍卖、裁定执行终结等环节同样是监督的重点和难点。实践中检察监督应立足海商事执行的特点和难点,明确监督的重点和范围,探索适应海商事执行特点的监督方式和程序。

(一)明确海商事执行检察监督的范围

虽然目前缺乏司法解释对海商事执行的检察监督范围作出直接规定,但课题组在综合调研实际情况后,对此作出以下构想:一方面是将海商事执行活动中扣押、查封、拍卖、裁定执行终结等群众反映强烈的容易产生执行违法问题的环节作为监督重点。另一方面要善于抓住海商事执行中的典型违法问题,通过个案监督取得突破,逐步拓展海商事执行监督的空间,逐步积累经验,完善有关机制。特别要注重排查和收集执行活动中的职务犯罪线索,并做好与相关部门的协作配合。

(二)海商事执行监督的程序启动

部分学者认为,海事执行检察监督的程序启动大多数情况可以参考普通民事检察监督的启动方式,以当事人提出申请为前提[①]。对涉及国家利益和社会公共利益的案件,则采用依职权启动民事执行监督程序模式[②]。对涉及支持型的检察监督可以依据法院主动要求而启动。具体每种启动方式的要求可根据案件情况及行使职权的方便程序确定。

(三)建立信息交互机制

检察机关之所以对海事执行监督存在困难,根本原因之一就是信息壁垒和不共享,检察机关和海事法院之间缺乏有效的信息交互机制,检察机关无法及时有效地从法院获得执行情况的信息。因此检察机关应当与海事法院建立有效的信息交互机制,确保检察机关及时了解海事法院的执行信息,确保监督工作有"米"下锅。此外,在检察机关内部,应建立民事检察与刑事检察、行政检察、公益诉讼检察等部门信息的双向移送、共享以及相互协作配合机制,健全海商事执行监督案件的成案和审查机制。

---

① 黎蜀宁:《试论检察机关对民事执行活动的检察监督》,载《现代法学》2003年第6期。

② 彭世忠等:《民事执行的检察监督》,载《现代法学》2003年第5期。

（四）进一步明确相关权利

检察机关要顺利开展对海事执行的检察监督，需要被赋予和强化相关权力加以保障，本书认为可以在以下三个方面加以明确：一是调查取证权。法院的执行活动是否违反法定程序，执行人员是否有职务犯罪行为，检察机关只有通过调查取证才能确认，从而选择适当方式进行针对性监督[①]。如针对海事法院对查封、扣押的船舶进行处置时，若未经评估和公开拍卖程序而低价变卖财产给当事人造成损失的，申诉人向检察机关提出申请并提供初步线索后，检察机关可以依职权进行调查；对于同样情况，检察机关如通过其他渠道初步获得相关消息认为确有需要进行调查的，也可依职权主动调查；若涉及执行人员严重违法或者涉嫌犯罪的，检察机关可以直接依据刑事诉讼法的有关规定进行调查、侦查等。二是阅卷权。阅卷权，即向法院调取卷宗的权力，在一定程度上可以看作是调查取证权的延伸，目的都是为了检察机关全面了解案件的执行情况，这是实施执行监督的前提。对于法院拒不接受调卷的，相关法律应该进一步明确这种行为的违法性。三是采取一定强制措施的权力。对海商事诉讼实施监督牵涉到三方的关系，即检察机关、海事法院、当事人及相关证人，因存在被监督方的对抗情绪和当事人之间存在着利益的博弈，使得监督中必然会遇到阻力。因此，应进一步赋予检察机关在执行监督上采取一定强制措施，进一步完善调查权的范围和内容，赋予检察监督刚性和韧性，是未来海商事执行监督的方向。

第六节 "三审合一"、海商法及与民法典的融合

一、海事法院的"三审合一"与民法典的融合

2019年海事法院实行"三审合一"，近年来一些地方检察机关尝试对海事法院办理的刑事案件和海商事案件实行监督，包括启动民事公益诉讼，如浙江省舟山市检察院2019年办理的一起海龟民事公益诉讼案件就是由宁波海事法院开庭审理，开了海事法院审理海洋公益诉讼并由检法两家共同启动生态修复损害赔偿机制的先河；课题组所在的舟山市定海区检察院也尝试与宁波海事法

---

① 田昭：《论检察机关在我国民事执行中的监督》，内蒙古大学2011年硕士学位论文。

院舟山法庭合力,共同查处了一件海事虚假诉讼案件,取得了良好的法律效果和社会效果。关于海事法院"三审合一"制度,本书主要关注这项制度与海洋公益诉讼的契合点,重点体现在对海洋污染的处置上。

(一)与海洋公益诉讼关联的"三审合一"的主要情形

与海洋公益诉讼关联的"三审合一"制度的适用主要体现在对海洋环境侵权案件的查处和审理上,主要情形包括海洋污染和海洋排放。海洋污染一般是由于船舶碰撞引发漏油事件。非法排放不属于因碰撞而引起的漏油污染,牵涉到是否适用《1992年国际油污损害民事责任公约》和《2001年国际燃油污染损害民事责任公约》。两个公约仅规定了漏油船的责任问题,没有对非法排放的第三方作出相关规定。从利益均衡考量,也很难作出非漏油船不应直接对油污受害人承担责任的判断[①]。船舶油污损害赔偿的法律渊源较为庞杂,既有国际条约也有国内法,在国内法中有民事基本法和环境保护法、海洋环境保护法等单行法以及有关行政法规、部门规章等。无论是从刑事、民事还是从公益诉讼,包括从后续的损害赔偿角度,海事法院对于此类案件一般都采"三审合一"制度审理。

(二)民法典背景下的海洋污染诉讼模式

在我国,对于海洋污染和由此引发的赔偿责任,既可以由受害方提起民事诉讼,也可以由集团、社会组织和检察机关提起公益诉讼。选择哪种诉讼模式,主要取决于受污染方的选择,如果选择向海事法院起诉,则会牵涉到"三审合一"的问题,同时也是检察机关民事活动进行监督的对象;如果选择向污染所在地法院起诉,则不牵涉到"三审合一"的问题,但同时还是检察机关对民事活动进行监督的范围。如果受污染方放弃起诉,同时该污染或排放行为对海洋造成了污染,损害了国家利益和公共利益,则属于检察机关公益诉讼的范围,检察机关民事检察部门一旦发现此类情况,应当建议海事法院启动"三审合一"程序,同时把线索移送公益诉讼部门,依法提起公益诉讼。

之前对于海洋污染和非法排放,最高人民法院《关于审理环境侵权责任纠纷案件适用法律若干问题的解释》第5条明确了污染受害人可以分别单独起诉也可以同时起诉。《民法典》出台之后,全国人大法工委立法释义也肯定了可以单独起诉,也可以同时起诉。在国内法,油污受害人可以起诉漏油船,也可以起诉非漏油船。国际公约只是规定了漏油船的责任限制,没有规定非漏

---

① 余晓汉:《民法典实施后船舶污染损害赔偿的几个主要问题》,载《海事界》2020年第4期。

油船是否承担责任。也就是说,我国规定了两项权利(可以起诉漏油船,也可以起诉非漏油船),国际公约只是限制了其中一项权利(漏油船享受责任限制)。

修改后的"两高"《关于检察公益诉讼案件适用法律若干问题的解释》于2021年1月1日起实施。民法典多个条文涉及"公共利益",一些规定直接补强了公益诉讼检察法律依据,还有一些规定为公益诉讼检察指明了探索和发展方向。其中两条:一是在2018年原解释第1条增加民法典,与民事诉讼法、行政诉讼法一并作为制定本解释的依据;二是根据人民陪审员法的相关规定,将公益诉讼案件作为人民陪审制的适用对象。民法典总则部分即确立了绿色保护理念,将节约资源、保护生态环境列为原则性条款;"侵权责任编"中又单设"环境污染和生态环境破坏责任"一章,规定了生态环境损害赔偿诉讼和民事公益诉讼。检察机关应在公益诉讼工作中践行绿色保护理念,重点办理生态环境和资源保护领域案件,不断完善生态环境公益诉讼制度。此外,民法典还就探索构建惩罚性赔偿制度作了相关规定[1]。

(三)环境污染侵权案件"三审合一"制度的适用

涉及海洋环境污染的案件既属于民事侵权案件,也可能涉及环境破坏类的刑事犯罪,还可能涉及侵犯国家利益和公共利益,可能牵涉行政诉讼和公益诉讼或刑事附带民事诉讼以及民事公益诉讼。在系列环境污染损害赔偿案中,最高人民法院启动了举证责任倒置的举证方式,为检察机关开展对海洋环境污染中此类案件在"三审合一"中的法律监督提供了很好的范例。对于此类海事法院启动"三审合一"的案件,检察机关在开展监督时还应关注因污染引起的后续生态修复,因为从该类案件的判例看,较少有启动海洋环境污染损害赔偿的案例,检察机关介入后以法院作出损害赔偿责任认定为前提,必要时与公益诉讼监督部门联合,启动生态修复程序。

二、海商法与民法典的融合

(一)主要融合点

《民法典》第二编"物权"中关于担保合同类型的增加和担保物权规定的变化,这将对我国船舶物权制度产生新的影响,特别是对建造中船舶的物权保护,以及船舶留置权中是否承认商事留置权。关于特殊动产物权的变动,无论

---

[1] 解文轶:《"两高"关于检察公益诉讼案件适用法律若干问题的解释的修订解读》,载人民检察公众号,2021年2月30日。

是之前的《物权法》第 24 条,还是《民法典》第 225 条,都引起了较大争议。针对《民法典》第 225 条,目前立法论上学界有废除说和改造论,对此裁判者可能会陷入无所适从的两难境地。但本书认为,在《民法典》第 225 条不可能朝出夕改的情况下,裁判者应尽量结合特殊动产的特别规范体系和争议内容,在实体审判、查封、执行多个环节中处理好船舶这一特殊动产变动方式及其效力的认定。

(二)对最高人民法院一则案例的剖析

下面以最高人民法院再审的王甲诉王乙船舶权属纠纷案(最高人民法院(2017)最高法民申 3692 号民事裁定书)① 对两者的融合展开分析。

该案的主要争议是:船舶转让协议是否需要履行登记手续、船舶所有权变动是否必须交付。最高人民法院阐释的法律观点包括两个方面:一是指向船舶物权的变动方式,二是指向登记的效力。

无论是《海商法》第 9 条还是《物权法》第 24 条(现《民法典》第 225 条)均只赋予船舶登记对抗善意第三人的效力,并不要求必须履行登记手续才能够发生物权变动,因此本书认为船舶所有权变动原则上应当依据动产物权变动的交付生效规则。其中该案涉及船舶转让协议书,该协议书不仅具有以物抵债、变动所有权的目的,其中关于出让人继续占有经营船舶的条款也具有"占有改定"的意思,故而,最高人民法院认定当事人达成了船舶所有权变动的合意,并且所有权自协议生效时转移。该案中,最高人民法院针对船舶所有权变动意见中有三点疑问:其一,关于《海商法》第 9 条、《民法典》第 224 条、第 225 条是动产物权变动的强制性规定而非合同效力的强制性规定的认定,是否绝对正确。其二,《民法典》第 225 条能否直接适用到船舶所有权变动上。其三,案涉《协议书》是属于"债权合同",还是亦具有"物权变动合意"的意义。本书认为,其一,在登记仅作为对抗要件的特殊动产——船舶领域,考虑到公示性较弱,绝对排除当事人的意思自治,将其界定为强制性规定,并没有相关依据。② 其二,《民法典》第 215 条是针对不动产物权的变动,被最高人民法院直接适用在特色动产变动上,与现行法关于正确区分规范不动产和特色动产变动的要求不相符合。其三,"占有改定"约定使《协议书》发生了物权效力,因此不能因其物权变动无关为由,豁免物权变动强制性规定的

---

① 周江洪、陆青、章程主编:《民法判例百选》,法律出版社 2020 年版,第 146~150 页。

② 聂卫锋:《动产所有权的交付变动规则》,载《国家检察官学院学报》2018 年第 1 期。

审查①。最高人民法院针对《海商法》第9条和《民法典》第225条表达了五个观点,其中之一是:船舶物权变动的生效要件是交付,登记仅是对抗第三人的要件,如果船舶未交付而直接登记物权变动事项,船舶物权依法不发生变动。处于债权交易中的第三人对于实际船东的判断必须依赖船舶登记信息。

(三) 类案监督与尺度把握

海商事案件法律渊源多样,如何准确把握类案监督的统一尺度难度较大。在监督中应当坚持海事"三审合一"、国际条约优先、国际惯例补充,以及海商法规范的关联性和自成一体性的规则,同时关注海运欺诈上的刑民交叉,可能牵涉到海事的行政不作为问题,与行政检察和公益诉讼部门做好衔接。此外,要高度关注最高人民法院颁布的船舶碰撞、海上保险、无单放货、货运代理、海事诉讼特别程序法的适用、海事赔偿责任限制、船舶油污等相关个司法解释,对于海上污染,遵从国际立法从海洋污染损害赔偿的民事责任逐渐向刑事责任转移的规律,兼顾我国公益诉讼制度的立法原意,在如何对船员利益进行保护,以及如何适用国际海事组织与国际劳工组织联合通过的《海上事故中船员公平待遇准则》的优先顺位适用上作审慎思考。在探索阶段,主动与管辖内的海事法院对接,尝试建立诉讼通报制度。通过几年的探索,力使全国各海事法院建立完善的诉讼通报制度,防止当事人以同一虚假案件在异地法院提起另诉,保障相关当事人和第三方的权益,维护正常有序的海洋经济秩序。

综上,本书从不同视角探讨研究了海商法领域可能出现的诉讼问题及监督方向。此外,还有诸多领域有待进一步探索,如还需密切关注自贸港时代的国际货物运输和劳务输出、知识产权的保护,探索检察机关对海商事监督人才的培养和科学理性监督方法的养成。在探索阶段,基于与海事法院相比,检察机关无论是对海商事的了解还是对海商法的研究均存在较大差距,监督工作不可能尽善尽美。在探索中,应当秉持边学习边研究的理念和态度,在监督的同时与海事法院共同探讨立法的完善和机制的探索。如对于我国尚未有针对船员劳动权益的相关立法,船员劳动权益的保护与一般劳动者并无差异,船员劳动争

---

① 既有司法实践状况是,在本案之前,最高人民法院通过7个案例:(2013)民申字第1946号、(2014)行监字第43号、(2016)最高法民再15号、(2016)最高法民再16号民事判决书、(2017)最高法民申2051号、(2017)最高法民申1923号民事裁定书、《最高人民法院公报》2000年第4期"拉菲贡公司诉德兴船务有限公司、海南青龙船务实业公司及其广州分公司海运欺诈案"。

议与普通劳动争议适用的实体法律一致,均需适用《劳动法》《劳动合同法》及相关司法解释的现状及不足,大胆探索对海商事劳动仲裁的法律监督工作。建议立法完善仲裁机构对于海商事船员劳动争议案件的仲裁机制,设定该类纠纷的仲裁前置程序,进一步促进船员利益的保护。

第四章　海洋行政检察

第一节　海洋行政检察概述

一、海洋行政检察的概念和特点

在阐述海洋行政检察概念之前，首先需要厘清什么是行政检察。司法实务界和理论界对行政检察有不同的理解，第一种观点认为行政检察包括行政诉讼检察监督和行政公益诉讼检察监督；第二种观点认为行政检察仅限定为行政诉讼检察监督，不包含行政公益诉讼检察监督。本书认为，按照最高检对检察职能定为"四大检察"，即刑事检察、民事检察、行政检察、公益诉讼，行政检察并不包含行政公益诉讼检察监督。而对于行政诉讼检察监督，又有不同的理解，有学者认为，检察机关的法律监督主要是对司法权运行中诉讼违法行为的监督，行政检察仅限于对行政诉讼的法律监督，并不包括对行政违法行为的监督。[1] 也有学者认为，检察机关的行政检察包括对行政审判活动的监督和对行政权的法律监督。[2] 本书同意第二种观点，行政检察即包括对行政诉讼的法律监督，也包括对行政违法行为的法律监督，但主要是对行政诉讼的监督。就如最高检第七检察厅厅长张相军在接受记者采访时讲道："行政检察的核心是行政诉讼监督，贯穿行政诉讼活动全过程，既有结果监督，也有程序监督。就其功能来说，是'一手托两家'：一方面监督法院公正司法，另一方面促进行政

---

[1] 赵信、杨永浩、简洁：《迈步检察新时代，唯有改革注活力——专访北京市检察院党组书记、检察长敬大力》，载《检察日报》2019年1月7日。

[2] 湛中乐：《检察机关的行政检察功能：历史与变化》，载《人民检察》2018年第20期。

机关依法行政。"① 本章所讲的海洋行政检察也仅是指海洋行政执法检察监督及海洋行政诉讼检察监督，并不包括海洋公益诉讼检察监督。海洋行政检察是指依法监督法院生效的涉海行政判决，监督法院涉海的行政执行活动，监督涉海的行政审判程序中审判人员的违法行为，同时依法监督涉海行政机关行政违法行为。目前我国海洋行政检察有以下几个方面的特点：

（一）海洋行政检察监督职能作用发挥较小

相比刑事、民事、公益诉讼其他三大检察权能，行政检察职能作用发挥较小。从数量上看，2018年全国检察机关共提出民事抗诉3933件，再审检察建议4087件，执行监督检察建议23814件。全国检察机关仅提出行政抗诉117件，再审检察建议90件，非诉执行监督检察建议6528件，行政检察监督数量和效果远远弱于民事检察监督。另外，与法院受理海洋行政诉讼案件相比，检察机关受理海洋行政诉讼监督案件屈指可数。如海洋大省浙江省，宁波海事法院于2020年1月首次发布《海洋生态环境司法保护情况通报（2015—2019年）》显示，2015年1月至2019年12月，该院依法审理涉及入海污染源、海洋生态损害、石油泄漏等引发的纠纷79件。其中，因油污或其他有害液体防治产生的费用纠纷29件、涉海洋生态环境海事行政案件44件、因破坏海洋生态环境产生的公益诉讼、刑事案件各3件。② 但浙江省检察机关目前没有向宁波海事法院提起过海洋行政诉讼检察监督。另外，由于目前也没有对全国海事行政检察监督案件数进行相关通报，从而无法得知具体数量。

（二）海洋行政诉讼检察监督管辖争议较大

我国海洋行政执法涉及海洋与渔业、海事、公安、海警、海关缉私等多家单位，由于海洋管理事务多，行政执法自由裁量权大，海上执法部门与海上从业组织和个人易产生行政争议。但是海事法院具有跨区域性，并不是每个地市都有海事法院，检察系统也没有成立专门的相对应的海事检察院，海事法院的海洋行政诉讼监督到底由海事法院所在地的检察院管辖，还是由行政机关所在地的检察院管辖，没有相关规定予以明确，从而加大了检察机关对海事法院的海洋行政诉讼案件监督的难度。实践运行中出现很多困境和争议，导致检察院

---

① 2019年2月25日，最高人民检察院第七检察厅厅长张相军做客"新时代四大检察"网络访谈，向网友介绍最高检第七检察厅的职能、成立的背景和意义。

② 该3起民事公益诉讼案和3起刑事案件，是由舟山市人民检察院于2019年率先就3起18名被告人涉嫌非法收购、运输、出售珍贵、濒危野生动物案向宁波海事法院提起民事公益诉讼得到高效审结，索赔修复费用657万元人民币。同时，宁波海事法院作为全国"三审合一"海事审判试点海事法院，又同时审理了该3起刑事案件。

对海事法院实施海洋行政检察监督几乎为空白。

(三) 海洋行政检察立法不完善,理论研究不够深入

行政检察工作是检察机关法律监督的重要组成部分,在我国法治建设中发挥着十分重要的作用。但是行政检察工作开展起步较晚,在理论研究、法律依据和实践经验层面均有所欠缺,是四大检察中相对较为薄弱的。具体体现在对行政检察监督的范围仍存在一定的争议,对行政违法行为是否纳入行政检察监督范畴仍没有明确。2018年修订后的《人民检察院组织法》也未明确将行政违法行为纳入检察监督,表明对行政违法行为是否纳入检察监督仍存在一定的争议。而海洋行政检察工作更是短板中的短板,检察机关主动介入对海洋行政检察监督的意识不强、谋划不够、举措不多。近几年来随着海洋经济发展的比重加大、战略地位提升,检察机关才将视线转向海洋领域,开展相关刑事案件监督、公益诉讼、行政检察等职能工作,但相较于涉海部门行政执法职能以及海事法院涉行政诉讼审判职能的履行,海洋行政检察工作有一定的滞后性,海洋行政检察监督的相关研究文献也极少。在中国知网输入"海洋行政检察"主题词,没有相关论文,输入"海洋司法"主题词,绝大部分都是涉及海事法院审判业务、海洋刑事犯罪等研究。从国内研究编著看,也难以找到以"海洋行政检察"为主题词的书籍。总的来讲,海洋行政检察监督有效的体制和机制还没有建立,社会公众知晓度较低,理论界和实务界关注度低,影响力较弱。

二、海洋行政检察的范围

(一) 海洋行政检察不限于对涉海行政诉讼的法律监督,还包括对涉海行政违法行为的监督

关于行政检察的范围,理论界和实务界一直存有争议。特别是2018年6月全国人大常委会审议《人民检察院组织法》修订草案第一次审议稿时,删除了原草案中关于检察机关职权"发现行政机关有违法行使职权或者不行使职权,应当督促其纠正"的内容,行政检察是否包括对行政违法行为的监督遂成为讨论的焦点[①]。但也有学者认为,司法机关是行政检察直接监督的对象,但行政检察仍可对行政机关产生间接的监督效果,主要是通过检察建议和

---

① 薛万庆、李应敏:《论行政检察的内涵与边界》,载《河南教育学院学报(哲学社会科学版)》2019年第6期。

提起行政公益诉讼的方式来实现[①]。在司法实务界，一直认为行政检察包括对行政违法行为的监督。2017 年 7 月检察机关全面开展公益诉讼工作后，当时是将公益诉讼作为行政检察的一部分职能，没有将公益诉讼与行政检察分开单列，而这里的督促纠正违法行政行为更多的是行政公益诉讼监督范畴。2019 年最高人民检察院提出了刑事检察、民事检察、行政检察、公益诉讼"四轮驱动"的发展战略，明确行政检察并不包含公益诉讼，两者是并列关系，但这并不妨碍行政检察范围包括对行政审判活动的监督，同时也包括除属于行政公益诉讼外的行政违法行为的监督。2021 年 6 月 15 日中共中央印发的《关于加强新时代检察机关法律监督工作的意见》明确提出，检察机关在履行法律监督职责中发现行政机关违法行使职权或者不行使职权的，可以依照法律规定制发检察建议等督促其纠正。所以本书认为行政检察理应包括对行政违法行为的监督，但在公益诉讼领域之外，检察机关对行政违法行为监督更多是采用普通检察建议的方式。同理，海洋行政检察监督不仅包含海洋行政诉讼监督，也应包括对涉海行政违法行为的监督。

（二）海洋行政诉讼监督不仅关注生效海洋行政裁判监督，更应该关注海洋行政执行活动监督

行政诉讼检察监督是依法监督法院生效的行政判决、裁定、调解书，监督法院行政执行活动，监督行政审判程序中审判人员的违法行为。这表明行政诉讼监督主要包括行政裁判监督和法院行政执行活动监督。关于行政裁判监督前面已经进行了阐述，这里重点阐述法院行政执行监督。法院行政执行包括行政裁判执行和行政非诉执行。司法实践中，对于行政裁判执行，总体来讲法院执行比较积极。法院对行政非诉执行实行"裁执分离"，如果海洋行政机关怠于向法院申请执行或法院裁定后不实施强制执行，以及法院不受理执行申请或受理后不作裁定等，造成一些海洋行政处罚案件未得以执行，严重损害国家利益、社会公共利益，因此检察机关应重点对海洋行政非诉执行进行监督。

（三）海洋行政诉讼检察监督以海事行政检察监督为主，同时包括普通涉海行政诉讼检察监督

近年来海事法院受理的海事行政案件逐年增多，但检察机关针对海事行政案件的监督则几乎为空白。检察机关作为国家专门的法律监督机关，理应在海事行政诉讼法律监督方面发挥重要作用，建议在海事行政诉讼监督体制机制上

---

① 湛中乐：《检察机关的行政检察功能：历史与变化》，载《人民检察》2018 年第 20 期。

作出顶层设计,明确检察机关跨区域监督管辖权限,通过建构海事行政诉讼检察监督体系,促进海事行政诉讼司法公正。当前,我国海洋行政执法管理体制进行新一轮的整合重组后,海事行政机关主要为海洋与渔业、海事以及海警这三大部门,他们依照法定职责进行涉海行政行为时才能构成海事行政的主体,由此引发的诉讼由海事法院管辖,这也是检察机关今后重点监督的范围。海事行政机关以及其他行政机关涉及的普通涉海行政诉讼还是由地方法院受理,属于普通涉海行政诉讼检察监督。

(四) 海洋生态环境损害赔偿诉讼不应纳入海洋行政检察监督

生态环境损害赔偿制度是生态文明制度体系的重要组成部分。2017年12月,中办、国办印发《生态环境损害赔偿制度改革方案》,对全国试行生态环境损害赔偿制度做出全面部署。这项改革授权省级政府、市地级政府为赔偿权利人,要求其对造成生态环境损害的责任者追究损害赔偿责任。从法理来看,行政机关提起的生态环境损害赔偿定位为民事赔偿。故本书认为海洋生态环境损害赔偿诉讼不应纳入海洋行政检察监督范畴。但如果行政机关怠于提起生态环境损害赔偿时,检察机关作为公共利益代表可以提起民事公益诉讼。

三、海洋行政检察的理论依据

(一) 宪法、法律依据

检察机关作为宪法明确的法律监督机关,理所当然拥有对海洋行政诉讼的监督职权。我国宪法第134条规定:"中华人民共和国人民检察院是国家的法律监督机关。"在此基础上,相关法律如《人民检察院组织法》《行政诉讼法》等也都明确规定了新时代检察机关的国家法律监督机关性质、检察机关对行政诉讼实行监督的职权、方式以及行政诉讼检察监督的范围。故作为宪法、法律明确的法律监督机关理所当然能够对海洋行政诉讼进行监督,实践中检察机关在海洋行政诉讼领域的监督缺位显然与法律监督机关的宪法定位不相符,也与当前推进海洋治理现代化的形势不相符,需要引起足够重视。

(二) 党内法规的制度保障

《关于加强新时代检察机关法律监督工作的意见》为进一步加强海洋行政检察监督提供了有效的制度保障。该《意见》明确提出:"全面深化行政检察监督。检察机关依法履行对行政诉讼活动的法律监督职能,促进审判机关依法审判,推进行政机关依法履职,维护行政相对人合法权益;在履行法律监督职责中发现行政机关违法行使职权或者不行使职权的,可以依照法律规定制发检察建议等督促其纠正;在履行法律监督职责中开展行政争议实质性化解工作,促进案结事了。"这为扩展行政检察监督范围和方式,特别是提升海洋行政检察监督工作水平带来契机。故此,检察机关在思考谋划检察职能定位时必须突出整体观、系统观,充分发挥能动性,积极运用检察建议等监督手段,促进涉海行政机关严格履职、依法行政。同时,要通过对海洋行政诉讼及行政非诉案件监督来维护司法公正,助推行政相对人合法权益依法获得有效救济,在法治监督体系中切实发挥好维护公正司法与监督、促进依法行政的作用。

(三) 实践丰富理论创新

海洋行政诉讼检察监督实践进一步丰富了海洋行政检察理论创新。总体来讲,全国的海洋行政诉讼监督基本呈空白状态,海洋行政诉讼检察监督司法实践较少,但通过互联网还是可以查询到少数检察院如大连市检察院[①]、上海市检察院第三分院[②]开展了相关海洋行政检察监督业务。浙江省检察机关为适应海洋经济社会发展,也曾探索过海洋检察专业化体制机制建设,如舟山市普陀区检察院设立海洋检察部,省检察院专门设立海洋检察教研组,并在浙江海洋大学设立海洋检察教学基地,加强对海洋检察工作的研究与业务培训,这些都为开展海洋行政检察监督工作提供了实践经验和做法。

四、海洋行政检察的价值和意义

(一) 开展海洋行政检察是服务保障海洋强国的战略需要

2017年10月,党的十九大报告提出"坚持陆海统筹,加快建设海洋强国"。在新时代和新的历史方位,中国比以往任何时候都更加需要提升海洋法治意识,健全完善海洋法治体系,提高依法治海能力,推进海洋治理现代化。这也是检察机关责无旁贷的政治责任,因此应当充分发挥检察职能作用,服务和保障海洋强国战略实施。目前检察机关融入海洋治理大局的主动意识和作为意识还不够强,专业能力和水平还不够高,亟待转变观念,提升改革创新能力,自觉把海洋行政检察职能从陆域向海域治理延伸、拓展,使检察机关参与海洋治理成为一项制度化、常态化的重点职能工作,为服务保障海洋强国战略实施展现担当作为。

---

① 《大连首设海事检察打造三位一体大民行格局》,载 http://news.enorth.com.cn/system/2012/06/30/009549094.shtml,最后访问日期2019年9月12日。

② 2014年12月28日,上海市检察院第三分院挂牌成立,成为全国首个跨行政区划检察院,经上海市院指定管辖,由第三分院统一办理上海海事法院管辖的海事诉讼监督案件,具体由民事检察处承办。

（二）开展海洋行政检察是维护海洋执法司法公正的法治需要

检察监督职能是司法职能的重要组成部分，严密海洋法治监督体系是健全完善海洋法治体系的重要内容，是促进海洋行政权、司法权等权力正确运行、海洋法律统一实施的重要保障。检察机关作为推进海洋依法治理的重要力量，要强化海洋行政检察监督职能履行，通过运用纠正错误裁判、化解行政争议等职能，为海洋治理体系的构建输送秩序、规范、程序、信用等价值，为各种主体合法权利提供法律救济渠道，守住海洋执法司法公平正义的最后一道防线。①

（三）开展海洋行政检察是完善四大检察监督职能的迫切需要

目前海洋行政检察监督，特别是对海事法院行政诉讼的法律监督实践较少，迫切需要我们转变理念、开拓创新，牢固树立起整体性、系统性法律监督理念，以"陆海统筹"的法治思维，着力破解阻碍和制约该项职能开展的瓶颈问题，把探索开展海事行政诉讼检察监督作为拓展行政检察职能的一项重要业务增长点，并作为推进四大检察全面充分平衡发展的重要路径。

（四）开展海洋行政检察是深入践行"海上枫桥经验"的有效举措

随着海洋强国、"21世纪海上丝绸之路"、自由贸易港建设等国家战略的加快实施，海上热点问题多发频发，且呈常态化、多边化、国际化、司法化之势，越来越多的经济、社会纠纷进入涉海诉讼渠道，给有限的司法资源带来挤压，给社会和谐带来不利因素。检察机关应当充分发挥海洋行政检察职能，促进海域治理法治化、现代化，通过着眼于源头防范，建立健全矛盾源头化解等纠纷解决机制，深入践行"海上枫桥经验"，积极开展行政争议实质性化解工作，着力预防和减少社会矛盾，为受损正义提供救济，推进海洋领域良法善治。

---

① 黄辉：《加快构建海洋检察立体化监督格局》，载《检察日报》2020年6月7日第3版。

第二节 海洋行政执法检察监督

一、海洋行政管理体制的发展变迁

海洋行政管理体制是指一个国家海洋行政组织的机构设置、法律地位、权限划分和活动方式之总和,是行使国家管理职能的有关国家机关在管理海洋事务过程中,进行行业、专业管理的部门体系。海洋行政管理体制的核心是海洋行政组织的设置,我国海洋行政组织的沿革经历了几个阶段。

(一)成立期(新中国成立至20世纪70年代)

新中国成立后至改革开放前这一时期是国家海洋行政管理的初步形成阶段。新中国成立初期,海洋行政管理主要集中在海洋渔业、海洋盐业、海洋交通运输、海洋油气四个方面,分别由各自对应的部门机构管理。1963年,国家科学技术委员会首次提出成立"国家海洋局",同年5月,29名海洋专家和学者上书党中央和国家科委,建议加强全国的海洋工作。1964年,经第二次全国人大审议批准,正式成立国家海洋局,成立之初的国家海洋局,在性质上定为国务院的职能机构,但是由中国海军代管,其职能主要是统一管理海洋资源和海洋环境资料收集整编和监测预报服务工作。1978年后,国家海洋局被划分为国务院海洋管理的专门机构,管理体制依然是各职能部门进行协调配合,并没有形成完整、健全的海洋行政管理体制。

(二)发展期(20世纪80年代至90年代)

这一时期是中国海洋行政管理的发展时期。这段时间内,国家海洋局的权力隶属关系几经变化,从由海军代管到由国家科学技术委员会管理的国务院直属局,以及变为隶属国土资源部的国家独立局,同时沿海省、市、县(区)开始着手建立相应的海洋管理机构。这一时期,我国海洋行政管理在四个方面得到完善:一是在海洋渔业管理上,加强海洋渔业立法,并设立了主管渔业和渔政的渔业局,并在黄渤海、东海、南海设立了三个直属渔业局的海区渔政局;二是在港口和交通运输上,分别成立港务监督局和海上安全局,主管海上交通安全;三是在海洋油气生产管理上,成立中国海洋石油总公司和中国石油天然气总公司;四是在盐业生产管理上,成立中国盐业协会和中国盐业总公司，统一规划进行盐业生产和销售。①

（三）完善期（20世纪90年代末至今）

21世纪以来，海洋行政管理机构在职能调整、机构隶属和人员充实等方面重新进行了重要调整和完善。随着海洋经济发展，单一的海洋管理体制已无法适应沿海地方政府和涉海部门海洋活动事务的频繁开展，2001年通过的《海域使用管理法》明确了沿海地方政府和海洋主管部门的海洋行政管理权限，至此，中央政府统一管理和授权地方政府分级管理的海洋行政管理体制形成。2013年国务院机构改革，将中国海监、中国渔政、中国海巡以及海上缉私队的职能进行整合，成立统一海洋执法的中国海警局。同时成立了高规格的国家海洋委员会，负责研究制定国家海洋发展战略与统筹协调重大事项，使得海洋事务能较为迅捷地进入国家高层议程，并为相关机构沟通与协调提供了平台。2018年中共中央印发的《深化党和国家机构改革方案》中，不再保留国家海洋局，将其职能整合进新组建的自然资源部，对外则保留国家海洋局牌子；将原国家海洋局的海洋环境保护职责整合进新组建的生态环境部；将农业部的渔船检验与监督管理职责划入交通运输部。同年6月，全国人大常委会通过《关于中国海警局行使海上维权执法职权的决定》，自2018年7月1日起调整组建中国人民武装警察部队海警总队，称中国海警局，统一履行海上维权执法职责。至此，海洋行政管理体制得到重塑，中国海洋管理开启新模式。

二、海洋行政执法监督机制存在的问题

（一）监督缺乏权威性，流于形式

海洋行政执法内部监督主体是各级海洋行政主管部门，相比其他监督，更加了解并熟悉海洋行政执法情况，更能及时准确地掌握海洋执法过程中的违法行为，是海洋行政执法监督的主要力量。内部监督的方式包括备案、审查和检查，主要是通过查案卷的方式来进行。这种方式主要是事后追惩，对于海上执法过程的监督几乎是空白。对于上级行政主管部门而言，《海洋行政执法监督规定》中所提及的上级行政主管部门的监督主要是部门内部的法制机构对下级的上报材料进行审查，作为同一个系统内的上下级关系，很难做到公正监督。②此外，内部监督信息通常不包含在海洋行政部门主动公开的政府信息

---

① 王刚、王琪：《我国的海洋行政组织及其存在的问题》，载《海洋开发与管理》2010年第3期。

② 孙洁：《我国海上执法监督探析》，载《行政法研究》2019年第12期。

中，监督组成人员、监督过程、监督结果、责罚情况等社会公众无从知晓，缺乏透明度。

海洋行政执法外部监督方式主要为权力监督和司法监督。人民代表大会作为权力监督主体，有较长的闭会时间，且未设立相应的监督机构，无法有效监督组织严密、运转有序的行政执法活动。对于司法监督而言，对海洋行政执法活动进行监督往往以个案监督为主，在行使监督权过程中也在不同程度上受制于行政机关的协助与配合，监督效果不明显。

(二) 监督主体缺乏有效的协作机制

我国的海洋行政执法监督主体虽然多元化，但监督主体隶属于不同的管理系统，各个监督主体监督权力不同，行使监督的角度也不同，彼此独立，没有一个专门的领导机构协调组织各方面的力量，很难开展协作。这样就分散了各个监督主体的监督力量和资源，阻碍了各监督主体之间的信息交流，仅掌握自己的信息，监督力度和深度受到局限；同时各监督主体各自配置了自己的监督机构和监督人员，难免出现监督职能重复、交叉以及资源浪费的现象，在监督过程中容易产生各自为政的情况，缺乏配合、推诿扯皮的情况时有发生。[①]

(三) 缺少全面、全程的监督

我国的海洋行政执法监督更侧重于处罚性质的事后监督，事前和事中监督的相关体制机制不够完善，无法做到监督全过程。而事后监督仅仅只是在执法行为发生后，对违法行为的一种纠错和责任追究，无法起到防患于未然的预防作用。同时，我国的海洋行政执法监督侧重于对执法行为合法性的监督，忽视对执法行为合理性监督。对于执法程序不合法、暴力执法等明显违反法律法规规定的，可以很容易的判定其违法性，但对于海洋行政执法机关自由裁量权、执法手段使用程度等合理性的监督，则容易忽视。而这些执法行为在法律上也存在模糊规定，使得监督主体缺乏判断的标准和依据，监督缺乏可操作性。

(四) 监督形式单一

海洋行政执法监督主要通过工作报告、统计数据、执法案卷等相关文件材料进行监督和评价，在检查过程中主要查看文书材料是否齐全，或者是停留在通过召开座谈会、汇报会等听取自查工作报告，未就报告中涉及的工作情况进行实地深入的调查核实，浮于表面，难以确保执法监督的真实性和准确性。人大对行政机关的监督中，最普遍的方式是通过会议审议、执法检查、工作评

[①] 吕景城：《当前我国行政监督乏力的成因及对策研究》，载《齐鲁学刊》2002年第4期。

议、述职评议以及个案的检举控告等进行监督,而较少使用调查、质询、罢免等刚性监督方式,导致方式比较单一且不够强硬,影响监督效果。①

(五)社会监督无规范,舆论监督效率低

人民群众是社会监督的主体,只有让民众的监督权利落到实处,才能从根本上把权力关在笼子里。而在现实生活中,由于缺少信息对称性,人民群众知情权无法保障,往往监督无力。舆论监督也同样存在一定问题,微博、微信等网络自媒体平台虽然给民众提供了发声的机会,但由于信息真伪难辨、呈现视角不同等种种客观原因,往往不仅不能有效监督,有时还会起到事倍功半、激化社会矛盾的负面效果。

三、海洋行政执法检察监督的实践探索

党的十八届四中全会提出,检察机关在履行职责过程中有权对行政机关实施的违法行使职权或不行使职权的行为进行监督,为检察机关对行政违法行为的监督提供了政策依据。各地沿海检察机关纷纷开展探索海洋检察监督新模式。

(一)海南实践

海南省作为管辖海域面积最大的省份,检察机关正在积极构建海洋环境保护领域检察监督体系。2013年,在琼海市潭门镇试点设立省内首个海洋检察室,主要负责监督渔民造船补贴、柴油补贴等其他补贴资金发放、监督行政执法部门依法履行保护海洋动植物职责、监督涉海重大项目征地及征地补偿资金发放情况等。之后,海南检察机关探索"三合一"办案机制,实现刑事、民事、行政"三检一体"专业性办案模式,综合履行刑事处罚、民事补偿、行政督促各项职能。近年来,海南检察机关以服务保障海南自由贸易区和中国特色自由贸易港建设及"海洋强省"战略为目标,正在积极构建沿海一圈、陆海统筹、网格管理、无缝衔接的海洋生态保护检察监督体系,实现涉海保护领域检察监督全覆盖。

(二)福建实践

福建省检察机关立足公益诉讼和生态检察职能的有效融合,积极回应人民群众对海洋生态环境保护的关切,全力探索打造"打击监督并重、生态公益

---

① 闫建:《关于我国行政监督体制及其完善途径的探讨》,武汉大学2005年硕士学位论文。

并举、检察行政并联、海湾陆岸并治、法治综治并施"的海洋生态环境保护检察工作"五并"新模式，推进海洋生态环境治理体系和治理能力现代化。2018年，福建省检察机关在全国率先建立并启动辐射福建全省海岸线的跨区划海洋环境保护的专门性检察协作机制，并成为目前全国唯一建立和启动全省性涉海生态检察协作机制的沿海省份。

（三）浙江实践

随着海洋强省战略的推进以及自贸试验区等一系列国家战略的落地，浙江检察机关也开始探索海洋检察专业化体制机制建设。2017年5月，经浙江省检察院批复同意，舟山市普陀区检察院先行先试，经省检察院同意设立了全国唯一的海洋检察部。2017年10月，浙江省检察院专门设立海洋检察教研组，2018年3月又在浙江海洋大学设立海洋检察教学基地，加强对海洋检察工作的研究与业务培训。另外，浙江自贸试验区落地舟山后，舟山市人民检察院经报请省编办批复同意，于2017年12月设立全省唯一的自贸区检察部；宁波、温州、台州等沿海检察机关组建海洋检察专门化办案小组，舟山市四个县区检察院组建自贸检察员额检察官办案组，对辖区涉海涉渔涉自贸案件实行批捕、起诉、监督、预防一体化办案模式。2019年，舟山市定海区检察院与定海区农林与海洋渔业局成立了全国首个以执法船只为日常活动场所的海上检察工作室，构建以"护海护渔护岛"为主要内容的"三护平台"机制，积极打造"蓝海行动、生态检察"特色品牌。

四、海洋行政执法检察监督的困境

我国宪法以根本大法的形式对检察机关的监督职权作了强有力的确认，作为我国法定的监督机关，检察机关对行政违法行为享有监督权力。党的十八大以来，围绕建设海洋强国的发展战略，全国各地沿海检察机关都在探索海洋行政执法检察监督，构建有力的海洋检察监督体系，但从实践看来，仍然存在检察机关职能向海洋领域延伸不足、执法协作机制不完善等问题与短板。

（一）监督对象不清以致检察监督职能发挥不充分

根据海洋环境保护法、渔业法、海上交通安全法等法律法规，海洋环境保护、渔业执法、交通安全等涉海行政执法工作分散于政府各个职能部门，而且各有交叉，不仅不能有效发挥涉海行政执法职能，也不利于检察机关开展法律监督工作。就以海洋环境污染为例，其污染源有海上排放和陆域排放，不同的排放源，监管主体就不同。如果属于陆域排放的，由生态环境保护局管理；如果属于船舶在航行过程中污染海洋环境的，则可能属于海洋渔业局或海事局职责范围。但在具体工作中,由于很难区分陆源和海上污染,无法查清污染源,给检察机关监督工作带来重重困难。

(二) 检察建议无法实现应有的功能

检察建议是检察机关进行海洋行政执法监督的有效方式之一,但其作用未能在涉海行政检察监督案件中得到充分发挥。《人民检察院组织法》规定,检察机关行使法律监督职权,提出检察建议的,有关单位应当予以配合,并将及时采纳检察建议的情况书面回复检察机关。然而行政机关如何处理检察建议,检察建议的监督效力如何,行政机关不采纳检察建议时,是否需要书面证明等,这些均没有明确规定。与行政诉前公益诉讼检察建议相比,对行政机关进行违法纠正监督的检察建议更不宜激化矛盾,因而也更容易不被行政机关重视,无法发挥监督力度。在实际工作中,不具有强制力的检察建议,其监督效力和效率无从考证,也成为海洋行政执法检察监督的困境之一。①

(三) 海洋行政检察监督机构的缺失

根据海洋经济发展和海洋行政执法工作的需要,我国针对不同的海洋行政事务设置了不同的行政部门,并设立了专门的海事法院,与其他行政事务和诉讼相比,更具有专业性和涉外性,更需要有效的监督。而与此对应的是,检察机关并没有专门的海洋检察监督部门,无法有效开展海洋行政检察监督工作。长期以来,检察机关的民事、行政检察职能统归一个部门,直至2019年"四大检察"格局形成后,这一局面才得以改变,但多数市县级检察机关的行政检察职能仍然与公益诉讼检察合署办公,使得该部门检察人员在进行行政检察工作的同时还需要兼顾公益诉讼检察工作,对行政检察监督工作造成很大影响。虽然一些检察机关也设立了海洋检察部门进行试点,但是行政检察职能弱化的现状仍然存在。

(四) 海洋行政执法检察监督队伍专业性不强

海洋行政执法案件具有极强的专业性,其在法律、程序适用等方面存在复杂性,而检察机关对涉海法律法规不甚了解。从历来检察机关职能部门人员分配上可以看出,专业性较强的检察人员基本分布在刑事案件审查起诉和职务犯罪侦查②部门,民事行政检察部门人员少,专业性相对薄弱,具有行政法学专业研究背景的人员稀缺,这种现状很难造就专精于海洋行政执法监督的检察人员。同时,加上人员流动导致队伍不稳定,现有从事行政检察监督的人员难以

---

① 赵攀攀:《我国行政执法检察监督方式研究》,郑州大学2019年硕士学位论文。
② 2018年国家监察体制改革后,职务犯罪侦查职能已转隶到监察委。——编者注

应对海洋执法的发展要求，势必影响到海洋行政执法检察监督工作的顺利开展。

第三节 海洋行政执法检察监督机制的构建

中共中央《关于加强新时代检察机关法律监督工作的意见》指出，检察机关在履行法律监督职责中发现行政机关违法行使职权或者不行使职权的，可以依照法律规定制发检察建议等督促其纠正。该《意见》对检察机关对在履行职责中所发现的行政机关违法行使职权或者不行使职权的行为行使法律监督权给予了更加坚实的支撑，对行政活动的检察监督职能作用和方式方法等也予以了明确，也让海洋行政执法检察监督更加有据可依。

一、海洋行政执法检察监督的原则

（一）监督方式法定原则

检察机关享有的法律监督权是《宪法》《人民检察院组织法》所赋予的，作为检察机关，其履行法律监督职能必须做到有法可依、于法有据，监督的方式、程序、权限、条件应符合法律规定。作为专门的国家法律监督机关，开展海洋行政执法监督工作，应当严格依照法律规定进行，对没有法律规定的，不得以任何理由、任何形式任意干涉行政机关的行政执法行为。2019年出台的《人民检察院检察建议工作规定》对检察机关常用的监督方式进行了规范，规定检察机关可以向有关单位和部门提出改进工作、完善社会治理的检察建议。

（二）司法谦抑原则

海洋行政执法检察监督作为行政检察监督的内容之一，在执法监督中应坚持司法谦抑性原则，即检察机关在行使行政执法监督权时应当秉持谨慎和克制，不能逾越宪法和法律规定的界限，代行行政机关的相关职权，既要积极发挥检察监督职能，又要恪守监督边界。因此，从司法谦抑原则出发，海洋行政执法监督中，检察机关应尊重行政权自行运行规律，由涉海行政机关对其在自身职责范围内的事务优先作出处理，以提高执法时效性。对在执法过程中存在的问题，检察机关要通过外部监督督促解决，并有效衔接内部纠错机制，共同促进依法行政。

(三) 重点监督原则

实践中涉及海洋的行政执法行为多样且复杂，检察机关不可能对所有海洋行政执法行为进行监督，既不现实，也浪费司法力量，毕竟检察机关不是执法者，不能过多参与执法。在行政执法监督中应突出重点监督原则，对涉及海洋生态环境、海洋资源、海上安全等事关国计民生、群众反映强烈的问题重点开展执法监督，做到有的放矢，实现监督效果最大化。

(四) 协调配合原则

检察机关与行政机关处于不同的执法领域，双方的执法理念、执法手段、执法水平均存在较大差异，为了更好地开展行政执法检察监督，形成监督合力，就必须要加强沟通、消除障碍。除了加强与行政机关的沟通联系外，还应加强与当地党委、人大、政协、政府以及监察委的联系配合，通过加强沟通，解决实际工作中遇到的问题，更好地推动监督取得实实在在的效果。

二、海洋行政执法检察监督工作机制

(一) 完善立法

《人民检察院组织法》所列的检察机关职权中并没有行政执法监督权，也没有对诉讼外行政执法行为进行监督的职能和程序方面的规定，其他现行法律、法规仅明确授权检察机关可以对行政诉讼活动进行监督。因此，要完善顶层设计，通过制订、修改有关法律，赋予检察机关对行政执法行为的监督权，确定检察机关对行政执法活动实施监督的法律地位。同时通过立法、修法，赋予检察机关实施监督的实质权力，如对行政执法活动或行为的知情权、调查权以及对行政执法案件的审查权、阅卷权和调卷权等，明确检察机关对行政执法监督的介入方式、范围以及具体监督程序等，使之具有可操作性，从而为检察机关实施海洋行政执法行为检察监督提供明确的操作机制和法律依据。

(二) 建立检察机关内部一体化检察监督机制

海洋行政执法检察监督工作具有一定的综合性，不仅是行政检察部门的事情，还涉及刑事检察、民事检察、公益诉讼等多个部门，因此应建立起一套行之有效的内部协调机制，形成监督合力。例如，与公诉、案管部门建立起线索移交、证据共享制度，与公益诉讼部门建立起调查与初查、侦查的衔接转化制度，最终促进检察机关内部海洋行政执法检察监督的一体化，切实提高监督力度与广度。

第四章　海洋行政检察

（三）建立检察机关调查机制

当前检察机关对海洋行政执法行为的监督主要依赖于行政处罚等决定性文书的调查收集，然而由于相关行政机关存在不配合调查取证的可能，致使更多的海洋行政执法违法案件无法进行监督。对此，应建立海洋行政执法行为检察监督的证据调查机制，对有关海洋行政行为的处理程序、事实认定、处理决定等事项，可以要求有关行政执法机关配合开展调查取证，检察机关亦有权查阅、调阅相关执法卷宗，行政机关不得以任何理由推诿，以此来保证检察机关能够实质性地介入行政执法机关的执法活动全过程，确保监督工作的有效开展。

（四）建立执法检查、档案抽查及联席会议制度

成立由检察机关与纪检监察部门、政府法制、审计等有关部门组成的相对固定的监督保障协调机构，明确各组成成员对行政执法行为监督的职责。加强经常性工作联系，分别指定联络员，负责日常工作的联系和沟通。建立联席会议制度，定期相互通报海洋行政执法监督工作开展情况，分析工作中存在的问题，研究提出进一步加强工作协作配合，建立健全长效工作机制的对策措施。同时，组织开展定期或不定期的海洋行政执法专项监督活动，采取以联合执法检查、档案抽查的方式，分别对各海洋行政机关行政执法行为是否存在滥用职权、违反法定程序等情形开展检查，对各海洋行政机关行政审批、行政处罚等执法档案进行调阅、抽查，对其中程序不合法、执法手续不规范、实体处理违法或明显失当的执法案件，提出监督纠正建议。

（五）加强海洋执法检察监督队伍建设

法律的生命力在于执行，海洋行政执法监督需要一支优秀的检察队伍。由于市级以下基层检察机关的行政、公益诉讼两项职能仍设置在同一部门，有些甚至民事、行政、公益诉讼监督均在一个部门，且行政诉讼监督案件的数量所占比例很小，检察机关往往忽视行政诉讼监督工作人员的配置，公益诉讼办案人员同时办理行政监督案件，专业性不强，监督效果难以保证。针对当前沿海检察机关知识结构和能力短板，既要招才引智，积极引进海洋、海事、航运、金融等领域有法学教育背景的专业人员，从相关专业研究机构引进具有专业研究能力的成熟人才充实司法队伍，又要以更加开放的思维加强行政监督理念转变，加强行政检察人员专业化、职业化培养。通过将培养对象定向选送政府法治办、海警、海洋与渔业、航运、海关、金融等涉海行政组织机构挂职学习，以及法检互派挂职学习，加快熟悉掌握相关专业领域知识，提高海洋领域行政监督法治素养。

三、检察监督与行政体制内部监督的配合协作机制

(一) 加强建立海洋执法信息共享平台

两法衔接是促进依法行政和公正司法的重要载体,也是检察机关发挥检察监督职能、纠正行政违法的重要途径,要把建立检察机关与海洋环境监管执法信息网络共享制度作为落实两法衔接的重要举措。以信息平台为载体,充分运用现代电子网络技术,相关设备同步接入海洋行政执法部门门户平台和执法案件信息管理系统等,将海洋行政执法活动纳入检察机关监督的范围,消除海洋行政执法部门与检察机关在海洋执法工作中信息的不对称,从而使检察机关能够在更大范围上及时掌握和了解海洋环境执法活动的运行状况及相关信息,以便及时而敏锐地捕捉需要进行法律监督的案件线索,确保行政执法的公正性和透明度,防止行政机关以罚代刑等降格处理行政案件。

(二) 设立派驻海洋检察官办公室

在条件允许的情况下,设立派驻环保、海洋渔业等海洋行政执法部门检察官办公室,有效利用办公室平台,落实检察官轮流驻点办公,推进海洋行政执法协作常态化开展。依托海洋检察官办公室,进一步加强对海洋行政执法信息的掌握,增强检察监督的实时性。发挥检察官联络室的前沿触角作用,派驻检察官可以通过查阅、调取执法案件、参与海洋行政机关案件讨论等形式,加强检察机关与海洋行政执法机关的信息共享、案件共商,共同促进案件质效的提升。

(三) 建立提前介入调查机制

行政机关在行政执法过程中更侧重高效快速,往往忽略了程序的正当性和证据收集的时效性,加之对刑事诉讼法律、程序不够娴熟,容易发生后续刑事诉讼中证据无法采信、相对人提起行政诉讼等情形发生。对此,可以借鉴刑事案件侦查环节检察机关的提前介入、引导侦查的方式,建立海洋行政执法案件检察机关提前介入机制,在进行重大海洋行政执法案件中,检察机关提前介入执法过程中,引导行政机关围绕行政执法、刑事诉讼的目的来收集行政违法的相关证据,提高海洋行政执法案件的质量,同时也避免出现证据不符合刑事诉讼要求而由检察机关重新收集的重复工作。

(四) 建立联席会议机制

检察机关与海洋行政执法机关应定期或不定期召开联席会议,主要负责分析海洋环境执法工作形势、掌握涉海违法动态、研究部署联合执法活动、解决

海洋行政执法疑难问题、通报海洋违法犯罪案件查处情况以及海洋环境公益诉讼情况等。遇到重点案件、重点违法问题，随时启动召开联席会议，必要时可邀请海警、法院、政府法制机构等部门参加，共同协商开展工作。联席会议的建立，能极大改善环保、海洋渔业部门在海洋环境违法案件取证中的短板，也可以杜绝海洋环境违法案件办理中"人情执法"等行为的发生。

(五) 建立联合宣传和调研制度

联合举办"六五"环境日、"两法"衔接教育展览及"进学校""进机关"等专题宣传教育活动，开展多种形式的海洋环境保护社会公益宣传。联合深入企业、乡镇、社区进行有关海洋环境保护的调研活动，剖析违法问题的原因，从中发现规律性问题，总结经验，以查促管，更好地规范执法行为，提高执法水平。向社会公布举报电话、邮箱、微博或微信公众号等联系方式，进一步畅通渠道，方便群众举报、投诉海洋违法行为。

四、检察监督与行政复议、行政审判相衔接机制

(一) 建立多元化行政争议化解机制

行政复议检察参与机制，在行政复议阶段引入检察参与制度，应邀或主动参加参与涉海的行政争议实质性化解工作，对行政机关和行政相对人双方的行为进行评价，疏导对立情绪，引导双方进行调解。与行政诉讼相比，行政复议能更好地借助行政系统的组织优势、政策优势，检察机关在参与化解个案的同时，更能有效发现制度层面存在的缺陷或不足，通过纠正违法、提出检察建议等形式，从源头上消除行政争议产生的土壤，高效、灵活地解决行政争议。积极参与行政审判阶段争议化解工作，这点将在后文中作详细阐述。

(二) 完善检察建议制度

一方面要明确检察建议的法律效力。检察建议如果想得到长远的发展，得到有关单位的重视，就必须给予其明确的法律地位和法律效力。若给予其强制力，便脱离了建议的初衷，因此可以将其作为提起行政诉讼的前置程序，在行政机关接收到检察建议后并未采取相关措施的情况下，引起检察机关提起诉讼的法律后果。另一方面要健全检察建议事后监督机制。检察机关在发出建议后应当进行跟踪监督，保证有效的检察建议能够得到行政机关的采纳，有关单位也能及时对存在的规章制度、管理模式等方面问题进行整改。

(三) 建立督促起诉制度

督促起诉制度是指在有关行政机关或社会团体不履行自己的职责或者怠于

行使自己权利的情况下,检察机关可以行使其检察监督权,督促有关单位向法院提起诉讼。目前我国在行政检察方面没有类似督促起诉的规定,可以借鉴民事督促制度的有关规定,运用到行政检察方面,明确其适用范围、具体条件以及相关程序等,从而维护国家利益和社会公共利益。

第四节 海洋行政诉讼检察监督

一、海洋行政诉讼管辖制度的变迁

海洋行政诉讼案件的管辖是指人民法院之间受理第一审海事行政案件的分工和权限,当公民、法人或者其他组织认为属于法院受案范围的具体涉海行政行为侵犯了自己的合法权益时,可按照管辖规定向相关法院起诉。在过去30余年里,我国海洋行政诉讼管辖经历了比较复杂的变迁,在海事法院与地方法院之间来回调整多次。

(一)海事法院自成立伊始即具有管辖权(1984—1991年)

改革开放以后,随着我国港口经济和航运事业的快速发展,海事海商纠纷案件逐渐增多。为适应海上运输和对外贸易事业发展的需要,最高人民法院、原交通部(现交通运输部)经请示中央政法委员会决定,于1984年6月1日成立上海、天津、青岛、大连、广州和武汉海事法院。1984年11月14日,第六届全国人大常委会第八次会议通过了《关于在沿海港口城市设立海事法院的决定》,正式在立法上规定了海事法院的设立、监督、管辖、审判人员任免等事项;各海事法院与所在地的中级人民法院同级。[1] 根据1984年最高人民法院《关于设立海事法院几个问题的决定》[2],海事法院成立后即受理涉海行政诉讼案件;1989年最高人民法院《关于海事法院收案范围的规定》[3] 中有关受理的其他海事海商案件中也明确包括"涉及海洋、内河主管机关的行政案件"。

---

[1] 《中国海事审判白皮书(1984—2014)(摘要)》,载《人民法院报》2014年9月4日。

[2] 已失效。——编者注

[3] 已失效。——编者注

第四章 海洋行政检察

(二) 第一次从海事法院调整到地方法院 (1991—2001 年)

上述时期,海事法院隶属交通部管理,并不属于国家司法管理体系,在审理涉海行政案件过程中难免会受到行政权的干预。随着我国法治建设的不断推进,这种管理体制也受到了社会的质疑,为了使海事法院在审理案件过程中不受其主管机关的干扰,最高人民法院分别于 1991 年和 2000 年发布《关于贯彻执行〈中华人民共和国行政诉讼法〉若干问题的意见(试行)》[①]和《关于执行〈中华人民共和国行政诉讼法〉若干问题的解释》[②]两个司法解释,规定海事法院不设行政审判庭,不审理海事行政案件,也不审查和执行涉海行政机关申请强制执行的案件。由此,该类案件管辖权第一次从海事法院调整到地方法院。[③]

(三) 第二次赋予海事法院管辖权 (2001—2003 年)

1999 年 6 月,上海等首批设立的 6 个海事法院成建制地,与交通部及有关所属单位脱钩,由所在省、直辖市党委和高级人民法院共同管理,正式纳入国家司法体制,为海事法院依法独立开展审判工作奠定了基础。2001 年,最高人民法院发布《关于海事法院受理案件范围的若干规定》[④],受案范围中的其他海事海商纠纷案件包括了"海事行政案件"和"海事行政赔偿案件",海事执行案件中包括了"海洋、通海水域行政主管机关依法申请强制执行的案件",第二次赋予海事法院对海洋行政诉讼案件的管辖权。

(四) 第二次从海事法院调整到地方法院 (2003—2016 年)

2003 年 8 月,最高人民法院发布《关于海事行政案件管辖问题的通知》,规定"行政案件、行政赔偿案件和审查行政机关申请执行其具体行政行为的案件仍由各级人民法院行政审判庭审理。海事等专门人民法院不审理行政案件、行政赔偿案件,亦不审查和执行行政机关申请执行其具体行政行为的案件。"至此,海事行政案件管辖权第二次从海事法院调整到地方法院。

(五) 第三次明确海事法院管辖权 (2016 年至今)

由于海洋行政诉讼案件专业性、涉外性等特征比较突出,海事法院审理海事行政诉讼案件有着地方法院所不具备的独到优势,法学界和海事行政机关普遍认为海事法院审理海事行政诉讼案件比较合理,且相关海事法院在开展试点

---

① 已失效。——编者注
② 已失效。——编者注
③ 姜明超:《我国海事行政案件管辖制度研究》,大连海事大学 2016 年硕士学位论文。
④ 已失效。——编者注

审理海事行政案件方面也取得了较好的效果。2016年最高人民法院《关于海事法院受理案件范围的规定》明确规定海事法院具有对海事行政案件的管辖权,我国海事法院再一次被授权受理和审理海事行政诉讼案件,自2016年3月1日起施行。

二、海洋行政诉讼概况

(一)海事行政诉讼案件主要类型

据《中国海事审判(2015—2017)》白皮书显示,海事行政案件收案1111件,结案766件。根据已经公布的海事行政诉讼案件裁判文书,海事行政诉讼案件主要有以下几个类型:

1. 因海上事故调查报告引起的纠纷。海上事故调查报告是海事管理机构根据相关法律法规,使用特定的专业技术对船舶碰撞等海上交通事故作出的责任认定结论。由于调查报告是海事管理机构对负有责任的当事人进行行政处罚的重要依据,其也可以在海事诉讼中作为证据使用,对于案件当事人的权利义务可能会产生一定的影响,相关当事人会因对调查报告所认定的结论不服而向法院提起诉讼。如2012年3月13日发生的舟山沉船事件,该船船长此后被追究刑事责任,但船长对政府部门出具的事故调查报告有异议,认为报告仅认定个人失职,却对多项安全隐患"避而不谈",于是提起诉讼。

2. 因海事行政处罚引发的纠纷。海事行政处罚是指海事部门根据法律、法规和规章授权的范围对违反海事行政管理秩序的行为进行处罚,是执法中最容易引起纠纷的案件类型,其中行政相对人对于海事行政处罚认为处罚依据不足或处罚程序不合法的案件占多数。如盛某等诉某市自然资源和规划局、市人民政府海洋行政处罚及行政复议案。①

3. 因船舶所有权等登记错误而引起的纠纷。船舶因可能发生买卖、股份转让等原因,平等所有权主体之间产生权属纠纷在所难免,纠纷主体一方会以登记机关为被告提起行政诉讼,请求登记机关撤销或者变更原船舶所有权登记。如孙某不服某市地方海事局海事行政登记及行政赔偿案。②

4. 因未履行信息公开义务而引起的纠纷。《政府信息公开条例》规定了政府信息公开的范围、方式和程序,为公众知悉并监督政府决策提供了制度保障。政府信息公开案件已然成为行政诉讼新的热点和增长点,司法实践中也出

---

① 参见宁波海事法院(2019)浙72行初4号行政判决书。
② 参见荆门市掇刀区人民法院(2015)鄂掇刀行初字第00008号赔偿判决书。

现了以海事局为被告的信息公开案件。如 2019 年 8 月 6 日，北海海事法院对两起不服政府信息公开行政案件进行了公开宣判，判决责令行政机关在指定期限内重新作出答复。①

（二）浙江海事行政诉讼情况

在宁波海事法院成立之前，浙江审理涉海案件的审判机关主要是沿海各地市中级法院和下辖基层法院。宁波海事法院成立后，根据最高人民法院有关海事法院管辖案件的规定，地方法院受理涉海案件范围逐步缩减，首先是海商事案件于 1993 年始从原先的民事审判庭移转到宁波海事法院，之后是 2016 年海事行政案件逐步移转，至 2019 年完全移转。浙江是全国最早试点恢复海事行政审判的省市之一，自 2013 年起，浙江省高级人民法院陆续指定宁波海事法院受理以海事局、海洋与渔业局为被告的海事行政案件及其申请的海事行政非诉审查案件。② 2018 年 11 月，浙江省高级人民法院发布《关于确定宁波海事法院行政案件管辖范围的通知》规定："自 2019 年 1 月 1 日起，宁波海事法院集中管辖《最高人民法院关于海事法院受理案件范围的规定》'五、海事行政案件'中规定的各类一审海事诉讼案件及海事行政非诉审查和执行案件。"

1. 历年受案情况。据宁波海事法院历年来发布的《浙江海事审判情况报告》和《浙江海事行政审判情况报告（2016—2020）》显示，2015 年正式受理以海事和渔事行政机关为被告的部分海事行政案件以来，全年共受理行政案件 3 件，3 件案件的被告均为省内海事局的下属分支局；2016 年，受理海事行政案件 10 件，其中行政诉讼案件 5 件、行政非诉审查案件 5 件，行政诉讼的成因包括不服行政处罚及行政强制措施、要求撤销海事行政登记和要求履行信息公开法定职责；2017 年，受理海事行政案件 11 件，其中行政诉讼案件 3 件、行政非诉审查案件 8 件；2018 年，宁波海事法院积极向省高院请示明确海事行政案件管辖范围，获批集中管辖全省海事行政案件，共受理海事行政案件 41 件，其中行政诉讼案件 16 件，行政非诉审查案件 25 件，首次采取"裁执分离"模式，作出首例因被告行政机关不出庭应诉而被撤销行政行为的判决，首次促成原告与被诉行政机关达成调解协议；2019 年，开始集中管辖全省一审海事行政诉讼案件及海事行政非诉审查和执行案件，共受理行政案件 49 件，其中行政诉讼案件 18 件，行政非诉审查案件 31 件；2020 年，受理海

---

① 《北海海事法院公开宣判两起不服政府信息公开纠纷案》，载广西法院网，http://gxfy.chinacourt.gov.cn/article/detail/2019/08/id/4279505.shtml。

② 《浙江海事行政审判情况报告（2016—2020）》：载宁波海事法院网，https://www.nbhsfy.cn/ckfile/files/20210317113800062.pdf。

事行政案件 33 件，其中行政诉讼案件 15 件，行政非诉审查案件 18 件。

从各年度数据来看，近几年海事法院受理海事行政案件数量较往年有较大幅度提升，2018 年以来，海事行政诉讼案件连续三年保持了较高数量，年均量达 16.3 件。同时，据《浙江海事行政审判情况报告（2016—2020）》显示，海洋管理机关针对非法占用海域作出的行政处罚行为、渔业管理机关针对渔船作出的行政登记行为，较易成为行政诉讼爆发点，且海事行政审判辐射目前主要集中在宁波和舟山。

2. 创新海事行政争议调解模式。2019 年 1 月，省司法厅联合宁波海事法院共同设立全国首家海事行政争议调解中心。海事行政争议调解中心作为化解涉诉行政争议机构，主要负责浙江范围内的海事行政争议调解工作，实行"一个中心多点工作"的模式，中心设在宁波海事法院，纳入宁波海事法院诉讼服务中心统一规范，并设立调解员名库，可依法对当事人不服行政机关作出的涉诉行政赔偿、行政补偿纠纷和其他可以调解的涉诉行政争议进行调解，通过府院良性互动形成合力，共同预防和化解海事行政争议。调解中心出台了《浙江海事行政争议调解中心工作规则（试行）》《浙江海事行政争议调解中心特邀调解员选聘和管理办法（试行）》，制定了调解流程图，同时在各地司法局、律师协会等单位的支持下，选聘了 25 名海事行政争议特邀调解员，并在宁波、台州等地举行特邀调解员聘任仪式，召开座谈会听取意见建议，集中调解多起渔船船主起诉某县渔政渔港监督管理站渔业管理行政补偿的海事行政诉讼案件。[①] 2020 年 11 月 24 日与舟山市司法局行政争议调解中心签订《舟山地区海事行政争议调解工作协作纪要》，将浙江海事行政调解中心的职能作用延伸至沿海地市。自海事行政争议调解中心运行以来，调解、撤诉案件 17 件，占同期结案数的 39.53%[②]，海事行政争议实质性化解工作效果明显。

三、海洋行政诉讼检察监督的实践与困惑

我国《行政诉讼法》第 11 条规定"人民检察院有权对行政诉讼实行法律监督"，该条明确了人民检察院对行政诉讼法律监督的职权。海洋行政诉讼检察监督则是指人民检察院代表国家，参与行政主体特定为海事行政机关的行政诉讼，依照法律对行政诉讼活动行使检察监督职责。实践中，由于我国行政诉

[①] 宁波海事法院课题组：《关于打造"海上枫桥经验"浙江样板存在的问题及对策建议》，载宁波海事法院网，https://www.nbhsfy.cn/ckfile/files/20200428151757804.pdf。

[②]《浙江海事行政审判情况报告（2016—2020）》，载宁波海事法院网，https://www.nbhsfy.cn/ckfile/files/20210317113800062.pdf。

讼案件在三大诉讼中比重较小,海事行政诉讼案件数量则更少,且海事行政诉讼的跨区域性和专业性等特点,致使海洋行政诉讼检察监督工作虽有探索但发展仍然较为缓慢,检察机关针对海事行政诉讼的监督几乎处于空白状态,实践运行中也出现较多困境,监督力度、监督效果很难实现。

(一)立法层面存在的问题

1. 法律依据还不够完善。行政诉讼法及一系列与行政检察监督相关的司法解释,都是对行政诉讼检察监督的法律指引,明确阐述行政诉讼检察监督的合法依据。但是这些规定都过于原则化,适用到海事行政诉讼监督中,缺少具体规定和较为细化的内容。因海事行政诉讼的特殊性,现行行政诉讼检察监督制度并不能完全适用于海事行政诉讼监督,由此检察监督在实践中的确存在依据不明的问题。

2. 监督方式单一状况未得到有效改善。按照《行政诉讼法》第91条、第93条规定,涵盖了行政诉讼立案、审理、执行全过程,从过去偏重于对生效判决一元监督的格局向生效裁判监督、审判人员违法行为监督、执行活动监督的多元化监督格局转变,为行政诉讼检察监督的实际运行提供了有力的法律支撑。但在海洋检察工作的具体实践中,多元监督方式还需要不断深入探索,比如抗诉与检察建议的有机衔接与合理适用、多种监督方式的综合运用与协调配合,等等。

3. 监督范围还不全面。2016年最高人民法院《关于海事法院受理案件范围的规定》中以列举方式规定7类海事行政案件可由海事法院进行受理,主要有因不服海事行政机关作出的涉及海事财产、资质及生态环境方面的决定而提起的行政诉讼案件,以及因该行政行为引发的国家赔偿、补偿案件。这种列举方式难免会挂一漏万,可能导致一些涉海行政案件无法由海事法院管辖,可能对诉讼当事人产生不利影响。相应地,检察机关的涉海行政检察监督案件同样也无法实现全面覆盖,有损案件的公正性。

(二)司法实践中存在的问题

1. 检察监督职能作用有待发挥。长期以来,相对刑事诉讼、民事诉讼的检察监督,行政诉讼检察监督处于相对薄弱的环节,涉及海事行政诉讼检察监督更是缺少探索和实践,这项工作如何开展需要作深入的思考和谋划。从现有公布的信息来看,还没有对海事行政诉讼案件开展检察监督的例子,这与检察机关的监督职能是不相匹配的,显然行政诉讼检察监督的功能未得到全面、有效发挥。

2. 跨区域管辖限制检察监督职能发挥。海事法院的设立与管辖并非同行政区划相一致,而是与行政区划适当分离,这样的司法管辖制度有力保障了海事法院公正独立地行使审判权,破除地方干预和地方保护主义的弊病。但是海事法院跨区域管辖也在一定程度上给检察机关开展监督工作造成困难。我国检察机关的设置是按行政区域划分的,地域特色明显,如何跨区域发挥法律监督职责,有效开展审判监督,从目前实际情况来看还是一个难题。

3. 海事司法建制削弱检察监督效能。海事法院具有极强的专业性,属于专门法院,与中级人民法院同级,下面并无基层法院。最高人民法院《关于海事诉讼管辖问题的规定》中明确当事人不服管辖权异议裁定的上诉案件由海事法院所在地的高级人民法院负责海商事案件的审判庭审理。由此,相较于普通行政案件,一审、二审海事行政诉讼案件均相应提高了案件审级,与我国整个司法建制不相协调,也导致了检察机关的监督级别相应提高,只能由市级检察机关开展监督,基层检察机关则没有权力对海事法院进行监督,即浪费了司法资源,又大大削弱了检察监督效能。

另外,还存在海洋行政检察监督机构设置的缺失以及检察机关自身素质跟不上形势要求等问题,这些在本章第二节第四点"海洋行政执法检察监督的困境"部分已作阐述,此外不再赘述。

第五节 改革完善海洋行政诉讼检察监督制度

行政诉讼检察监督是维护司法权威和政府公信力,维护人民群众合法权益的重要途径,中共中央《关于加强新时代检察机关法律监督工作的意见》中明确,检察机关依法履行对行政诉讼活动的法律监督职能,促进审判机关依法审判,推进行政机关依法履职,维护行政相对人合法权益。对于海事行政诉讼,同样需要不断健全和完善检察监督机制和举措,努力实现陆上、海上监督全覆盖、无遗漏。

一、树立海洋行政诉讼检察监督的正确理念

(一) 权利救济的理念

要在传统权力监督的理念之上,进一步强化权利救济的理念,发挥检察监督拾遗补缺作用。第一,权利救济的理念要求保障每个受损害的权利都有机会得到救济,也就是要保障救济渠道的健全和畅通。对海洋行政诉讼检察监督而

言,要推动立法上适当降低起诉的门槛,使2016年最高人民法院《关于海事法院受理案件范围的规定》中7类海事行政案件之外的更多行为能够进入诉讼环节,获得司法救济。第二,权利救济的理念要求保障每个受损害的权利都实际地得到救济。这就要求在海洋行政诉讼检察监督中,不仅要注意纠正违法的海洋行政行为,同时还要注意保障因海洋行政活动而受损害的权利都切实地得到补偿和赔偿,实现行政诉讼的全部目的。

(二) 谦抑的理念

一是要明确监督范围。海洋行政诉讼检察监督的范围应该是有限的,不应该是对所有涉海行政诉讼活动的监督,也不可能是对所有涉海行政行为的监督,要将海洋行政诉讼检察监督的范围限定在确有必要监督的事项和内容上。二是要明确功能定位。防止把检察监督看成无所不能、包打天下的思想倾向,检察监督制度仅是国家、社会监督体系中的一个环节,不能期望通过海洋行政诉讼检察监督活动纠正所有涉海违法行为。三是要清晰监督边界。在法定授权范围内用好用足监督权的同时,要有自我克制的态度,不该干预的绝不干预,当然对于监督范围内的事项,也要注意把握好主动干预和自我节制的尺度。四是要以效果为导向选择适当的监督方式。应以实现监督目的、达到监督效果的实际需要为标准,采取与被监督对象违法严重程度、紧急程度相当的监督方式和手段,既不能软弱乏力,也不可"小题大做"。

(三) 维护公益的理念

行政权力的滥用极易损害公民和法人的权利、社会公共利益以及国家利益,需要借助居中协调者的力量采取必要的手段对行政权力进行监督,防止其滥用。而检察机关作为法律监督机关,是国家权力结构中重要的一环,承担着维护社会公共利益、国家利益的天然职责,由检察机关担任居中协调者的角色对行政机关进行法律监督,有利于行政机关提升合规意识,及时改进行为方式,提高行政行为的可预期性,防止行政权力的滥用。[①]

(四) 尊重和维护审判独立与裁判权威的理念

公平正义是人类社会追求的永恒话题,学者约瑟夫·儒贝尔曾说:"让我们维护公平,那么我们将会得到更多的自由"。人们愿意走进法院,将纠纷交由法官来进行裁决,是他们相信法庭、法官能够让他们获得正义,这样的正义正是源自于审判权的独立。赢则共赢,败则同败,检察机关作为法律监督者,更要自觉地尊重和维护审判的独立和司法的权威,从而维护社会公平正义。

---

① 贺卫:《新时代"做实行政检察"的实践探索》,载《检察日报》2019年8月20日。

二、完善海洋行政诉讼检察监督制度的构想

(一) 完善海洋行政诉讼检察监督的立法

目前,法律还未明确赋予检察机关对海事法院的监督权,检察机关若要更加规范检察监督权,必须制定完善相关海事司法解释。针对2016年最高人民法院《关于海事法院受理案件范围的规定》以及最高人民法院《关于海事诉讼管辖问题的规定》,制定相应司法解释,并对海事行政诉讼监督范围、方式、程序、责任等事项作出明确规定,赋予检察机关对海事法院的监督权。同时,针对现行法律对行政诉讼检察监督的规定过于单薄,对抗诉、检察建议等监督方式缺少实际操作方法和后续保障的情况,相关法律应更加细化抗诉和检察建议的具体程序,对再审检察建议、纠正审判和执行活动违法检察建议等多种检察建议形式作出情况不同的处理方法,从实践应用角度,规定审判机关针对检察机关提出的检察建议应如何处理的法律程序,让检察权得到更好地发挥。[①]

(二) 建立跨区域的海洋行政诉讼监督体系

我国海事法院为跨地域设立,并设有派出法庭来加强海事司法管辖权,但是检察机关并没有相应的海事检察机构对海事法院以及派出法庭进行有效的监督,这种情况与当前海事司法环境不相适应。在尚不具备条件建立专门海事检察院的情况下,对海事法院直接受理的附近区域发生的海事行政诉讼案件,由当地检察机关进行法律监督。对于距离海事法院较远的管辖区域,通常由派出法庭审理,也应确定由法庭所在区域检察机关或其他检察机关的相应部门进行监督,确保司法公正。

(三) 推进海事司法建制改革

我国海事审判的突出特点之一在于普遍的跨行政区域管辖,由此带来诉讼不便、管辖不便的问题和矛盾。另外,海事司法系统建制是三级两审终审制,因无基层海事法院,海事法院受理的大部分海事行政案件审级被相应提高。随着海洋经济的不断发展,这种海事案件审级与地方法院不相协调的弊端与问题也越发明显,一定程度上影响了海事司法的进程。为使海事司法系统与整个司法建制相协调,本书认为应改革和完善海事案件审级制度,设置海事基层法

[①] 刘少剑:《论我国海事行政诉讼检察监督制度的完善》,大连海事大学2016年硕士学位论文。

院,这样基层海事法院可及时行使管辖权,也方便当事人进行诉讼,相应地,基层检察院就可以有效发挥检察监督作用,更加有利于海事行政诉讼监督体系的建立与完善。

(四)拓展海洋行政诉讼检察的监督范围

根据行政诉讼法的相关规定可知,人民检察院被赋予行政诉讼的监督权,其中人民法院、审判人员、行政诉讼当事人、与行政诉讼有关的行政机关等均在检察监督的范围内。检察机关的监督范围应着眼于全部海事诉讼活动,强化全程监督,不仅要约束行政权力的行使,也要规范法院的审判行为。要拓宽监督范围,完善立案、诉中及事后监督模式,加强对海事行政诉讼案件生效裁判执行的监督制度,更好地保护行政相对人的权益。

三、创新海洋行政诉讼检察监督实践机制

(一)建立巡回检察监督机制

截至2019年7月,全国10家海事法院共设立40个海事法庭。为实现便利诉讼、民生调解、服务经济等功能,其中有8家海事法院均建立了海事巡回审判机制,共设有海事巡回审判庭(点)38个。如宁波海事法院在舟山自贸区、台州、温州3个海事法庭的基础上,陆续设立了嵊泗、衢山、六横、长涂、石陈5个隶属于海事法庭的巡回审判点,作为上设的海事法庭功能的延伸而服务于所在海事法庭的辖区,即"沿海涉渔巡回审判"模式。[①] 针对海事巡回审判模式,检察机关是否可以开展诉讼监督,应如何开展监督?本书认为可相应建立巡回检察监督机制,即由巡回审判点所在地的基层检察机关对巡回审判工作开展监督,主动将巡回审判监督与检察机关的发展战略相对接,与检察中心工作、主线工作相融合,有利于整合基层资源,充分行使检察监督权能。

(二)健全涉海行政争议实质性化解机制

中共中央《关于加强新时代检察机关法律监督工作的意见》指出,在履行法律监督职责中开展行政争议实质性化解工作,促进案结事了。单一的监督纠错模式已难以适应当前的涉海行政纠纷解决需要,行政争议实质性化解成为必然选择,有利于满足当事人多元利益诉求,克服再审的局限性和司法裁判的僵硬,引导当事人从诉讼对抗走向非诉协商,实现定分止争、矛盾化解。要坚

---

① 宁波海事法院课题组:《关于优化海事法庭与巡回审判格局的调研》,载宁波海事法院网,https://www.nbhsfy.cn/ckfile/files/20200428151851020.pdf。

持纠错与解纷并重,构建多元化争议解决机制。第一,检察机关应严格按照法律规定履行监督职责,在抗诉、再审检察建议启动再审后,积极配合海事法院开展调解。第二,在检察机关审查阶段引导当事人双方和解。多数情况下海事行政争议需通过行政机关解决,要充分发挥行政机关的作用,形成"检察搭台、行政唱戏"的格局,合力化解矛盾纠纷。第三,在诉前、诉中阶段开展实质性化解行政争议工作。严格把握检察权的界限,在与相关机关达成共识的前提下,确有必要时可以在诉前、诉中阶段介入化解,以检察权的主动性弥补审判权、复议权的薄弱和不足。① 第四,引入第三方力量。从一般纠纷的解决情况来看,无论是正当程序的要求,还是实质正义的实现,有中立的第三方的参与将有助于最终结果的公正。检察机关可以选择咨询相应领域的专家、学者以及行业协会成员,帮助解答涉海行政执法过程中专业的问题或者疑难复杂的问题。同时,通过推行涉海行政诉讼监督听证等机制,邀请人大代表、政协委员、人民监督员、律师代表等参与争议化解,协助检察机关完成对当事人释理说法工作,增强其认同感。

(三) 完善涉海行政非诉执行检察监督机制

检察机关依据人民检察院组织法规定,有权对人民法院行使行政非诉执行职能活动进行监督,在明确赋予检察机关对海事法院监督权的前提下,对海事法院行政非诉执行活动亦当然享有监督权,应对涉海行政非诉执行立案、审查和执行活动开展全流程监督。检察机关要以监督纠正海事法院怠于受理、怠于执行、执行不到位以及执行中的其他错误行为为重点,依法对涉海行政非诉执行是否侵害被执行人的合法权益、达成执行和解的是否损害社会公共利益及他人合法权益等开展调查,积极探索对适用"裁执分离"案件的监督、对有强制执行权的行政机关强制执行活动的监督,促进依法行政和规范执法,实现双赢多赢共赢。检察建议系行政非诉执行监督的主要方式,可立足办案探索出更多的新方式、新方法。例如,检察机关以促进类案问题解决为目标,以调研报告的形式分析原因、提出对策建议,引起关注和重视,有利于推动相关问题从体制、机制上真正得以破解。②

(四) 建立海事法院与检察机关的协作机制

加强海事法院与检察机关的协作配合,推动开展海事行政案件监督工作,

---

① 傅国云:《以行政争议化解助推基层诉讼监督》,载《检察日报》2020年7月13日第3版。
② 刘长江:《深化行政非诉执行监督 补齐短板做实行政检察工作》,载《检察日报》2019年5月27日第3版。

解决监督过程中遇到的问题，提高公正司法和依法行政水平。建立行政诉讼监督工作配合机制，加强办案衔接，对法律适用、法检信息等进行常态化沟通、研讨。建立海事行政诉讼跟进监督工作协作机制，定期开展协商和联络工作，海事法院指定专人对海事行政案件的起诉（申请）、判决、裁定、调解文书及申诉材料留存备份，检察院定期派专人接收，以便检察机关及时了解审判动态，切实履行法律监督职能。建立行政争议实质性化解工作协作机制，整合法、检两院司法资源，加大线索调取、证据调取、反馈通报等力度，切实防止程序空转等问题，共同促进海事行政争议的实质性化解。建立业务培训工作机制，通过联合举办研修班，相互邀请参加同堂培训、业务工作会议及专题授课等方式加强沟通协调，对疑难复杂案件进行研讨，促进形成共同司法理念，提升海事行政审判及行政诉讼监督业务能力。

第五章 海洋公益诉讼检察

　　地球总面积约71%被海洋覆盖，地球文明又被称作蓝色文明，海洋不但孕育了生命，海洋系统更为人类提供了多种生态系统服务，包括提供人类必须的各类海洋生物食药品及生物资源、海洋类休闲旅游、调节海洋及大陆气候、巩固沿海地区海岸带、预防和抵挡自然灾害等多种作用，海洋生态系统作为维系人类生存和发展的重要体系，与陆地系统共同构成了人类赖以生存的自然基础。也正因为如此，现代沿海各国均将海洋权益和对本国海洋的保护放在与陆地系统同等重要的地位，成为一国经济社会体系不可或缺的组成部分，并因此形成了大量规制海洋问题的法律法规体系，其中就包括海洋公益保护的各类法律规范和实践机制。

　　随着人类社会发展的加速和环境承载压力的升高，海洋在人类社会发展中也面临着污染加剧、过度开发、海洋公益频遭破坏等的现实威胁，特别是近海及海岸生态环境污染等已经成为海洋治理中面临的急迫问题。同时，伴随着海洋中人类活动增多、污染加剧，海洋生物多样性减少，栖息地的丧失和海洋生态系统的退化，直接导致部分海洋及海陆交织地区生态系统服务功能丧失，这给国家经济社会发展和公众生产生活带了难以弥补的损失。例如，最常见的海洋重金属危害、各种有机污染物等，通过海洋类制品进入人体，进而对人体健康产生一定的危害。由于人类从海洋中获取各类资源的力度逐渐加大，部分有害物质在生物体内长期留存，并通过食物链产生生物放大效应，进而逐步形成整体上长期的潜在危害。

　　正是由于陆地与海洋构成了完整的自然生态系统，以及基于此衍生的各种与人类及经济社会活动密切相关的国家利益和社会公共利益，虽然法律在陆地方面的规制越来越多、越来越健全，但是由于海洋开发整体晚于陆地，且在开发研究的深度和手段上落后于陆地系统，因此，涉及海洋方面的法律法规体系与对海洋开发利用过程中对国家利益和社会公共利益的保护需求存在明显不匹配。正因为海洋开发利用、管理保护等方面存在诸多法律制度的空窗和薄弱环节，这就需要我国检察机关，特别是沿海检察机关在保护陆地公益的同时，同等重视对海洋国家利益和社会公共利益的保护。此种背景下，检察机关开展海洋公益诉讼就显得尤为必要和迫切。

第一节　海洋公益诉讼检察相关问题概述

2017年，随着《民事诉讼法》和《行政诉讼法》的修改，公益诉讼终于有了民事和行政基本法上的依据，检察机关公益诉讼制度由此正式奠定。虽然此前检察机关公益诉讼制度也开展了较长时间的试点探索，但是检察公益诉讼的初期实践主要集中在陆源性公益诉讼领域，究其原因，除了陆地是人类活动的主要领域外，也在于人类对陆地系统研究的长久和深入，并形成了完备的法律制度体系和可供实践操作的体制机制。但是，也正是由于陆源公益诉讼的开展具有良好的现实成果，这也为检察机关将法律监督职能逐渐延伸到海洋领域，探索海洋公益诉讼检察奠定了良好基础。

党的十九大报告正式写入"绿水青山就是金山银山"的"两山"理论，沿海各地在统筹海陆发展中，积极以做好海上"两山"，探索"人海和谐"海洋生态文明建设的新机制、新路径。在此过程中，沿海检察机关主动作为，积极开展海洋公益诉讼检察探索，以检察法律监督权能服务海洋国家利益和社会公共利益保护，就具有现实的政治理论依据。

一、海洋公益诉讼检察的概念

海洋公益诉讼在法律上并没有专门和单独的表述，其作为公益诉讼中一种较为专业和特殊的类型，既有公益诉讼的一般特点，也有自身海洋专业领域的内在特点。当前，虽然在理论界和实务界对于公益诉讼概念的认知存在一些不同认识，但是对于公益诉讼是基于国家利益和社会公共利益遭受侵害而展开的认识较为统一。对于公益诉讼的概念，一种是"救济对象广义说"，该理论认为，公益诉讼是指特定的国家机关和相关的组织或个人，根据法律的授权，对违反法律法规，侵犯国家利益、社会公共利益或特定的他人利益的行为，向法院起诉，由法院依法追究法律责任的活动。但是"广义说"中的另一种观点认为，所谓他人利益是指"不特定的他人利益"。而目前检察公益诉讼实践中，公益诉讼对以侵害不特定的他人利益为前提要件。另一种是"救济对象狭义说"，该理论认为，公益诉讼是指任何组织和个人都可以根据法律法规的授权，对违反法律法规、侵犯国家利益、社会公共利益的行为，有权向法院提起诉讼，由法院追究违法者法律责任的活动。我国著名民法学家梁慧星认为：

公益诉讼针对的行为损害的是社会公共利益，而没有直接损害原告的利益，因而是与起诉人自己没有直接利害关系的诉讼。所谓"没有直接损害"一语，在这里应作狭义的解释，是指没有"直接损害"。但是，损害社会公共利益的行为最终是要损害个人利益，公共利益与个人利益有着天然的联系，公共利益是在一定方面对个人利益的集合和升华。

目前，大多数观点认为能够提起公益诉讼的主体包括一般民众、社会团体和检察机关，但是对于检察机关的公益诉讼主体资格问题，《民事诉讼法》《行政诉讼法》及"两高"《关于检察公益诉讼案件适用法律若干问题的解释》都进行了明确的规定，而一般民众和社会团体的具体公益诉讼主体资格和程序等并没有专门的法律规定。例如，《海洋环境保护法》第89条第2款规定："对破坏海洋生态、海洋水产资源、海洋保护区，给国家造成重大损失的，由依照本法规定行使海洋环境监督管理权的部门代表国家对责任者提出损害赔偿要求。"从该条规定可以看出，我国法律明确规定，损害海洋生态环境资源侵害国家或社会公共利益的，提出损害赔偿要求的主体仅有"行使海洋环境监督管理权的部门"一个主体，该条规定具有排他性，据此其他社会组织和个人无提起此类诉讼的主体资格。但是，由于检察机关的宪法定位是国家的法律监督机关，公益诉讼作为检察机关的权能之一，天然地具有法律监督的属性，因此在相关"行使海洋环境监督管理权的部门"不履行法律规定职责的情况下，检察机关履行告知、公告等特定程序后，有权提起海洋生态资料类公益诉讼。由此可见，在当前海洋开发利用保护领域，检察机关是提起海洋公益诉讼保护海洋国家利益和社会公共利益的必然主体。这也从一个侧面说明，在提升一般民众和社会团体公益诉讼能力的同时，在一定时期内检察机关将是我国提起公益诉讼维护国家利益和社会公共利益的主体。

同时，《宪法》第9条规定："矿藏、水流、森林、山岭、草原、荒地、滩涂等自然资源，都属于国家所有，即全民所有；由法律规定属于集体所有的森林和山岭、草原、荒地、滩涂除外。"由此可见，我国宪法并未对海洋的权力归属作出明确规定，这也与海洋系统本身的复杂性相关，海洋本身并不是一个孤立客观实体，而是多种客观实体的组合。虽然宪法并未明确海洋的权力归属，但是宪法明确归属国家所有的矿藏、水流、滩涂等资源，同样也在海洋系统中大量存在，这就间接说明，海洋利益属于国家利益不可或缺的组成部分，同时在对海洋的开发利用保护中也存在着与国家利益交织的社会公共利益。

此外，由于当前对海洋本体的探索研究和利用开发范围有限，主要集中在海岸、滩涂、近海等，所以海洋公益诉讼检察的范围也主要以在此范围内发生的公益诉讼事项为主。检察机关提起海洋公益诉讼作为公益诉讼探索的全新领域，必然随着人类活动在海洋领域延展的深度广度和海洋涉海领域法律法规的健全为依托，进而不断完善和进步。因此，海洋公益诉讼检察在当前的法律及制度实践中，并不是一个固有的和固定的概念，在人类社会对海洋利用探索的不同阶段，其内容将呈现出不同的范围和特点，也正因此，海洋公益诉讼检察的概念是与人类在海洋领域活动的情况同步发展和调整的。

基于此，本书认为，海洋公益诉讼检察是指检察机关在履行法律监督职责过程中，为了维护海洋领域的国家利益、社会公共利益或不特定多数人的利益，就海洋生态环境资源、海岸带保护、海域使用权、海洋领域的国有资产保护、海上公共安全、海上工程建设影响，以及与海洋有关的其他领域的国家利益或社会公共利益事项，依法对相关"行使海洋环境监督管理职权的部门"履行职责的行为开展监督，在相关部门不认真或怠于履职，或者相关领域因缺乏管理主体的情况下，检察机关履行告知、公告等法定程序后，依法向人民法院或专门的海事法院提起检察行政、民事、刑事附带民事公益诉讼的职能。

二、世界范围内海洋公益诉讼的发展与借鉴

海洋公益诉讼检察作为我国检察机关法律监督职能在特定海洋领域的延伸，是与我国检察机关的定位、职能及司法属性紧密结合在一起的，具有一定的中国性和创新性。从目前全世界各国海洋管理保护的实践来看，没有专门的海洋公益诉讼检察的称谓，以欧美等传统海洋强国为例，由于这些国家很早就开始重视海洋、经营海洋，因此都出台了专门的国家性海洋法律政策，建立了专门的海洋法律法规体系，除了社会团体、民间组织和个人参与海洋保护外，欧美等国家对海洋公益的保护是一种全面的国家政策，其公益保护蕴含于国家的法律法规和各项政策体系之中。

（一）美国的海洋公益保护制度

美国是现代公益诉讼制度的创始国，也是公益诉讼制度较为完善的国家。美国政府长久以来始终重视海洋权益、重视海洋工作、重视和支持海洋政策研究，美国政府认为国家海洋政策在协调政府涉海部门之间的关系、维护国家海洋权益和利益、正确处理国内外海洋问题，以及加强国家海洋合作等方面发挥着重要的作用。例如，多年来，美国政府先后制定出台了《2000年海洋法案》《21世纪海洋蓝图》《海岸带管理法》《马格纳森－史蒂文斯渔业养护和管理法》《海洋哺乳动物保护法》《保护海洋环境免受陆地活动影响全球纲领》《国家海洋政策》等一系列的法律、政策及报告，这些文件提出了Stewardship概念，即"公共利益原则"或"主人翁原则"，该原则是指：美国政府拥有海

洋和沿海资源，以公共信托方式为全体美国人的长远利益对平衡利用各类海洋资源负有特殊责任。每位公民应认识海洋和海岸价值，支持负责任的政策和行动，同时最大限度地减轻对环境的负面影响。该解释表明：美国政府是海洋领域公共利益的代表，他所处的特殊地位，能够超越各利益相关者之上，代表全体国民管理海洋，公平合理地确定海域财产的归属，协调和处理各种海洋利益冲突和纠纷。从美国海洋公共利益政策可以看出，在重大海洋决策中，以政府为主导，各利益相关者主动参与，并充分发挥各自作用，从而形成海洋公共利益保护的大格局效应。

由于美国属于典型的海洋法系国家，并未设置专门的检察机关，而且依靠司法部之下的独立检察官制度履行某些职能，因此，美国不存在检察机关提起海洋公益诉讼的提法，但是对于涉及海洋的相关公益损害及犯罪，美国的检察官可以开展调查、提出建议。由于美国海洋管理主要由国家海洋和大气管理局（NOAA）负责，同时，美国沿海州和地方政府根据商务部批准的管理计划管理美国沿海资源，因此，美国相关海洋公共利益的保护也是由专门的海洋管理机关进行，社会或民间组织在一定条件下先进行有限的参与。这也从一个方面说明美国海洋公共利益保护是在政府主导下进行的，美国海洋公共利益始终处于美国政府严密的法律政策体系保护之下。

（二）德国的海洋公益保护制度

德国作为大陆法系国家的代表，其公益诉讼制度形成较早。20 世纪 60 年代末，在自然环境为共有财产理念之下，德国开始制订和完善保护自然环境的法律。1979 年，德国不莱梅率先在修改《自然保护法》时赋予了环境团体公益诉讼，开启了德国环境公益诉讼之先河。此后，德国的黑森州、汉堡州等也先后建立了这一制度，但是德国联邦法上一直未建立该种制度。此外，虽然 20 世纪 70 年代德国先后制定了《联邦污染防治法》《联邦自然保护法》，导入了环境团体参与机制，但明确表明不采用团体诉讼制度。2004 年，德国为了将欧盟的《环境责任指令》适用于国内，制定了《环境损害法》，主要规定了经营者防止损害自然环境的义务、承担损害赔偿责任的条件和方式，证明规则、环境团结诉权等。同时，在该法制定前一年制定的《环境法律救济法》则主要规定了环境团体行使诉权的资格、起诉条件、诉讼对象、申请诉讼资格的程序和批准机关。但是，德国确立的环境团体公益诉讼制度属于行政诉讼之类型，具有公法性质，而且作为成文法系国家，德国又对环境团体公益诉讼权设置了一系列的限制条款，体现了这一制度为环境行政保护之补充性手段。

德国环境团体公益诉讼数量虽然少但胜率较高，且大多数诉讼是针对政府有损环境的行政审批计划提起的，较好地发挥了预防自然环境遭受工业化破坏的作用。德国赋予环境团体诉讼的理由是：行政机关出于政治和经济上的考量很难严格执行环境法律，并且其还面临行政执法活动的标准和裁量权行使不够明确化、人力和财力资源有限等问题，所以有必要赋予环境团体公益诉讼权以弥补行政执法之不足。

同时，德国的海洋产业分布不仅限于北海和波罗的海沿岸的主要城市，从事海洋领域的生产商和供应商遍及德国全境，所以德国的海洋公益诉讼制度与德国的经济发展密切相关。虽然德国拥有较长的海岸线，但是由于德国海域与周边欧盟国家及英国存在诸多交叉等因素，其对海洋的利用主要集中在近海，所以德国并未设立全国统一的综合型海洋行政管理机构，沿海州以及各涉海行业部门发挥着管理海洋事务上的主体作用。同时，为了协调各地方机构的工作，德国仅是建立了海洋协调员、国家海洋会议（NMC）和部门论坛等协调机制，将管理海洋的职能分解到各陆海相关部门，如联邦海洋与水道局、联邦经济与能源部、联邦运输部及数字基础设施部、联邦环境自然保护和核安全部等。德国涉及海洋公益诉讼的权能也主要是由这些现有特定领域的行政机关履行。同时，根据前述，德国作为欧盟主要成员国，建立完善的环境团体公益诉讼制度，作为政府履行海洋公益诉讼职能的重要补充，形成了政府行政权加环境团体公益诉讼并行互补的海洋公益诉讼机制。这与我国以行政机关负责海洋生态资源环境损害赔偿加检察机关开展范围较广的海洋公益诉讼机制有着较大的区别。

（三）新加坡的海洋公益保护制度

新加坡虽然陆域面积仅有700多平方公里，但是海域面积较大，其地理位置十分优越，除了是作为衔接太平洋和印度洋的重要航道和亚太地区最大的转口港之外，新加坡裕廊岛是全世界最知名的国际石化基地之一，且新加坡还是全世界最大海上保税燃油加注基地，年海上加油量达5000万吨左右。正因为新加坡地理位置重要，所以海洋生态环境承载压力巨大，海洋保护问题复杂。因此，新加坡在大力发展城市经济的同时，也强调海洋保护的重要性，特别是海洋生态环境资源的保护，新加坡将很多地方设为自然保护区，例如武吉知马、双溪布洛等区域，同时强化政府机关为主导的海洋公益诉讼制度，对破坏海洋生态环境的行为，依靠政府力量进行海洋公益保护。

1990年，新加坡成为《国际防污公约》（MARPOL）缔约国，之后其对领海及港口污油污水、垃圾和化学危险品采取严格管理措施，实行严格的法令和严厉的处罚措施并行机制，特别是对于海洋公益保护采取非常严格的补偿和追责措施，有力地制止了海上污染的发生。此外，1981年，新加坡同印度尼西亚共同建立起交通分流体系以加强相关海域的交通管制，保证航行安全，减少海域污染事故发生的隐患，在一定程度上降低了在该海域海峡内反向行使船只的溢油事故及其对海洋环境的影响。同时最为重要的是，对于航行及船舶造成的海洋破坏，规定了极其严格的惩罚措施，除了本身的罚款外，加大对海洋破坏的公共利益补偿力度，双管齐下，也让相关经济活动与海洋保护的意识同步提升。

除了海洋经济社会活动本身造成的破坏外，新加坡也注重对陆地污水和垃圾进行无害化处理，减少陆源污染。政府除兴建陆地环保设施之外，还建立了专门的海上清扫队和近岸污染物处理设施。例如，在港口码头6.4公里以外的史巴洛岛上设有专门的污水接受中心，不间断接受处理来自陆地港区的污水、油渣和洗舱水等。① 此外，新加坡在完善政府设施提供政府海洋保护服务的同时，与社会各方一起致力于倡导海洋保护的战略，除政府履行海洋公益保护和公益诉讼职能外，积极推动社会组织和公民提起海洋公益诉讼，加强社会群体对海洋保护的监督。

除上述美国、德国、新加坡外，英国、荷兰、日本、新西兰等多个较为发达的国家，均具有专门的海洋保护法律法规及其体系，海洋保护是各国国家政策和国家战略的重要组成部分，进行专门的规定。由于上述很多国家属于海洋法系国家，没有专门的检察机关，但是他们均结合自己的国家实际建立了政府、检察官、社会和公民提起海洋公益诉讼的制度，特别是其中的海洋环境生态公益诉讼制度，更是经过了近百年的历史检验，且卓有成效，值得我国建立和完善海洋公益诉讼检察制度时予以研究和借鉴。

三、我国海洋公益诉讼检察的特点

海洋公益诉讼作为一种特定类型的公益诉讼种类，从全世界范围看，提起诉讼的主体和内容较为多元化，是对涉及维护海洋领域公共利益方式方法的一种泛称。海洋公益诉讼检察作为海洋公益诉讼中的一种独特类型，具有典型的司法属性，是我国检察机关法律监督职能延伸的全新领域，是通过协调司法、行政、社会等力量共同维护海洋领域国家利益和社会公共利益等的重要组成部分。

最高人民法院相关负责人在最高人民法院《关于审理海洋自然资源与生态环境损害赔偿纠纷案件若干问题的规定》的理解与适用中提出："依法行使海洋环境监督管理权的机关提起的海洋自然资源与生态环境损害赔偿诉讼在性

---

① 洪丽娟：《新加坡港海洋污染预防综述》，载《交通环保》1995年第5期。

质上可以明确为民事公益诉讼。"① 但是,"由于海洋水体具有流动性、空间具有立体性、利用后果具有相当的社会性,因此海洋利用保护的外部介入因素更为复杂"。② 同时,也无具体的法律或司法解释明确以海洋自然资源与生态环境损害赔偿案件为主的海洋损害类案件等同于海洋类公益诉讼案件,将上述两类案件直接等同是未能充分认识到公益诉讼制度内涵的丰富性。而且,最高人民法院《关于审理海洋自然资源与生态环境损害赔偿纠纷案件若干问题的规定》出台早于"两高"《关于检察公益诉讼案件适用法律若干问题的解释》,未能对审理海洋类损害公益诉讼案件的法律适用作出明确规定,更未考虑检察机关提起海洋公益诉讼的程序、主体资格和受理法院。虽然《海洋环境保护法》第89条第2款仅是规定给国家造成重大损失的,相关行政机关才可以代表国家提起诉讼,且限定为损害赔偿请求,但这与《民事诉讼法》第55条关于检察机关对涉及国家利益或社会公共利益等的事项可以提起公益诉讼进行的总括性授权并不矛盾。《海洋环境保护法》关于提起海洋类损害赔偿案件对诉讼主体的限定与检察机关提起此类海洋公益诉讼案件并不冲突和互相排斥。行政机关提起的此领域损害赔偿诉讼虽然具有一定的公益性质,但仍与检察机关在此领域的公益诉讼权力存在较多区别,况且检察机关在海洋公益保护领域除享有民事公益诉讼权力外,还具有行政公益诉讼权、刑事附带民事公益诉讼权,海洋公益诉讼检察权能更具多样性,保护方式方法也更加多元化。

(一)海洋公益诉讼检察具有作用的多重性

海洋公益诉讼检察是检察机关法律监督机关定位和法律赋予的具体检察权能双重属性在海洋保护领域的体现,具有督促、引导、惩罚、矫治、教育行政机关及损害实施方等多重作用,代表的海洋保护领域的国家利益和社会公共利益具有广泛性和整体性,是日常法律监督活动和具体法律监督事项的有机衔接。而行政机关提起的此类案件,司法解释明确为损害赔偿案件,是行政机关履行管理职责的必然要求,其不同于检察机关法律监督权能的司法性和作用的多重性,两者的区别显而易见。海洋公益诉讼检察保护涉海国家利益和社会公共利益的范围更广、力度更强、环节更细。此外,海洋公益诉讼检察由于既涉及海洋问题,也涉及海陆统筹管理,运用海洋公益诉讼检察职能时,除涉及一般人民法院外,往往还涉及专门的海事法院管辖问题;除涉及环保部门外,还

---

① 王淑梅、余晓汉:《〈关于审理海洋自然资源与生态环境损害赔偿纠纷案件若干问题的规定〉的理解与适用》,载《人民司法(应用)》2018年第7期。

② 刘颖男:《浙江海洋资源流失控制的机制与政策研究》,上海交通大学出版社2017年版。

涉及海事、港行、海警、海洋与渔业等众多专业行政机关,通过与上述行政、司法机关的合作与联动,海洋公益诉讼检察对海洋的保护作用能够以多种形式单独实现,也可以叠加实现。

(二) 海洋公益诉讼检察具有手段的多样性

海洋公益诉讼检察是对海洋生态环境的修复补偿、对相关领域海洋违法违规后果的矫治,以及对行政机关监督督促、对当事人惩罚教育、对社会公众预防普法的结合。因此,手段和诉讼请求具有多样性,在海洋公益诉讼检察过程中,除了生态补偿金外,还可以采取对行政机关发出相应检察建议、生态修复、要求当事人赔礼道歉、参加公益活动等多种方式,具有手段的多样性。例如,浙江舟山检察机关根据破坏海洋渔业资源公益诉讼案件的实际,建立了海上增殖放流基地,要求破坏海洋渔业资源的当事人在休渔季开展鱼类增殖放流,提升海洋鱼类种群数量,在惩罚的同时更好地修复海洋生态。而行政机关提起相关诉讼的,结果主要是对生态环境损害进行物质赔偿,手段较为单一。《海洋环境保护法》第89条第1款规定:"造成海洋环境污染损害的责任者,应当排除危害,并赔偿损失;完全由于第三者的故意或者过失,造成海洋环境污染损害的,由第三者排除危害,并承担赔偿责任。"从该规定即可看出,行政机关的诉请主要集中在排除危害、赔偿损失两个方面。

(三) 海洋公益诉讼检察具有监督的权威性

海洋公益诉讼检察对于案件发生、处理及预防的监督具有全程性,监督的内容、对象、范围和延伸具有更强的前后相继特点。"公益诉讼首先是国家治理体系的重要组成部分,又是加强对法律实施监督的具体举措,是国家治理体系的重要保障"[①]。因此,公益诉讼更多体现的是司法权对行政权及从事涉海经济社会活动群体的制约和监督,是国家治理在海洋领域实现的重要制度基础和现实保障,贯穿于国家治理的全过程。而行政机关提起海洋自然资源与生态环境损害赔偿案件则主要集中在其职能的某一项和某一领域,是行政机关具体职责的体现,在海洋保护领域并不具有检察机关法律监督职能所体现出来的全面性、全程性和全能性。同时,对于从事涉海经济社会活动群体在相关活动中侵害海洋公共利益的,检察机关除了公益诉讼手段外,还可以将自身刑事、行政、民事检察监督的手段全程贯通,更好地监督、教育和引导相应群体依法规范从事有关涉海活动。

---

① 胡卫列:《国家治理视野下的公益诉讼检察制度》,载《国家检察官学院学报》2020年第2期。

四、海洋公益诉讼的价值意义

根据国外专家的估算，全球陆地、湿地和海洋三大生态系统中的生物多样性的服务总价值已超过每年33万亿美元，其中3/5以上的贡献来自海洋。①我国海洋占到国土面积的1/3，以浙江省为例，海域面积26万平方公里，海洋资源丰富，海岸线总长6400多公里，占我国全部海岸线的20.3%，位居首位。面积大于500平方米的海岛3061个，占到全国海岛总量的尽半数，岛屿拥有量位居全国首位，海洋生物物种多达1000种。②此外，浙江省还划定海洋生态保护红线，把所辖海域中的1.4万平方公里海域纳入海洋生态红线范围。同时，浙江省还是我国海洋经济大省和海洋经济发展及海洋环境保护的试验区、先导区，国家多重海洋战略在这里叠加，具有特殊的经济社会管理需求。

正因为我国海洋资源丰富，多样性强，也形成不同沿海地区各自独特的经济文化结构和居民构成，沿海地区的各类经济社会活动都离不开一个"海"字。同时，沿海又是我国经济发达地区的集中区域，主要经济区域均靠海展开。以浙江省为例，浙江作为我国民营经济最发达的地区，海洋生态环境资源等各方面的承载压力巨大。此外，浙江还承担着国家多种政策和发展方向的试验探索工作。例如，"一带一路"和"海上丝绸之路"的核心区、海洋经济发展的先导示范区、海洋环境保护利用试验的承载区，拥有唯一的国家级群岛新区，国家第三批自贸试验区（国家唯一的非陆地海上自贸试验区片区），这些都与海洋开发、利用和保护紧密相关。因此，探索完善海洋公益诉讼检察的价值和意义巨大。

（一）海洋公益诉讼检察能够有效服务基于"一带一路"以"自贸+"及自贸片区扩容、自贸港探索的新经济趋向，在服务国家经济发展战略有效实现的基础上实现经济和海洋保护的齐头并进

以环杭州湾为例，作为我国海洋经济发展战略探索的先导区，国家级新区（上海浦东新区、浙江舟山新区）和中国自由贸易试验区（上海片区、浙江片

---

① Costanza, R., d'Arge, R., de Groot, R., Farber, S., Grasso, M., Hannon, B., Limburg, K., Naeem, S., O'Neill, R., Paruelo, J., Raskin, R., Sutton, P., and van den Belt, M. The Value of the World's Ecosysetm Services and Natural Capital [J]. Nature, 1997, 387: 253 - 260.

② 参见百度百科，https: //baike. baidu. com/item/% E6% B5% 99% E6% B1% 9F/154399? fr = aladdin.

区)，以及中国最大的两个港口（宁波舟山港、上海洋山港）均集中于此，海洋活动非常频繁。同时，国家战略在长三角海域的落地实施和相关项目落实中的海洋问题的预测、预警和化解就成为上述战略能否顺利推进和实现预期目标的重要因素。当前，国家已经设立的21个自由贸易试验区中，上海、广东、天津、福建、海南、浙江、辽宁、山东、江苏、广西、河北均属于在沿海省份设立的自贸试验区，超过总数的一半以上，此外，海南自贸试验区还承担着逐步探索建立国内首个自由贸易港的重任。从11个沿海自贸试验区位置看，分别位于我国经济发展最快质量最高的长三角、珠三角、环渤海、闽台四个具有代表性的经济圈，国家通过试验试点将海洋经济打造成我国新的经济增长极。正因为多重经济战略叠加，未来发展中新经济趋向必然导致海洋管理领域的高要求和新问题，特别是围绕海洋利用、保护和开发中的多种国家利益和社会公共利益问题，就需要检察机关突破现有公益诉讼的范围和模式，在掌握经济发展新趋向的基础上进行研判和规划，实现海洋领域保护国家利益和社会公共利益措施及研究上的超前性。

（二）基于海洋经济模型重构引发的各类海洋权益保护，以及海洋管理新趋向导致的职能交叉和空窗，需要新的海洋领域国家利益和社会公共利益保护方式给予支撑

传统上，长期以来我国沿海地区社会管理不同于内陆地区。以浙江省为例，地域上具有山区、平原、沿海、海岛等多种地理情况于一体，其中，浙江海域26万平方公里，海岛3000余个，沿海渔民数百万名，还有很多介于渔民和农民之间的群体，这些群体的公共利益保护对检察机关提出了新的领域和要求。此外，沿海地区政府职能部门，除了常规的机构设置外，还有很多与海洋管理有关的机构和临时性机构，特别是湾区经济、沿海关联区域经济、自贸试验区联动区等的探索，模糊了陆地和海洋的概念，对传统的行政管理权、公共权益保护等都带来新的冲击，特别是沿海海洋经济发达地区和创新实验地区冲击更为强烈。这种经济结构重构情景下的国家利益和社会公共利益多元复杂化导致潜在保护需求的多样化，也给检察机关公益诉讼工作带来全新挑战，沿海区域检察机关不能再用传统陆域思维开展相关公益诉讼工作，必须不断创新，实现公益诉讼在海洋领域的细分化和专业化，针对海岛、沿海及其关联区域采用新的问题处理思维和手段。

（三）基于经济社会与环境协调发展引致的利益转型调整等的新意识趋向，服务海洋环境与经济社会可协调发展的升级的难点凸显，需要海洋公益诉讼检察从中予以缓和、协调

海洋环境因素已经被国家列为海洋经济发展的核心评价因素，环境评价因

素的加强对传统的经济发展模式带来冲击,必然导致经济结构的调整升级。以浙江自贸试验区发展为例,其对标新加坡廊裕岛,构建东北亚油品交易中心及我国原油期货的主要仓储交割地和油品全产业链、大宗商品交易中心,以及与此相关的人民币国际化示范区。长三角地区石油储运未来规模将超过1亿吨,同时也将成为东北亚地区最大的天然气储运、铁矿石交易中心等。其中,石油炼化能力更是以数千万吨计,对涉及的海洋开发、环境利用都将产生巨大影响。这些将直接导致对所在沿海地域经济模式及经济发展所依存的土地、环境、地方群众权益产生重大影响,会不可避免地出现以环境为核心围绕统筹陆域和海洋、沿海和海岛、渔民和城镇居民等新的利益保护需求,多重海洋环境因素导致利益保护诉求叠加,给检察机关开展相关公益诉讼工作提出更高、更宏观和更长远的要求。以浙江海洋环境现状为例,2012年至2018年浙江省累计立案查处各类涉海违法案件430余起,收缴罚款11.2亿元。2018年7月,国家海洋督察组第四组向浙江省政府进行围填海专项督察情况反馈指出:"浙江省推进海洋生态文明建设取得积极成效,但随着工业化、城镇化进程加快,产业结构调整和转变经济发展方式任务繁重,近岸海域生态环境质量问题突出,围填海管控措施和力度有待进一步加强,沿海经济社会快速发展与海洋资源环境承载能力之间的矛盾依然突出。"① 这些都说明,未来在海洋开发、利用、保护与海洋经济协调发展的领域,享有公益诉讼权的检察机关在海洋公益诉讼领域大有可为,将成为海洋国家利益和社会公共利益保护的中流砥柱。

第二节 海洋公益诉讼检察的实践现状

一、海洋公益诉讼检察在我国沿海区域现状概述

海洋公益诉讼理论来源于西方,特别是在欧美等传统海洋型强国发展较为充分,已经成为国家政策和法律体系的重要组成部分,而在我国,对海洋的大规模开发利用也是随着改革开放后国家经济发展不断深入而逐渐受到重视的。虽然,近些年我国日益重视海洋的开发和利用,但是这种重视主要集中在服务社会和经济转型发展的领域,对于海洋公益诉讼,则发展得较晚,程度相对较

---

① 中央电视台新闻频道(CCTV-13),2018年7月5日新闻报道。

低,海洋公益诉讼的一些基础性概念尚无明确统一的法律依据和规范,与实践需求差距较大,特别是涉及海洋的部门法更是没有将海洋公益诉讼作为法律专章(节)予以明确规定,只能通过对相关法律的理解进行推导适用,从而造成司法实践中的适用存在很大的不确定性。特别是海洋公益诉讼检察作为公益诉讼中专业程度较高的领域,人们对此了解更少、关注度更低。海洋公益诉讼检察在管辖权、适格原告和诉讼程序等方面均与其他类型的公益诉讼有着较大区别。

虽然海洋公益诉讼检察起步晚、发展慢、可参考样本少,但是海洋公益诉讼检察的发展必然与人类活动在海洋领域的展开程度密切相关。2017年检察机关公益诉讼制度正式实施后,沿海检察机关主动结合自身地域特点和实际,积极作为,践行海上"两山"及最高人民检察院张军检察长提出的"要进一步探索海洋检察工作规律,更好发挥作用,服务经济社会发展"的要求,将海洋公益诉讼检察工作作为海洋检察工作的重要组成部分开始探索,取得了一定的成效。特别是2019年最高检启动"守护海洋"检察公益诉讼专项监督活动后,全国检察沿海机关在一年内即取得了较大成绩,摸排线索2468件,立案1773件,发出诉前检察建议1411件,向法院提起公益诉讼152件,再次印证了探索专门的海洋检察公益诉讼工作大有可为。

当前我国海洋保护主要面临以下几个问题:一是大量陆源污染物进入海洋,海水大面积富营养化对海洋生物所带来的负面影响。《2019年中国海洋生态环境状况公报》中提及,我国海洋环境污染主要以近海污染为主,且主要集中在环渤海、长三角、珠三角等经济活动活跃地区,且陆源性排入污染占到海洋污染的70%左右。二是全球气候变化对海洋环境产生的影响,特别是人类海上活动加剧,如围海造田、大型海洋工程、海岸带临港工业及石化产业园增多等,导致近岸滩涂、海岸线被破坏、近岸海洋水质长期集中在劣四类、劣五类海水。三是海洋资源过度开发,特别是滥捕滥捞、海底违规采矿等,导致近海渔业资源枯竭和海洋生物多样性持续减弱,海洋生物群落和生态系统发生变化,以及外来物种入侵加剧等。四是海洋各类重要栖息地,例如红树林、珊瑚礁等的破坏和丧失。此外海上经济活动也加剧了海上公共安全事故发生的可能,且很多海上安全事故本身与海洋污染结合在一起。例如,油船或危险品运输船倾覆泄漏等,即威胁航道安全,同时也带来海洋环境污染的巨大风险。这些海洋问题和风险的普遍存在,给海洋公益诉讼检察的发展带来了巨大的需求和专业化要求。

正是由于海洋公益诉讼检察与海洋开发、利用和保护具有同态化、同步化和同向化的特点,海洋领域经济社会发展的程度决定了一个地方海洋公益诉讼的发展程度。从目前我国经济社会发展的情况看,环渤海经济圈、长三角经济圈、珠三角经济圈作为我国经济高度发展的三个沿海城市群,对海洋的利用非常充分,同时对海洋利益的公共保护也最为迫切。特别是长三角和珠三角均提出了大湾区经济一体化发展概念,在强调陆地互联互通的同时,更加强调海洋上的互联互通,这些都是围绕海洋湾区人类经济社会活动的强化,对海洋的开发利用必将几何式增强,陆海结合部的承载压力将进一步加大。

(一) 环渤海地区检察机关海洋公益诉讼实践

环渤海地区作为我国海洋开发利用的先行和典型地区,曾经发生过一系列破坏海洋的事件,特别是随着环渤海经济圈的发展,以渤海海洋环境污染事件为主的海洋公共利益损害问题时有发生。目前,环渤海海洋问题主要集中在大连湾、辽河口、渤海湾等一带,特别是海洋环境污染问题突出,海底呈现出荒漠化趋势、海洋生物资源死亡率高、种群减少快、海水质量下降、渔业资源衰退、滩涂荒废严重,海洋破坏呈现出陆地输入加大和海洋本身破坏增多的双同步现象。例如,早期发生在渤海地区的马耳他籍"塔斯曼海"油轮与我国大连的"凯顺一号"轮碰撞事件可以认定为是我国第一个海洋环境公益诉讼的案件。① 此案历时较久,但结果不尽如人意,暴露出当时我国对于海洋公益诉讼问题认知的缺失和理念上的不重视。也正是仅仅依靠行政机关或者相关组织开展海洋公益诉讼存在内生动力不足和法律运用不够专业的问题,环渤海检察机关积极开展了海洋公益诉讼探索,如大连市普兰店区人民检察院办理的鞍子河生活垃圾污染治理公益诉讼案、丹东东港市人民检察院办理的大洋河污染治理公益诉讼案、营口市鲅鱼圈区人民检察院办理的熊岳河污水排放污染治理行政公益诉讼案、天津市古海岸与湿地国家级自然保护区海洋生态环境保护行政公益诉讼案等案件,这些都是以检察机关主动保护海洋公共利益为指引,通过对近海陆源污染的治理和公益的保护,切断陆源污染对海洋的输入性影响。同时大连等地还积极开展海洋生物资源、海上环境公共利益保护,实现了海洋公益诉讼中陆地与海洋司法治理的统筹,不再将海洋公益诉讼内涵看成是一个孤立的个体,从而实现了海洋公益诉讼手段的多样化。

(二) 长三角检察机关海洋公益诉讼实践

长三角作为21世纪我国海洋经济开发的战略规划区和高速发展区,海洋经济社会活动活跃,对海洋的破坏呈现出多维度的问题,既有海洋本身的,也

---

① 威道孟、周怡图:《我国海洋环境公益诉讼原告资格多元化机制探讨——溢油案引发的环境法学思考》,载《中国环境法治》2006年第1期。

有陆源性的，更有陆海结合部分的破坏问题。长三角检察机关长久以来就比较重视运用检察权做好对海洋的保护工作，涵盖了海洋生态环境、海洋生物多样性、海洋利用、围海造陆、渔业资源保护等一些列问题。由于长三角地区经济联系紧密，在海洋公益诉讼检察领域，长三角检察机关发挥协作优势，开展海洋保护，如 2020 年上海与浙江两地就合作开展陆海公益诉讼问题，共同建立了"上海-浙江湾区检察公益诉讼协作配合机制"，更好地强化了跨界海洋公益保护问题的探索和治理。此外，还将对海洋的保护延伸到浙江温州及浙江福建交界处，实现海洋公益诉讼检察保护地区联动。例如，江苏省如东县船舶修造企业危废污染环境行政公益诉讼案、浙江省平阳县守护南麂岛行政公益诉讼系列案、上海铁路运输检察院诉周某某非法捕捞水产品刑事附带民事公益诉讼案、福建省福州市长乐区漳港海岸线餐饮酒楼违法排污行政公益诉讼案，这些案件从服务经济社会发展到海洋生物环境资源保护等，涵盖范围较广，是长三角检察机关海洋公益诉讼探索的生动表现。

（三）珠三角及广西海南地区海洋公益诉讼检察实践

珠三角作为我国海洋利用一体化最成熟的地区，从经济社会到交通生活不断地实现海上的互联互通，特别是海南作为我国第一个以省级为单位的自由贸易港，其经济发展的内涵之一就是实现生态环境保护与经济社会协调发展，具有样板展示的作用。珠三角及南海地区作为我国海域面积最大、海洋生态多样性最强、海洋矿产资源最丰富的地区，检察机关海洋公益诉讼的实践更加广泛。例如，广西北海市检察机关针对银滩沙子变黑问题开展公益诉讼检察工作，重点监督生态环境和资源保护领域违法行为，积极排查、调研、办理，主动向人大、政府报告案件办理情况，并通过诉前程序，推动责任单位履职纠错，督促相关部门采取实施生态整治修复、加快雨污管网改造、加大环卫保护投入等系列措施，加强做好银滩的环境保护工作。在此基础上，检察机关还通过办理多起滩涂非法捕捞、非法采砂案件，延伸保护工作，有效保护沿海滩涂和海洋生态环境。特别是对于红树林的保护，珠三角检察机关开展了红树林保护专项活动，对全市红树林生长情况进行了全面摸排，通过发出诉前检察建议，要求对红树林保护进行有效划分、设置界碑，清理保护区内植被、养殖点，并采取多项措施依法加强保护，并推动政府部门出台多项制度，建立共同保护机制，实现海洋公益诉讼从监督到预防维护的全链条。

二、海洋公益诉讼在沿海检察机关的实践展开

（一）始终将海洋生态资源环境公益诉讼作为海洋公益诉讼检察的核心和出发点及落脚点

海洋问题首先是海洋资源和环境破坏及其成因问题，这从2018年和2019年国家生态环境部先后发布的中国海洋生态环境报告可管窥一二，连续两年的公报中都明确了我国海洋污染的主要原因和集中区域，并提出了强化源头治理和推进生态修复并进的策略。我国海洋问题现状也正是检察海洋公益诉讼工作的出发点和落脚点。

海洋检察公益诉讼工作开展过程中，各地检察机关坚持始终从我国海洋治理实际出发，把工作重点放在存在问题较多且群众反映强烈的违法排污、围海造田、非法捕捞、破坏海岸带环境等领域，办理了海岸清废、渔港污染、非法捕捞、违规用海等一批"海字头"公益诉讼案件。以海南省检察机关为例，在全国"守护海洋"检察公益诉讼专项活动期间，以公益诉讼职能在海洋保护领域的实现为着力点，共立案海洋领域公益诉讼案件136件，发出检察建议106件，提起公益诉讼16件，特别是清理海洋油污等93.5吨，封堵排向海洋排废的陆源排污口10个，治理近海及海洋污染面积约116.8万平方米，追偿生态环境修复费用1200余万元。以浙江舟山市检察机关海洋公益诉讼实践为例，在开展"碧海银滩"海岸清废行动及其后续工作中，督促清除近岸固体废物数千吨，恢复治理被污染的海域岸线超20公里。海域使用权公益诉讼系列案件，督促规范用海326.5公顷，追缴海域使用权金67万余元，促成收缴罚款1669万余元。再如，舟山下辖的岱山县检察机关通过行政诉前检察建议督促5个违规围海造田岛礁恢复原状，并责令涉事企业出资30万元用于海洋生态修复。特别是舟山检察机关结合海洋产业实际，针对舟山属于全国最大渔场的实际，自2019年以来，在禁渔期禁渔区就非法捕捞开展海洋公益诉讼专项行动，依法提起民事公益诉讼12件。做好生态修复文章，收缴海洋生态修复补偿金上百万元，增殖放流鱼苗超9000万尾，占浙江省海上增殖放流量的80%以上。此外，做好海洋公益诉讼检察后半篇文章，探索"生态修复补偿金、增殖放流、劳役代偿"的组合式海洋生态修复方式，形成了普陀海洋生态修复增殖放流基地，有效贯通了海洋公益诉讼检察与检察监督下的海洋生态修复工作。

此外，沿海检察机关积极探索海洋矿产资源和生物多样性保护工作。以海南省检察机关为例，2019年以来，持续针对海洋矿产资源遭人为破坏问题，

就打击盗挖海砂问题联合多部门开展专项整治行动,省、市、县三级检察机关联动办案,成效显著。2020年11月20日,海南省检察院召开新闻发布会,会上通报自2019年2月以来,海南省检察机关针对非法开采海砂猖獗问题,先后集中起诉了10件非法开采海砂的民事公益诉讼案件,全部获法院支持,且案件办理中,检察机关增加追究了以往容易被行政机关忽视"船主"的共同侵权责任,实现"违法必追究""生态损害必赔偿"的海洋公益诉讼检察的工作目标。以浙江舟山检察机关为例,检察机关在履职过程中发现三个团伙20多名犯罪嫌疑人存在收购、运输、出售国家二级保护动物海龟近400只的案件线索,在分析研判的基础上,提前介入,第一时间固定证据,第一时间开展物种、生态损失鉴定,第一时间与宁波海事法院沟通,并报浙江省院批准,对其中沈某某等15人向海事法院提起民事公益诉讼。全部诉请得到支持,法院判令各被告公开赔礼道歉,并连带赔偿生态修复补偿金653万余元,成为全国首批向海事法院提起的破坏海洋生物资源公益诉讼系列案,得到了最高人民检察院、浙江省检察院的持续关注和有力指导,成为检察机关以海洋公益诉讼权能保护我国海洋野生动物第一案。该案也被列为"生物多样性司法保护"国际研讨会介绍案例,得到了人民网、检察日报等媒体的广泛报道,产生了良好的社会反响。2020年初,舟山检察机关以该案办理为契机,启动了保护海洋野生动物专项活动,打击、预防和矫治沿海地区常见的破坏海洋生物资源及非法捕杀、贩卖海洋野生保护动物的行为,将海洋野生保护动物与陆生野生保护动物放到同等重要的位阶进行保护,全市检察机关统一行动,成功办理了野生海马保护公益诉讼系列案,嵊泗县人民检察院发出浙江省首份野生海马"保护令",普陀区人民检察院联合多家职能单位在浙江省率先出台了《海洋野生动物多样性保护协作配合机制》,重打击的同时,更加注重事先预防和同步矫治,延伸探索海洋公益诉讼检察实现的方式方法。同时,在上述海洋野生保护动物公益诉讼案件办理过程中,加大办案后半篇文章谋划,推动以在集农贸市场、水产交易中心、渔港码头、渔船及相关涉渔运输行业开展"海洋保护野生动物三禁标志"行动,不断扩大海洋野生动物保护工作成效和社会公众知晓度。

(二)探索统筹协调司法与政府和社会资源,有效形成海洋公益诉讼检察工作中的多方合力

海洋问题复杂,特别是近岸海域、滩涂等的开发、利用及保护问题更加复杂。检察机关在海洋保护和海洋公益诉讼实践中明显感觉海洋管理的复杂性、海洋科学发展仍处于初步阶段,特别是在海洋保护和开发利用问题上的巨大难度,以及行政、司法和社会三方面认识上的偏差,三方在保护衔接和统筹上的

研究和机制较为缺乏。浙江北海海域坐落了我国首个群岛城市舟山，其作为我国沿海开放的重要门户和海洋经济发展探索的重要国家试验区，是我国第四个也是唯一一个以发展海洋经济为主题的国家级新区，以及我国第三批国家自由贸易试验区在海洋自贸经济发展承载区，坐拥全国最大的渔场——舟山渔场，面积达10.6万平方公里，涵盖大陆架的渔场面积则达到57.29万平方公里，拥有鱼类360多种，潮间带生物300多种，藻类131种，贝类100余种，虾类60余种，蟹类50余种。① 此外，舟山港口岸线资源丰富，浙江3000余个海岛，仅舟山一市占比就近40%，东北亚过境的7条国际航道中，有6条位于舟山海域。同时，随着自贸区的发展，向海洋要地、向海洋要资源力度不断加大，2020年舟山已成为我国最大的海上保税燃油加注基地和原油储备加工基地。此外，舟山地处长三角海上门户地区，境内拥有世界吞吐量排名第一的宁波舟山港和世界最大的集装箱港上海洋山港。环杭州湾和长江口地区，又聚集了我国规模最大的石化产业集群和海上船舶修造业及海事服务集群。而且，随着环杭州湾经济大发展和我国最发达经济带的形成，近岸围垦与资源开发力度加大，长三角特别是宁波、舟山海洋环境的承载压力日益上升，近三年来国家海洋环境质量公报中，长三角地区部分近岸海域海水长期处于劣四类、劣五类海水，海洋污染问题较重。这种情况说明了，海洋经济探索发展与海洋环境保护间存在不匹配、不同步的问题，海洋保护落后于对海洋的开发与利用。

针对上述经济发展中引申出的海洋保护问题，检察机关从易出发，针对常见的海洋污染、非法围填海、工程违规占用海域、海上非法倾倒及航行安全等常见问题，通过详细调查、沟通协商、专家支招，在现有法律许可的范围内，结合法律和政策实际，提出合理具体可行的检察建议，推动地方政府共同解决。以福州省长乐检察机关海洋公益诉讼工作为例，该院从三个方面推动检察机关在海洋检察公益诉讼方面的工作：一是"三转同步"，把检察涉海监督要点主动立足海上丝绸之路枢纽区位，结合地域特色走访调查，加强与政府和社会的动态联系，拓展涉海公益诉讼案源。二是"三难齐解"，增进海洋公益诉讼检察精品案例质效，发挥诉前圆桌会议优势，完善与涉海行政执法部门的制度促衔接、协商整改形合力、精准施策扭住海洋公益诉讼检察建议发出后的跟踪执行这个关键点，确保海洋公益诉讼案案见结果和成效。三是"三线并进"构建司法保护格局，综合运用涉海检察职能，总结经验探索打造海洋检察精品，实现涉海犯罪打击和海洋公益诉讼追责和生态修复联动机制，同时以此为

---

① 吕蓉：《港口规划环境影响评价的研究及实践》，大连海事大学2006年硕士学位论文。

契机参与涉海综治提升社会治理能力,并以引导公众参与海洋环境保护为主体建立福建首个省级公益诉讼法治教育基地。再如,最高人民检察院第八检察厅挂牌督办的浙江舟山沈家门渔港船舶废水直排海洋公益诉讼案,普陀区人民检察院积极落实督办要求,在发出行政公益诉讼诉前检察建议的同时,组织该区渔港办、环保局、海洋与渔业局、乡镇街道等召开圆桌会议,推动区政府出台《沈家门渔港港章》《沈家门渔港水域船舶污染防治管理办法》等地方规范性文件,有效发挥海洋公益诉讼检察推动行政执法规范化的作用,在办案的同时,促进海洋法律监督的延伸,实现了政府经费投入和科技投入的加大,使得长期困扰舟山沈家门渔港的水域环境污染相关难题得到了有效解决。此外,浙江相关地区检察机关在办理违规用海公益诉讼案件的同时,还积极向地方政府提交"关于违规用海涉及历史遗留问题亟待解决"的情况反映等,引起政府高度重视,专门召开协调会,研究解决方案,通过补缴使用权金、补办使用权证、纳入破产财产清算等措施,妥善解决了违规用海中的历史遗留问题,海域利用更加依法、规范、高效。

此外,检察机关在海洋公益诉讼检察中积极以特色个案推动类案问题。以广西壮族自治区防城港市检察机关为例,在办理涉海污水直排污染红树林生存环境行政公益诉讼案中,为有效解决 3A 景区内污水直排入海污染红树林生长环境问题,检察机关通过适用诉前磋商,推动行政机关主动履职结合海岸带生物保护问题,实现了检察机关、行政机关与景区企业统一保护红树林和海洋生物多样性的认识,实现了海洋保护与地方旅游开发的共赢。同时,检察机关追根溯源,针对沿海城市向海洋排放废水中存在的问题,有效推动了该地区系统治理城市黑臭水体,探索了强化沿海城市以陆源污染系统治理推动海洋保护的做法。再如,浙江省检察机关在海洋公益诉讼检察工作中着眼海洋的整体性、易变性和治理的复杂性,通过创新增强海洋公益诉讼检察的实效。舟山市定海区人民检察院与该区海洋与渔业局、海事局、自然资源规划局等部门建立护海护岛护渔海上流动"三护平台",对海岛保护区和增殖放流工作开展海上日常监管,通过海上定期巡视检查不但实现了海洋公益诉讼检察作用延伸的日常化,同时将监督有效地从近海海岸延伸到较远的海域,拓展了海洋公益诉讼可实际覆盖的范围。再如,舟山市普陀区人民检察院与该区环保部门、海洋与渔业局、市场监督管理局等开展经常性的公益诉讼磋商会议,增强海洋公益诉讼检察柔性,对于涉海职能交叉、整改时间较长、涉及利益方较多的问题,以海洋公益诉讼专题磋商的方式,取得行政机关的配合和整改,更加有效地形成了以海洋公益诉讼检察保护海洋的合力。

（三）积极探索体制机制创新服务海洋公益诉讼检察走向深化

实践中，由于海洋公益诉讼检察相关法律法规欠缺，可供借鉴的样板匮乏，检察机关在探索过程中，必须在精确理解法律内涵和立法本意的同时，不断以体制机制创新推动探索走向深入。例如，为了更好地延伸检察机关海洋公益诉讼监督的实效和深度，沿海各地检察机关均普遍与本地国土资源规划、海洋行政管理、生态环境及海警部门等主要涉海行政执法机关建立了协作机制，设立了驻相关海洋行政执法部门的检察官办公室，通过检察官办公室做好行政、刑事与海洋公益诉讼的无缝对接，在相关涉海行政和刑事案件的办理过程中，做到海洋公益诉讼职能提前介入，从而在缺乏相应法律法规的背景下，形成政府各职能部门对海洋公益诉讼工作的支持和理解。此外，通过受邀参与相关海洋行政执法部门的活动、调研、交流等，提升检察官的海洋公益诉讼检察知识面和业务能力，更加了解海洋问题在实践中存在的问题和发生规律。

以山东检察机关办理海洋检察公益诉讼案件为例，2017年期间，青岛市检察机关经调查发现本市部分建成于20世纪90年代的小区，因当时未配套市政排污管网，存在生活污水直排入海的情形，遂及时启动了公益诉讼诉前程序，向相关行政部门发出检察建议，督促被建议单位依法履职，通过铺设主管道，消除污染源，以及由相关职能部门安排专项资金数百万元启动截污治理工程，从而彻底消除了污水对城市近海的污染。同时，青岛检察机关创新性地聘请了多名涉及区域的居民作为涉海公益诉讼义务监督员，有效破解了办案人员无法现场实时了解工程进展的难题，通过微信等方式了解工程进展，协助监督工程质量的同时，担任施工方和小区的协调人，实现了检察机关在海洋公益诉讼检察中协同保护海洋的"催化剂"作用。

此外，沿海各地检察机关针对海洋整体性强，以及海洋生态环境和资源具有跨区域性等特点，积极打造立体"护海"网络，强化"大保护"意识，探索开展跨区域协作和合作机制，主动携手保护海洋生态环境和资源，特别是沿海检察机关在海洋公益诉讼检察工作中出台协作办法，支持跨区域"一站式取证"等，克服了海洋生态环境和资源跨区域治理难题。例如，沿海的天津、河北、辽宁三地检察机关加强跨省区域办案协作，共同保护渤海生态环境和资源，创新工作机制，构建三地三级检察机关跨区域立体协作网络和建立案件协作联动机制，实现了围绕区域经济带的海洋检察公益诉讼内部统筹协调与配合。再如，长三角地区检察机关针对长江刀鲚等洄游海洋生物较多等问题，积极探索长江保护与海洋保护同步并进。上海铁路运输检察院在办理此类海洋公益诉讼案件的过程中，通过走访多家专业单位调研，借助专家意见，对长江出海口区域各类渔业资源损失进行专项救济，有效保护了涉长江和东海交汇处洄游生物资源,向社会宣传了陆海统筹的海洋治理的检察公益理念。

除了上述体制机制的探索外,以浙江检察机关办理海洋公益诉讼案件为例,浙江舟山检察机关积极结合履职情况和办案实际,从培育海洋意识,特别是公众海洋公益保护意识出发,创新做法,在全国沿海检察机关打造首个以"主题鲜明、功能集聚、智慧引领"为宗旨的海洋公益诉讼创新实践基地,市级检察机关作为"海洋公益诉讼创新实践基地"工作项目总领,各县区检察机关结合自身实际开展"海岸带保护公益诉讼""海洋资源和文化文物保护公益诉讼""油气品海上环境及安全保护公益诉讼""渔牧旅游生态保护公益诉讼"等为主题各有侧重的分片区海洋公益诉讼实践基地建设,探索构建起沿海市域内统筹特色发展的"1+4"立体化多层级海洋公益诉讼格局。同时,上述海洋公益诉讼创新实践基地建设过程中,以公开性、日常化、可拓展,集参观、展示、工作、学习、实践、办案等于一体,努力打造成为我国海洋意识和海洋公益诉讼检察保护观念培养的重要载体和基地。

第三节 海洋公益诉讼检察发展中面临的困境

一、缺乏规范完善的法律制度体系及机制

我国检察环境公益诉讼制度从探索试点到 2017 年正式通过立法确定,时间长达 10 年之久,但是检察公益诉讼探索试点期间并未形成完整规范的法律制度和相关完善的机制。至 2018 年"两高"《关于检察公益诉讼案件适用法律若干问题的解释》① 出台后,我国检察机关公益诉讼制度的落地深化正式进入快车道。由于我国检察机关公益诉讼制度确立时间较晚,除了法律明确的检察机关对"四大领域"享有公益诉讼权能外,很多法律并未对检察机关在相应国家利益和社会公共利益领域的公益诉讼权力作出明确的规定,但法律也未否定检察机关在这些领域的公益诉讼权,因为从保护国家利益和社会公共利益的立法本意来说,检察公益诉讼权的内容是相当广泛的。由于目前检察机关公益诉讼工作仍处于初步探索实践中,且领域较为集中,加之很多行政机关涉及

---

① 根据 2020 年 12 月 23 日最高人民法院审判委员会第 1823 次会议、2020 年 12 月 28 日最高人民检察院第十三届检察委员会第 58 次会议予以修正。——编者注

的领域非常专业,这也导致在海洋保护领域,检察公益诉讼起步晚、研究少、经验缺等,导致传统法律领域中在立法、执法、司法等法律层面对海洋公益诉讼检察法律制度体系的规定不健全,与现实需求不匹配,这也导致了实践中的各类操作难题。例如,与海事法院管辖上的不匹配和不合理问题,极易引发办案中的矛盾和争议。

虽然《海洋环境保护法》于2017年进行了修订,但是仍未对检察机关提起海洋类(海洋环境资源类)公益诉讼予以明确规定。对于海洋生态环境资源类损害赔偿问题,该法第89条规定:"造成海洋环境污染损害的责任者,应当排除危害,并赔偿损失;完全由于第三者的故意或者过失,造成海洋环境污染损害的,由第三者排除危害,并承担赔偿责任。对破坏海洋生态、海洋水产资源、海洋保护区,给国家造成重大损失的,由依照本法规定行使海洋环境监督管理权的部门代表国家对责任者提出损害赔偿要求。"第94条规定:"本法中下列用语的含义是:(一)海洋环境污染损害,是指直接或者间接地把物质或者能量引入海洋环境,产生损害海洋生物资源、危害人体健康、妨害渔业和海上其他合法活动、损害海水使用素质和减损环境质量等有害影响……"从《海洋环境保护法》的规定来看,我国海洋公共利益的保护仍然是以具有管理权限的行政部门为主,即如果案件定性为海洋自然资源与生态环境损害赔偿纠纷类案件的,根据该法的规定及精神,只能由行使海洋环境资源监督管理权的部门向具有管辖权的海事法院提起诉讼,相关社会组织或个人无提起此类损害赔偿诉讼案件的主体资格,该法的相关规定说明了在海洋保护诉权上,行政机关的权力有限且具有明显的排他性。同时,对于检察机关为保护海洋公共利益提起相关的涉海类公益诉讼,该法并未进行任何规定,更未进行任何专门授权。

实践中,尽管相关法律尚无具体授权,但根据海洋类公益诉讼属于检察公益诉讼权能的重要组成部分和法律应有之意,检察机关在涉海洋保护领域开展了积极探索并取得了一定的成绩。例如,自2019年2月起,最高人民检察院部署开展"守护海洋"检察公益诉讼专项监督活动以来,沿海检察机关海洋公益诉讼案件办理全面展开,共立案1773件,发出诉前检察建议1411件,提起公益诉讼152件;督促清理沿海滩涂垃圾33.2万余立方,封堵和治理入海排污口260个,增殖放养1.3亿余尾,追缴各类赔偿修复金2.18亿元。2020年4月29日,最高人民检察院对外发布了14件"守护海洋"检察公益诉讼专项监督活动典型案例,其中行政公益诉讼诉前案例9件、行政公益诉讼提起诉讼案例1件、民事公益诉讼案例1件、刑事附带民事公益诉讼案例3件。这些都充分说明,在当前海洋公益诉讼检察法律体系尚未建立的情况下,检察机关已进行了卓有成效的探索，且在行政、民事、刑事附带民事等多个公益诉讼领域均取得了良好效果。这也从另一个侧面说明，海洋公益诉讼检察的进一步发展，急迫地需要建立和完善涉及海洋公益诉讼检察的法律法规体系机制。

此外，从世界范围看，涉及海洋的相关法律体系和规定较早就已形成完备的体系，例如《联合国海洋公约》《执行联合国海洋公约有关养护和管理跨界鱼类种群和高度洄游鱼类种群的规定的协定》《濒危野生动植物种国际贸易公约》《生物多样性公约》等，都对海洋生物资源及相关生态资源保护进行了明确规定，并将其明确为全球公共利益。除此之外，1954年，国际社会签订了《国际防止海洋石油污染公约》《73/78 国际防止船舶造成污染公约》及其修订、《伦敦公约》及其议定书、《国际干预公海油污污染事故公约》，以及各类区域性保护海洋的公约等，建立起了保护海洋日渐完备的法律规则体系，且相关政府、社会组织等在符合条件的情况下，基于保护海洋可以赋予相关组织人员等采取行政的或司法的措施，海洋公益诉讼也是其中一种有力的措施。此外，上述公约中，有些我国也是缔约国之一，这些国际性成例都是我国完善和建立科学合理的海洋公益诉讼检察制度的基础。

除了上述国际公约及其体系外，以美国为例，其在建立完备的生态环境保护领域的法律法规和公益诉讼制度之外，针对海洋问题，也形成了专门的执法司法体系，且配套建立了当前世界上最强有力的海洋保护执法力量。《联邦水污染控制法》《海洋保护、研究和庇护法》《濒危物种法》《深海港口法》《外部大陆架底土法》《环境综合性反应、补充和责任法》等，都对保护海洋问题进行了全面规定，且美国政府、社会组织、公民均可提起相关海洋公益诉讼，且原告资格规定的较为宽泛，目的是借助美国联邦法院的司法监督，来推动相关保护措施和手段等的落实。这些法律相互配合，形成了对美国海洋公共利益保护的全方位覆盖。

由于我国全面现代化的海洋保护理念尚未完全形成，相关法律法规体系和公民意识形成较晚，导致在海洋保护的公益诉讼领域，无法形成政府和社会的合力，行政执法与公益诉讼保护并没有很好地衔接。一个典型的表现就是涉及海洋管理的规定散见在相关部门规章职责之中，且由于当前的海洋执法部门改革，例如环保、海事、海警与海洋渔业部门等职能交叉，职责边际不明，相关协作机制欠缺，这些都是涉海公益保护法律法规及其体系不健全、不完善导致的实践问题。同时，由于我国专门的海洋基本法尚未制定，围绕海洋基本法建立起来的执法、司法及其协作机制也无法完全形成，特别是为保护海洋国家利益和社会公共利益的海洋公益诉讼检察体系无法有效建立，导致我国海洋公益诉讼的实践探索与法律体系及规定的不匹配，从而引发海洋公益诉讼检察开展

第五章　海洋公益诉讼检察

中的诸多掣肘。

二、海洋公益诉讼检察实践发展中的不平衡、不充分问题

海洋公益诉讼检察作为我国检察公益诉讼制度的有机组成部分，既有一般公益诉讼制度的特点，又有着自身鲜明的专业特点。从前已述及内容看，海洋公益诉讼在欧美等西方国家伴随着海权的兴起和公民环保意识的提升逐渐被重视，起步早、发展时间长，形成了完备的机制体制，但是由于中西方法律机构设置的不同，特别是传统海洋公益诉讼制度发达的国家或地区多属于海洋法系国家，其在机构设置上并未建立类似我国的检察机构设置，多数国家相关诉权由专门的独立检察官完成。正因如此，我国沿海各地在探索海洋公益诉讼检察工作时，并没有符合我国实际的"拿来就用"的经验，加之公益诉讼工作本身尚在探索之中，海洋公益诉讼检察作为检察公益诉讼的一个专业细分领域，在实践中的探索就显得尤为不平衡、不充分。

（一）思想观念和认识上的不平衡、不充分问题

由于海洋公益诉讼检察问题主要集中在陆海交界处，以及具有一定权益的毗邻区、专属经济区等，这就导致与海洋公共利益密切相关的沿海地区在对海洋公益保护的主观认识上，从沿海地区到内陆地区呈现出极大的递减趋势，非直接沿海地区往往对海洋保护重视不够，认为海洋公益诉讼是沿海地区的治理问题，这就导致海洋公益诉讼检察一头热一头冷的现象。这种因利益涉及不同和直观感受不同的客观问题，导致海洋公益诉讼检察工作仅停留在沿海检察机关的探索实践中。由于陆地海洋是一个大统一的自然生态系统，以近岸海洋污染为例，70%的海水污染来源于日常的陆地生活或工业生产污水污染，这些污水通过陆地河流系统进入海洋，河流沿岸地方在经济社会发展的同时"享受"着海洋对陆源污染承载而收获的生态环境利益。因此，海洋公益诉讼检察从自然系统论的角度看，应当是陆海统筹下的海洋公益诉讼检察，这种责任应当以从海洋获取利益的份额进行必要的分配。但是，实践中，这种认识并没有很好地贯彻，而是一种"各人自扫门前雪，休管他人瓦上霜"的分裂状态，这种认识上的落后和落差导致海洋公益诉讼检察陆海统筹中冷热不均的问题。

（二）受制于地域实际导致的不平衡、不充分问题

海洋公益诉讼检察从概念走向现实，最重要的是要依靠办案来实现海洋公益诉讼检察制度的落实和发展，并反作用于海洋公益诉讼检察理论和制度体系的提升和完善。虽然海洋本身作为地球上最庞大的系统具有很强的整体性，但是海洋的开发、利用和保护与地域间的海洋资源禀赋有着很大的关联。以我国

沿海现状为例，海岛岸线主要集中在浙江、福建、广东一带，这些区域由于海岛众多，形成了海洋生态资源和海岛岸线资源丰富的特点，有利于发展海洋养殖、海岛旅游、港口开发、临港工业、修造船等多种产业，导致对海洋的破坏种类也较多。而江苏省所濒临的黄海地区，由于海岛极度稀少，又属于中、日、韩三国海域重叠地区，导致海上资源丰富度一般，但是近岸滩涂资源却非常丰富，临岸工业产业较为发达，对近海岸滩涂的破坏较大。此外，我国海南省面向南海，海域广大、资源丰富，开展海洋公益诉讼检察的基础条件非常好。例如，2020年海南省高院、检察院等7部门共同出台《关于建立海洋生态环境资源公益诉讼工作协作机制的意见》，并办理打击非法开采海砂等涉及海洋生态环境资源的案件。此外，环渤海地区由于石化产业和港口造船业集中，海上油污污染时有发生，导致该地区海洋公益诉讼检察侧重点在相关海洋污染的治理上。正是由于地域的区别导致各地在探索海洋公益诉讼检察时，海洋资源禀赋优或者海洋开发利用好的地方更加重视海洋公益诉讼检察，而其他相关地区重视度则一般，开展相关工作较为被动、缓慢。

（三）各职能部门协作配合中的不平衡、不充分问题

海洋公益诉讼检察在沿海地区发展的不充分、不平衡问题，除了实践中面临着模板少、借鉴缺等现实问题，也存在检察机关以外的行政机关做法不一、条块分割、部门冲突、政策打架等现实问题，导致海洋公益诉讼检察在实践中进展缓慢。以我国《海洋环境保护法》为例，1982年就已出台，其后几经修改不断完善，该法较早赋予行政机关就海洋生态环境与生态损害赔偿提起诉讼的权力，但是实践中，除了环保部门外，多数沿海行政机关很少履行其自身具有海洋公益保护职责。行政机关开展海洋公益诉讼长期不足，导致我国海洋公益诉讼实践长期处于较低层次。此外，近几年各沿海地区出台的很多海洋环境生态资源保护协作的意见和机制等，大多是在检察机关的牵头下建立的。因此行政机关实现其海洋公共利益保护第一责任人作用仍需加强。由于行政机关与检察机关，以及行政机关本身之间在海洋公益保护的意识不同，导致行政机关对海洋公益诉讼检察实践探索的支撑不足，行政机关大多将履职停留在一般执法中的行政处罚和少量的刑事犯罪移送，对于涉海公共利益研究和矫治的考量不足，各地行政机关对海洋公益诉讼意识和态度也在一定程度上制约了所在地区检察机关海洋公益诉讼的发展水平。

三、海洋本身的复杂性带来的实践操作难题

海洋本身流动性强、整体度高，对海洋的研究明显滞后于对陆域的研究，

海洋研究不足、海洋知识匮乏、海洋意识亟待提升等现实问题给海洋公益诉讼检察操作带来难题。海洋公益诉讼领域窄、突破难、专业人才缺等问题，长期困扰检察机关相关工作的深入发展。同时，伴随着全国海洋经济发展总量的持续增长，类似于游轮旅游、海洋大型工程建设等新兴产业层出不全，以牺牲海洋领域国家利益和社会公共利益为代价的公地悲剧在各个沿海地区均有发生，既破坏了海洋生态文明，也造成海洋危及重重。海洋保护问题不仅是海洋公益诉讼检察制度的问题，也是理念、机制、人力、资金投入和研究是否符合实际需要的问题。

从目前我国海洋公益诉讼检察的实践来看，主要的工作出发点和依据是《海洋环境保护法》《环境保护法》《渔业法》《海域使用管理法》及相关行政法律法规和部门规章等。海洋国家利益和社会公共利益的保护不仅是法律的问题，也不仅是法律能够完全解决的，而是法律体系、行政管理体制、司法权配置、经济社会发展规划导向、海洋科学进步程度、海洋教育意识等多方面问题的融合，海洋问题的复杂性决定了海洋公益诉讼检察的发展需要多种配套体系的支撑才能够走向深入和广泛。就海洋公益诉讼检察案件中对相关环境、资源和损害问题的鉴定而言，相关权威的海洋专业鉴定机构少之又少，特别是很多海洋生物类或资源类损害的鉴定机构，大多跟生物或资源分布区域有关，具有极强的地域性。

此外，我国海洋类大学和海洋类科研机构数量有限，更加深了海洋公益诉讼检察中损害认定的难度。同时，由于海洋与陆地不同，海洋执法必须借助海上交通工具，这也导致对海洋公益保护无法实现全覆盖，特别是发生破坏海洋公益行为时，取证的滞后性等原因往往导致相关证据缺失。上述问题反映出海洋公益诉讼检察的发展不可能脱离海洋研究的实际发展，很多问题还需要通过海洋立法、行政、科技与技术等的发展逐步解决，而这种可研究和可发展性也决定了海洋公益诉讼检察具有极高的发展价值和未来生命力。

第四节　海洋公益诉讼检察探索完善的意见建议

一、建立完善海洋公益诉讼检察法律法规体系

在以规制海洋生态环境资源破坏问题为主的海洋公益诉讼检察活动中，通过惩罚、教育、引导、矫治功能以检察阶段为中心的实施，海洋保护显得日益

重要，国内外对海洋保护的要求日益升级。以国家最新发文为例，根据农业农村部《关于加强公海鱿鱼资源养护促进我国远洋渔业可持续发展的通知》（农渔发〔2020〕16号）要求，自2020年7月1日起，我国首次在西南大西洋相关海域试行为期三个月的自主休渔。这是我国首次公海自主休渔，是国家针对尚无国际组织管理的部分公海区域渔业活动采取的创新举措，对促进国际公海渔业资源科学养护和长期可持续利用具有重要意义。同时，从体制机制层面看，这是我国践行"海洋命运共同体"理念、积极参与国际海洋治理的重要体现，是将我国海洋保护体制机制建设融入世界范围的探索和尝试。

当前，我国海洋公益诉讼检察法律体系匮乏，相关机制建设仍然处于初期探索阶段甚至停滞不前，且法律法规及政策的出台多是以保护近海（岸）为主，从宏观层面和全局性，特别是贯彻中央关于"海洋命运共同体"要求的角度进行立法和完善相关法律法规体系仍然较为缓慢。由于海洋体系及其研究领域广泛而复杂，检察海洋公益诉讼涉及的内容必然庞杂，从司法实践操作的角度看，相关实践适用类的司法解释等更是稀少。因此，海洋公益诉讼检察领域法律制度体系的完善，必须确保条块领域的散状规定与宏观层面的主体法律法规体系的健全完善同频共振。

（一）明确检察机关是提起海洋公益诉讼的法定主体

《民事诉讼法》第55条规定："对污染环境、侵害众多消费者合法权益等损害社会公共利益的行为，法律规定的机关和有关组织可以向人民法院提起诉讼。人民检察院在履行职责中发现破坏生态环境和资源保护、食品药品安全领域侵害众多消费者合法权益等损害社会公共利益的行为，在没有前款规定的机关和组织或者前款规定的机关和组织不提起诉讼的情况下，可以向人民法院提起诉讼。"民事诉讼法对检察机关在生态环境和资源保护方面的公益诉讼范围进行了总括性授权，从该条规定来看，检察机关在公益诉讼中的权力应当是覆盖所有涉及国家利益和社会公共利益的事项，但是法律有明确管辖排除性规定的领域除外。因此，对于海洋公益诉讼，检察机关当然具有法律上的诉讼主体资格。对于上述法律规定的"四大领域"之外的案件，目前实践中统一称为新领域案件。新领域案件主要是指检察机关公益诉讼管辖权可以涉及的但法律尚无明确授权性规定的国家利益和社会公共利益领域。这些新领域案件虽然检察机关可以管辖，但是需要经过一定的法律推理和论证，同时还要履行管辖权审批程序。

最高人民法院相关负责人在最高人民法院《关于审理海洋自然资源与生态环境损害赔偿纠纷案件若干问题的规定》的理解与适用中曾提出这样的观点："依法行使海洋环境监督管理权的机关提起的海洋自然资源与生态环境损

害赔偿诉讼在性质上可以明确为民事公益诉讼。"① 由此可见，涉海洋类案件如果涉及国家利益或社会公共利益的，检察机关可以按照相应的规定以公益诉讼权进行管辖和办理。同时，"由于海洋水体具有流动性、空间具有立体性、利用后果具有相当的社会性，因此海洋利用保护的外部介入因素更为复杂"。② 检察机关作为国家法律监督机关，对涉及海洋领域法律法规等的实施情况进行全面的法律监督，也与海洋体系基于自身的复杂性和对法律矫治手段具有更加多元需求的实际情况相一致。

此外，在海洋公益诉讼问题上，以《海洋环境保护法》第89条第2款的规定为例，给国家造成重大损失的，相关行政机关才可以代表国家提起诉讼，且限定为损害赔偿请求。该规定并未明确海洋公益诉讼案件的管辖权，同时这与民事诉讼法及行政诉讼法关于检察机关对涉及国家利益和社会公共利益的事项提起公益诉讼而进行的总括性授权并不矛盾。海洋环境保护法关于提起海洋自然资源与生态环境损害赔偿案件对诉讼主体的限定与检察机关提起此类公益诉讼案件并不冲突和互相排斥，也不属于同一种类型。行政机关提起的此领域损害赔偿诉讼虽然具有一定的公益性质，但仍与检察机关在此领域全面的公益诉讼权力存在较多区别，检察机关办理涉海类公益诉讼案件是检察机关法律监督权和公益诉讼职能的天然组成部分，也更能体现法律的惩罚、教育、引导、矫治作用。因此，未来有必要在相关法律法规或司法解释中进一步明确检察机关享有全面提起海洋公益诉讼的权力。

(二) 完善检察提起海洋公益诉讼的相关问题

根据《海事诉讼特别程序法》、最高人民法院《关于海事法院受理案件范围的规定》等的规定，海事法院长期审理涉及海洋污染损害领域的民商事案件，而且部分涉外船舶或海上可移动设备导致的污染案件的发生，往往涉及国内法和国际条约两个维度的问题。"司法的过程就是一种制度化的法律论证实践，通过司法程序进行环境利益分配的制度保障，是法律论证的正式程序"。③ 因此，由海事法院专门负责审理检察机关提起的海洋公益诉讼案件，更加具有科学性和合理性，这也与海洋公益诉讼检察案件的专业化需求相契合。

1. 检察机关公益诉讼制度作为一项时间尚短的新探索，特别是涉及海洋

---

① 王淑梅、余晓汉：《〈关于审理海洋自然资源与生态环境损害赔偿纠纷案件若干问题的规定〉的理解与适用》，载《人民司法（应用）》2018年第7期。

② 刘颖男：《浙江海洋资源流失控制的机制与政策研究》，上海交通大学出版社2017年版。

③ 颜运秋：《生态环境公益诉讼机制研究》，经济科学出版社2019年版。

领域的检察公益诉讼更是一个全新的专业化领域，可供参考的案例不多，相应的理论研究尚属初探，借鉴的样本较少。对于海事法院而言，自 1984 年海事法院成立以来，全国海事法院通过长期的审判实践，在涉及海洋领域的案件方面积累了一定的经验和做法机制。而检察机关法律监督权能在海洋领域的起步和发展较晚，虽然 2015 年 7 月 1 日《关于授权最高人民检察院在部分地区开展公益诉讼改革试点工作的决定》下发后，相关地区检察机关在海洋自然资源与生态环境损害公益诉讼领域进行了探索，但是因为试点的探索性质和领域较为狭窄，当时试点地区检察机关主要以支持海洋生态环境和资源主管部门起诉的方式参与诉讼活动。同时，由于涉海领域专业性强，公益诉讼制度正式确立和执行后，"两高"也未对检察机关提起海洋公益诉讼进行必要的专门性规定。因此，结合目前我国海洋类案件办理和管辖的实际，明确检察机关向海事法院提起海洋公益诉讼，有利于形成该领域案件办理的双赢和合力，共同促进案件办理向专业化纵深发展。

2. 海洋公益诉讼案件范围广泛，不仅包括常见海洋生态环境资源案件，还包括海上安全、陆地上涉及海洋公益等的问题，以及部分案件中还可能涉及国内国外两个范畴。例如，因船舶油污造成的海洋自然资源与生态环境损害，检察机关提起公益诉讼的，审理案件时就需要适用最高人民法院《关于审理船舶油污损害赔偿纠纷案件若干问题的规定》。如果污染是由外籍船舶造成的，且责任方所属国家是《1969 年国际油污损害民事责任公约》及其 1992 年议定书、《2001 年国际燃油污染损害民事责任公约》的缔约国，办理此类公益诉讼案件时，还可能涉及国际条约的适用。对此，检察机关在法律适用和问题处理上的经验和专业能力尚显不足，涉及这些方面的海洋公益诉讼法律法规及司法解释也显得非常欠缺。所以，完善此类法律法规尤为必要，并且有助于进一步拓展检察机关法律监督职能在海洋领域的探索和延伸。

3. 我国海洋环境污染主要集中在经济发达的长三角、珠三角和环渤海等区域。① 沿海地区经济发展给海洋自然资源和生态环境带来巨大的环境承载压力。② 2019 年 2 月起，最高检在全国沿海检察机关部署开展了"守护海洋"检察公益诉讼专项监督活动，并于 2020 年 4 月对外发布 14 件"守护海洋"检察

---

① 《2018 年中国海洋生态环境状况公报》，中华人民共和国生态环境部于 2019 年 5 月 29 日发布，其中第一页概述部分："污染海域主要分布在辽东湾、渤海湾、莱州湾、江苏沿岸、长江口、杭州湾、浙江沿岸、珠江口等近岸海域。"

② 关道明、张志锋、杨正先、索安宁：《海洋资源环境承载能力理论与测度方法的探索》，载《中国科学院院刊》2016 年第 10 期。

公益诉讼专项监督活动典型案例后，明确将该项工作长期化和固定化。由此可见，最高检已将通过公益诉讼手段保护海洋作为一项重要的专项工作，且将继续开展一系列必要的探索和拓展。同时，财政部在2020年3月11日与最高检等部委联合印发《生态环境损害赔偿资金管理办法（试行）》的基础上，于同年印发《海洋生态保护修复资金管理办法》，将海洋类生态保护修复资金列为专门类别适用单独的管理办法，其目的是加强对海洋生态环境资源等的进一步保护。海洋法治保护日益成为一个单独和专业化的领域，将海洋与陆地作为同等重要的保护领域，与国家海洋强国的目标和海洋战略完全契合。而这些目标和战略的实现，在法律规范领域就需要对现有法律法规进行整合完善，特别是当涉及多部门和专业部门的协调时，就更需要以完善的法律法规体系予以固定，才能有效地建立起专门的海洋司法保护制度体系和形成符合我国国情实际的海洋公益诉讼检察工作体系。

二、理顺现阶段与海洋公益诉讼检察需求相对应的体制机制

由于提起海洋自然资源与生态环境损害民事公益诉讼不仅涉及检察机关一个主体，而是涉及检察机关、海事法院和行使海洋环境监督管理权的行政机关等多个主体，因此应当从多方面对检察机关向海事法院提起海洋自然资源与生态环境损害民事公益诉讼机制进行完善。

（一）完善涉及检察机关和相应行政机关的体制机制

1. 建议修改《海洋环境保护法》第89条第2款。将"对破坏海洋生态、海洋水产资源、海洋保护区，给国家造成重大损失的，由依照本法规定行使海洋环境监督管理权的部门代表国家对责任者提出损害赔偿要求"修改为"对破坏海洋生态、海洋水产资源、海洋保护区及其海洋问题给国家造成重大损失的，由依照本法规定行使海洋环境监督管理权的部门代表国家对责任者提出损害赔偿要求，或者由人民检察院代表国家提起公益诉讼。人民检察院提起公益诉讼的，应当在提起公益诉讼前向负有监督管理职责的行政机关发出检察建议，收到检察建议三十日内未提起诉讼的，人民检察院可以代表国家提起海洋公益诉讼，或者是检察机关认为海洋问题涉及国家利益或社会公共利益较为广泛或涉及部门较多且存在职权交叉等情况的，更适合由检察机关提起海洋公益诉讼的，检察机关可以直接予以公开公告，公告满三十日无相组织提出异议的，人民检察院可以代表国家提起海洋公益诉讼"。但是，考虑到海洋环境保护法主要是涉及海洋环境方面的法律制度体系，在海洋开发、管理和利用内容日益广泛、权益维护日益复杂的情况下，建议整合海洋环境保护法及相关涉及海洋的法律法规，尽早立法出台《中华人民共和国海洋法》，对海洋公益诉讼，特别是海洋公益诉讼检察进行专章或专节规定。

2. 修改最高人民法院《关于审理海洋自然资源与生态环境损害赔偿纠纷案件若干问题的规定》第1条和第3条。将第1条"人民法院审理为请求赔偿海洋环境保护法第八十九条第二款规定的海洋自然资源与生态环境损害而提起的诉讼，适用本规定"修改为"人民法院审理为请求赔偿海洋环境保护法第八十九条第二款规定的海洋自然资源与生态环境损害而提起的诉讼，或者人民检察院为维护国家利益和社会公共利益，提起的海洋公益诉讼的，适用本规定。"同时，将其第3条"海洋环境保护法第五条规定的行使海洋环境监督管理权的机关，根据其职能分工提起海洋自然资源与生态环境损害赔偿诉讼，人民法院应予受理"修改为"海洋环境保护法第五条规定的行使海洋环境监督管理权的机关，根据其职能分工提起海洋自然资源与生态环境损害赔偿诉讼，或者人民检察院根据公益诉讼职能提起海洋公益诉讼的，人民法院应予受理"。

3. 修改"两高"《关于检察公益诉讼案件适用法律若干问题的解释》相应条款。在其第5条第1款后增加一句，即修改为"市（分、州）人民检察院提起的第一审民事公益诉讼案件，由侵权行为地或者被告住所地中级人民法院管辖。人民检察院提起海洋公益诉讼案件由所在地海事法院管辖。"同时，在第13条第2款后增加内容，修改为"公告期满，法律规定的机关和有关组织，英雄烈士等的近亲属不提起诉讼的，人民检察院可以向人民法院提起诉讼。涉及海洋国家利益或社会公共利益的案件中，负有监督管理职责的行政机关收到检察建议书后，同意人民检察院起诉以及在收到检察建议后三十日内未提起诉讼或者未回复人民检察院的，人民检察院可以向海事法院提起相关公益诉讼，诉前不用再行公告。"此外，还应对相关内容，特别是对检察机关提起海洋公益诉讼的范围和程序进行明确规定。海洋公益诉讼检察的范围可以表述为："涉及海洋或者与海洋毗邻的陆地、岸滩，以及其他陆地发生危害海洋开发、利用和保护等领域的国家利益或社会公共利益的案件。"

（二）建立完善涉及海事法院的相关体制机制

1. 将海事法院解释为"两高"《关于检察公益诉讼案件适用法律若干问题的解释》第5条第1款所指的中级人民法院。同时，由最高人民法院修改增添海事法院的案件管辖范围，或者先期由海事法院所在各沿海省（市、自治区）的高级人民法院明确授权（该授权应报最高人民法院批准同意），所辖海事法院为受理所在区域内海洋公益诉讼案件的唯一主体，并就程序适用开展必要的探索。此外，还需明确所辖区域范围内的海洋公益诉讼案件，检察机关应向所在省相应海事法院提起诉讼。检察机关提起海洋公益诉讼的起诉权由侵权行为地、被告人住所地、侵权结果地的检察机关管辖。

2. 在《海事诉讼特别程序法》第 7 条关于海事法院专属管辖的规定中增加一项，即"人民检察院提起海洋公益诉讼案件的，由侵权行为地、被告住所地或者侵权结果地的海事法院管辖。"同时，还应明确检察机关对海事法院审理此类海洋公益诉讼案件有权开展法律监督。但是，检察机关开展此类法律监督工作，海事法院所在地的省级检察机关对海事法院履行检察机关提起海洋公益诉讼的审判职能进行全面的法律监督。同时，具体提起海洋公益诉讼的检察机关，可以就具体案件对海事法律的审判行为开展个案监督，从而既确保海事法院的审判权威，也能够确保检察机关法律监督权在海洋公益诉讼全过程不缺位、不越位。

3. 将最高人民法院《关于海事法院受理案件范围的规定》中第七部分"其他规定"改为第八部分，增加一部分作为第七部分，即"七、海洋公益诉讼案件"，并在该大项中对检察机关等提起相关的海洋公益诉讼的内容进行细化规定，明确规定检察机关提起海洋公益诉讼的问题。同时，修改最高人民法院《关于审理海洋自然资源与生态环境损害赔偿纠纷案件若干问题的规定》第 2 条部分内容，修改为"……由此提起海洋公益诉讼的，由被告住所地、损害行为发生地、损害结果地或者采取预防措施地海事法院管辖。"此外，考虑到《关于海事法院受理案件范围的规定》仅为最高人民法院出台的规定，建议对"两高"《关于检察公益诉讼案件适用法律若干问题的解释》进行修改，对海洋公益诉讼问题用专门条款进行规定，即在"行政公益诉讼"部分之后，增加"海洋公益诉讼"作为第四部分，从而形成现阶段检察机关提起海洋公益诉讼的专门程序。

三、实现海洋公益诉讼检察的专业化发展

（一）完善和提升法律监督职能在海洋公益诉讼环节的实现

1. 积极通过党委政府推动政法机关与行政执法机关在海洋国家利益和社会公共利益保护领域的司法执法衔接。依托国务院机构改革促进行政职权整合优化这一有利因素，积极探索新形势下行政执法与公益诉讼司法衔接机制的再造完善和落地实施。例如，建立海上行政执法与海洋公益诉讼司法信息共享机制、海洋重大行政执法（处罚）和涉公益诉讼类违法犯罪案件线索介入会商机制。此外，随着海洋执法力量划转武警统一归国家海警机构负责的契机，尽快建立与海警在海上执法的协作监督机制，实现对海洋公益诉讼相关情况的全程掌控研判，以及便利海洋公益诉讼案件在检察阶段调查办理能够获取海警机

构在信息、力量和装备上的支持。特别是通过与地方政府机构积极协作，加强海上执法协作配合，探索在海洋执法船上设立海上海洋公益诉讼检察工作室，了解掌握辖区海洋工程建设项目违法、倾倒垃圾、破坏渔业岛礁资源、海上从业人员信息等各类综合信息，参加重大海洋执法专项活动，从而有效解决海洋公益诉讼在海上实时监督跟踪上落地实施的难题。

2. 着力突破法律监督覆盖海上行政执法形态多元化。以强化对海洋领域国家利益和社会公共利益保护落实的检察法律监督为目标，对以涉海涉渔行政执法活动为主的监督全域化为探索，突出监督重点的同时力求监督精准化。通过建立统一的"海洋行政案件备查机制""社会监督与投诉平台"，集违法线索统一登记管理、行政执法事项信息库、违法监督情况通报等于一体，增强沿海或相关群众在海洋公益诉讼检察中的参与度和畅通申诉渠道，帮助行政机关查漏补缺，完善、规范涉海执法机制，通过法律监督职能的发挥消除行政执法阶段存在的矛盾、隐患，增强政府涉海问题执法公信力。特别是结合涉海区域的热点问题和舆情隐患苗头，对涉及海洋国家利益和社会公共利益的违法犯罪行为、行政违法行为进行联动监督，化解风险。建立具有涉海管理职能的多部门协作机制，对于发现的涉海国家利益和社会利益问题及时移交检察机关公益诉讼部门处理。

3. 结合海洋公益诉讼类型重点做好海洋生态资源环境公益诉讼。结合海洋生态环境资源公益诉讼在海洋公益诉讼中占比较大的实际，有效运用检察公益诉讼权能，对破坏海洋生态环境和资源行为、违法出让海洋国土使用权行为以及海岸带破坏等案件开展专业化法律监督，强化对相关行政机关的督促和对群众的释法说理工作，促使因环境违法导致的各类公共利益受损在公益诉讼诉前程序中得以消除。同时，与政府建立海洋环境信息发布联动机制，特别是加强对海湾、岸线、海岛、滩涂等重要涉海环境的保护，推进恢复性司法实践，例如要求侵害人恢复原状、修复环境，变侵害人为保护参与者。此外，结合沿海各地检察机关参与的"护海护渔护岛"海洋环境综合治理行动，积极参与自贸试验区及其关联领域的海洋石化、燃油加注、原油储运、海水养殖、海洋船舶等的检查协作力度，使海洋公益诉讼检察工作与经济新发展紧密结合、有效互动。

（二）探索完善海洋公益诉讼检察案件办理和机构设置及人才培养模式

1. 探索海洋公益诉讼检察一体化办案机制和新机构建设。由于当前司法改革的深入发展，特别是海洋领域案件类型的专业化、新型化、涉外化，海事法院"三审合一"模式的推行，海警机构的组建和运行必须顺应发展继续突破海洋公益诉讼检察工作的模式和机制。检察机关应当建立沿海地区开展区域海洋公益诉讼检察工作的联动机制,积极运用科技手段(例如一体化办案系统)推动省级沿海地区及其关联区相关工作整体运作,资源经验及成果共享。建议由最高人民检察院统一领导开展工作,如设置专门开展海洋公益诉讼检察工作的综合性机构,将沿海自贸、海洋经济、渔区渔业等多种国家利益和社会公共利益整体纳入海洋公益诉讼检察监督范围。同时,积极构建以党委政府领导为中心的,公检法司及相关行政执法部门等全面参与的智能互联的"大海洋公益诉讼"格局,并且江苏、上海、浙江、福建、山东等沿海省市检察机关还应积极合作,共同升级跨区域海洋公益诉讼检察案件处理联系合作机制,从而实现"区域海洋公益诉讼检察"到"国家沿海全域化海洋公益诉讼检察格局"的升级。

此外,建议考虑强化沿海各省地级市一级检察机关的公益诉讼机构,可以考虑设立公益诉讼检察局,并在局内开展专业化分工,下设专门的海洋公益诉讼检察部,或者在现有的沿海检察机关公益诉讼部门设立专门的海洋公益诉讼检察办案组,开展专项工作,便利探索创新。

2. 针对海洋领域的复杂性和海洋公益诉讼检察的探索性,统筹建立省域性海洋检察人才培养基地。海洋公益诉讼检察的探索和创新,首先需要以人才为支撑,特别是在沿海地区,既要懂法律实践运用,又要懂沿海经济发展,以及熟悉沿海陆域及海洋海岛管理执法、社情社貌和相关情况的人才。以浙江省为例,针对人才需求问题,在浙江省检察院的支持下,2018年3月浙江海洋检察教学基地在浙江海洋大学正式挂牌运行,服务海洋检察专业化和领域细分需要的实践研究复合型人才培养模式初步建立,其中海洋公益诉讼是该教学基地的一项重点内容。特别是结合海洋检察实际,组建起一支由沿海四地检察业务人才和相关涉海涉渔及服务海洋经济发展的实务专家组成的师资队伍,并结合海洋检察发展实际建立起特色教学示范班。同时,重视相关人才培养的长期性和延伸性,浙江省检察机关出台《浙江省海洋检察教学基地建设规划》,为进一步完善海洋公益诉讼检察人才培养基地建设,在全国率先打响了海洋公益诉讼检察人才特色培养第一枪。

在此基础上,建议建立海洋公益诉讼检察专家智库,与中国海洋大学、上海海事大学、国家海洋研究所等国内外知名海洋类专业高校、研究机构和鉴定机构建立合作支撑和高层次人才培养机制,并积极加强海洋公益诉讼检察领域的理论性研究和实践等,使海洋公益诉讼检察从海洋生态环境资源为主向海洋、海事、航运,以及涉海金融、贸易、知识产权等多种海洋国家利益和社会公共利益领域发展。同时,在条件成熟的情况下,建议最高检建立专门的全国海洋公益诉讼检察人才培训体系,确保相关人才领域性与梯队性相结合。

第六章 海洋强国背景下的自贸检察

第一节 我国现有自贸试验区海洋区块现状分析

一、海洋强国与自贸试验区建设的互动关系

（一）海洋强国的理念为自贸试验区海洋区块的发展提供方向

21世纪，海洋已成为经济全球化、区域经济一体化的联系纽带，是国际合作与竞争的重要舞台。党的十八大报告中首次明确提出，"提高海洋资源开发能力，坚决维护国家海洋权益，建设海洋强国"，将"海洋强国"的战略目标纳入国家大战略中，海洋上升至前所未有的战略高度。习近平总书记强调，"建设海洋强国是中国特色社会主义事业的重要组成部分。要进一步关心海洋、认识海洋、经略海洋，推动我国海洋强国建设不断取得新成就。"实施这一重大战略部署，对推动经济持续健康发展，对维护国家主权、安全、发展利益，对实现全面建成小康社会目标，对实现中华民族伟大复兴都具有重大而深远的意义。

中国拥有广袤的海岸线，海洋资源丰富，海洋经济发展拥有巨大潜力。可以说，中国实现海洋强国战略具有优厚的现实基础。从目前我国批准设立的三批自贸试验区看，第一批和第二批自贸试验区（上海、天津、福建和广东）位于东南沿海，政策试点和"海洋强国"战略紧密相结合，侧重于面向海洋，发展海洋经济。具体来看，上海、广东、天津、浙江和福建自贸试验区总体方案在指导思想、战略定位、发展目标、功能划分、主要任务和措施等方面均突出强调了与"海洋强国"战略的关联。例如，在总体方案中，广东自贸试验区的战略定位为：粤港澳深度合作示范区、"21世纪海上丝绸之路"重要枢纽和全国新一轮改革开放先行地。再如，上海自由贸易试验区的战略定位明确要求上海自贸试验区应成为服务21世纪海上丝绸之路建设、推动市场主体走出

去的桥头堡。综上,"海洋强国"战略和自贸试验区建设的融合发展是国家政策要求,从政策文件及各自贸试验区目标定位中不难看出,"海洋强国"的理念为自贸试验区海洋区块的发展提供了方向。

(二) 自贸试验区海洋区块的发展为"海洋强国"建设提供内容支撑

"海洋强国"战略和自贸试验区建设都是我国形成对外开放新格局的重要载体,"海洋强国"是长期战略,是中国对外开放和经济发展的宏观大框架,是面、是势、是纲。自贸试验区建设为先行战略,是推进"海洋强国"建设的重要载体和试验田,是点、是子、是目,自贸试验区与"海洋强国"是子和势的关系。建设"海洋强国"战略及目标,关键是要系统构建科学合理的现实路径和保障体系。将战略高度的顶层设计与实践层面的具体措施有机统一,形成提纲挈领式的推进与保障机制,才能确保建设"海洋强国"战略的快速有序推进。[1]

自贸试验区海洋区块作为"海洋强国"的重要支点,自贸试验区上海、广东、浙江、福建等区块与21世纪海上丝绸之路的关系最为密切,以上区块以"关心海洋、认识海洋、经略海洋"为基本理念,围绕"海"字进行功能定位。上海位于"海上丝绸之路"与长江经济带地理空间的交汇点,重点打造国际航运中心、金融中心,带动长三角沿海一体化发展。浙江自贸区发展海洋产业来打造东部地区重要的海上开放门户、重要的现代海洋产业基地。广东自贸试验区位于粤港澳大湾区,也是中国最具经济活力的地区之一,重点致力于粤港澳大湾区建设。而天津自贸试验区则地处北方的国际航运中心、经济中心以及新亚欧大陆桥东端起点,主要定位发展海洋装备制造示范区。各个自贸试验区海洋区块利用自身的比较优势,差异化地实施"海洋强国"战略。推动海上互联互通和经贸合作,实现质量效益型的海洋经济、创新引领型的海洋科技、循环利用型的海洋开发方式、高级型的海洋制度体系及人才队伍和统筹兼顾型的海洋维权。是全方位开放新格局的重中之重,也是加快建设"海洋强国"的行动指南和有力保障。

二、自贸试验区海洋区块发展现状

(一) 上海自贸试验区:国际航运中心建设

上海自贸试验区是国内最早成立的自贸试验区。2017年3月,国务院批

---

[1] 胡加祥:《我国自由贸易港建设的法治创新及其意义》,载《东方法学》2018年第4期。

复的《全面深化中国（上海）自由贸易试验区改革开放方案》中指出，上海自贸试验区要创新合作发展模式，并于2020年成为服务"一带一路"建设、推动市场主体走出去的桥头堡。上海自贸试验区对接"一带一路"，在区位、产业、制度、金融、科技及综合实力等方面都具有显著优势。基于上述优势，上海自贸试验区的定位是打造国际航运中心，通过区港联动，实现一体化运作，在自由贸易区内提供现代化和专业化的物流服务，适应现代物流和供应链管理发展的需要，带动区内仓储业、运输业、海运服务业、贸易业、金融业等多种服务业的发展；继续创新体制机制，探索契合中国与新兴经济体和转轨国家的合作机制和模式，建设服务"一带一路"市场要素资源配置新枢纽；将金融创新和科技创新作为上海自贸试验区的重中之重，开展与沿线国家和地区在金融资源和要素的跨境流动、离岸研发、海洋经济、数字信息与安全等领域的合作，将上海自贸试验区打造成为"一带一路"开放合作新平台；利用居于国际产业链和价值链中高端位置的产业优势和制度优势，实现国际产能合作和境外经贸合作园区建设，搭建"引进来"和"走出去"有机结合的新载体。

（二）天津自贸试验区：海洋装备制造示范

天津自贸试验区于2015年正式挂牌成立。2018年5月，《进一步深化中国（天津）自由贸易试验区改革开放方案》中指出，努力将自贸试验区打造成为服务"一带一路"建设和京津冀协同发展的高水平对外开放平台。

天津自贸试验区依托天津港建立，天津港是连接"一带"和"一路"的重要战略支点，可以打造海向和陆向双向开放平台。天津港与日本、韩国和朝鲜隔海相望，是连接东北亚地区的重要支点城市。此外，天津是全国所有沿海大城市中唯一将现代制造业作为主要定位的城市，且位于京津冀区域，产业集聚优势明显，拥有全国先进制造业研发基地，能够实现与沿线国家和地区在智能装备产业、新能源新材料产业以及海洋高端装备制造业等产业上的科技创新合作，打造"一带一路"先进制造业合作平台。由此，天津自贸试验区的定位是协同京津冀服务"一带一路"建设，打造海陆双向开放新平台、新通道。着力发展国际航运、口岸服务、国际贸易和海洋装备制造。

（三）浙江自贸试验区：海上开放门户建设

浙江自贸试验区于2017年4月正式挂牌，根据《中国（浙江）自由贸易试验区总体方案》，浙江自贸试验区的建设定位是：以制度创新为核心，以可复制可推广为基本要求，将自贸试验区建设成为东部地区重要海上开放门户示范区、国际大宗商品贸易自由化先导区和具有国际影响力的资源配置基地。

浙江自贸试验区涵盖的片区之一舟山群岛新区，最具海洋特色，是"一带一路"和长江经济带战略支点,起着"龙眼"和枢纽的重要作用。这一独特区位,有利推进东西双向开放,促进海陆联动发展,实现国际国内要素有序流动。另外,浙江自贸试验区舟山片区以油品全产业链投资便利化、贸易自由化为核心试点任务,近年来积极探索既符合贸易制度,又具有中国特色的大宗商品自由贸易制度。基于上述优势,浙江自贸试验区的发展目标是充分发挥舟山优越的区位和港口优势,紧密对接"一带一路""海洋强国"战略和长江经济带等国家战略,积极打造以油品全产业链投资便利化和贸易自由化为重点的自由贸易港区,建设成为我国重要的海上开放门户。

(四)广东自贸试验区:粤港澳大湾区建设

广东自贸试验区于 2015 年 4 月正式挂牌。2018 年 5 月,国务院批复的《进一步深化中国(广东)自贸试验区改革开放方案》中指出,将广东自贸试验区建设成为国际航运枢纽,扩大对 21 世纪海上丝绸之路沿线国家和地区的港口投资,打造全球港口链,携手港澳地区参与"一带一路"建设。

广东自贸试验区毗邻港澳地区,在与港澳地区和海丝沿线国家合作方面具有天然的区位优势。改革开放 40 年,广东作为我国改革开放的排头兵,市场经济完善,开放型经济显著,已初步形成全方位、多层次、宽领域的对外开放格局;前海是中国唯一的跨境人民币业务创新试验区,在国家金融开放方面有重要地位,且又靠近香港地区,可以借力香港地区在金融服务和体系方面的优势。基于此,广东自贸试验区的总体定位是着力打造开放型经济新体制的先行区、粤港澳深度合作的示范区、高水平对外开放的门户枢纽。广东自贸试验区应面向港澳地区,以深圳前海、广州南沙和珠海横琴为基地,深化区域协作加快建设粤港澳大湾区,打造我国的海洋经济国际竞争力核心区,成为面向 21 世纪海上丝绸之路的重要门户枢纽。

第二节 海洋区块自贸检察工作现状

一、海洋区块自贸检察工作特征

最高人民检察院张军检察长提出"讲政治、顾大局、谋发展、重自强"新时代检察工作总要求。推进自贸区检察工作转型发展是检察工作顾大局、谋发展的具体体现。2020 年 10 月 28 日,最高人民检察院出台《关于全面履行检察职能依法服务和保障自由贸易试验区建设的意见》，就检察机关依法履行法律监督职能，努力为自贸试验区建设提供优质高效的法治服务和保障提出了15条具体举措，形成自贸检察工作的"顶层设计"。自贸区成立以来，其所在地检察机关按照最高人民检察院和地方党委的部署要求，将服务保障自贸区建设作为重要政治任务，各海洋区块自贸检察机关立足检察职能，坚持先行先试，大胆实践，积极主动融入建设自贸区的工作大局，紧紧围绕构建法治化、国家化、便利化的营商环节这一核心目标，纷纷制定出台各地检察机关服务保障自贸区建设的具体实施意见，找准服务保障自贸区建设工作的切入点和着力点。设立必要的机构，为服务保障自贸区建设提供组织保障。始终将检察工作放到自贸区建设中来谋划、推进，始终使检察工作与自贸区建设同频共振。坚决扛起了海洋区块自贸区建设应有的检察担当，也为今后检察机关服务保障自贸试验区建设的战略拓展形成了一系列可推广、可复制的法治保障经验。

同时，虽然上海市、广东省、天津市、浙江省等沿海省市都成立了海洋区块自贸区，但在开展自贸区建设的过程中试验内容各有侧重。如上海自贸试验区改革创新主要聚焦投资管理、贸易监管、金融开放、政府事中事后监管四大领域，自贸试验区的改革不是政策的洼地，而是制度创新的高地。作为宪法规定的法律监督机关，检察机关要做自贸区内民商事法律纠纷处置的监督者、刑事法律实行及监督者、民商事行为的法律价值引导者、综合监管机制的直接参与者和支持者。以粤港澳合作为基础的广东自贸区内，检察机关要更新理念，合理定位，充分发挥检察机关服务保障作用，通过依法打击与谨慎追责相结合，营造公平有序的市场环境。由于各自贸区地理位置、社会环境、发展水平尤其是战略定位的不同，自贸检察工作的开展带有鲜明的地域特色，各自在实践中总结提炼，开展了一系列探索性的工作，形成了自身的亮点特色。

总体来说，海洋区块自贸检察工作特征是：差异化服务大局，特色化追求发展。

二、海洋区块自贸检察类比分析

各地海洋区块自贸检察工作的探索实践、开展程度不尽相同，但因为自贸检察工作整体上处于自贸区高度市场化的大背景下，加之可复制、可推广的经验要求，相当一部分工作也有重合之处。①

---

① 本部分论证笔者参考了《全面深化中国（上海）自由贸易试验区改革开放方案》《福建法院服务保障中国（福建）自由贸易试验区建设的意见》《建设广州国际航运中心三年行动计划》等中国各地政策文件，特此说明。

(一) 出台指导意见情况

为科学构建服务保障框架,找准自贸检察工作的定位路径,目前为止,几乎所有的自贸区所在地的检察机关均在全面调研的基础上出台了关于服务保障自贸区建设的意见或措施。如广东省检察院出台《服务保障中国(广东)自由贸易试验区建设的若干意见》,确立了衡量服务保障工作的根本标准、基本理念、基本要求及有效措施;浙江省检察院制定出台了《关于服务保障中国(浙江)自由贸易试验区建设的意见》,从提高思想认识、充分履行职能、加强法律政策研究、建立健全长效机制等四个方面进一步明确检察机关服务保障自贸区建设的目标和任务,提升服务保障的质效和水平。其余各地出台的指导意见均大同小异,在此不再一一列举。

(二) 机构设置情况

由于各地的地理环境、管辖划分等存在差异,自贸检察工作开展的机构设置也不完全相同。有的地方通过专门设立的自贸检察室开展工作,如上海和天津两地,而根据自贸检察室的派驻主体不同,又可分为上级院派驻和基层院派驻,如上海自贸检察室由上海市院派驻,委托浦东新区院管理;而天津自贸检察室则为天津市滨海新区院的派出机构。有的地方另行成立了自贸区人民检察院,如成立深圳前海蛇口自贸区人民检察院,履行县一级检察院职权;还有的地方则是在原有的检察院基础上加成,如广东自贸区南沙新区片区检察院同南沙区检察院就是"一个机构,两块牌子"。除此之外,还有的地方是在上级院成立自贸区检察部,指导基层院设立的专门办案小组开展工作,如浙江省就以舟山市院设立的自贸区检察部为龙头,在县区院设立由员额检察官牵头相对固定的专业办案小组。

自贸区检察机关机构设置情况表

	片区	机构形式	成立时间	备注
上海	海关特殊监督区域:外高桥保税区、外高桥保税物流园区、洋山保税港区、浦东机场综合保税区	上海市人民检察院派驻中国(上海)自由贸易试验区检察室	2013.10.15	上海市院派驻,委托浦东新区院管理
	陆家嘴金融			
	金桥开发			
	张江高科技			

续表

	片区	机构形式	成立时间	备注
广东	南沙新区	广东自由贸易区南沙新区片区人民检察院	2017.12.14	同南沙区院是"一个机构，两块牌子"
	前海蛇口	深圳前海蛇口自贸区人民检察院	2016.4.27	专门组织成立，履行县一级检察院职权
	横琴新区	珠海市横琴新区人民检察院	2013.12.20	横琴新区院内设立广东自贸区横琴片区知识产权检察工作站
天津	天津港	天津市滨海新区人民检察院派驻中国（天津）自由贸易试验区检察室	2016.6.1	滨海新区院派出机构
	天津机场			
	中心商务区			
福建	平潭	福州市平潭县检察院派驻中国（福建）自由贸易试验区平潭片区检察室	2016.1.8	福建成立省院自贸区检察室，挂靠省检察院基层工作处，宏观统筹自贸区检察工作，挂牌成立福州马尾、厦门湖里、平潭三个片区检察室
	厦门	厦门市湖里区人民检察院派驻中国（福建）自由贸易试验区厦门片区检察室	2016.1.7	
	福州	福州市马尾区人民检察院派驻中国（福建）自由贸易试验区福州片区检察室	2015.12.31	
浙江	舟山群岛	浙江省舟山市人民检察院第二检察部（自由贸易试验区检察部）	2017.10.25	以舟山市院设立的自贸区检察部为龙头，在县区院设立由员额检察官牵头相对固定的专业办案小组

（三）创新举措

1. 加强自贸检察智库建设。如上海浦东新区人民检察院组建了自贸检察智库，邀请市人大法工委、市府法制办公室、华东政法大学等部门负责人、专家学者等担任智库专家，为自贸区检察工作提供决策咨询和智力支持。广东南沙片区人民检察院组建专家咨询委员会。在香港、澳门及内地聘请6名熟悉国际贸易、知识产权、国际私法等领域的专家学者担任南沙自贸区检察院专家咨询委员会委员，作为服务保障自贸区建设的智库成员，及时为自贸区检察工作提供专业性指导。舟山市人民检察院设立辐射全省沿海地市的海洋检察教学基地，着力开发"海洋+检察"特色精品课程，加快海洋检察、自贸检察专门人才队伍培养。

2. 强化检察理论研究。如广东前海蛇口自贸区人民检察院努力打造检察理论研究成果孵化器，与最高人民检察院检察理论研究所等合作共建"法治前海研究基地"，承办第18届全国检察理论研究年会暨法治前海研究基地检察工作创新与发展研讨会，为法治示范区建设提供新思路和理论支撑。舟山市人民检察院联合浙江省检察院承办海上丝路暨自贸区建设与检察工作研讨会，沪、津、浙、粤、闽、琼六省市检察院联合发布"舟山宣言"，强化跨区域自贸检察协作。

3. 构建自贸检察省际合作平台。上海检察机关主动与广东、天津、福建等地检察机关加强沟通联系并建立对接合作机制，扩大检察工作影响力。发起签订了《关于建立自贸试验区检察工作对接合作机制的备忘录》，浦东新区人民检察院与广州市南沙区人民检察院等6家自贸试验区所在地检察院对接合作，形成优势互补、资源共享的自贸区检察工作新格局。

第三节　融合与发展：四大检察在自贸区法治化进程中的布局

自由贸易区内政策优惠、监管宽松，通过吸收投资、促进贸易，极大地加深了国家之间的经济合作，同时也为自由贸易区的经济发展提供了契机。当下自由贸易区的身影业已遍布全球各地，这也是经济全球化的必然趋势。当前，我国自贸试验区的设立可以说是打造中国经济"升级版"的有效之举，其对于中国实现"一带一路""海洋强国"、创新驱动发展等重大国家战略具有重要意义。

自由贸易区的设立推动了政策红利向制度红利的转变,实现了追求"要素自由流动、自由交易"的高层次开放水平。然而自贸区的蓬勃发展是把"双刃剑",通过简化行政审批程序、提供优惠政策等手段,自贸区为资金融通和货品交易提供了极大的便利,促进了经济和贸易的发展与繁荣。与此同时,这些优惠政策和措施也使得犯罪分子有机可乘,随着自由贸易区内经济联系的不断加强,人、财、物之间的流通愈加频繁、便利,利用自贸区红利实施的犯罪现象也持续增加。

海洋自贸检察作为我国自贸试验区发展的重要司法保障力量,其服务保障自贸区优化营商环境的着力点是指检察机关在营商环境的诸多构成要素中能够发挥其基本职能的各个方面。2018年10月26日新修订的《人民检察院组织法》明确了检察机关的八项职能,定位于刑事、民事、行政、公益诉讼四大检察。检察机关服务保障优化营商环境,是指检察机关在商事主体保护、商业活动规范与政策、基础服务管理等环节中,围绕四大检察,立足于八项职能,打击犯罪,保障当事人合法权益,发挥法律监督作用,对营商环境建设中相关活动开展监督的一系列活动。

一、夯实刑事检察工作,筑牢"事前事中事后"全风险链监管防线

刑事检察是检察机关法律监督的强项,在"四大检察"业务中具有压舱石和稳定器的作用。在推进海洋自贸法治化建设进程中,注重发挥刑事检察的正向引导作用,筑牢"事前事中事后"监管防线,对持续优化自贸试验区法治化营商环境具有积极意义。笔者通过收集各沿海型自贸区刑事案件基本情况,总结出海洋自贸刑事检察工作特点。

(一)严厉打击滥用自贸区海关监管便利化犯罪,优化沿海口岸营商环境

自贸试验区、"海洋强国"等政策的实施为优化沿海口岸营商环境带来了重大机遇,但同时海关贸易监管便利化、自由化的政策突破也给了不法分子钻政策空挡犯罪的机会。

据数据统计,2018年1月—2020年5月,浙江自贸区所在地之一舟山检察机关共办结燃料油走私犯罪案件16件105人,走私燃油总量达30万吨左右,偷逃应缴税款共计5亿元左右。其中2019年4月,舟山市人民检察院依法提起公诉的一起36人偷逃税款2亿余元的特大走私成品油案更是引起了社会的普遍反响。针对日益猖狂的海上走私违法犯罪,沿海检察机关应当立足法律监督机关的宪法定位,充分履行、依法延伸检察职能,创新方式方法,从服

务保障自贸试验区制度创新、优化司法工作效果导向入手,精准惩治和预防破坏自贸区发展的走私犯罪活动。一是要依法严厉惩治走私犯罪。严格把握证据标准,准确定罪量刑,加强侦捕诉衔接、挂牌督办,快捕快诉,及时关注国际公约,有效惩治犯罪。二是要着力推动走私行政司法与刑事司法相衔接机制。一方面走私行政执法要实现信息共享、走私违法犯罪案件线索及时移送,加强走私犯罪侦查活动监督,追诉漏罪漏犯,另一方面要建立与海事、海关缉私、法院会商机制,统一执法标准。三是要强化走私行政司法的检察监督。充分运用检察职权,开展专业化法律监督,针对区域多发性走私刑事案件问题,深入船头、礁头、码头一线,使检察监督关口直接从陆上向海面延伸;建立行政检察与监察委相衔接机制,及时移送职务犯罪问题线索等。

(二)严惩滥用税收优惠的违法行为,筑牢防范金融风险底线

2018 年,全国检察机关就把服务保障打好防范化解重大风险攻坚战作为重要政治任务,要求全国各地检察机关要立足检察职能,严厉打击非法集资等非法金融活动。2019 年,最高人民检察院更是向中央财经办发出了"三号检察建议",助力金融监管部门贯彻落实中央关于打好防范化解重大金融风险攻坚战的决策部署。自贸区作为更高规格开放载体和更深次改革试验田,随着区内经济联系的不断加强,人、财、物之间的流通愈加频繁、便利,金融类犯罪现象也将持续增加。因此如何在自贸试验区内打好防范化解重大金融风险攻坚战,是自贸检察机关乃至全国检察机关今后工作的重点。

以发生在浙江自贸试验区的涉金融典型犯罪为例。浙江自贸区以油气全产业链建设为特色发展,为方便油气企业落户,自贸区对区内油气企业的注册条件给予适当放宽,"先照后证"的政策吸引了不少企业落户舟山。2018 年犯罪嫌疑人郑某某、高某等犯罪团伙利用浙江自贸试验区商事登记便利化相关政策,注册虚假企业专门实施虚开增值税专用发票的犯罪活动。2018 年 6 月至 12 月,在无真实货物交易的情况下,该公司向上海、深圳、山西等多地虚开增值税专用发票上万份,涉案金额高达 2 亿元。根据案件情况,舟山市公安局通过公安部向全国 13 个省传递了此虚开的案件线索,全国已有 11 家涉案企业被立案侦查。

金融开放创新是自贸试验区建设的重要内容,而这些优惠政策和措施也使得犯罪分子有机可乘,利用自贸区红利实施的金融犯罪现象持续增加。在如此严峻的形势下,自贸检察工作更要牢牢把握主线,将防控风险作为自贸试验区制度创新的重要底线,严惩滥用税收优惠的违法行为,重点防控金融风险。一是依托大数据分析,建立科学有效的预警防线。如对涉众型经济犯罪,可围绕人和资金这两个关键因素的行为轨迹,开展信息跟踪与分析,及时发现犯罪线

索；完善检察提前介入引导侦查制度，按照化解存量、防控增量、讲究策略、有序可控的要求，有节奏地依法查处，逐步释放风险。二是注重司法办案政治、社会、法律效果的统一。检察机关应积极投入重大社会稳定风险防范化解专项行动，坚决防范经济风险向政治安全领域传导。如尽快建立的追赃挽损工作体系，尽最大限度减轻了涉众型经济案件中被害人的损失，努力实现了执法办案的法律效果与社会效果的统一。三是密切关注金融大数据、区块链等新金融科技的发展与应用给金融监管带来的新挑战，立足于办案，关注案件背后反映出的监管漏洞，适时制发检察建议，参与金融风险防控。

（三）以刑事合规风险防控为抓手，营造良好的投资创业环境

企业是推动社会经济发展的重要主体，广泛参与各种经济、文化、社会活动，然而其在参与各类复杂社会活动的同时，也面临着多样化的法律风险。尤其对自贸区发展而言，招商引资、吸引企业落户是自贸区经济发展的关键环节，自贸区先行先试的容错机制给了企业更多的机会去尝试新的拓展和做法，同时如何把握住法律界线，使其在创新的同时守住法律的底线，也成为自贸区经济发展的关键。

从当前各自贸区企业面临的刑事合规风险分析，刑事合规风险在企业经营过程中主要体现在以下几个方面：一是市场交易领域。主要体现在企业交易管理制度不完善，不能严格履行决策批准程序，未能建立健全自律诚信体系，问题突出表现为商业贿赂、不正当竞争、垄断、违法招投标等违法犯罪的风险。二是安全环保领域。主要体现在违反了国家安全生产、环境保护法律法规，未能建立企业生产规范和安全环保的完善制度，问题突出表现为生产污染、违规排污、违规处置废物等环境违法犯罪的风险。三是劳动用工领域。主要体现在未能遵守劳动法律法规，没有完善劳动合同管理制度，劳动合同签订、履行、变更和解除不规范，突出表现为违规用工、违规解聘、拒不支付劳动报酬等违法犯罪问题。四是知识产权领域。主要体现在未申请注册知识产权成果，规范实施许可和转让，未能对商业秘密和商标实施有效保护，问题突出表现为侵犯知识产权、侵犯商业秘密、销售侵权著作品等违法犯罪问题等。

面对形式多样的刑事合规风险，浙江自贸区检察机关先行先试，以服务保障舟山绿色石化基地为试点，大力推进刑事合规风险防控工作，探索自贸检察服务新模式。一是搭建一个平台。于2017年7月成立驻舟山绿色石化基地检察官工作室，作为服务保障绿色石化基地建设的联络室，通过定期派员或带案带事走访，深入了解情况，有针对性地做好检察服务保障工作。二是建立一项机制。以助力打造最平安基地为目标，联合舟山绿色石化基地建设鱼山现场指挥部制定出台《关于在舟山绿色石化基地（鱼山）开展刑事合规风险防控工

作的实施意见》，明确现场指挥部与检察机关两方面的具体防控措施，从源头上预防基地建设过程中不合规现象的发生，强化检察机关服务保障力度。三是制发一批预警告知书。通过司法办案和走访调查，加强排摸基地建设中生产安全、环境保护等领域的不合规问题，以制发刑事合规风险预警告知书和检察建议等方式，及时提出防控建议和整改意见。四是办好一批案件。全力维护国家战略项目生产建设秩序，依法打击发生在舟山绿色石化基地的盗窃、职务侵占等侵犯企业财产刑事犯罪，针对犯罪嫌疑人中外来人口占比较多的情况，严格评估不捕不诉风险，强化案件质量把关。

二、强化公益诉讼检察工作，筑牢公共利益保护的检察防线

近年来公益诉讼作为检察工作新的增长点，俨然已成为检察机关参与社会治理、整合社会公益资源的重要手段。针对自贸区高度开放的风险防控，自贸检察工作需紧紧抓住公益诉讼这个新的监督履职重点，积极探索在生态环境资源保护、食品药品安全、国有财产保护、国有土地使用权出让等领域开展公益诉讼，力争打响公益诉讼自贸检察品牌。

（一）着重打造以海洋生态环境保护为目标的公益诉讼检察服务品牌

在目前各地已展开的公益诉讼中，检察环境公益诉讼最受社会关注且民众反响热烈，下面以浙江自贸检察工作中的海洋检察公益诉讼为例。浙江自贸试验区以油气全产业链建设为特色任务，近两年其在核心项目的推进上取得了瞩目的成绩，然而一系列海洋污染的问题也随之爆发。一是海岸线生态环境面临威胁，各类油品基地、锚地的开展，海岸线及附近海域开发利用不断扩大，海岸海滩、滩涂及近海围垦建设造成部分地区海域开发过度。二是近海水质污染也比较严重，根据舟山市环保局发布的《2017年舟山环境状况公报》，舟山近岸海域劣四类海水达48.4%，水体呈中度富营养化。舟山是著名的东海渔场和海上交通要道，随着各类渔船、商船、油品船数量激增，各类船舶压舱水、含油废水未经处理就直接排海，对海洋环境造成了污染。三是油品化学品污染隐患巨大。油品在运输、储存、加工等环节可能出现船舶碰撞、触礁泄漏、溢油、爆炸、失火、危化品肇事、氨氮、硫、氰化物等废水排放等，且船舶在装卸油品过程中会挥发大量油气，这种油气属于挥发性有机污染物（VOCS），其中含有多种致癌成分，对周围环境危害极大等。针对日益严重的海洋污染现象，浙江省舟山市检察院多次实地探访，与环保、海洋、海事、渔政等多次沟通协商，然而由于对大气、海洋、河道等公共环境损害的评估体系长期缺失，法律层面需要的关键证据无法及时得以固定或收集，使得检察机关对环境监管

和公益诉讼陷入实践困境。面对海洋环境的持续恶化，检察机关如何加强守护海洋公益诉讼专项行动已成为当前急需解决的重要课题。

2019年2月，为深入贯彻党的十九大精神和习近平生态文明思想，服务打好污染防治攻坚战，最高人民检察院决定开展"守护海洋"检察公益诉讼专项监督活动。该方案的出台无疑给浙江自贸试验区海洋检察公益诉讼指明了方面。值得一提的是，2019年5月22日，浙江省舟山市检察院办理了一起就收购、运输、出售海龟破坏海洋野生动物保护资源的民事公益诉讼案，该案是全国首批由检察机关向海事法院提起的海洋生物资源民事公益诉讼案件，受到了社会各界的热烈反响并被广泛报道宣传，2020年该案更是被最高检评为全国"守护海洋"检察公益诉讼专项监督活动典型案例。该案的办理，无疑给浙江自贸试验区海洋检察公益诉讼打下了良好的基础。

（二）着力探索以海洋生态环境治理为抓手的公益诉讼检察创新机制

可以预见，未来做强公益诉讼维护自贸试验区海域生态文明建设将是全国各地自贸检察工作的重点努力方向。针对现阶段各自贸试验区相关工作开展的情况，要做好海洋公益诉讼还需从以下几个方面着手：一是要拓宽线索来源渠道，如可利用"两法"衔接平台、12309检察服务平台等获取信息，及时了解海洋环境资源领域行政执法信息；加强与新闻媒体的沟通互动，及时从新闻报道中发现有价值的案件线索等。二是有效运用民事、行政公益诉讼和刑事附带民事公益诉讼三大民行检察职权，开展对破坏海洋生态环境与资源保护行为和违法出让海洋国土使用权行为的专业化法律监督，促进政府机关依法行政、相关企业合法经营。三是强化对相关行政机关的诉前督促和对群众的释法说理，促使因环境违法导致的各类矛盾在公益诉讼过程中得以消除。四是要与政府、自贸办建立海洋生态环境信息发布联动机制，推进恢复性司法实践，对破坏油品企业破坏海洋生态资源以及破坏岛礁、湿地、海湾、河口等重要生态环境行为，要求侵害人依法恢复原状、修复环境、赔偿损失。五是结合检察机关参与的"护海护渔护岛"海洋环境综合治理行动，积极参与自贸区及其关联领域的海洋石化、原油储运、海洋船舶的检查协作力度，促进海洋检察、自贸检察在新领域的延伸与粘合。

三、持续推进民事检察工作，筑牢海商事法律关系公平正义的监督防线

在自贸区的发展建设过程中，由于调整民事法律关系的民事法律渊源发生变更、创新乃至重塑的内容和范围最为宽泛，因此，相较于刑事检察、公益诉

讼检察和行政检察来说，自贸区民事检察的法律监督工作涉及的范围最广、接受的挑战最大。其中，随着沿海自贸区开发开放力度的进一步显现，海商事法律关系势必成为民事法律关系体系中的核心，如何对接、顺应国际通用海商事行为规范、主动融入国际海商事法律体系的适用与塑造成为沿海自贸区民事法学领域的前沿和热点，也必然成为民事检察监督的重点环节和关键领域。

所谓自贸区海商事案件，是指有关自贸区域特殊监管政策、开放营商业务、涉诉标的或法律事实发生于或者隶属于自贸区域范围内的海商事纠纷案件。自贸区海商事案件具有显著的业态属性和范围特征。从业态属性上看，自贸区海商事案件大多涉及航运电商、船舶经济、船舶融资租赁等新经济形态；从范围特征上看，自贸区海商事案件发生于自贸区，同时业务范围也与自贸区开发开放的创新特质高度一致。

检察机关民事检察的法律监督具有程序性和滞后性，但监督的内容和范围又十分宽泛。因此，民事检察在沿海自贸区法律监督工作中无法实现面面俱到，只有从海商事法律关系公平正义监督者的职责定位出发，才能契合检察机关服务保障沿海自贸区发展的特色要义，确保监督的效果和质量。为此，民事检察的工作布局应当从监督内容的选择以及工作机制的构建两个方面进行谋划。

首先，在民事检察的监督内容选择上，应当着重从与沿海自贸区监管政策、经营业务以及开发建设相关联的海商事纠纷入手，把握自贸区发展的动态和特征，向精准监督、特色监督要效益。

实时跟踪与自贸区特殊监管政策有关的海商事纠纷。沿海自贸区发展带来的最为基础的改革即为通关的便利化和自由化，随着自贸区"境内关外"及"负面清单"制度的推广实施，因通关监管和保税政策而产生的近海及通海水域合同纠纷案件易大量显现，为民事检察监督提供了为数可观的基础性案源。例如货物运输合同纠纷、海运代理合同纠纷、港口仓储合同纠纷等案件，已经成为沿海自贸区海商事领域合同纠纷的主要表现形式。[①] 此外，随着沿海自贸区国际贸易的频繁开展，船舶物权、债权及沿海捎带纠纷也极有可能成为自贸区今后海商事纠纷领域的发展方向。例如，与自贸区船舶登记制相关的船舶所有权、抵押权纠纷；与拍卖适用国际船舶登记制的船舶相关的债权登记、确权诉讼纠纷；与沿海捎带有关的海上货物运输合同纠纷等。

密切关注与自贸区开放经营业务有关的海商事纠纷案件。自贸区内的开放

---

① 张明之、梁洪基：《全球价值链重构中的产业控制力——基于世界财富分配权控制方式变迁的视角》，载《世界经济与政治论坛》2015年第1期。

经营业务，通常指在自贸区内获得审批同意开展的新类型经营业务，此类业务通常涉及自贸区最为前沿、最为核心的职责定位，理应成为民事检察监督的重心。与沿海自贸区开放经营业务有关的海商事纠纷包括：与自贸区跨境电子商务等国际贸易有关的海上货物运输、海上运输代理合同纠纷；与自贸区开放经营有关的船舶融资租赁、航运衍生品交易等航运金融纠纷；因自贸区开放国际航行船舶保税油供应业务引发的船舶油料供应纠纷；因自贸区发展邮轮物品供应等国际海事服务业务引发的船舶物料、备品供应纠纷等。

及时把握与自贸区建设有关的海商事纠纷。自贸区建设是一个长期的、循序渐进的过程，其间存在较多的建设类、开发类纠纷，其中涉及自贸区建设的海商事案件，因其涉及自贸区发展的整体布局和形象，易成为舆论关注的热点，需要民事检察的监督和护航。此类海商事纠纷主要包括自贸区内或跨自贸区的海洋工程建设纠纷；自贸区内或跨自贸区的海洋开发利用、工程建设引起的侵权责任纠纷及相邻关系纠纷；与自贸区建设有关的承包、转让、抵押等海域使用权纠纷以及跨自贸区的海岸开发利用纠纷等。

其次，在民事检察工作机制的构建上，应着重从纠纷解决、执行监督以及司法保障等民事检察监督的多维层面全方位、立体式地推进自贸区民事检察监督的工作机制完善。第一，积极参与涉自贸区纠纷的多元解决机制。加强与海事仲裁机构的合作，深化海事纠纷委托仲裁机构调解机制，利用民事检察监督职责，深入调解，维护和保障海商事法律关系的严肃性和公平性。第二，完善涉自贸区案件保全、执行监督工作机制。主动强化与自贸区建设单位的联动协作机制，包括与法院、海关、海事、工商、外汇、税务等部门的联动，推动民事执行领域检察监督与能动司法、依法行政之间的"双赢、多赢、共赢"。第三，多元融入自贸试验区建设进程，提高司法服务保障水平。动态把握自贸试验区的司法需求，关注制度创新和变化，加强预警研判，及时剖析民事检察监督的切入点和可行性。

四、积极完善行政检察工作，筑牢海事行政诉讼和海洋执法规范化监督防线

2019年9月，在福州召开的全国检察机关行政检察工作座谈会阐明了以行政诉讼监督为基石、以化解行政争议为"牛鼻子"、以非诉执行监督为延伸的行政检察工作新格局，为当前和今后一个时期做实行政检察工作提供了基本遵循。结合沿海自贸区检察行政诉讼和行政争议主要围绕自贸海事行政案件来展开的客观现状，行政检察监督工作也应当以海事行政诉讼监督、行政争议化解和非诉执行监督为导向，以海洋执法规范化监督为重点。

所谓自贸海事行政争议,是指以自贸区行政机关为诉讼主体或区外行政机关因实施涉及自贸区特殊许可、监管政策等行政行为而成为诉讼主体的海事行政纠纷。从行政行为的主体划分来看,上述自贸海事行政争议主要包括两类,一是以自贸区行政机关为主体的海事行政纠纷,二是以区外行政机关为主体,所作出的行政行为事关自贸区许可、监管的海事行政纠纷。

(一)重点关注以自贸区行政机关为诉讼主体的海事行政纠纷

沿海自贸区行政机关作出的行政行为中与海事相关行为所引发的争议和纠纷,既属于行政检察监督的范畴,又属于自贸区发展的前沿热点,理应成为自贸区行政检察监督的重点内容,包括因不服自贸区行政机关作出的海事行政行为提起的行政诉讼案件;因自贸区行政机关拒绝履行海事行政管理职责或者不予答复而提起的行政诉讼案件;以自贸区行政机关及其工作人员作出海事行政行为或者行使相关行政管理职权损害合法权益为由而请求国家赔偿责任案件;自贸区行政机关作出海事行政行为而依法申请强制执行案件。上述案件不仅涉及行政诉讼案件,也包括行政执行、行政争议的监督环节,涵盖了海事行政纠纷检察监督的全链条,对于巩固行政检察监督的基础具有明确的导向。

(二)及时跟踪以区外行政机关为诉讼主体的海事行政纠纷

在沿海自贸试验开发建设的较长一段时间内,自贸区行政机关的组织机构并不完善,区外行政机关在较长时期内仍将承担一部分与自贸试验区相关的海事行政职能。因此,自贸区外的行政机关作出的与自贸区监督管理职责相适应的具体海事行政行为也应当成为海事行政检察的监督环节,而不能忽视。上述争议和纠纷主要包括因不服自贸区行政机关以外的其他行政机关作出的涉及自贸区特殊许可、监管政策等的海事行政行为提起的行政纠纷以及行政机关作出相关海事行政行为而依法申请强制执行案件。从司法实践来看,目前上述争议和纠纷案件并不常见,但随着自贸区的发展,相应的海事行政诉讼及执行案件均可能发生,需要及时跟踪研判。例如,因不服海事行政机关作出的涉及海上运输经营及相关辅助性经营、货运代理等方面资质资格与合法性事项的行政行为而提起的行政诉讼案件以及因外籍船员不服海事行政机关作出的涉及船员适任与上船服务等方面资质资格与合法性事项等行政行为而提起的行政诉讼案件等。

除行政诉讼监督、行政争议化解以及行政执行监督等行政检察的核心内容外,沿海自贸区海洋行政执法便利化改革过程中引发的消极效果也应当成为自贸区行政检察延伸检察职能、拓展监督渠道的关键领域。例如,在海事行政执法机关对海洋船舶运输签证制度采取事前放开、事后监管的便利化改革后,自贸区内集中出现以签证制度作为黑灰产业发展的挡箭牌问题,作为沿海自贸区内的检察机关,应当及时会同海洋行政执法机关进行建章立制,及时堵住行政执法便利化改革的制度漏洞,强化自贸区海洋行政机关改革的法治效果和社会效果。

第四节　服务与保障:自贸检察在海洋强国建设中的延伸与发展

一、完善检察官前置介入刑事侦查机制

从香港以及新加坡自由贸易港区发展经验来看,良好的营商环境是自由贸易港区发展的基础,而高效的营商环境离不开刑事法治保护,因为刑法是社会保障的最后一道屏障。因此在新一轮自由贸易港区发展中,检察机关仍然需要不断加大对刑事案件的保护力度,充分发挥刑事打击职能,对严重侵犯知识产权的犯罪、以不法手段破坏公平市场营商环境的犯罪以及涉众型经济犯罪等要重点打击。

以舟山市人民检察院驻鱼山浙石化检察服务工作站为例,该工作站采用检察官定期驻站的形式,会同检察相关业务部门,依法惩治侵犯在浙石化的各类投资者、管理者和从业人员人身安全、财产安全的犯罪活动,依法惩治破坏市场秩序、侵犯企业产权和合法权益的经济犯罪。该工作站紧紧围绕工程项目建设事前、事中、事后三大时间节点在管理、制度上存在的漏洞和问题,充分运用检察建议、刑事合规风险预警告知书等方式,及时提出防控建议、整改意见。建立约谈制度,深入一线了解基地建设情况,就生产安全、环保、财务、用工等企业内部风险防控工作情况开展调研,对调查发现的不合规问题,主动约谈相关责任人。与此同时,组织工程项目重点部门及相关单位,搭建刑事合规风险防控工作交流平台,开展法律咨询,提供法律服务。通过参与"建设者之家"建设、座谈交流、微信互动等形式,总结交流工程项目合规风险防控工作的意见建议,提升防控风险预警能力水平。着力丰富宣传教育模式,以发放宣传册、举行合规风险防控讲座、参观警示教育基地、观摩案件庭审等形式,增强宣传教育的互动性、实效性,不断提高施工单位、在建人员的刑事合规意识,切实做到警钟长鸣。

二、充分提升海洋公益诉讼司法效益

2019年10月,党的十九届四中全会对公益诉讼再次作出新部署,强调要"拓展公益诉讼案件范围"。随着办案实践逐渐丰富,越来越多"等"外领域公共利益受到侵犯的案例进入公益诉讼关注视野,如未成年人合法权益保护、安全生产、文物和文化遗产保护、互联网领域公民个人信息保护等。最高检将"等"外探索原则由"稳妥、积极"调整为"积极、稳妥",强调不仅要把法律明确赋权的"4+1"领域案件办好、办扎实,还要积极办理群众反映强烈的其他领域公益诉讼案件,为健全完善立法提供实践依据。

针对我国海洋生态环境和资源保护的严峻形势,舟山市检察院应聚焦海洋保护重点领域,深入摸排非法捕捞、盗采海砂、海洋倾废、污水直排入海、非法占用海域、违法违规围海填海、侵占海洋自然保护地、违建码头及船舶生产企业污染海洋环境等危害公益行为,探索多种检察职能的公益诉讼解决方案,综合形成司法保护合力。如以非法捕捞刑事附带民事公益诉讼为切入点,通过诉讼判决支付生态环境修复费用,对此类案件违法犯罪行为人刑事、民事立体追责,并督促渔政部门全面依法履职,形成保护合力。

同时,鉴于海洋生态环境和资源具有跨区域等特点,为打造立体"护海"网络,强化"大保护"意识,依托跨区域协作机制,携手保护海洋生态环境和资源。与天津、河北、辽宁加强跨省区域办案协作,共同保护渤海生态环境和资源。各地结合实际,创新工作机制,构建本省市县三级院跨区域立体协作网络,建立案件协作联动机制,加强内部统筹协调与配合。如对工程垃圾非法倾倒入海,严重破坏海洋生态环境的违法行为,各合作检察机关一体化办案,通过行政公益诉讼诉前检察建议督促行政机关依法履职,提起民事公益诉讼追究海洋生态损害赔偿责任,检察公益诉讼的整体效应得以充分显现。

三、积极融入海商事纠纷解决多元化机制

根据最高人民法院发布的《中国海事审判(2015—2017)》白皮书,全国三级海事法院受理各类海事海商、海事行政、海事特别程序以及海事执行案件95043件、审执结92598件。2016年以来,全国海事法院又积极打造全球海事司法中心,海事司法权在我国海洋法治领域的影响力不断提升。近年来,我国沿海检察机关对海事法院尝试相关诉讼监督,如浙江省舟山市检察院就4件海上刑事案件和3件海洋民事公益诉讼案件向宁波海事法院提起跨区域监督,辽宁省大连市检察院通过设立海事检察处针对大连海域的海商事案件实施监督,

上海市检察院第三分院集中统一对上海海事法院管辖海域开展监督,取得一定成效,但总体上尚处于个案监督阶段,整体成效有待提升。① 面对新形势,沿海检察机关必须加快转变理念、开拓创新,着力破解阻碍和制约海商事诉讼监督职能开展的瓶颈问题和关键环节,加强制度设计,统一规范部署,把探索开展海事诉讼检察监督作为拓展民事检察职能的一项重要业务增长点,大力加以推进实施。

对于舟山检察而言,宁波海事法院试点"三审合一"海事审判模式改革后,舟山市检察院主动出击,就跨区域海事诉讼相关监督工作进行研讨。如舟山市检察院以非法收购、运输、出售海龟破坏海洋生态环境的15人为被告向宁波海事法院提起民事公益诉讼,开启了检察机关向专门法院提起跨区域诉讼的监督新模式。此案不仅成为全国首例检察机关向海事法院提起的海洋生物资源保护民事公益诉讼案,还作为典型案例在"生物多样性司法保护国际研讨会"上进行交流,引起社会公众对海洋生物保护的高度关注,实现了"办理一案、警示一片、教育影响社会面"的效果。

四、切实保障海洋行政执法一体化建设

当前我国海洋行政执法管理体制进行新一轮的整合重组,海上侦查权由转隶至武警部队的海警局统一行使,海洋维权执法职能则统合到海洋与渔业、海事以及海警三大执法部门。海上行政权、侦查权尚处在重组磨合阶段,更需要检察机关强化行政执法监督和侦查监督,有效促进海洋依法行政、规范侦查。建议在海事司法诉讼监督体制机制上作出顶层设计,明确检察机关跨区划监督管辖权限,通过建构海事诉讼检察监督权,促进海事司法公正。

舟山检察机关应充分认识到海事改革的变化,一是做到深化"两法衔接",立足执法办案,积极参与自贸试验区综合监管制度建设,在环保、海洋与渔业、国土资源、公安等部门设立检察官办公室,实行员额检察官办案责任制,定期派驻开展工作,并建立落实疑难复杂案件提前介入、重大案件会商、优先办理等机制。二是多渠道构建举报监督途径,如2018年6月全省同步挂牌成立公益损害与诉讼违法举报中心之际,舟山市院举报中心建立与新区12345平台数据共享机制,重点关注自贸试验区特殊政策下,有关侵犯公共权益、区内国有资产流失、生态环境污染等线索,推动诉讼监督工作开展。此

---

① 初北平:《"一带一路"多元争议解决中心构建的当下与未来》,载《中国法学》2017年第6期。

外，多关注海域海岸线使用、围海造田等资源利用，海监、渔政、海事行政执法等重点领域和环节，在履职过程中，发现应监督情形的，积极运用检察建议等手段来监督海洋行政机关严格履职、依法行政。当前，要通过对海洋行政诉讼及行政非诉案件监督来维护司法公正，助推行政相对人合法权益依法获得有效救济，在法治监督体系中切实发挥好维护公正司法与监督、促进依法行政的法治监督作用。

五、持续加强各地区自贸检察交流协作

各地自贸检察部门应加强走访交流、举办业务论坛等形式，搭建常态化工作交流平台。一是设立联络员，建立健全工作简报、自贸试验区政策性文件等定期交换机制，分享服务保障自贸试验区工作经验。二是加强检察专项调研协作。就具有共性以及涉自贸试验区法律适用特殊性的检察工作热点、难点及趋势性问题，以联合调研或征询意见等方式保持合作，必要时联合组织专题性自贸法律政策研讨，携手为解决制约自贸检察工作发展的瓶颈问题建言献策。三是强化检察实务配合。共同推进标准统一的自贸试验区检察执法行为贯彻落实，积极探索涉及跨自贸试验区犯罪活动的执法配合衔接机制建设，提高自贸试验区检察执法工作的合力与效率。四是扩大宣传影响。在涉自贸试验区专题检察法制宣传以及具体检察业务典型案例的发布方面，共同协商、共同参与、共同配合，提升检察机关的司法公信力与社会影响力。

当前自贸试验区国家战略已进入密集实施、加快推进的新阶段，自贸检察工作也面临着新机遇新挑战，自贸区所在地区检察机关之间建立更为广泛、紧密的对接合作机制尤为必要。希望通过研讨，能更好地分享经验做法，相互取长补短，共享自贸检察发展新成果，在信息共享、联合办理、技术协作多个方面，搭建常态化沟通协作平台，加快构建一体化工作机制，携手应对自贸检察工作中的共性问题，逐步实现从单一分散向系统整合的转变，从临时随机合作向常态规范合作的转变，更好地实现资源共享、优势互补，促进提升自贸检察工作整体水平。

第七章 打造"海上枫桥经验"检察版

第一节 "海上枫桥经验"检察版基本概述

一、新时代"枫桥经验"的核心内涵

"枫桥经验"起源于浙江省诸暨市枫桥镇,在 1963 年社会主义教育运动中创造实施并得到毛主席和党中央首肯,遂在全国广泛推广,直到今天仍在不断创新发展,充满生机活力。"枫桥经验"最大的特色就是放手发动群众,不断完善社会治安综合治理,做到"小事不出村、大事不出镇、矛盾不上交"。"枫桥经验"在经历了历史、时间和人民的检验,不断完善发展,直至今天,时间和经验赋予了"枫桥经验"新的内涵。

新时代"枫桥经验"的核心内涵是党建引领、人民主体、三治结合、共治共享、平安和谐,具有相当的普遍适应性,是动态开放的治理经验。今天的"枫桥经验"已俨然成为中国基层社会治理的典范,并逐步走向世界,以其特有的贯彻群众路线化解社会矛盾制度为全球基层治理贡献着中国智慧和中国方案,不仅推动了国家治理体系和治理能力现代化建设,也用实力增强了中国人民在全世界人民心中的道路自信、理论自信、制度自信和文化自信。

为充分运用"枫桥经验"的基层治理模式,必须领会其中的核心内涵。从"枫桥经验"的历史演变以及时代建设来分析,首先,坚持党的领导,发挥基层党组织引领群众、凝聚群众、组织群众的中坚作用,是"枫桥经验"的核心。习近平总书记"打造共建共治共享社会治理格局"的新时代治国理政思路,强调的是在党的领导下,形成多元主体协同共治、让社会充满活力的新局面。治理理念下的多元主体,包括党的领导,也包括政府负责,同时,活跃在人类社会大体系中,由人民群众组成的企业组织、社会组织、居民自治组织、基层各类群众组织以及人民群众个人等不同主体,都是"共建共治共享"的重要参与者。形成"共建共治共享"的善治格局,就是在法制的框架内,

在相应的体制机制和制度保障下，实现以上多元主体间的民主协商和良性互动，促进民事民议、民事民办、民事民管，创造生动活泼的基层人民民主新局面。

其次，依靠人民群众解决基层问题是"枫桥经验"的灵魂。中国共产党领导中国人民进行社会主义革命和社会主义建设的实践不断证明，只有充分调动广大人民群众的积极性、主动性、创造性，才能够集中群众智慧，推动基层创新工作思路和方法，汇聚起共同创造美好生活的向心力量和切实行动。

再次，坚持"小事不出村、大事不出镇、矛盾不上交，就地解决"是"枫桥经验"的精髓。这也是维护社会和谐稳定的基础目标，治理理念强调系统治理，从源头抓起，"截""堵""控"的传统思维和管理手段已经远远不能适应"网络化""全球化"带来的人民群众对社会治理的新要求。通过基层民情沟通会、民意恳谈会、民心交流会、纠纷调解会等人民群众愿意和能够接受的形式，把决策过程变成尊重民意、化解民忧、维护民利的过程，疏导人民群众的不满意情绪，消解人民群众的误会，解答人民群众的疑问，是保证社会和谐稳定的基础，也是解决上访、告状、网络舆情等"末端"问题最实际、最有效的方法。

最后，实现"捕人少，治安好"，人民安居乐业，是"枫桥经验"的价值追求。党的十八大以来，将内建平安中国、外建和谐世界作为维护中国国家安全的两个重要维度，以守护一方平安为落脚点的"枫桥经验"成为习近平总书记"平安中国"建设、"法治中国"建设思想成功实践、落地的典范。同时，互联网、大数据、智能化等信息技术的广泛应用，为基层社会治理提供了新的技术手段，提出了新挑战，也为"枫桥经验"注入了新的时代元素。

二、"海上枫桥经验"的基本概念

"海上枫桥经验"，顾名思义，可理解为海洋上的"枫桥经验"实践，即将"枫桥经验"从陆地嫁接到海上，实现"枫桥经验"的转变。最初起源于浙江省舟山市，该市结合自身海岛多的特点，延伸出"海上枫桥经验"，实践着"群众在哪里，社会治理就延伸到哪里；船只开到哪里，社会治理就跟进到哪里"。近年来，当地创造性地将"枫桥经验"嫁接到海上，逐步形成了以"海陆联处调解矛盾纠纷，海陆联治解决提出问题，海陆联勤应对突发事件，海陆联防化解重大风险，海陆联控维护边境安全"等"五联"为主要内容的"海上枫桥经验"。随之，这一有益经验被推广至中国东部沿海地区。

"海上枫桥经验"要解决的核心就是"海上问题"。"海上问题"通常与海洋环境保护等联系在一起。在多数情况下，大多数人认为海上问题因素大多来源于海洋污染、海上非法捕捞等,随着近几年来海上矛盾纠纷的频发,人们对海上问题认识的不断提高,基于对海上问题的传统理解已越来越突出地限制了"海上枫桥经验"的理论与实践的发展。人们普遍认识到,要从根本上解决海上问题,必须站在经济、社会发展的战略高度,结合海上自身特点,采取对策和控制措施,从区域发展的综合决策入手解决海上问题。因此,有必要通过确立一个明确的概念来相对界定"海上枫桥经验"。

到目前为止,关于"海上枫桥经验"的概念,学术界并没有给出一个规范的、有说服力的定义。因此,我们今天来界定"海上枫桥经验"的定义的内容时,并没有一个完整的可参考性的概念。本书认为,"海上枫桥经验"既然是"枫桥经验"在海洋上的实践,可在"枫桥经验"概念的基础上对其概念进行界定。因此,基于上述认识,与"枫桥经验"的概念相应,"海上枫桥经验"的构成至少包括两个方面:一是海上问题因素,即综合海洋环境问题、海洋管理问题、海洋灾害问题等多方面的海上综合因素;二是基层社会治理因素,是指以维系社会秩序为核心,通过政府主导、社会多方参与,协调社会关系、规范社会行为、解决社会问题、化解社会矛盾、促进社会公正、应对社会风险、保持社会稳定等方面,为人类社会生存和发展创造既有秩序又有活力的基础运作条件和社会环境,促进社会和谐的活动的因素。因此,本书认为,"海上枫桥经验"即是指围绕海上社会治理矛盾,因地制宜,结合海上及海岛独有的环境特点就地化解矛盾的基层社会治理经验。其特点包括:一是强调"海上枫桥经验"是一种基层社会治理经验,把"海上枫桥经验"作为沿海地区基层社会治理的重要内容;二是突出沿海地区基层社会治理的手段,即"小事不下船、大事不出港、矛盾不上交"以及"海上矛盾不登陆、陆上矛盾不下海";三是强调"海上枫桥经验"的基层治理目标,即是因地制宜在海上化解矛盾。

本定义中所讲的"基层社会治理",是指以防范化解海上社会治理重大风险为突破口,不断完善党委领导、政府负责、民主协商、社会协同、公众参与、法治保障、科技支撑的一系列社会治理体系。

三、"海上枫桥经验"与检察职能的融合

在党的领导下,坚持专门工作与群众路线相结合,是我国重要的法治原则,坚持宽严相济是我国重要的刑事政策,确保案件质量、有效化解矛盾、维护公平正义,是我国司法工作追求的重要目标,与新时代"枫桥经验"的价值追求也是高度一致的。"枫桥经验"和新时期"枫桥经验"在基层矛盾化解、收集社情民意、社区矫正帮教、法治宣传等方面发挥了重要作用,其中值

第七章 打造"海上枫桥经验"检察版

得检察机关借鉴的内容有:一是党委政府高度重视,诸暨经验是成立由市委副书记、政法委书记任综治委主任、公安、法院、检察院负责同志兼任副主任,依托乡镇综治中心、村级综治工作站等实体运作,强化综治工作领导,并实行平安综治考核,量化综治考核指标,并严格兑现奖惩,坚持正面激励为主。二是坚持"四法"工作法(组织工作走在预测前,预测工作走在预防前,预防工作走在调解前,调解工作走在激化前)、针对弱势群体开展"六助安民"行动(助困、助工、助居、助医、助老、助残)、预防化解矛盾"四先四早"工作机制(预警在先,苗头问题早消化;教育在先,重点对象早转化;控制在先,敏感时期早防范;调解在先,矛盾纠纷早处理)、拓宽综治工作面(从公安工作到综治工作,拓展至基层平安和谐建设,拓展至城市、企业、学校各层面)。三是强化组织队伍建设(一站两会三组五员,即综治工作站,治保会、调委会,应急工作组、流动人口服务管理组、社区矫正组,治调信息员、综治信息员、安全信息员、法治宣传员、社情信息员),做到横向到边、纵向到底,要求村两委干部"走得进群众的家门,坐得下群众的板凳,拉得起群众的家常,解得下群众的困难,帮得上群众的求助",并发挥村民代表的作用。四是引导群众自我管理、依靠群众化解矛盾、发动群众自我防范、组织群众积极参与,形成"大防控"格局。

当前,"海上枫桥经验"正迈入"海上枫桥理论"新阶段,如何在"海上枫桥经验"与检察工作之间寻找契合点,已成为检察机关研究的重大问题。检察机关作为强化社会综治工作一个重要职能部门,在打击海上刑事犯罪发挥了重要作用,但也存在诸多问题:如检察职能太过专业与党政中心工作融合度不够,检察职能主动服务地方发展切入点把握不住,检察工作与政府职能部门关联度不够、信息不对称导致公益诉讼案源匮乏,检察监督刚性不足导致监督效果不理想等,这一方面与检察工作的本质属性相关,也与检察强化监督融入度模式探索不够、检察干警群众工作能力欠缺、检察监督线索匮乏等相关。而从学习"枫桥经验""海上枫桥经验"来看,其依靠群众的本质应该被我们检察系统借鉴,只有依靠群众,坚持从群众中来到群众中去,依托社会综合治理领域的"四个平台""网格化管理、组团式服务"中的成熟做法,打通信息沟通协调平台,必将开拓检察监督的视野和监督效果。

检察机关对"海上枫桥经验"的践行,主要是立足执法办案,对办案中发现的涉海社会矛盾依法依规引导,运用检调对接、案后帮教等非诉手段,在解决涉海纠纷、保障当事人合法权益的同时,最大限度地将风险防控在萌芽阶段。可以说,检察机关的工作职能与"海上枫桥经验"的治理导向理念契合、价值同源。检察机关要充分挖掘"海上枫桥经验"的内涵实质,推动运用法治思维和法治方式解决涉及群众切身利益的矛盾和问题,依法办事、依法解决,努力使循法而行成为沿海地区全体公民的自觉行动。

四、打造"海上枫桥经验"检察版的价值与意义

检察机关作为法律监督机关,肩负维护社会公平正义之责,党的十八大以来,习近平总书记多次强调,要顺应人民群众对公共安全、司法公正、权益保障的新期待,全力推进平安中国、法治中国、过硬队伍建设,进一步增强人民群众安全感和满意度,努力让人民群众在每一个司法案件中都能感受到公平正义。因此,将化解社会矛盾、维护基层稳定为出发点的"海上枫桥经验"引入检察机关服务社会、参与社会管理中,具有新时代鲜明的价值与意义。

(一)打造新时代"海上枫桥经验"检察版的价值分析

法律并非是万能的,时期不同,地域不同,运用法律所面临的问题也就不同。因此,运用法律解决特定时期的特定地域的问题,必须立足当地特定的文化传统和社会背景。正如苏力教授所言,"寻求本土资源,注重本国传统,往往容易被理解为从历史中去寻找,特别是从历史典籍规章中去寻找。这种资源固然重要,但是更重要的是从社会生活中的各种非正式法律制度中去寻找"①。如果把检察执法放到构建和谐社会这个大背景下去思考,就会发现检察执法与"枫桥经验"两者之间具有诸多同质性和互通性,因此,打造"海上枫桥经验"对于检察执法十分必要。

首先,"海上枫桥经验"是应对当前严峻的海上犯罪形势的必然要求。近几年海上治安问题显著,海上矛盾纠纷多发,各种涉海新矛盾不断涌现,化解各类海上矛盾纠纷是一项繁重的任务。如何在社会转型期"新老问题相互交错,各种矛盾纠纷叠加"的海上新形势下,将矛盾纠纷及时化解在检察环节,努力减少社会对抗,是摆在检察机关面前的现实任务,检察机关面对这一形式,完成好这一任务,不仅是宪法和法律赋予的神圣职责,也是和谐社会建设的必要组成部分,而"枫桥经验"是基层社会治理的成功模式,自诞生以来,被不断坚持发展着,在维护基层社会稳定中一直发挥着重要作用。因此,打造"海上枫桥经验"检察版是现今海上形势下的必然要求。

其次,"海上枫桥经验"有利于促进社会和谐。"枫桥经验"的形成源于1963年改造"四类分子"(地主、富农、反革命分子、坏分子)的创新实践,当时在诸暨市枫桥当地开展了"武斗好还是文斗好"的大讨论,广大干部和

---

① 苏力:《送法下乡》,中国政法大学出版社2000年版,第2页。

群众形成了一致看法："武斗斗皮肉,外焦里不熟;文斗摆事实、讲道理,以理服人"。枫桥地区由此创立了"充分发动和依靠群众,开展说理斗争,没有打人,更没有捕人,就地制服四类分子"的好经验。① 在新时代的如今,"枫桥经验"已逐渐发展成通过"教化人"来缓解社会矛盾,而"教化"的重心在于"以人为本"。因此,检察机关在处理海上刑事犯罪案件中,应注重借鉴"枫桥经验"于检察工作中,创新工作机制,正确对待人民群众的诉求,以对人民高度负责的态度,倾听群众的意见和要求,真心实意地维护群众的切身利益,妥善地化解矛盾、排除纠纷,让人民群众的合理要求得到满足,从而有利于实现不断消除社会转型发展中出现的不安定隐患因素,促进社会和谐,维护稳定发展大局的目标。

最后,"海上枫桥经验"兼顾了法律效果与社会效果的有机统一。我国当前的社会已不再是人们想象中温情脉脉的"礼俗社会",也不是法治建设所追求的建立在"理性祛魅"基础上的现代社会,而是处在由传统向现代过渡的转型社会。② 因此,在这个特殊的社会转型时期,检察机关延伸检察职能,通过诉讼外的方式参与社会治理,综合诉讼内的优势,通过司法权的介入,避开烦琐的诉讼程序,自由地根据地方特点选择地方习惯等社会规范作为定纷止争的依据,在纠纷解决的程序上具有一定的灵活性和简便快捷性③,从而节约司法资源,提高办案效率,最大限度地保证社会治理的公正性。

另外,打造"海上枫桥经验"检察版,既有助于检察机关提高协调能力,增强大局意识,摆正监督与被监督的位置,克服单纯的业务观念,更好地发挥检察机关在构建和谐社会中的作用,同时,也创设了检察机关执法办案的新思维,着力转变了检察机关执法办案新理念,积极探索了检察机关法律监督的新途径,提高了检察人员社会矛盾纠纷化解的能力和水平,促进检察机关队伍素质的整体发展。

(二) 打造新时代"海上枫桥经验"检察版的可行性分析

"枫桥经验"作为一种化解基层矛盾的经验,有其独特的历史意义和价值。"枫桥经验"含有历史特殊性到历史共性的合理成分,即用一种"人本"

---

① 谌洪果:《"枫桥经验"与中国特色的法治生成模式》,载《法律科学(西北政法大学学报)》2009年第1期。

② 郭星华、石任昊:《社会规范:多元、冲突与互动》,载《中州学刊》2014年第3期。

③ 刘亚玲:《司法 ADR 与我国法院非诉讼纠纷解决机制的构建》,载陈光中、江伟主编《诉讼法丛论》(第10卷),法律出版社2005年版,第378页。

原则正确处理人民内部矛盾,尤其强调教育与改造犯罪的经验,是预防非突发性犯罪、化解社会矛盾的有效手段。①

第一,新时代"海上枫桥经验"具有鲜明的时代特色。在海上安全治理过程中,不仅要强调海上行政执法机关的主导作用,更要强化社会各界的协作配合、共享共治。所谓新时代"海上枫桥经验"检察版,本书认为应是检察机关立足主责主业,将检力下沉到相关海岛社区,单独或与关联部门共同参与防范海上矛盾纠纷化解工作,积极履行法律监督职能,最终实现"海上矛盾不登陆,陆上矛盾不下海"的海上治理新格局。现阶段海上执法力量正处于转型时期,2018年《深化党和国家机构改革方案》中明确把原国家海洋局(中国海警局)管辖的海警队伍转隶武警总部,在此基础上重新审视海上检察职能,打造"海上枫桥经验"检察版,具有鲜明的时代特色。

第二,"海上枫桥经验"为新时代检察工作提供了现实需要。近年来,我国海洋经济以其高速度、开放性等特征,加快我国整体经济发展,但是在革新社会发展和人民生活的同时,海上综合治理问题也带来了大量的社会风险,产生了复杂的社会问题和法律问题。在打击海上犯罪方面,传统意义上的"各司其职"的社会治理方式也显得捉襟见肘。寻求各职能部门的整合是破解现有困境的最佳出路。在这点上,以"群防群治"为要义的"枫桥经验"很好地找到了两者的契合点。检察机关通过借鉴"海上枫桥经验",着力服务海洋经济社会平稳发展,参与社会管理。

第二节 "海上枫桥经验"的检察实践——以浙江为样本

多年来,浙江把创新发展"枫桥经验"贯穿于平安浙江、法治浙江建设始终,坚持党建统领、人民主体、"三治融合""四防并举"、共建共享,发展形成了新时代"枫桥经验",成为基层社会治理的典范。浙江是"枫桥经验"的诞生地,作为基层社会治理的主力军之一的浙江检察机关,在党的领导和群众支持下积极参与了"枫桥经验"形成、发展、创新的各个历史阶段。近年来,浙江检察机关始终坚持理论与实践相统一的原则,不断创新发展新时代

---

① 方新建等:《"枫桥经验"对检察机关参与社会管理的启示——以浙江省杭州市萧山区人民检察院的实践为切入点》,载《人民检察》2011年第19期。

"海上枫桥经验",深化法律监督职能和社会治理功能。这些真实、鲜活的做法从一个侧面反映了浙江检察机关坚决贯彻"以人民为中心"的发展观、秉持公平正义价值观的"海上枫桥经验"的核心要义,既有浓厚的浙江元素,也有鲜明的检察属性,是看得见的"海上枫桥经验"的浙江检察实践。

一、"海上枫桥经验"完善基层社会治理模式

从社会治理角度而言,"枫桥经验"的实质是基层社会治理的一种成功模式,那么从"枫桥经验"引申出的"海上枫桥经验"当然也是如此。基层社会治理的核心要义在于多元主体基于合作意愿通过民主协商等方式取得共识,并在此共识下探索解决问题的方法和途径,实现共赢的目标。检察机关创新运用"海上枫桥经验",突出检察和地方特色,建立完善基层社会治理模式,努力构建政府治理、社会调节、居民自治等"多元互动"的生动局面,推动形成基层社会治理新格局,夯实平安稳定根基。据课题组调查了解,在浙江省11个地级市中,舟山因其独特的地理区位、深厚的海洋文化孕育滋养了"海味"十足的舟山社会治安综合治理特色品牌,即"海上枫桥经验",舟山市检察机关应对"海上枫桥经验"完善基层社会治理模式有着多方面的举措,本书重点选取了代表性强的几项制度予以介绍:

(一)"禁毒联盟"打造"海上枫桥经验"

舟山市岱山县作为渔业大县,渔业从业人员有近3万人,渔民文化程度参差不齐、生产季节性强、劳动强度大、外部有诱引、海上管控少等多方因素造成渔民吸毒现象普遍。为此,舟山市岱山县人民检察院牵头成立全国首家渔区"禁毒联盟",该联盟借鉴新时代"枫桥经验",采用"管理+自治"相结合模式,由公安、法院、海洋与渔业、人民银行、各乡镇等多家单位与全县各渔船共同组成,推动形成禁毒合力。该联盟弥补了传统禁毒模式中禁毒委员会、禁毒办单方面治理模式,抓住了渔区禁毒的关键治理对象(渔民和渔船),破解了当前渔区禁毒工作的短板难题,打造岱山检察版的"海上枫桥经验"。

禁毒联盟通过制定出台《岱山渔区禁毒联盟章程》《岱山县渔区禁毒联盟工作方案》以及《岱山县渔区禁毒联盟成员工作责任清单》,明确相关各职能部门的责任分工,建立联席会议制度,并在打击犯罪、信息互通、帮扶帮教、宣传资源共享等方面建立长效机制,使各执法部门形成聚合联动模式,构建了"党委领导统一、各部门齐抓共管、全社会共同参与"的渔区禁毒新格局。该禁毒联盟为涉毒案件建立了"专业化办理通道",公检法三家联动,对涉毒案

件办理展开"绿色通道",对重大涉毒犯罪团伙依法予以严惩,从而加大对人民群众的震慑力度。同时,集中公安、文化、市场监督管理等部门突出加强对旅店、KTV、桑拿等休闲娱乐场所的监督管理,通过拉网式清查,加大暗访力度,给容留他人吸毒者予以强有力的震慑。

另外,禁毒联盟以自愿为前提,邀请全县各渔船作为会员单位共同加入,目前该县2000余艘渔船中加入会员的有近1500余艘,对于不愿意加入会员的渔船列为重点关注对象,加大检查力度。"禁毒联盟"对该县渔船禁毒工作进行动态考核,考核优异的,给予在申请办证、提升贷款额度、船只免检等方面享受一定的优待。同时,利用联盟组织的自治性,拓展惩治防控举措,规定对涉毒渔船及船员,扣押船员证书、暂停渔船燃油补贴发放、限制信用贷款等,将禁毒情况纳入每年一次的渔船先锋模范党建品牌考核评选,对于渔船有船员吸毒的立即摘牌,同时建立退出机制,渔民吸毒人员一年内不复吸的,经审查,相关惩戒措施可予以摘除。

同时,针对渔民文化程度参差不齐的现象,禁毒联盟结合"国际禁毒日"、禁毒宣传周等节点,组织开展"送法上渔船""渔民法律体检"等主题法治宣传教育活动。把禁毒教育纳入船员渔业安全必修课,针对渔船老大、渔货收购商等重点人群,结合典型案例、仿真毒品模型讲解新型毒品和涉毒危害,切实提高渔民识毒、拒毒意识。

(二)"三护平台"推动"海上枫桥经验"

"三护平台"即舟山市定海区人民检察院联合定海区农林与海洋渔业局成立的浙江省首个以执法船只为日常活动场所的海上工作室,作为开展"护海、护渔、护岛"专项工作的平台,该平台是定海区人民检察院为维护海洋生态环境的创新之举,推动定海检察版"海上枫桥经验"的形成。

"三护平台"主要依托中国渔政33110和中国海蓝7016两艘执法船开展相关工作,由定海区检察院和定海区农林与海洋渔业局派员参与日常运作。在查处污染海洋环境和破坏海洋资源行为的过程中,双方利用工作室便利快捷的条件,就海洋执法专项活动、涉海类公益诉讼、海上渔事和海事纠纷处置等相关工作,强化相互配合协作,加大执法力度。同时,依托工作室对"海洋污染生态修复""增殖放流"等开展现场监督,督促破坏生态环境行为人履行义务,确保生态修复履行到位。双方每半年召开一次联席会议,交流、通报辖区内查处的涉海案件相关情况。此外,双方还建立了海上办案协作机制,检察机关因办理海洋案件要展开调查的,区农林与海洋渔业局应予以配合;区农林与海洋渔业局在开展海上行政违法案件查处、海上安全救援等重大活动时,可商请检察机关派员参加,提供法律咨询服务或者必要的司法救助。如试行"1+1

+N"海上矛盾第三方介入共同化解机制,深入码头、船头、礁头等海上一线,妥善化解海事、渔事纠纷,打造"海上枫桥经验"升级版;通过海洋污染、非法捕捞等典型案例,教育领导渔民严格遵守休渔期相关规定,加速推进渔场修复振兴,共建"海洋生态牧场"。

(三)"法律体检"助力"海上枫桥经验"

"综合法律体检"工作平台,是由舟山市普陀区人民检察院牵头,与区公安分局、海警普陀第一工作站、区司法局、区海洋与渔业局、区社会综合治理服务中心、区卫生健康局、区人力资源和社会保障局、区远洋渔业行业协会8家单位联合搭建,并于2019年8月8日会签《关于联合建立远洋渔船"综合法律体检"工作平台的实施方案》,明确各成员部门职责分工,工作方法和基本流程,推进海上治理体系和治理能力现代化建设,更好服务和保障远洋渔业的健康发展,该平台于9月20日正式启动运行。

该平台制定了三项内容对航前船只进行"体检",避免船只"带病远航"。一是进行违法犯罪体检。结合船员黑名单制度,重点审查船员是否具有寻衅滋事、故意伤害等暴力劣迹前科。二是进行身心健康体检。对船员的身体健康和心理健康进行体检,使招录的船员身体上可以承受远洋渔船工作强度,心理上可以适应远洋渔船工作特殊环境。三是进行人际关系体检。主要针对受训人员和回国人员。掌握船员远洋渔业工作经历,对船员人际关系和平时待人处事能力进行排查。发现船员之间拉帮结派、有矛盾或人际关系处理不善的,及时化解矛盾风险并告知船东船长。

该平台在三个阶段把控风险,避免矛盾升级恶化。根据远洋渔船的不同阶段,对船只在岸、离岸、回岸三个阶段进行风险把控和预防,做到全生产链上的体检全覆盖。该平台针对远洋渔船出海作业前实施在岸体检。通过走访、培训、资格审查等多种方式,对渔船进行综合体检,将矛盾纠纷或苗头性问题、风险隐患等记录在案,确定船只风险等级(红色、黄色、绿色),并制作风险"体检单"。针对渔船在离岸航行和作业期间实施离岸体检。通过对接"每周一报""有事即报"和治安管理员等制度,对行驶作业中的远洋渔船进行实时跟踪,及时掌握渔船动态及船员矛盾纠纷发生情况等苗头性问题。对航行轨迹异常、人际矛盾突出、劳资关系恶化等问题,各职能部门根据部门分工和动态变化,及时提出相应的解决办法。针对远洋渔船完成捕捞任务回岸或船员劳动合同到期轮换回国后实施回岸复检。一是对离岸期间累积、搁置的矛盾隐患进行排摸排查,避免矛盾"久拖不决"进一步激化;二是全面了解远洋作业期间有关纠纷的产生、变化和处置情况,并进行分析总结;三是对回岸后可能产生的新的风险隐患进行排查,视不同变化采取针对性的处理措施。

另外，该平台通过六项举措防打管控，全面推进综合治理。针对远洋渔船管理上的薄弱处和排摸出来的矛盾风险点，各部门依托远洋渔船综合法律体检工作平台，通过"一个综合数据库""一名治安管理员""一堂法治教育课""一次心理辅导干预""一份随机调查问卷""一份检察（工作）建议"等六项举措，对远洋渔船上可能发生的各种风险进行全面防控，力促"风险隐患不上船""矛盾纠纷早解决"，避免发生恶性事件、群体性事件。

二、"海上枫桥经验"防范化解矛盾纠纷和社会重大风险

定纷止争是司法工作的职责所在，预防化解矛盾、维护公平正义更是检察机关的使命所在。大部分海上矛盾纠纷案件的背后都有未被满足的诉求，都有被压抑、待纾解的情绪，如果不主动倾听和解决，难免会淤塞社会心态，从而激化矛盾。对检察机关而言，围绕发展大局，履行监督职责，化解社会矛盾，服务中心工作来化解社会矛盾比任何时候都重要、都迫切。课题组调查发现，浙江省检察机关在加强海上矛盾纠纷治理，打造"海上枫桥经验"检察版中有着多方面的举措。

（一）"风险＋"延伸检察触角促进源头治理

"枫桥经验"抓源头的经验做法启示我们在推进检察机关参与防范化解矛盾纠纷的思路上要注重源头防控、源头治理。为此，浙江省检察机关大力加强风险研判预警工作，从源头上预防重大风险和矛盾纠纷的发生，积极推进"海上枫桥经验"的发展。

一是积极参与基层社会治理的风险防范。基层检察室地处乡镇，贴近群众是基层矛盾纠纷的第一道防线。温州市检察机关坚持和发展"枫桥经验"，在全市11个县市区设立13个基层检察室，在发挥检察职能的基础上，把工作重心转向源头治理，为基层群众提供更加多样化、专业化的检察服务，实现城乡基层社会治理的创新升级。大门检察室的设立，让检察触角延伸到洞头大门和鹿西两个离岛。为加强海岛基层检察室建设，有效发挥涉海涉渔矛盾纠纷落地化解、护航辖区重大海洋工程项目等检察职能作用，舟山市检察机关深入开展以院领导包干联系乡镇街道、员额检察官办案组联系渔区为组织模式的海岛巡回检察工作，实现巡回检察渔区全域覆盖。将巡回检察融入基层"网格＋"治理组织，走访了解渔业、渔区、渔民情况，畅通群众诉求渠道，找准检察机关法律服务海岛基层的切入点。永嘉县检察院制定出台《关于在楠溪江流域建立巡回检察制度的实施方案》，建立以"三清单一张网"为核心的楠溪江流域巡回检察制度。相关部门安排人员定期轮岗，不定期走访地方政府及公安、

环保、工商等重点部门，深入群众倾听意见，开展涉破坏环境资源案件、信访案件等案件的线索排摸、备案审查等工作。制度实行后不久，永嘉县检察院就启动了一起生态环境和资源保护领域行政公益诉讼案件诉前程序。该案系群众反映强烈的楠溪江流域垃圾场问题，该院发出检察建议后相关部门及时召开专题会议组织整改，有效化解了群众矛盾。

二是积极融入平安维稳矛盾调处。舟山市检察机关探索建立与政府综治办、海洋行政、边防、海警等职能部门常态化海上平安维稳联络机制，参与海上治安综合治理，强化检察公共法治服务。分析个案、类案及阶段性涉海涉渔违法犯罪发案原因，预测和防范案中矛盾隐患，及时与相关部门开展风险评估预测、重大涉检纠纷听证、重点涉海案件联合调处等，确保涉海问题源头处置、及时处置、重点处置。台州市椒江区检察院根据椒北农村存在的一些实际矛盾，刑事、治安案件发案数、民间纠纷、征地拆迁、村内部宗派矛盾、非理性上访闹事等影响农村稳定的几大因素，通过星级分类等探索开展"网格化"分类管理。

三是发挥专业优势开展海洋法治宣传教育。仙居县检察院通过终结性检察决定公开审查和公开宣教制度，对100多件存在争议或在当地有较大影响的案件开展公开审查、公开听证、公开宣告，对诉讼参与人和旁听人员以案释法、以案促教，实现办理一案、教育一片的法治效果。三门县检察院积极推动县委成立三门县"法治夜校"，通过教育培训的方式，提升全社会的法治意识，并积极鼓励和引导社会公众在遇到矛盾纠纷时，采取合法理性的对话模式，切实做到解决矛盾纠纷在基层，维护社会的和谐稳定。舟山市检察机关贯彻落实"谁执法谁普法"责任制，以案释法，开展海洋法律法规普法宣传。定期收集、汇编、发布海洋检察案事例库，彰显检察机关服务海洋经济工作成效，讲好检察故事。建立渔休期常态化巡回法治宣传机制，将法治进渔区、进渔企、进渔船"三进活动"纳入检察法治宣传年度总体工作方案，落实海洋法治宣讲员、法治宣讲计划，采取多种方式开展普法宣传教育，形成检察宣传效应，提升检察影响力。探索开展法律定制服务，加强与涉海涉渔行业主管部门、各渔业协会、重点渔企的联系，为渔企、渔船、渔民答疑解惑提供法律咨询，充当矛盾调解员，提出检察意见，在海洋综合治理体系中不断体现检察贡献度。

（二）"人文+"让社会体现更多司法温度

要在社会治理中体现出更多的司法温度，检察机关要在社会治理中展现其应有之义，传递更多的司法人文关怀。为更好落实"海上枫桥经验"，浙江省检察机关积极探索相关制度，在控申检察环节落实信访维稳司法救助机制，推进律师代理申诉和参与矛盾化解工作，引导律师参与接访处访、案件评析、公开听证、民案化解等，有效促进涉海涉渔信访矛盾化解。深化立体化救助平台建设，加强对涉海涉渔案件遭受人身财产严重损害被害人一方的司法救助，帮助解决生产、生活困难，化解其对社会怨恨。开展公益诉讼公开听证、专家论证，提高环境损害评估及修复费用认定的专业性和规范性，防止因评估不公产生新的涉检信访矛盾。加强对公益诉讼赔偿金管理、使用的监督，保证公益诉讼目的的有效实现，防止因分配方式不公开、不公正产生新的社会矛盾。2016年温州市检察院控申部门与司法局法援工作处联合决定在市检察院控申接待窗口设立"温州市人民检察院法律援助服务站"。这是检察工作与法律援助工作一站式对接的崭新工作平台，把涉法涉诉信访工作和法律援助服务工作进行有效衔接，进一步提高了依法解决涉法涉诉信访问题的能力和效果。

（三）"法治+"积极参与基层社会治理风险防范

浙江省检察机关在办案的同时，认真做好执法办案"后半篇文章"，针对海上刑事案件的多发领域、社会关注的热点问题、海上执法司法的监督盲点以及类案发生的特点规律，加强分析研判。

一是检力下沉，与群众"近距离"。平阳县检察院积极深化"3+2"法律服务模式，主动检力下沉，深入社区村居开展定点接访、带案下访、以案释法系列宣讲等，让基层群众近距离接受检察服务，既解"法结"又解"心结"。龙湾区检察院在实践阳光检察的同时，充分考虑法律因素与社会因素，让不同生活背景的群众更多地参与监督、参与化解矛盾，有效减少了社会冲突，修复社会关系，真正实现了捕人少、治安好的效果。瓯海区检察院在全区13个街道（镇）各聘任一名社区检察官代表，在联系基层群众、促进矛盾化解方面发挥了积极作用。该院梧田检察室也成功获评全省示范基层检察室。

二是注重检调对接，促进刑事和解顺利进行。绍兴市检察机关立足"枫桥经验"的创新与发展，打造检调对接工作品牌，在工作目标上，实现"小案不出室，大案不出院，矛盾不转移"；在工作策略上，坚持"六个优先"，即容易激化的纠纷优先调处，经济纠纷优先调处，"三养"纠纷优先调处，有倾向性、牵连性的纠纷优先调处，影响生产的纠纷优先调处；在工作要求上，坚持"四个及时"，即矛盾纠纷及时受理、取证调查及时到位、组织调解及时有效、案件办毕及时报结。云和县检察院出台《审查逮捕案件"捕前调解"工作实施办法》，将"捕前调解"机制延伸到公安侦查阶段，充分发挥司法调解的作用，为预防化解社会矛盾、防范打击违法犯罪、维护社会和谐稳定提供有力的法律保障。

（四）"互联网+"智慧检务助推社会管理创新

互联网对国家社会治理体系的影响是巨大的，随着"互联网+"时代的到来，浙江省检察机关结合检察工作实际，充分运用互联网创新社会治理，维护国家安全，保障社会安定有序，确保人民安居乐业。

一是利用"互联网+"创新社会矛盾预防化解机制。检察机关通过构建舆情监测体系，并通过大数据分析，为矛盾纠纷预测预警预防提供技术支持，同时，针对重点敏感事件及重大舆情等突发事件，及时制定应对处置工作方案。如仙居县检察院依托全省首家法律监督受理中心平台，将控告申诉受理网络、检察外网新媒体受理网络和案管中心受理网络"三网合一"，创新社会矛盾预防化解机制，将互联网和群众路线相结合，引导群众充分表达诉求，通过社会舆情监测强化监督，有针对性地调解、化解社会矛盾。苍南县检察院与财政、环保、住建等31个单位实现信息联网，整合行政执法和司法等各类信息200万余条，并通过实时共享、筛选分流两种方式在联网单位之间实现互联互通。依靠执法信息大数据的设立，苍南县检察院一方面建立行政执法预警机制，促进行政机关规范执法，另一方面仔细研判，深挖大数据背后的社会管理问题。自大数据中心建立以来，苍南县检察院先后就行政执法综合状况、海上执法情况、农村生活污水治理工程建设、校车营运安全等问题形成专题调查报告，为党委政府科学决策提供参考建议。

二是利用"互联网+"做好便民利民服务。温州市检察院借助互联网平台推动落实查询案件信息、律师申请阅卷、行贿档案查询等7个事项"最多跑一次"改革，检察服务更加便捷。同时，还积极探索信息化条件下群众工作的新方法，把传统做法与现代科技手段有机结合起来，充分借助该院主流网站、微信和微博建设，使得民众足不出户就能了解办事流程，享受更便捷、更高效的服务。金华市检察院出台《关于推进"最多跑一次"改革、深化检察公共关系建设工作方案》，完善检察服务大厅功能，设立法律援助中心检察工作站，整合微信终端、电子卷宗、远程接访等网上服务平台，优化一站式、预约式、自取式服务，打破信息孤岛，最大限度地释放检察服务改革效能。互联网大数据的充分应用，也为刑事执行检察工作提供了新思路。综合运用检察话单分析系统、公安数据平台、司法社区矫正工作管理系统等大数据平台强化对社区矫正执法活动的监督，及时发现社区矫正中出现的违法行为，有效化解了社区潜在的危险矛盾，更好地服务了社会综合治理。

第三节 "海上枫桥经验"检察版的治理领域

近年来,随着改革开放的不断推进、城镇化进程的不断加快,社会风险越发凸显,社会治理面临着新的挑战。"枫桥经验"历久弥新,在时代背景下越发显露出作用和光芒。浙江作为"枫桥经验"的发源地、发展地,不断创新、发展着"海上枫桥经验"。浙江检察机关牢牢把握检察职能蕴含的社会治理功能定位,立足时代精神和地方特色,在"海上枫桥经验"检察版的治理领域上不断突破,在治理手段上不断创新,取得了丰富的实践经验。

一、涉海企业组织流动人口检察服务管理

党的十八大报告中提出"完善和创新流动人口和特殊人群管理服务,建立健全党和政府引导的维护群众权益机制"的要求,流动人口作为社会群体的一部分,在中华民族的伟大复兴中起到了重要作用。尤其改革开放以来的30余年,流动人口为中国的经济发展和现代化建设做出了巨大的贡献。发展至今天,流动人口已经成为我国经济发达地区人口结构改善和劳动力补充的重要来源。沿海地区也不例外。以浙江省舟山市为例,大量外来流动人口在本地的传统海洋捕捞、海水养殖、船舶修造和工业建筑等企业工作,有效弥补了这些涉海企业的劳动力短缺问题,为当地经济和社会发展起到了基础性作用。然而不可忽略的是,外来流动人口有相当一部分从事的是劳动密集型产业,普遍存在劳动时间长、劳动强度高、技术含量低、经济收入低的特点,与本地居民在生活习惯、风俗文化等方面存在差异,产生外来流动人口与本地居民融合度不高、本地居民对外来流动人口认可度不高等问题,从而导致外来流动人口与本地居民矛盾多发,影响本地治安稳定和经济发展。而在流动人口的管理上,多头管理的管理体制导致灵活性、主动性不足,管理缺乏合力。

检察机关是中国特色社会主义的建设者,是法律实施的监督者,具有社会管理的属性。检察机关参与流动人口的服务管理,是其义不容辞的责任。但同时要注意的是,检察机关参与涉海企业组织流动人口服务管理,需要准确把握其宪法定位和职能定位,依法参与,主动作为,避免因求新求快而导致检察权超出边界。具体到涉海企业组织的流动人口检察服务管理来讲,可以分为以下几个方面:

（一）加强群众联系，畅通流动人口的诉求渠道

因外来流动人口的不确定因素，导致他们对本地相关机构的职能不熟悉，不利于其表达相关诉求，往往使其产生各个单位之间相互推诿的印象，从而引发、激化矛盾。为解决该问题，使相关人员更清楚了解检察机关的相关职能，可加强开展以下几方面工作：一是持续开展"民有所呼，我有所应"检察长接访日。通过检察长面对面与信访人接触交流，进一步密切联系外来流动人口，增强检察机关的公信力，减少检察机关的神秘感。二是在企业和流动人口密集居住的街道社区建立企业（社区）检察官制度。一方面方便外来流动人口与检察机关交流联系，打造流动人口身边的法治窗口；另一方面有利于检察机关主动加强对流动人口的了解，更加有效地做好企业流动人口的检察服务管理工作。三是建立健全海岛乡镇巡回检察机制。海岛乡镇多是涉海企业的聚集地，也是企业流动人口的聚集地，同时也是矛盾纠纷的多发地和法治宣传的空白地。检察机关可以依托基层检察室和企业（社区）检察官，建立健全海岛乡镇巡回检察机制。以"见到检察官、听到检察官、知道检察官"为目标，提高检察机关在企业流动人口中的影响力和知晓度。要多下访、勤寻访、常回访，在巡回检察中结合办理的相关案件，在巡察中做好企业流动人口的以案释法、犯罪预防、法制宣传和矛盾纠纷信息收集和处理工作。除此之外，还可以结合基层群众和地方党委政府的重点工作安排，进行专题调研，形成巡回检察专报，积极助力区域现代化治理。四是做好企业流动人口信息反馈渠道建设。发放检察官联系卡，公布检察办公电话，开通检察微博、微信公众号、今日头条号、抖音号等网络账号，加强检察12309检察服务中心建设，发挥好新媒体在民情传达方面的积极作用。

（二）立足案件办理，加强流动人口的犯罪预防工作

一是探索试行涉案企业流动人员监督管理机制。对于企业流动人口涉嫌犯罪的人员，建立犯罪人员档案，通过"企业+检察官"密切配合，对涉案人员实行网格化监督管理。二是对于公安机关提请逮捕的涉案企业流动人员，征求企业管理人员意见，对于平时表现良好，不予逮捕没有社会危险性且能够保障诉讼顺利进行的，依法不予逮捕。三是对于涉案企业流动人员审查起诉案件，承办检察官主动告知并详细释明权利义务，并向其解释法律相关问题，需要法律援助的，及时帮助其申请法律援助。对于可以刑事和解的，在尊重双方意愿的基础上，积极促进双方刑事和解，实现案结事了人和。四是对于涉案企业流动人员涉嫌严重犯罪、毫无认罪悔罪表现的，坚决依法予以严厉打击，并做好警示教育工作，营造良好的法治环境。

(三) 延伸检察职能，做好流动人口矛盾化解工作

一是要服务大局，做好案件后半篇文章。在执法办案过程中，不能就案办案、简单办案、机械办案，要胸怀大局、把握大势，自觉、能动地融入大局，找准办案和服务大局的切入点、结合点，努力做到法律效果和政治效果、社会效果相统一。这是讲政治的必然要求，也是检察机关积极融入区域现代化治理的应有之义。如在办理涉企流动人口案件中，应注意方式方法，做到宽严有度，不因涉罪个人而影响到企业的健康发展和其他工人的就业安稳；在办理涉企类案时，应注意发现企业管理和社会治理中存在的情况和问题，并做好情况反映和检察建议工作，以供地方政府和企业领导参考决策，推动企业管理和地方治理的进一步优化和完善。二是要延伸检察职能，促进社会和谐。立足"四大检察"职能，在依法办理各类涉企流动人口案件的同时，把检察职能向修复社会关系、化解社会矛盾、预防和减少犯罪等方面延伸，促进源头性、根本性、基础性问题的解决，努力实现执法办案效果的最大化，积极促进涉企流动人口的矛盾纠纷化解与解决，促进社会和谐。

二、涉海涉自贸涉外人群检察服务管理

随着中国改革开放的不断深入和全球化进程的不断加快，越来越多的外籍人员进入我国学习、工作、生活。沿海地区作为我国改革开放的前沿和经济发达地区，处于吸收外籍人口的"一线"地位。加之近年来自贸试验区的不断设立，吸引了更多外资企业落户生根，从而也带来了大批涉海涉外涉自贸工作人员。如何做好涉海涉自贸涉外人群的检察服务管理工作，是未来对沿海地区检察机关区域治理现代化水平的一次重大考验。本书认为，可以着重从以下几方面入手：

（一）加强人才建设

一是建立涉海涉外涉自贸检察人才库。挑选具有海外留学经历、熟悉各国外语、具有涉海涉外涉自贸工作经历和具备涉海涉外涉自贸案件处理经验的检察人员入库，并发挥人才库的引领和传帮带作用，培育更多涉海涉外涉自贸人才。二是组建涉海涉外涉自贸专家咨询团。聘请熟悉国际法、国际仲裁等内容的专家、学者、资深企业从业人员，组成专家咨询团，为检察人员在办案中遇到的诸如国际法、海关、融资租赁等专业性问题提供咨询帮助。三是积极开展业务练兵与培训。定期选派检察骨干与自贸区商务局、海关、自贸法庭等部门开展挂职锻炼、业务培训、岗位练兵等活动，加强涉海涉外涉自贸检察人才队伍的培养。四是组织人员开展法律书籍的编译工作。一方面做好域外法律的翻

译编著工作，增强检察人员对域外法律的了解，使其在案件办理中更好地理解双方的思维差异和制度差异；另一方面做好国内法律的外文翻译工作，加强涉外人员对国内法律的认识和理解，做好涉外人群的法制教育和犯罪预防工作。

（二）严格落实"少捕慎诉"政策

涉海涉外涉自贸人群相比于国内人员来说，其语言不通，从小接触的风俗文化与中国皆不同，在社会交往中本身就处于弱势地位。而在法律方面，无论是涉外刑事法律还是涉外民事法律，我国目前都鲜有涉及。无论在理论、司法实务还是立法规定上，对在华工作外国人的权益确认和规范不仅在立法层面缺乏统一的界定标准，其权益的救济机制也较为零散。这显然不利于涉海涉外涉自贸人群在我国长期、稳定的工作与发展，不利于稳固和吸收外来优秀人才，不利于地方总体营商环境的构建。检察机关应当立足法律监督的宪法定位，积极发挥"四大检察"职能作用，依法保护好涉海涉外涉自贸人群的合法权益。对于侵害此类人群人身、财产安全的犯罪行为，依法予以刑事打击，并协助做好案后的释法说理、追赃挽损、民事赔偿工作，坚定涉外人群对国内法治环境的信心。对于侵害此类人群其他合法权益的行为，合理运用行政检察、民事检察、公益诉讼检察手段依法予以维护。对于涉海涉外涉自贸人群犯罪案件，坚持同等对待，落实好相关权利的告知及保障工作。严格贯彻"少捕慎诉"的政策要求，做好与犯罪嫌疑人本人及亲属的沟通交流工作，避免出现因语言不通、文化差异等原因对行为人进行错误逮捕或导致涉外涉检信访事件的发生。

（三）做好以案释法和矛盾纠纷处理工作

一是聘请外籍"人民监督员"。对于常规性、不涉及国家安全和重大利益的涉外案件，根据国籍、语言、文化背景差异等因素，可邀请合适的外籍"人民监督员"对案件进行监督，其一是可以破解语言上的障碍，最大限度减少办案人员和外籍当事人之间的文化差异，促进双方沟通理解；其二是可以增强外籍当事人对案件办理情况的了解和信任，进一步彰显案件办理的公开化、透明度和公信力，有利于营造良好的法治营商环境；其三是可以通过外籍"人民监督员"的口口相传，增进外籍人员对国内检察机关和案件办理流程的了解，提升检察机关在涉外人群中的影响力与知晓度。二是聘请外籍调解员。中国有句俗语：老乡见老乡，两眼泪汪汪。表达的是出门在外的游子对于同乡之人自然而来的亲近与信任。这一点对于外籍人员来说亦然。对于涉外矛盾纠纷，聘请外籍调解员进行调解，更容易取得矛盾双方的信任。外籍调解员由于文化、宗教等因素的雷同，也能够更好地换位思考，更好地从人性、法律、情理等方面提供较为合理的调解建议，采取更有针对性的调解方式，制定更有效的调解方案,从而有效提升调解的成功率,促进矛盾纠纷的化解。如 2013 年 5 月,浙江省义乌市成立"涉外纠纷人民调解委员会",先后聘请 19 个国家的 21 名外商为外籍调解员。截至 2016 年 12 月,涉外纠纷调解委员会已成功调解涉外生意纠纷 336 起,调解成功率达 95.8%,涉案金额 4959.4 万元,为建设诚信贸易体系和促进当地市场和谐发挥了积极作用。

(四)多途径听取涉外涉自贸人士意见建议

各项公共政策的制定都是各方利益主体博弈的结果,为了使自己的利益能够进入公共政策系统,各利益主体总是千方百计地通过各种方式表达自己的利益诉求,并通过对话、协商、妥协、整合等将自己的利益诉求形成公共利益进入公共政策系统,成为政策规划、政策决策的重要考量因素。[①] 和沿海本地人民相比,涉外涉自贸人士等外来人口显然属于弱势群体,在利益诉求的表达中处于弱势地位。检察机关在发挥法律监督职能的同时,应注意公平原则,尊重涉外涉自贸人群的权利,避免地方政府制定政策时因考虑不周而损害了涉外涉自贸人群的正当权益。要畅通涉外涉自贸人群的诉求表达渠道,主动通过实地调研、召开座谈会等方式,充分听取涉外涉自贸人群的意见与建议,汇总分析后上报地方党委政府,为政策制定提供参考。如义务花餐厅老板、约旦商人穆罕奈德在座谈会上提出延长外国人签证的问题,义乌市政府充分考虑后,于 2015 年 6 月 1 日起给予外籍流动人口申请 2 年期居留许可的机会,得到了外籍人士的一致好评。

三、涉海涉渔社区矫正人群检察服务管理

发源于 20 世纪 60 年代的"枫桥经验",推广以来不断与时代精神相结合,至今仍在不断丰富和发展。在当今中国矛盾多发、社会日益复杂化的背景下,检察机关需要结合"枫桥经验",不断提供新的"检察产品",为区域社会治理现代化和构建和谐稳定的社会环境贡献力量。而社区矫正工作作为矫正罪错行为人制度的一个重要组成部分,其在化解基层社会矛盾、维护社会稳定方面起着重要的作用。社区矫正检察监督工作,既有利于规范社区矫正人员的犯罪心理和行为陋习,使其不再犯罪;又有利于缓和社会关系,维护社会稳定。这与"枫桥经验"的目标和价值是契合且一致的。对于沿海地区来说,社区矫正人员中,涉海涉渔社区矫正人群占了很大一部分比例,检察机关如何

---

① 张宇:《公共利益:谁来界定?如何整合?——基于公共政策制定视角的分析》,载《甘肃社会科学》2012 年第 4 期。

做好这一群体的检察服务管理工作,本书拟提出以下几点建议:

(一)强化社区矫正检察监督工作

社区矫正的目的在于对矫正对象加以"引导""修正",使其能够重新走向社会。而社区矫正检察监督的内容包括社区矫正各项环节是否执行到位,关系着社区矫正的效果。涉海涉渔人群受群岛地理和工作类型的影响,经常不能按时参加司法机关的法制培训等活动。检察机关应当进一步加强对社区矫正的检察工作,深入汲取"枫桥经验"内涵,坚持监督与协调并重,切实保证社区矫正措施能够落在实处,而不是"走走过场",有效实现检察监督的预防社区矫正人员违法犯罪功能。

(二)加强智慧检务建设工作

社区矫正工作繁杂,人员少,任务重,现有司法行政人员远远达不到有效监管的程度。而社区矫正检察监督人员数量更少。加之沿海地区海岛乡镇众多,交通多有不便,检察机关往往只能采取选择性监督、重点监督等手段,存在监督覆盖不足、监督效率不高、监督手段落后的缺点。在互联网快速发展的当下,检察机关改进社区矫正检察监督工作,可以从加强智慧检务着手,通过探索"互联网+社区矫正"的检察监督模式,以"数据监督、机器监督、自动监督"替代以往的"现场监督、选择监督",建设社区矫正管理监督平台。

(三)畅通申诉、举报渠道

社区矫正检察监督的重点之一是司法行政工作人员的履职行为,监督其是否滥用职权、收受贿赂,存在渎职行为。这就需要加强检察机关与司法行政机关和社区矫正人员之间的联系。结合沿海地区的地理特点和实际情况,可考虑建立驻司法局社区矫正检察官办公室和社区检察官制度,畅通检察官约见和联系渠道,及时为社区矫正人员提供相应的法律服务和帮助。同时做好社区矫正人员的网络申诉与举报渠道建设,以加强对社区矫正司法工作人员的检察监督,保障社区矫正人员的合法权利。

(四)加强协作沟通

依法保障和服务民营企业发展是习近平总书记在民营企业座谈会上做出的重要指示。检察机关作为"政治性极强的业务机关、业务性极强的政治机关",不断向民营企业提供优质的"检察产品"和有力的司法保障,是其应有的职责。在沿海地区产业结构中,涉海涉渔产业不在少数,也有不少涉海涉渔企业的民营企业人员在进行社区矫正。在民营企业社区矫正工作中,请假难、教育学习和社区服务难以定点定时集中是突出问题。在此过程中,检察机关应当在坚持平等、正当、公开的前提下,坚持精细化监管原则,对于民营企业社区矫正人员提出的合理要求和申请,加强与司法、公安等部门间的沟通与协作,保护好民营企业社区矫正人员的合法权益,促进企业的健康发展。如2019年,舟山某民营企业负责人牛某因犯开设赌场罪被判处有期徒刑1年,缓刑2年,并被要求回老家进行社区矫正。然而牛某在舟山市普陀区成立的公司正处于上升阶段,如果回老家,公司的运营随时会面临垮掉的危险。普陀区检察院了解到这一状况后,专门赶到牛某的工厂进行实地走访,发现牛某所言属实。为挽救牛某的企业,普陀区检察院遂积极和普陀区司法局、普陀区公安分局治安大队沟通协商,最终将牛某纳入普陀辖区的社区矫正,既解决了牛某来回两地奔波的问题,又保障了当地民营企业的良好发展。

四、失海失渔人群检察服务管理

自古以来,渔民以渔为业,以海为生,海洋是其赖以生存的家园。近年来,随着国家海洋战略的不断推进和渔场资源的不断衰退,出现了越来越多的"失海""失渔"人群。大部分渔民文化水平较低,工作技能单一,且年龄偏大,思想较为保守。一旦失海失渔,其收入水平大幅下降,社会地位也明显降低。若不对其妥善处理,容易引发失海失渔人群对社会的不满和反抗情绪,影响社会稳定。检察机关可以从自身职能出发,做好以下几点工作:

(一)做好失海失渔人群的法制教育工作

部分失海失渔渔民,出于对政策法规的不了解、不接受,对于执法人员不配合,甚至产生对抗行为,妨害执法人员执行公务。在此背景下,检察机关应当通过检察官进渔村、检察官说案等方式,做好失海失渔人群的法制教育工作。

(二)做好失海失渔人群的信访申诉工作

部分失海失渔渔民在转产上岸后,认为政府的安置保障措施不合理或不公平,会频频进行信访工作,检察机关也是其信访申诉的单位之一。在面对失海失渔人群信访时,检察机关首先应当做到及时回应,在法定期限内做到"件件有回复"。其次检察机关控申部门不能一味地将矛盾转交政府机关处理,而应在检察阶段就积极作为,耐心细致地向信访人讲解政策出台的背景、意义及内容,分析政策对其本身的利害关系,促进其息诉息访。

(三)做好失海失渔人群的权益保障工作

对于失海失渔人群权益的确受到侵害的,检察机关应当充分发挥法律监督职能,综合运用检察建议等手段,对失海失渔人群进行权利救济。对于失海失渔人群中反映普遍的突出问题,检察机关应予以认真研究,就政策的合法性、合规性、合理性进行审查研究,并就执行过程中出现的问题向当地党委政府反映。

第四节 "海上枫桥经验"检察版与社会治理体系

回顾"枫桥经验"的发展历程,不同时期的"枫桥经验"都紧紧抓住当时社会主要矛盾,回答了特定阶段社会发展中的主要问题,在变与不变的辩证统一中实现自我革新、自我发展。随着当前社会矛盾发生重大转变,以往主要依靠国家力量单向管理的基层治理方式已不能完全适应新时期社会治理的需要,如何在继承传统"枫桥经验"的基础上探索多元化解源头治理创新,推动构建共建共治共享的社会治理新格局,成为摆在检察机关面前的一道必答题。检察机关需紧紧围绕新时代"枫桥经验""矛盾不上交、平安不出事、服务不缺位"的新"三不"多方位工作目标,在更高的起点上探索创新、行稳致远。

一、海岛基层检察室对社会治安综合治理的创新和发展

2010年10月,最高人民检察院制定了《关于进一步加强和规范检察机关延伸法律监督触角促进检力下沉工作的指导意见》,派驻基层检察室的试点工作开始在各地展开,乡镇检察室逐步走向了重新探索的发展阶段。检察机关派驻机构是检力下沉的一种实现方式,派驻检察室作为检察机关的触角,是检察机关司法属性和工作职能的自然延伸,它改变检察人员"坐堂办案"的传统工作模式,深入基层社会,建立与群众直接沟通的平台,畅通了基层群众的诉求渠道,在方便群众实现司法诉求、促进社会矛盾化解、参与社会管理创新、服务基层发展方面将发挥更为直接的、独特的作用。

(一)建立基层海岛定纷处理机制

首先,业务部门定纷,基层检察室止纷。在司法实践中,案件犯罪事实和证据的认定有赖于具体案件承办部门,涉及海上刑事案件,基层检察室可以在告知诉讼权利、送达文书、联系并召集当地社会组织和当事人双方参与和解、还原案件事实上起到媒介作用。通常海岛交通不便,人员流动性小,邻里之间产生纠纷若处理不当容易引发社会治理矛盾。可通过基层海岛检察室调解促成双方当事人和解,当双方当事人达成和解意见后,基层检察室还要根据现行法

律规定就这一结果是否违法及违背当事人期望、意愿情况作出判断,证实没有这些情况,则根据法律事实考虑从轻处理或者不起诉处理;若经过基层海岛检察室调解无果,当事人无法针对和解意见达成一致的,要通过普通程序开始审查起诉。诚然,若通过基层检察室调解后,当事人针对和解意见达成一致的,也不能因此放弃针对和解内容的审查判断,为公诉部门的办案提供依据。① 最后,检察室需要对案件进行有效回放,针对当事人处理结果进行了解,建立相应的案件档案。

(二) 完善以基层海岛群众为诉求的矛盾化解机制

第一,群众诉求为中心的矛盾化解机制需要以群众的控告申诉为首要步骤,以具体的信访记录与诉求内容为核心展开。信访走访工作要求海岛基层检察室工作人员深切融入群众中去,全面深刻了解矛盾突出,排查不相关因素,抓住重点了解原因。在找出引起矛盾原因后提出和解建议,海岛基层检察室对和解程序进行合法性监督,对于过程中的违法行为要及时提出整改措施,杜绝违法情况的发生。第二,调整业务考核标准。据课题组调查了解,近年来检察机关对基层检察室的考核并未有相应完整的考核制度,然而强化以基层群众诉求为中心的矛盾化解机制,需要对基层检察室的业务考核标准进行规范。由于基层检察室的受理数并不代表所有群众的案件申诉量,因此需要增加群众的反馈情况作为业务考核评定标准,本书认为,可以通过问卷、访谈等形式,以季度或者年度等间隔了解群众反馈信息,将其按照一定的权重分配到整体的考核结果中去。

(三) 建立完善海岛基层执法监督机制

检察机关长期在乡镇缺乏固定的"阵地",没有派驻相应的机构和力量,导致乡镇行政执法监督活动监督主力分散,监督手段和力度不够②。对于建立完善的海岛基层执法监督机制,本书提出以下建议:第一,加强对基层执法监督权的监督。紧紧围绕基层群众反映强烈的执法不严、司法不公等问题,不断加大监督力度,努力维护司法公正。其中加大对基层公安机关办理刑事案件的监督力度尤为重要。一要把握监督定位。当前检察室对公安派出所的监管可以定位于工作监督、场所监督,侧重于平行机构之间的一种提醒和防错机制。二要界定监督范围。检察室对公安派出所的监督范围限定在公安派出所的刑事执

---

① 周伟清、郭睿亭:《基层检察室职能的调查研究》,载《云南大学学报(法学版)》2013年第3期。

② 吴鹏飞:《派驻基层检察室建设的理论与实践》,中国检察出版社2017年版。

法办案活动范围，主要包括对刑事立案活动、侦查活动和刑罚执行活动的监督。三要明确监督方式。检察室对公安派出所的监督主要通过信息通报、入所巡查、适时介入、工作例会、专项检查等方式开展。第二，加大对执法中犯罪行为的纠正力度。强化基层海岛检察室的法律监督效应以违法犯罪行为的纠正力度作为重要指标。基层海岛检察室参与到社会治安的综合管理，应主动加强与其他部门的配合，积极参与到发现、纠正犯罪行为的过程中，尤其是注重对社区矫正交付环节、执行环节的监督。

（四）健全海岛基层检察职能体系建设

第一，强化现有人力资源运行。我国法治社会的建立目标是要平衡各类社会要素与各方利益群体的关系，确保各方权利处于平衡状态。任何一方发生权利越位或者失衡的情况，都会引发社会的不安与紧张。作为维护海岛基层法律正义与社会公平的重要使者，海岛基层检察室更需要注重自身权利的清晰界定以及划分。一般来说，基层检察室权属对应的检察院，因此基层检察室的权力划分受到检察院的制约，在实际工作开展中需要有一定程度的权力延伸。合理界定海岛基层检察室的职能体系，需要对现有人力资源体系运行现状进行分析和调整，例如可以以副检察长作为案件承办小组组长，从各部门抽调相关人员作为小组组员，加强日常小组成员的项目式管理相关理论与技能的培训，有效应对日常办案工作中遇到的问题。

第二，合力引入激励机制。通常检察室所处地位比较偏远，海岛检察室往往要有舟车劳顿的麻烦，同时由于本身工作的复杂性及时间的紧迫性，可能导致工作人员产生抱怨情绪，有效引入激励机制能够最大限度激发海岛基层检察室工作人员的工作热情，根据考核结果给予工作人员相应的奖励、晋升、福利等待遇，也可通过良性的培训机制加强对海岛基层检察室工作人员的激励，重视不同知识与技能在特定案件中的融会贯通，拓展工作人员的思维领域，为海岛基层检察室做好充足的人才储备。

第三，完善现行工作职能分配。课题组经调查发现，检察室因其机构的特殊性，通常检察院将其功能定位为辅助和服务方面，但对于化解基层矛盾，践行"海上枫桥经验"，海岛检察室有着举足轻重的作用。为进一步解决海岛基层检察室职能分配虚化的问题，本书认为可以从以下几个方面入手：一是完善海岛基层检察室立案监督与侦查活动监督职能。公安部于2005年颁布的《关于建立派出所和刑警队办理刑事案件工作机制的意见》中提及，案件侦查工作以公安派出所为主，基层检察室作为辅助，对案件侦查与执行过程中的操作不规范、法律依据不充分以及合法性等情况进行评断与纠正。建议基层海岛检察室可与公安机关海岛派出机构建立长期辅助协作机制，同时及时总结公安派出所等部门在案件侦查过程中的违法违规、流程不规范等问题,以此作为开展固定模式的辅助机制建立的重要依据。在具体的工作手段上,一方面建立案件信息共享机制,让海岛基层检察室的工作人员方便查看各监督部门的案件信息以及进展情况,加强对税务所、公安派出所、人民法庭等行政执法、司法活动的法律监督,及时纠正执法不严、司法不公的问题,定期开展交流活动;另一方面通过建立巡查制度,通过开展执法检查监督、寄发《职务犯罪风险提醒函》等,对执法人员的执法行为敲响警钟,规范行政执法行为。二是赋予海岛基层检察室"具有和解轻微刑事案件"的办理职能。根据刑事诉讼法的规定,因民间纠纷引起涉嫌刑法分则第四章、第五章规定的犯罪案件,可能判处3年有期徒刑以下刑罚的,除渎职犯罪以外的可能判处7年有期徒刑以下刑罚的过失犯罪案件,在犯罪嫌疑人、被告人真诚忏悔,可以通过向被害人赔偿损失、赔礼道歉等方式获得被害人谅解,从而促成双方和解。海岛基层检察室作为群众服务的部门,可以承担这一使命。海岛基层检察室一方面来源于群众,接近社区、基层网格,为此类案件的管理协调提供地理上的优势,另一方面长期积累的群众基础有助于邻里纠纷等案件的调解,提升案件的处理效率。在具体的工作手段上,检察机关可赋予海岛基层检察室相应的轻微刑事案件界定标准,即人员伤害限定范围、事故造成损失程度等,并赋予海岛基层检察室该案案件的处理权限,缓解大量的释法说理和协调工作给检察机关带来的巨大工作压力。三是完善海岛基层检察室社区矫正监督职能。充分发挥检察室的地域优势,开展社区矫正的监督,重点关注对社区服刑人员脱管、漏管的举报以及来自其亲属的申诉、控告等,促进整个地区的和谐安定,对管辖地区日常治安维护有着重要的作用。在具体的工作手段上,首先要与社区矫正监督机构建立合作机制,通过信息的有效共享与交换,获得工作上的授权。其次是针对发现的违法行为,进行相应记录并移交检察机关处理,同时加强与法院派出机构的沟通、协调,为民事行政检察工作的开展营造良好的环境。

(五)完善海岛基层检察室的信息一体化建设

因检察室通常为检察院的派驻机构,且要深入基层,往往地处较偏僻的区域,其信息建设与其对应的检察院大相径庭。以浙江省舟山市基层派驻检察室为例,舟山市下设四个县区,除了市级层面的检察机关外,还有四个县区院。但现在检察室要么无法连入检察内网(统一业务办案软件),要么案卷无法在检察室保存,要么人员无法持续在检察室上岗工作。种种问题使得检察室无法与派出法庭、派出所一样就地办案。因此,需要全面升级基层检察室办案系统,打破原有检察室无法连入内网的模式,在现有的检察室专门配备统一业务软件,以推进基层检察室快捕快诉海上纠纷案件。另外,通过开设专门业务平台,对接两级院相关业务部门,通过案件办理及时深入基层解决问题,解决两级院无法及时深入基层了解情况、查找证据、处理问题的壁垒,从而消除检察"盲区"。下一步,以突出实际需求为导向,探索开发涉海数据平台,通过数据平台深入对接基层执法机构平台、基层政府服务以及"两所一庭"①,实现海上数据流通共享。

二、检察参与多元矛盾纠纷化解体系的路径和方法

新时期的矛盾增长和日益复杂化,给社会治理带来了巨大的挑战。面对诉讼激增、案多人少、司法机关不堪重负的局面,改变纠纷解决中对于司法诉讼的过度依赖,多元化纠纷解决机制的构建成为必经之路。所谓多元化纠纷解决机制,是指综合运用调解、仲裁、行政处理、诉讼等多种模式和途径,使之相互衔接、有机整合,从而形成一个类型多样、功能互补、灵活高效的动态化纠纷解决系统,以更好地满足矛盾化解的社会需求。②因此,综合新时期海上矛盾纠纷呈现出的一些新特点、新趋向,参与多元化矛盾化解路径化解海上纠纷,其产生和存在具有合理性和必要性,在践行新时代"海上枫桥经验",提升检察机关治理矛盾的法治化、社会化水平有着积极的作用。

(一)构建全面的海上矛盾纠纷调解机制

在多元化纠纷解决机制的构建中,调解无疑居于基础性地位,调解制度的创新和发展也是"枫桥经验"长盛不衰、历久弥新的秘诀之一。检察机关要构建海上矛盾纠纷解决机制,需要创建海上检调对接机制。检调对接是指检察机关对轻微刑事案件、控申信访纠纷、民事申诉执行和解案件,在当事人自愿申请下,进行有组织的、规范化的、非诉讼式的调解处理的一种工作机制。③当前,检调对接模式主要有两种:一是大调解机制,其组织方式是由当地政法委牵头,联合检察院、司法局、信访局、公安局等单位组成大调解中心,即"社会矛盾纠纷调处中心",独立机构,独立编制人员,检察院成立调处中心办公室负责与大调处中心的日常业务联系工作,各镇设联络站。二是专门调解机制,其组织方式是由检察机关从相关职能部门抽调人员组成检调对接办公室,负责全院检调对接日常工作,各职能部门也配备专人负责部门的检调对接

---

① "两所一庭"指的是乡镇司法所、乡镇派出法庭以及乡镇派出所。
② 冯卫国:《"大调解"体系建设的"枫桥经验"——完善多元化纠纷解决机制的新探索》,中国法学会2018年度部级法学研究专项委托课题。
③ 彭新华:《"枫桥经验"语境下的"检调对接"工作机制之探索》,载《中国刑事法杂志》2010年第10期。

工作，各司其职，各负其责。①

第一，检察机关可采用专门调解机制，与当地司法局联合成立检调对接人民调解室，该调解室可以以检察环节海上轻微刑事案件和解、民事行政案件和解、涉检信访息诉和解为主要工作内容，运用人民调解手段化解海上矛盾纠纷。制定文件规范和细化检察批捕、起诉环节以及基层检察室的检调对接工作。对于已经达成的刑事和解拟作相对不起诉或从轻、减轻处罚的案件，及时进行可行性评估。另外，检察机关可与政府综治办、海洋行政、海警等职能部门建立常态化的海上平安维稳联络机制，参与海上治安综合治理，强化检察公共法治服务。分析个案、类案及阶段性涉海捕渔违法犯罪发案原因，预测和防范案中矛盾隐患，及时与相关部门开展风险评估预测、重大涉检纠纷听证、重点涉海案件联合调处等，确保涉海问题源头处置、及时处置、重点处置。除了培养检察机关内部高素质的专职调解员外，也可广泛吸收人民志愿调解者，邀请社会组织成员参与调解。比如有名的枫桥镇"调解志愿者联合会"、牌头镇的"乡贤调解会"，舟山的"东海渔嫂"组织，充分发掘公众力量参与调解事业，从而有效提高调解工作的专业性和实效性。

第二，提前介入海上轻微刑事案件调解工作。枫桥经验的内涵和精神实质就是依靠群众，坚持法治，运用法治思维和法治方式解决矛盾问题，实现社会的和谐稳定。然而法治现代化并不必然是一条线性和单一路线，以国家司法权统辖纠纷解决未必是法治现代化的唯一方向。② 因此，并不是所有案件一律要经过法院判决，提前介入轻微刑事案件的调解工作显得尤为必要。另外，课题组经调查研究发现，在近几年的海上刑事案件中，近50%的被告人被检察机关作出依法不起诉决定或是被法院判决单处罚金或是被判处缓刑，而被法院判处10年以上有期徒刑、无期徒刑、死刑的被告人仅占10%左右，同时，被检察机关作出依法不起诉决定的大部分都集中在一个地区。从上述数据不难发现，轻微海上刑事案件比例较大，究其原因，大多数案件没有"就地解决"。因此，课题组认为，可借助办案一体化系统，建立检察官提前介入公安机关侦查阶段调解机制，在加强对案件的实体和程序监督，把好案件质量关的同时，及时发现符合刑事诉讼法规定、可予以和解的案件，适时提前介入，在保障当事人应有权利的前提下大大节约司法资源，促进社会法治创新发展。具体包

---

① 彭新华：《"枫桥经验"语境下的"检调对接"工作机制之探索》，载《中国刑事法杂志》2010年第10期。

② 金伯中：《论"枫桥经验"的时代特征和人本思想》，载《公安学刊》2004年第5期。

括：一是开展调解可行性评估。社区检察官在受理轻微刑事案件后，根据案件类型、罪行轻重，结合当事人的详细情况以及案件背景，全面评估是否符合刑事和解条件。二是督促履行调解协议。在双方当事人达成调解协议后，监督双方当事人的履行过程，对于犯罪嫌疑人、被告人缺乏偿付能力，或者出现被害人生活困难的情形，可通过申请司法救助金的方式适当帮助当事人。三是加强后续跟踪处理。调解协议签订履行后，并不意味着双方当事人之间的矛盾消除，社区检察官要及时跟踪回访，定期考察，确保调解协议取得实效。

（二）检察网格化推进社会治理方式

检察网格化是指构建基层社会综合治理"一张网"，根据当地行政区域和执法机构双层划分检察网格，并对接域外网格，网格小组集体开展监督信息收集；监督平台建立和运用联席会议、线索移送、案件信息通报、联动执法等综合研判、对接监督的方法、程序。① 检察机关对于"枫桥经验"的汲取，更多的是要将其法定职能适时地实现接入"枫桥经验"，因此，检察网格化的构建就是一种很好的体现。

第一，健全限时办结督查机制。该机制要求所有承办部门及个人要严格按照国家法律法规规定的流程开展业务工作，办理各项工作事项，在限定的时间内办结，并且将群众反映强烈、领导十分关注的问题以及工作中对大局有严重影响的问题和事项纳入督查事项，采取得力措施，认真办理，迅速反馈，形成高速、快捷的限时办结督查运行机制。各网格负责人应定期对所属网格内检察人员的工作情况进行检查，明确首办负责，严格责任制。同时，及时了解情况，听取驻地单位的反馈及意见。相关责任部门应认真办理，对于督查事项一般应在规定时间内办结和反馈，并视情况将办理结果反馈当事人，不能如期办结的，须说明理由和办理情况；紧急重大事项按照领导要求迅速办理，如期反馈；对在规定时限内办理不力、反馈不迅速的承办处室及个人，通报批评并记入年终考核档案。督查工作的落实情况，每周固定时间由各网格整理后，以《限时办结督查情况反馈》的形式，反馈网格负责人。

第二，健全社情民意收集反馈机制。检察机关在参与网格化社会服务管理过程中，应注重社情民意的收集和研判。从根本上说，建立社情民意的传导机制，必须符合保障人民群众的知情权、保障群众反映自己意愿渠道的畅通、保障群众的意见和建议能得到及时有效反馈的基本要求。可考虑做好以下几方面

---

① 石东坡等：《检察网格化：新时代"枫桥经验"的检察版》，载《浙江工业大学学报（人文社科版）》2018年第3期。

工作：一是向网格群众发送"告知书"，告知检察联络室的工作职责范围，以及在街道社区的办公场所和工作时间，使联络室工作人员能够面对面地为群众提供法律服务。二是在各检察联络室设置联络信箱，工作日以外的时间，群众可以将书面信件投放到信箱中，联络室工作人员将定时开启联络信箱，及时关注群众的呼声和诉求。三是将检察联络室与本院人大代表联络工作结合起来，各联络室负责人加强与辖区内人大代表的沟通联络工作，广泛听取和收集代表对检察机关的意见和建议。四是在检察联络室设置社情民意观察点和观察员，由街道社区工作人员担任，形成覆盖广泛、灵敏高效的社情民意反馈系统。五是加强与重点单位的联系和沟通，特别是海上行政执法系统单位，保证重大社情民意尤其是涉海社情民意得到及时反馈。六是加强网络建设，扩大社情民意收集的覆盖面，把反馈的触角延伸到网格各个角落。

第三，健全社会矛盾化解机制。网格的主要任务是及时了解掌握网格内的重点人员、重点部位、突发事件、社会组织、群众意见需求等，将有关情况报送社区社会服务管理综合工作站，努力在第一时间、第一地点发现问题，上报信息，调解矛盾，妥善处置，稳控事态，并将矛盾纠纷化解在网格内。检察机关在参与网格化社会服务管理中，要本着最大限度保障群众合法权益的原则，不断创新矛盾化解机制。一方面充分发挥人民调解的优势，本着节约诉讼成本、提高办案效率的原则，大力推进检调对接。另一方面加强检察权的阳光操作，引入第三方监督和社会评议机制，组织对缠访缠诉、不起诉案件进行公开听证评议，邀请与双方当事人毫无利益关系的人大代表、政协委员、法律工作者以及一些专业人士参加，引导当事人回归理性，使被害人获得最大化的物质和精神慰藉。

(三) 在批捕起诉环节贯彻落实少捕慎诉刑事政策

切实贯彻落实"少捕慎诉"刑事政策，严格把握涉海涉渔审查逮捕、审查起诉适用标准与条件，"对犯罪情节轻微、社会危害性不大、取得被害人谅解的刑事犯罪嫌疑人，只要符合不捕不诉条件，能不捕就不捕，能不诉就不诉"。检察机关联合公安机关、法院等出台相关机制，对依法提前介入的时间、范围、方式、任务、程序以及逮捕措施适用情况等予以明确，在审查逮捕中坚决排除非法证据，严格证据标准和逮捕条件，促进公安机关在报捕前更加注重对案件事实证据、社会危险性证据的收集，进一步提升办案规范化水平。同时，积极探索审查逮捕环节刑事和解机制，注重释法说理，有效缓解社会矛盾。另外，可以通过与侦查机关的点对点联系、重大案件信息即时通报等提前介入机制，加大对侦查阶段案件数量、质量的双重监督。

三、检察参与海岛法治文化建设体系的作用发挥

习近平总书记曾说：法治文化是一个国家或地区对于法律生活所持有的以价值观为核心的思维方式和行为方式，包括人民的法治意识、法治观念、法治思想、法律价值取向等。具有法治"灵魂"之称的法治文化，是实现法治社会必不可少的内在动力和精神支柱。"法治文化"主要是区别于"人治文化"的一种新的政治文明体系。海洋法治文化是法治文化的重要组成部分，是依海为生的人们在长期的涉海实践中形成的关于海洋法律制度、法治机构、人民的海洋法治意识及其涉海活动的总称。① 其实质和核心就是人们对于海洋的"法文化共识、价值取向和行为方式"。

在新时代海洋文化强国建设背景下，检察机关应当明确自身参与海岛法治文化建设的职能定位，在此基础上，进一步找准当代海岛法治文化建设与海洋文化建设的具体契合点，理性重构检察机关参与海岛法治文化建设的发展路径，从而更好地培育法治思维、打造法治理念、塑造法治信仰、提升法治品味和形成法治公信。

（一）在"检察办案业务工作"中推进"海岛法治行为文化建设"

海岛法治，首在"法治"。作为法律监督机构，在全媒体时代，检察机关以"强化法律监督、维护公平正义"为主题，不应只是"埋头办案"，而是应进一步做到"跳出检察看检察，跳出办案看办案"，结合沿海地区的地域特点，注重将"海岛法治行为文化"引入"检察办案业务工作"中。

第一，检察人员应养成媒体意识和素养，在执法办案工作中，注重借助全媒体的广阔平台，改变以往"封闭式"办案模式，促成"开放式"办案模式。检察人员应适时通过媒体，向社会公众展示检察机关在执法办案中不仅注重运用刑事法律的强制力来惩治和规范涉案人员的外在行为，而且注重通过展示检察人员依法规范行使检察权的执法行为，向涉案人员展示海岛法治文化的魅力所在。检察人员在日常执法办案过程中，通过对公民个体的公正对待以及对个案的公正处理，"让人民群众在每起案件中都感受到公平正义"的法治文化精神，不断积累法治行为文化的"正能量"，从而进一步促使法治行为文化建设取得实效。

第二，检察人员应通过利用自己具有的法律优势和特长，积极帮助社会公众有关海岛法治行为文化素养的养成，即检察人员在办案业务中应借助传统媒

---

① 盛清才、盛楠：《实施海洋法治文化战略引领广东"海洋强省"建设》，载《南方论刊》2010年第2期。

体和自媒体,宣讲检察机关关于海岛基层治理的相关职责,加强典型案件以案释法,进一步贯彻落实"谁执法,谁普法"的普法责任制,综合运用检察新媒体、行业及地方媒体,加大对典型、重大涉海涉渔刑事民事案件的宣传,通过以案释法,开展海洋法律法规普法宣传,提高群众海洋权益保护及海洋从业人员人身财产权利维护意识。定期收集、汇编海洋检察案事例库,采取多种形式和途径向社会发布,彰显检察机关服务海洋经济工作成效,讲好检察故事,尽量减少大海上矛盾引发的纠纷,从而推动海岛法治文化建设。

第三,参与行业管理法治指导。将走访基层渔管中心、远洋渔业协会、重点渔企纳入员额检察官走访非公经济对接机制,及时了解掌握当地船舶及从业人员基本情况,采集基础信息,提高对重点人员、重点船舶、重点港岙口的熟悉率,做到海上动态清、治安问题清、矛盾问题清。加强对远洋行业的管理指导,督促行业主管部门加强船员从业执业准入管理。继续推进"法律体检"专项服务,共同完善远洋船舶"前期预警、中期联络、后期保障"的全程服务模式,及时沟通信息,共同配合协调,及时预防和化解纠纷。

(二) 在"检察综合业务工作"中推进"海岛法治制度文化建设"

开展基层检察机关海岛法治文化离不开法治制度文化,法治制度是法治文化的重要内容,只有重视法治制度的建设,才能更好地推动海岛法治文化体系的建设。因此,检察机关要想深入地参与法治文化建设之中,就应当重视通过自身综合业务工作来积极推动法治制度文化建设。

第一,通过依法发出检察建议,帮助涉案单位完善海岛法治文化建设,即检察人员在检察办案环节中通过对个案所暴露出来的问题进行深入分析和研究,认真查找涉案单位在有关法律适用等方面出现的问题,在此基础上,提出有价值的海岛法治文化制度建设的意见和建议,可从个案做起,从细节切入,不断完善海岛法治制度文化建设。

第二,通过加强海岛法律实施调查研究,为基层海岛党委和政府进一步完善海岛法治制度文化贡献自己的力量。检察机关应该注重发挥自己的法律优势,通过加强对涉海涉渔类案的整理、分析和总结,找出带有行业性、规律性、制度性和根本性问题,形成有关法治制度文化建设的分析报告。

第三,发挥专业优势开展海洋法治宣传教育。如开展"法治三进"活动。将法治进渔区、进渔企、进渔船"三进活动"纳入检察法治宣传年度总体工作方案中,落实海洋法治宣讲员,制定法治宣讲计划,以法制讲座、法律大讲堂、组织海洋渔业法律知识竞赛等多种方式开展普法宣传教育。建立休渔期常态化巡回法治宣传机制,形成检察宣传效应,提升检察影响力。

第四,开展法律定制服务。通过与涉海涉渔行业主管部门、各渔业协会、重点渔企的联系，开展法律定制服务，为渔企、渔船、渔民答疑解惑和提供法律咨询，充当矛盾调解员，提出检察意见，为行业培训提供检察精品课程和优秀师资力量，参与涉海涉渔行业重大理论课题研究等，在海洋综合治理体系中不断体现检察贡献度。

（三）在"检察队伍建设工作"中推进"海岛法治理念文化建设"

海岛法治理念文化建设作为海岛法治文化建设的重要组成部分，其所追求的目标就是形成共同的法治思维、法治精神、法治信仰，而这些都属于意识形态的范畴，更加具有长期性、内在性、稳定性和系统性。因此，课题组认为，检察机关参与海岛法治理念文化建设，需要从检察队伍建设为抓手，可着重从以下几个方面做起：

第一，加强检察职业道德建设。检察官职业道德是检察机关海岛法治文化精神内涵的体现，也是提升检察机关海岛法治文化的精神准则，抓好海岛法治文化建设，很重要的一环就是加强检察官职业道德建设。一方面要开展检察官职业道德专题学习活动，将职业道德内化于心，打牢思想根基，引导检察官在司法办案中认真践行职业道德；另一方面要建立奖惩制度，把践行职业道德作为评优的条件，予以表彰，同时对于违反职业道德的检察官，采取惩罚措施，引导检察人员树立对职业道德的敬畏。

第二，加强检察职业执法理念的建设。巩固现有的宣传方式，积极通过媒体平台传播讲述成功案例，向全体检察人员和社会公众展现"理性、平和、文明、规范"的执法理念，通过走基层，方便群众咨询法律问题，参与诉讼活动，提高检察工作透明度，与当地新闻媒体合作，充分运用报纸、杂志、电视等传统的宣传方式，搭建检察宣传平台，以正面宣传为主的舆论导向，传递检察正能量。

第三，注重形成检察公共文化模式。课题组认为，可借助新媒体，提高检察机关创新宣传方式的积极性，通过当下流行程度高、宣传范围广的微博、微信或者公众号等现代媒体，如设计检察官标识、拍摄检察题材的文艺影视作品等，以更广、更快、更高效的宣传方式，开设检察专题，传播海岛法治文化建设的重要信息和最新成果，利用网络与群众互动，关注群众需求，加强人民群众对检察人员的职业认同感、自豪感和归属感。

第四，精细化法律服务。现有的司法实践中，部分法律宣传流于形式，群众未真正接受到法律宣传的内容，法律宣传的效果不佳。课题组通过走访发现，舟山市岱山县委为了更好地管理渔民，推出了"东海渔嫂"方案，通过渔民妻子或者其他近亲属的方式，在管理渔民上有显著效果。因此，课题组认为，可通过开展"追枕边风"宣传活动，向渔民家庭介绍海上犯罪的危害，使渔民家庭帮忙一起参与，从而加强渔民的法治意识。

第八章 海洋检察管理体制及专业化海洋检察人才培养制度的建设

第一节 海洋检察管理体制建设现状

一、海洋检察专业化机构的改革变迁

(一)海洋检察的理念落实

2017年1月22日,浙江省检察长会议提出"积极探索专项法律监督"的要求,时任检察长汪瀚在会上明确指示:各地要结合本地实际,为检察监督增添地方元素,形成全省"拼图",为基层院开展法律监督工作指明了方向和路径。

浙江省舟山市普陀区人民检察院以海立身,拥有831.43千米的海岸线和455个海岛,海洋捕捞、船舶修造、水产加工、港口物流、海岛旅游等海洋经济产值占全区GDP比重达到90%以上,渔业从业人员占到全区常住人口的1/5,是真正的海洋大区、渔业大区。"海洋检察"是该院在总结调研海上刑事案件办理、海上行政执法等实际情况的基础上提出的一个想法,并于2017年1月23日向省检察院提交了《关于整合职能建立海洋检察部门服务保障海洋经济发展的报告》。2017年2月3日,汪瀚检察长作出批示:请省院研究室对普陀成立海洋检察部门进行调研论证。2月8日,省院研究室到该院调研,重点了解机构设置、办案量等问题。2月下旬,省院研究室作出支持该院设立海检部门的调研意见,并向省院党组报告。

(二)海洋检察的机构设置

2017年4月1日,浙江省检察院党组研究后决定,同意研究室意见,支持普陀区检察院先行先试,开展海洋检察工作。2017年5月3日,普陀区检察院召开海洋检察工作启动部署会,正式成立了浙江省首个海洋检察部(没

有机构编制），设 2 组专职海检办案组，由 2 名员额检察官和 2 名司法辅助人员组成专业团队，实行捕诉监防一体、法律监督与行政执法检察同步跟进的工作模式，该院受理的涉海涉渔刑事案件统一由这两个专职办案组办理，对拟不捕、不诉的刑事案件实行公开审查、接受群众监督。2018 年初，海洋检察工作在全市得到推广，3 月 19 日，全省海洋检察舟山教学基地正式挂牌成立并开班运行，成为国内首个海洋类检察教学基地，为加快全省海洋检察专业人才队伍培养搭建了全新平台。2018 年 5 月，舟山市定海区检察院与定海区农林与海洋渔业局成立全国首个以执法船只为日常活动场所的海上检察工作室，构建以"护海护渔护岛"为主要内容的"三护平台"机制，积极打造"蓝海行动、生态检察"特色品牌。

二、海洋检察办案组织在四大检察机构中的布局

（一）海洋检察在刑事检察中的职能定位

2020 年 2 月 20 日，最高人民法院、最高人民检察院、中国海警局联合下发《关于海上刑事案件管辖等有关问题的通知》，明确海警机构建制、海上刑事案件管辖、侦检衔接等具体问题，为海上刑事案件办理提供了法律依据。由于体制改革后的海警执法队伍建设尚处在转型期，执法能力和专业化水平尚不能有效适应打击海上犯罪及维权执法形势需要，沿海检察机关应在检侦对应关系明确的情况下，建立起与属地海警局的协作配合，通过设立派驻海警局检察官办公室，对海警侦查办案整个流程实行全线监督和立体监督，通过派员提前介入海上侦查活动、积极引导侦查取证，形成打击海上违法犯罪的合力。当前，要着力加强对海上"渔霸""油霸"等各类侵害人身财产安全类犯罪，海上走私、组织偷越国境、船舶交通肇事、危险品肇事、重大责任事故等海上物流类、公共安全类犯罪的查办力度，关注跨国、跨行政区域非法采砂、走私煤炭等大宗货物问题、国际公约海上恐怖主义等涉外犯罪，维护海区治安安全稳定。对于非法侵占海洋资源、严重破坏海洋环境的我国公民、企业和组织，要综合运用行政、民事、刑事等手段追责，严格防止出于经济利益或者其他因素的考量放纵违法犯罪，以刑法手段切实促进海洋生态治理。要加强海区刑事法治问题研判，统一执法司法标准，确保执法司法效果，提升法治保障效能。

（二）海洋检察在海事诉讼领域的职能探索

根据最高人民法院发布的《中国海事审判（2015—2017）》白皮书，全国三级海事法院受理各类海事海商、海事行政、海事特别程序以及海事执行案件 95043 件、审执结 92598 件。2016 年以来，全国海事法院又积极打造全球海事

司法中心，海事司法权在我国海洋法治领域的影响力不断提升。近年来，我国沿海检察机关对海事法院尝试相关诉讼监督，如浙江省舟山市检察院就4件海上刑事案件和3件海洋民事公益诉讼案件向宁波海事法院提起跨区域监督，辽宁省大连市检察院通过设立海事检察处针对大连海域的海商事案件实施监督，上海市检察院第三分院集中统一对上海海事法院管辖海域开展监督，取得一定成效，但总体上尚处于个案监督阶段，整体成效有待提升。面对新形势，沿海检察机关必须加快转变理念、开拓创新，着力破解阻碍和制约海商事诉讼监督职能开展的瓶颈问题和关键环节，加强制度设计，统一规范部署，把探索开展海事诉讼检察监督作为拓展民事检察职能的一项重要业务增长点，大力加以推进实施。

（三）海洋检察在行政检察中的职能定位

海洋行政权行使对象广、自由裁量权大，与公民、法人切身利益密切相关，又容易被违法使用或滥用，但检察机关对这一重要的国家权力在多数领域的监督都不同程度存在缺位情况，同时对海洋行政诉讼监督一直以来也存在难点、盲点。检察机关必须突出整体观、系统观，充分发挥能动性，关注海域海岸线使用、围海造田等资源利用，海监、渔政、海事行政执法等重点领域和环节，在履职过程中，发现应监督情形的，积极运用检察建议等手段来监督海洋行政机关严格履职、依法行政。当前，要通过对海洋行政诉讼及行政非诉案件监督来维护司法公正，助推行政相对人合法权益依法获得有效救济，在法治监督体系中切实发挥好维护公正司法与监督、促进依法行政的法治监督作用。

（四）海洋检察在公益诉讼检察中的职能定位

保护海洋生态环境是当前加强生态文明建设、打好污染防治攻坚战的重要内容。相对于陆地上的环境治理，海洋环境保护呈滞后态势，不仅对于行使海洋管理职责的海洋行政机关提出要求，也对具有公益诉讼权的检察机关带来新要求。由于海洋是个流动的整体，非法用海、违法排污、盗采海洋资源等诸多案件呈现跨海域性且成因复杂，为此，沿海检察机关必须积极运用公益诉讼这把利器，进一步树立陆海统筹、河海共治的全局观，有效搭建海洋生态环境检察跨区划协作、横向联通、纵向联动的海洋环境保护协作配合机制，有力推动跨地域、跨区划协作配合，推动司法机关与行政机关形成治理合力。要持续加大力度保护海洋生态安全，部署开展海洋污染整治、海洋生态资源保护等公益诉讼专项活动，为推进海洋强国建设、依法海洋生态治理提供有力的检察保障。要注重在司法办案中发现制度建设、治理能力方面的问题，及时提出检察建议，促进加强和创新社会治理。

三、基层检察室在海洋检察工作中的职能发挥

基层检察室是2009年7月浙江省检察院制定下发《关于加强和规范基层检察室建设的意见（试行）》以来，在全省范围内推广的一种工作模式，主要是在重点乡镇、街道设置检察室，管辖周边3—5个乡镇、街道的具体工作，以实现全辖区覆盖。舟山因其海岛特色，基层检察室多设立在除本岛外的其他较大的海岛乡镇上，如普陀山检察室、六横检察室、金塘检察室、衢山检察室等。海岛检察室作为检察院在海岛乡镇或功能区的派驻机构，实现了相关检察职能向最基层海岛的延伸，也是全面加速基层管理法治化之中的核心力量，海洋检察工作在这里得到了最生动的体现。海岛检察室在海洋检察工作中的职能发挥主要体现在以下两个方面：

（一）多领域发挥公益诉讼职能，保护涉海公共利益

保护涉海公共利益是海洋检察的重要工作内容，海岛检察室可在涉海环境与资源保护、食品药品安全等多个领域发挥公益诉讼职能，推进当地社会治理的法治化与现代化。

1. 结合海洋产业特色，加强涉海生态环境与资源保护

经济社会与生态文明建设统筹推进，坚持绿色发展理念，这是推进海岛乡镇可持续发展的必然要求。海洋特色产业往往是海岛乡镇或功能区的经济支柱，结合产业特色做好公益诉讼，在服务经济发展的同时加强当地生态环境与资源保护，是海岛检察室发挥海洋检察职能、助推社会治理现代化的应有举措。

如舟山的普陀山检察室因所处地域属国家重点风景旅游区，近年来立足海岛旅游特色产业开展公益诉讼，以特色法律服务保障特色产业和辖区经济发展，有效发挥了基层检察职能。舟山普陀的六横检察室结合当地的修造船特色行业开展公益诉讼工作，如针对某船厂在作业过程中向海里排放含油污水的问题，通过检察建议督促相关部门履行监管职责，解决了海洋环境污染问题。良好的海洋生态与环境是海岛乡镇或功能区实现可持续发展的保障，海岛检察室尤其要做好涉海公益诉讼，保护一方水土。近年来，六横检察室将海洋检察做深做精，与海事、环保等职能部门协作促进海洋环境与资源保护，办理了多起涉海公益诉讼案件，并对销售、贩卖海马干等野生海洋保护动物以及海上非法采矿等违法行为的线索进行了集中排查，视情从公益诉讼角度开展工作，取得了良好的成效。

2. 强化民生领域公益诉讼职能，维护群众切身利益

民生民利是社会关注的重点问题，海岛检察室可在民生领域充分发挥海洋

检察职能，进一步强化公益诉讼工作，尤其是食品药品安全领域，更是涉及群众的切身利益，检察室应积极探索服务涉海民生领域的公益诉讼，督促相关行政执法部门积极履行监管职责。

六横检察室就是以公益诉讼为切入点着力加强民生领域的行政执法监督，如近年来六横辖内销售有毒织纹螺的行为时有发生，该行为是国家明令禁止的，法律已经将其上升到刑事处罚的范畴，检察室已对辖内多起销售有毒织纹螺的行政案件，建议市场监管部门以销售不符合安全标准的食品罪移送公安机关作刑事立案处理，在依法追究刑事责任的同时也在当地社会起到了警示作用。

六横检察室还依托办案创新社会治理模式，在办理销售有毒织纹螺案件中运用不起诉公开道歉机制，即在审查起诉环节，鉴于行为人销售数量较少、犯罪情节较轻，并结合其认罪态度较好等从轻情节，在决定相对不起诉的同时，充分发挥公益保护职能，督促行为人在相关媒体公布道歉信，针对自己侵害公共利益的行为公开向社会赔礼道歉，起到了良好的警示与教育作用。在此基础上，检察室还将这一机制拓展运用，针对食药品领域的相关刑事案件以民事公益诉讼的形式与当事人达成赔偿调解，责令当事人作相应赔偿的同时在相关媒体公开道歉，进一步彰显办案的社会效果与公益价值。

（二）多元化参与涉海矛盾纠纷化解，维护海岛地区和谐稳定

海洋检察工作是自成体系的一项职能工作，现有的海检职能包括涉海涉渔刑事案件的办理、海洋公益诉讼、涉海行政执法监督、参与海上矛盾调处等，而关于开展海洋检察的初衷与立足点，笔者更倾向于服务海洋环境与生态保护等海洋综合治理、践行海上枫桥经验化解涉海矛盾等工作。化解涉海矛盾是海洋综合治理的题中之义，也是海岛检察室协同相关部门共同维护好所辖地域社会稳定的重要内容。

1. 构建矛盾化解协作机制，探索基层治理新路径

海岛检察室可依托各方力量，参与多元化矛盾化解工作，主动融入"大调解"格局，实现与镇综治部门、公安、法庭的信访信息互通，在矛盾排查与化解、信访维稳等方面形成合力。二所一厅是基层司法部门，也是化解社会矛盾的主要力量，检察室可与之建立协作机制，优化矛盾化解的效果。可与公安派出所建立刑事和解协作机制，针对寻衅滋事、故意伤害等轻微刑事案件开展联合调解；可与司法所建立检调对接机制，司法所依程序进行调解过程中检察室可适当参与，尤其是对侦查环节未和解的刑事案件，从检察处理角度加大调解力度，通过协作发挥各自的职能优势，促进和解效果；还可与法庭建立调解协作机制，参与重大民事案件的调处，并实现调解工作的同步监督，也为后

第八章 海洋检察管理体制及专业化海洋检察人才培养制度的建设

续可能产生的民事申诉打下工作基础。

海岛功能区经济社会发展迅速，检察室应适应新形势，结合本地实际进一步融入现代化社会治理工作，尤其在参与多元矛盾化解、维护地方稳定方面探索新路径。如六横功能区已建立了新的社会治理与政务服务中心，正着力打造海岛工作新品牌。六横检察室也迅速跟进，以随叫随驻与定时驻点相结合的方式，进驻到该中心，联动开展信访接待、司法调解、法律咨询、司法救助等工作，共同防范与化解各类矛盾纠纷。检察室在办理重大信访案件时，可通过中心邀请人民调解员等相关人员参与公开听证、公开答复等，共同做好息诉罢访；中心在遇到重大矛盾纠纷时，也可邀请检察室人员进行法律论证研判，提出法律意见和建议，优化处置效果。

2. 实施未成年人帮教与法律服务，降低违法犯罪风险

从某种意义上讲，未成年人违法犯罪是社会矛盾影射的结果，个体与社会、或个体之间的冲突很可能会带入家庭，进而影响到家庭成员，包括未成年子女。检察机关开展未成年人帮教与法律服务，减少这一特殊群体的违法犯罪风险，也是化解社会矛盾的一种方式。

近年来，因项目与企业的引进，海岛功能区的外来人员增多，受诸多因素影响，其未成年子女违法犯罪比率呈上升趋势，检察室可将该项工作延伸至海岛基层。如六横检察室与当地团委建立了涉案未成年人帮教与法律服务协作机制，在不诉帮教、法律宣传、检校共建等多个层面与团委进行协作，创新工作模式，搭建绿色平台，在相关公益组织的支持下，组建了一支未成年人帮教与法律服务志愿者团队，借助外部力量促进工作开展，取得了很好的成效。

海岛功能区因开发建设会有比较多的企业落户，可借力企业来为未检工作服务。如尝试在大型企业建立未成年人观护帮教基地，解决辖内案件中"三无"（无有效监护条件、无固定居所、无经济来源）涉罪未成年人的帮教问题。检察室可主动寻求当地党委政府的支持，倡导开展企业社会责任建设工作，鼓励企业参与社会公益活动，适当承担社会责任。建立观护帮教基地是一种现代化的社会治理模式，也是企业承担社会责任的一个很好的体现，可以针对辖区内发生的案件，先从不起诉帮教做起，由观护基地落实法制教育、提供劳动技能培训等帮教措施。

四、海洋检察现有管理体制存在的问题

海洋行业管理作为我国海洋发展历程中曾经占据主导地位的一种管理模式，尽管在海洋产业的形成和发展过程中起到重要的作用，但随着海洋开发利用程度的加大，"下海"群体不断增加及彼此间利益冲突的加剧，使得原有的

海洋行业管理模式已难以适应海洋管理实践的需求,而检察机关介入海洋治理,通过与海洋行政执法机构、公安海警、审判机关等分工配合、协同共治,在打击海上犯罪、引导侦查活动、纠正违法行为、维护海区秩序、保障海洋公益等领域能够提供更多法治产品。但是海洋检察毕竟只试点了3年,还不够完善,在管理体系上也碰到了各种问题和困难。归纳起来,主要是以下几点:

(一) 思想共识不足

海洋检察管理体制及管理措施都源于对这项工作的管理理念,但当前我们对海洋检察工作的认识理念并不统一。2013年7月30日,习近平总书记在中共中央政治局第八次集体学习时,就建设海洋强国进行了全面、系统、科学、深刻的论述。海洋强国必然需要依法治海,但由于对海洋本身的了解不足、海上执法司法体制不顺、海洋生态司法实践缺乏,导致对涉海法律监督、公益诉讼缺乏共识,也有不同声音,比如有些人对海洋很陌生,对开展海洋检察的必要性、紧迫性认识不足;有些人认为海洋与陆地没有什么区别,涉海涉渔的检察工作和传统检察工作也没有什么差别;有些人认为海洋检察是检察机关在转隶后的"自我创新",等等。

(二) 体制有待完善

1. 在海上管理体制上,边防、公安、海警对海上刑事治安案件的管辖边界不清,海事、环保、海渔、港航等对海上生态资源的管辖交叉重叠,"九龙治海"的情况导致检察监督难度加大。

2. 主体独立性不足。《人民检察院组织法》第4条规定"人民检察院依照法律规定独立行使检察权,不受行政机关、社会团体和个人的干涉。"形式上,检察院经最高国家权力机关授权,独立实施法律监督权。但现实中,由于中央司法体制改革还在推进之中,人、财、物省以下改革还没有完全落地,检察监督工作的开展亦要服务于地方大局,这使得海洋行政执法检察监督的发挥受到了一定程度的制约。

3. 相关专业性机构缺位。公益诉讼涉及鉴定机构和鉴定费用问题,在海洋公益诉讼方面,海洋生态的评估机构少,山东省司法厅核准的"山东海事司法鉴定中心"是全国范围内唯一进入最高人民法院《对外委托司法鉴定机构名单》的海事司法鉴定单位,具备对"近海海洋及海岸带生态资源损害"进行鉴定评估的资格,浙江省内甚至长三角地区都没有此类的鉴定评估机构。且鉴定费用昂贵,如办理的一起案值仅几千元的案件,鉴定费用就高达5万元。实践中,为解决上述问题,降低诉讼成本,检察、法院、当事人三方均默认专家意见的证据效力。据了解,台州地区的椒江、路桥、温岭以及宁波的北仑、象山均有办理海洋资源损害类公益诉讼案件，每个基层检察院办理的数量目前在两三件到七八件不等，鉴定评估机构和鉴定费用问题也都是普遍反映的共性问题，因此要开展海洋公益诉讼，急需解决鉴定评估机构资质、费用以及对专家意见效力等实践操作问题。同时，舟山作为以油品全产业链为核心的国家新区，海上油品运输、海上油品加注过程中的溢油污染造成海洋生态污染问题，也是一个现实而崭新的公益诉讼问题。

（三）海洋检察人才严重匮乏

2019年8月，经浙江省检察院党组审核并报省机构编制委员会办公室审批同意，《舟山市人民检察院内设机构改革工作实施方案》生效执行，下辖四个县区院内设机构改革方案也经舟山市检察院党组审核并报请省机构编制委员会办公室审批同意。根据实施方案，改革后的市级检察院内设机构整合为14个，分别为：办公室、第一检察部、第二检察部、第三检察部、第四检察部、第五检察部、第六检察部、第七检察部、法律政策研究室、案件管理办公室、检务督查处、检务保障处、组织人事处、宣传教育处。改革后的检察机关在人员配置、机构设置上得到了一定的优化，更进一步强化了法律监督，提高了司法公信力，更符合现阶段检察机关发展的需求，但涉及海洋检察人才队伍的现状和问题仍需关注。

1. 海洋检察人才队伍现状分析

内设机构改革后，检察机关正式确立了刑事检察、民事检察、行政检察和公益诉讼四大检察业务的办案模式和办案结构。舟山市目前共有一个市级院、四个县（区）院，分别是舟山市院、定海区院、普陀区院、岱山县院和嵊泗县院。根据不完全统计，在内设机构改革后，舟山市检察机关从事刑事检察业务、民事业务、行政业务、公益诉讼的人员占到从事四大检察业务人员的比例分别为60%、11%、14%、14%。从所占比例上看，从事刑事检察业务的人员远远多于其他三大检察业务的人数之和，其他三大检察业务的人员数量较为平均。作为一个向海而生的地级市，舟山检察在探索海洋检察的道路上乘风破浪，为培养海洋检察人才搭建平台。2017年，舟山市检察院主动提出在舟山设立浙江省海洋检察教学基地。2018年3月浙江省海洋检察舟山教学基地正式挂牌成立并开班运行。教学基地教研组与浙江海洋大学建立起沟通合作模式，并建立起一支由30余名省内沿海四地市检察业务人才和相关涉海涉渔部门事务专家组成的师资队伍，储备起一批优质海洋检察课程，为加快全省海洋检察及自贸检察专业人才队伍培养搭建了崭新的支撑平台。目前舟山海洋检察人才处于培养阶段，要培养出专业知识扎实、实践经验丰富的海洋检察人才仍是任重道远。

2. 海洋检察人才队伍目前存在的问题

（1）海洋检察人才队伍结构不合理。主要表现在"四大检察"人员不"均"。这里的"均"并非指在人员数量上配备完全相同，而是指根据"四大检察"的工作量合理分配检察干警。当前民事检察和行政检察在最高检的指引下逐渐步入正轨，公益诉讼检察的职能作用日益凸显。在保障刑事检察办案力量的同时，适当增加民事、行政、公益诉讼检察人员是协调充分发展的根本保证。根据目前全省的人员配置情况，刑事检察的人员配置还是占了较大比例。

（2）检察机关特别是基层检察院人才流失严重。在监察体制改革后，检察机关一部分有生力量转隶到监察委，而这部分人中相当一部分都是具有丰富办案、侦查、审讯经验的检察骨干。虽然随着司法体制改革的不断深入，特别是员额制的实行，员额检察官八项待遇的逐步落实，检察机关的整体待遇得到提高。但是在检察机关，特别是在基层检察院，仍有不少干警因为自身发展、环境因素、晋升机制等原因而离开检察队伍，这部分人中有些是有着多年检察工作经验、具备法律资质、综合素质较高的业务骨干。

（3）复合应用型海洋检察人才匮乏。在与涉海涉渔执法部门工作对接和法律监督工作中，涉海涉渔的行政规章、执法细则繁杂，比如目前实践中最常见的非法捕捞水产品罪，涉及《渔业法》《水产资源繁殖保护条例》《渔业法实施细则》《舟山市国家海洋特别保护管理条例》等 4 部专门性法律法规，涉及具体条文 144 条，此外还有 16 个省局规范性文件和内部规定，比如农业部关于渔具和网目的各类行政通告，以及《全省"一打三整治"工作意见》等。同时，对海洋特点规律有了解、有一定海洋执法经验和办案经验的干警非常缺乏，这也为工作推进带来了一定的难度。在海洋检察工作中，检察官要花费大量精力来熟悉行政规章和部门内部执法规定，适应海上工作，积累海上执法司法经验，这样的"零起步"，更需要加大针对性的教育培训和实践经验积累。目前，舟山设有海洋检察教学基地，多是理论教学为主，缺乏有针对性的司法实践类课程。一个从无到有、人数充足、专业过硬的海洋检察专门人才培养，还需要一个漫长的过程。

目前在职的检察人员，绝大多数以法律背景为主，且在日常的工作和学习要求中重点强调法律知识的学习和法律实务经验的积累，对于其他相关专业技能和知识的涉足较少，有涉足的也往往都是因为在办案中遇到后才去了解。比如，检察官因为办理金融诈骗案件的需要，才会去了解相关的金融知识，而主动去了解或本身就有这方面才能的少之又少。

（4）海洋检察技能型储备人才短缺。目前各大高校对于法律专业学生的教学还停留在理论上,对于实践的指导和操作很少,除去极其个别的优秀学生,绝大部分学生往往只在大学毕业前的实习阶段才能接触到真正的法律实务,而在实习阶段能真正学有所得的更是少之又少。因此,从学校毕业出来都需要在真正的法律实践环境中锻炼几年,才能具备一定的职业技能。但当今年社会发展飞速,这样的人才储备方式是远远不能满足需求的。

第二节 完善海洋检察管理体制的路径选择

检察机关作为推进海洋依法治理的重要力量,通过运用刑事追诉、纠正错误裁判、化解行政争议、公益诉讼等职能,强化海洋检察监督职能履行,为海洋治理体系的构建输送秩序、规范、程序、信用等价值,为各种主体合法权利提供法律救济渠道,守住海洋治理公平正义的最后一道防线。为此,立足现实,把握未来,构建与海洋监督职能相适应的检察管理体制,建立执法司法改革背景下的海洋管理机制,将有助于推进我国海洋强国战略的实施和海洋检察管理实践、海洋执法体制的完善。

一、构建与海洋检察监督职能相适应的管理体制

构建与海洋检察监督职能相适应的管理体制,是完善检察机关介入海洋治理监督机制,促进协同治理海域法治风险,消弭海洋行政权、司法权监督缺位,检察职能细化、深化和加快海洋人才队伍专业化建设的必然要求。

(一)完善检察机关介入海洋治理的监督机制

构建与海洋检察监督职能相适应的管理体制,是完善检察机关介入海洋治理监督机制,推进检察制度自身完善发展的需要。长期以来,检察机关职能重心在陆上而非海上。尽管近年来检察机关转变监督理念,把视角转向海洋,也探索开展了海洋检察工作。但从办案数据统计分析看,海上刑案的主要类型仍旧为传统的走私、非法捕捞水产品以及发生在船上的故意杀人、故意伤害等几类,缺少主动介入、主动发现、主动监督的执法办案机制,与海警及海洋行政机关的执法信息不通、联系不密、衔接不畅,造成海洋检察监督范围狭窄、监督盲点较多,尤其鲜有关注涉江海联运、"一带一路"相关海上治理问题。海洋检察监督的视野仍需扩展,监督意识仍需提升,服务海洋法治大局的责任感和主动性仍需提升。发展完善检察制度,就是要落实检察机关是国家法律监督

机关的宪法定位，牢固树立起整体性、系统性法律监督的检察监督理念，将检察监督职能由陆域向海域延伸，以"陆海统筹""陆海一体"的法治思维，确立海洋检察制度理论，在海洋领域全面履行检察监督职能，推动完善海洋法治监督体系、提升海洋法治监督能力，真正实现"四大检察"陆海一体、全面平衡充分发展。通过建立和发展海洋检察监督体系，补充完善中国特色社会主义检察制度，充分展示中国特色社会主义法治体系的独特性和优越性。

（二）协同治理海域法律风险、消弭海洋行政权、司法权监督缺位

随着我国海洋开发利用能力与日俱增，海洋经济持续活跃，随之而来的海域安全、生态环境等问题及潜在风险给海洋治理带来重大挑战。一方面，我国海上治安形势不容乐观，如围绕海洋渔业资源争夺引发的冲突，海上非法运输、走私、贩毒、偷渡、海上交通安全等。另一方面，海洋污染治理、生态环境保护压力加大，尤其是近海一些重点湾区劣四类水质比例较高，海洋垃圾对近海海洋生物多样性、渔业环境带来破坏；沿海滩涂岸线过度开发、大规模围填海给海洋生态环境保护带来巨大压力。海洋生态建设与保护是一项系统工程，司法只是其中一个组成部分，无论是研拟司法保护政策还是解决具体纠纷案件，不可避免地涉及同其他相关部门和组织的协调问题。实践证明，畅通的协调、协作机制对查明案件事实、提高审判效率、妥善化解矛盾具有积极促进作用。强化构建与海洋检察监督职能相适应的管理体制，检察机关设立专业化的海洋检察内设机构或办案组织，积极介入海洋治理，通过与海洋行政执法机构、公安海警、审判机关等分工配合、协同共治，在打击海上犯罪、引导侦查活动、纠正违法行为、维护海区秩序、保障海洋公益等领域提供更多法治产品。当前，我国海洋行政执法管理体制进行新一轮的整合重组，海上侦查权转隶至武警部队的海警局统一行使，海洋维权执法职能则统合到海洋与渔业、海事以及海警三大执法部门。海上行政权、侦查权尚处在重组磨合阶段，更需要检察机关强化行政执法监督和侦查监督，有效促进海洋依法行政、规范侦查。

二、执法司法改革背景下海洋检察管理体制建构的维度

2019年2月15日，中共中央办公厅、国务院办公厅、中央军委办公厅联合印发《关于中国海警局与其他涉海部门职责分工及协作配合机制有关问题的意见》，对海上行政执法权和海上侦查权作出职责分工。从海洋行政执法权的划分看，目前主要由海事、海洋与渔业以及海警行使：海事部门仍保留水上交通安全的行政管理和执法职责，渔业管理部门行使机动渔船底拖网禁渔区线内侧海域的渔业执法权，海警则负责外侧和特定渔场的渔业执法以及海洋自然

第八章　海洋检察管理体制及专业化海洋检察人才培养制度的建设

资源保护、海洋环境污染损害、海上辑私等执法检查，并配合参与海上应急救援、船舶污染应急处置等任务。海上刑事侦查权则统一由海警负责海（岛屿）岸线以外我国管辖海域内发生的海上违法犯罪行为的查处，地方公安只负责陆域刑事侦查、海关辑私局负责陆域及港口码头的走私案件侦查。2018年4月、2018年8月、2020年3月，舟山市检察院驻舟山市海洋与渔业局、驻舟山群岛新区海洋产业集聚区、驻舟山海警局检察官办公室相继挂牌运作，舟山市检察机关与海洋行政机关、自贸集聚区、海警部门在机制共建、办案对接、业务互动等方面进一步加强协作配合。

（一）警检衔接与协作的维度

根据2018年3月《中共中央关于深化党和国家机构改革的决定》和《深化党和国家机构改革方案》以及浙江改革方案，全省海洋行政管理机构及其职能、海警体制均发生了重大变革。原隶属中国海洋与渔业局的海警队伍于2018年7月1日正式转隶到武警部队，组建海警总队（中国海警局），之后整编工作自上而下推开。2019年6月起，舟山海警局（内部称舟山海警大队）正式挂牌对外履职，后又向基层延伸设置了下属定海工作站，普陀第一工作站、第二工作站、岱山工作站、嵊泗工作站五个工作站。2020年2月20日，最高人民法院、最高人民检察院、中国海警局联合下发《关于海上刑事案件管辖等有关问题的通知》（海警〔2020〕1号），明确海警机构建制、海上刑案管辖、侦检衔接等具体问题。为贯彻落实上级精神，依法惩治海上犯罪，维护国家主权、安全、海洋权益和海上秩序，同时针对近年来舟山市检察机关办理海警移送的非法捕捞、非法采砂、交通肇事、走私等海上刑事案件日趋增多的工作需求，舟山市人民检察院和舟山市海警局积极谋划，加快检警合作步伐，达成设立检察官办公室的共识。2020年3月13日，舟山市人民检察院在舟山海警局设立派驻检察官办公室开展相关监督工作，成为全国首家检察机关在海警部门设立的检察官办公室，并会签出台《关于加强检警协作配合的若干意见》，着力构建新型检警工作格局，共同服务保障海上社会治理和自贸试验区发展。

驻舟山海警局检察官办公室的工作职责、运作模式及联络机制：检察机关与海警要建立健全双方在海洋案件联合督办及案件执法情况通报制度，在分工负责、相互制约的基础上，加强协作配合，在海上刑事犯罪打击、海洋行政执法、海洋环境公益诉讼和生态修复补偿等方面形成工作合力。派驻舟山海警局检察官办公室作为检察机关的派出机构，可代表检察机关履行工作职责。检察、海警分别确定专职人员负责检察官办公室启动运行后的日常工作联络，确保有关问题第一时间归口管理、分流处理、妥善解决。舟山市检察院落实第一检察部作为该办公室的牵头负责部门,并指派刑事业务能力较强的员额检察官、检察官助理1至2人开展工作,必要时加派民事、行政及公益诉讼检察等职能部门人员参与工作。检察官办公室日常办案和工作要求全程留痕,并纳入系统内绩效考评范围。

舟山市检察院驻舟山海警局检察官办公室挂牌运作以来,加强海上刑事案件侦查引导,画好质效提升"同心圆"。在强化法律监督的同时,构建多位一体的审前证据补强体系,形成刑事案件检警合作互赢多赢的大控方格局。立足近年来舟山海域非法开采运输海砂、走私油品该二类违法犯罪高发频发的实际情况,舟山市检察院突出重点,强化类案专人指导。根据第一、第二检察部的职能定位分别确定业务能力较强的员额检察官负责指导。

下一步,将从以下五个方面进一步完善派驻海警检察官办公室的运行管理机制:

第一,派驻海警检察官办公室要紧贴职责定位,按照"共建共享、合作互赢"工作要求,在分工负责、相互制约的基础上,落实信息共享与情况互通、刑事案件侦查引导、重大敏感事项沟通会商等工作机制。通过检察官办公室入驻开展工作,既充分履行法律监督职责,又形成案件证据收集及法律适用指导前移,形成刑事犯罪打击合力的良好局面,切实加强双方执法协作,共同提升案件质效。要呼吁尽快研究制定相关法律规定明确案件司法管辖。海警体制改革后,海上违法犯罪案件的司法解释或工作指导意见已与形势不相符,阻碍海上刑事案件的侦查及程序移转。检察机关应发挥中间枢纽作用,建议提出司法建议,由省高院、省检察院会同武警浙江支队、公安厅出台相关工作指导意见,厘顺海上刑事案件办理、流转管辖程序,确保海上刑事案件诉讼活动顺利进行。

第二,加强与海警在基层办案一线的协作,进一步加强对具体案件的沟通和指导,积极引导侦查取证,指导侦查方向。在当前海警转隶武警部队、执法专业化能力和水平相对较低的情况下,应加强对侦查活动的全线监督和立体化监督,强化指导力度。要加强探索,推进捕诉一体机制完善。目前舟山海警局所有案件均系市级层面移送,存在较为严重的捕诉分离问题。舟山市检察院严格落实命案、走私案等捕诉一体办案机制,争取自提前介入起即固定员额检察官办理。如在海警机构成立后浙江省辖内首起命案办理中,舟山市检察院固定办案组开展提前介入及审查逮捕工作,通过参与案发现场勘验、初拟取证方向、批捕后提出继续取证意见等推动该案构建起有力的证据体系。同时,协助舟山海警局在各县区开展检警对接工作,推进后续捕诉一体工作开展。

第三,派驻海警检察官办公室在开展相关监督工作过程中,应当注重

第八章　海洋检察管理体制及专业化海洋检察人才培养制度的建设

"引导不主导、参与不干预、讨论不结论、到位不越位",对重大、疑难、复杂案件的法律适用问题,应当及时向主管领导或有关职能部门进行汇报,加强调研论证,必要时制定相关执法司法规范化依据、程序和标准,切实推动工作实效。

第四,延伸司法职能,深化诉源治理。除做好传统刑事检察工作外,要根据舟山海商事诉讼案件多、海上矛盾纠纷多、海上生态资源环境受损严重、海上行政执法形势复杂严峻等现状,赋予驻海警检察官办公室多元化法律监督职能,在开展刑事检察工作同时,注重相关民事公益诉讼、控告申诉检察线索的收集、移送,合力深化海上诉源治理工作。加强对海警渔业执法、海洋自然资源保护、海洋环境污染损害、海上缉私等执法以及配合参与海上应急救援、船舶污染应急处置等任务的监督,为推进涉海公益诉讼、加强非诉讼纠纷解决机制建设等方面助力。要协同开展专项行动,提升服务大局能力。如面对舟山海域非法采、运海砂行为引发锚地地形变化从而影响船舶航行和锚泊安全,但整治行动存在缺乏查处合力、难以构建入罪证据体系的执法司法困境的实际情况,舟山市检察院联合舟山海警局开展专项打击行动,并借助市委市政府集合法院、公安、海洋与渔业局、港航与口岸管理局、海事力量,通过联合调研形成查处海砂刑事案件主观故意认定及证据体系构建等共识,成功起诉全市首例涉海砂掩饰、隐瞒犯罪所得案件,形成打击非法破坏海砂行为的司法震慑。

第五,共建人员业务研讨交流平台。建立人才培育基地,强化检警办案素能。舟山市检察院和舟山海警局已达成共识,在舟山市检察院设立专业人才培育基地,基地紧贴频发、类发案件的办理及相关业务创新等需求,依托驻舟山市检察院专家(教授)工作室资源,充分借助高校教学科研资源,通过加强双方办案人员在业务上的日常研究及理论研讨,力求加快培育一支海上刑事犯罪案件办理的专业化队伍,夯实执法司法规范化基础。目前,舟山海警局已选派人员到舟山市检察院刑检业务部门开展为期 3 个月的挂职交流,实行专案"1+1"检警双人办理制度,通过体验审查逮捕、审查起诉环节的检察办案工作,进一步提升案件审查、证据收集固定、法律适用等方面能力。

(二) 与海洋、海事等行政执法机关的信息共享与监督制约维度

一直以来,舟山市人民检察院与舟山市海洋与渔业局保持良性互动与密切协作关系,尤其是在海洋行政执法与刑事司法联动工作机制建设方面取得了良好的效果。2016 年 7 月 4 日,舟山市人民检察院与市海洋与渔业局联合印发《关于在打击破坏海洋渔业资源犯罪中加强配合协作工作的若干意见》(舟检会〔2016〕3 号),2017 年 5 月 4 日,舟山市人民检察院与舟山市环保局、舟山市海洋与渔业局联合印发《关于建立运用民事行政检察职能加强海洋环境

监管执法协作机制的意见》（舟检会〔2017〕1号），在联合打击各类海洋环境违法犯罪行为以及运用民事行政检察职能加强海洋环境监管执法方面建立了案件及时移送、快速办理、提前介入、案件会商、信息交流共享、日常工作联络员等一系列操作性极强的机制。2018年4月18日，市检察院驻市海洋与渔业局检察官办公室挂牌成立，是这种良性互动机制的再延续、再发展，也是落实舟山市政府《关于加强公益诉讼协作配合工作的若干意见》的重要举措，为海洋行政执法与刑事司法衔接提供一个更高层次的新平台。

驻市海洋与渔业局检察官办公室工作职责、运作模式及联络机制：对海洋与渔业部门移送涉嫌污染损害海洋生态环境犯罪案件活动和对公安机关移送案件的立案活动，依法实施法律监督；会同海洋与渔业部门开展对海洋行政执法的专项检察工作以及海洋公益诉讼工作。市检察院定期派一名检察官到驻市海洋与渔业局检察官办公室，具体负责刑事、涉海公益诉讼、行政执法等方面信息沟通、重大案件会商等事宜。检察官办公室实行员额检察官办案责任制，遵守市检察院及市海洋与渔业局相关工作制度。确定市检察院侦查监督部、民事行政检察部和市海洋与渔业局海洋行政执法大队为具体联络部门，各联络部门指定一名人员为联络员。

各县区院也积极加强与海洋行政机关执法合力，打造海洋检察监督新机制。定海区院会同区农林与海洋渔业局成立全国首个以执法船只为日常活动场所的海上检察工作室，构建以"护海护渔护岛"为主要内容的"三护平台"机制，全方位加强涉海监督。创新推进生态修复工作。探索生态修复补偿机制，普陀区检察院还会同海洋与渔业部门成立海洋公益保护增殖放流海上流动基地。

法律监督依托于行政执法的推进，涉海行政执法的全覆盖、全方位发力，是法律监督的前提。对涉海行政执法的制度、机制、技术、法律等方面存在的现实困难，简单地以相关行政机关"不作为"进行笼统监督，一则造成监督刚性的缺失，影响监督权威，二则对行政执法的现实和困难视而不见，无法达成监督的双赢多赢共赢目的，最终只是为监督而监督，损失的是检察机关公益诉讼监督的公信力。各级检察机关和海洋与渔业部门应充分发挥各自职能，全面深化相互配合协作机制，共同建设好、利用好检察官办公室这一平台，真正实现海洋行政执法与刑事司法有效衔接、无缝对接，同时在海洋环境、渔业资源、生态环境等涉海涉渔领域形成工作合力。建立健全刑事司法与海洋行政执法相衔接机制，加强对海洋行政执法的监督。关切日益增长的海上民商事矛盾纠纷，探索海商事诉讼检察监督体制和机制创新改革，推动检察监督体系建设。积极参与海洋生态文明建设，综合运用民事行政检察和公益诉讼职能，积

第八章 海洋检察管理体制及专业化海洋检察人才培养制度的建设

极促进海洋生态整治修复。加强海洋类保护区生态监控，探索监督海水养殖、海洋船舶等海上污染检查执法。

（三）与自贸集聚区等地方政府的协作与监督维度

舟山市人民检察院主动参与自贸区块工作体系建设，通过在舟山海洋产业集聚区管委会（自贸试验区北部片区）设立检察官办公室，延伸检察服务触角。

浙江舟山群岛新区海洋产业集聚区核心区规划陆域总面积约33平方公里，是目前浙江省唯一同时拥有开发区和国家级综合保税区的综合性开发区块，也是舟山群岛新区经济发展的核心区块和浙江自由贸易试验区的主阵地，地理位置重要，地位特殊，功能强大。总面积为350平方米的自贸区检察部办公用房纳入自贸大厦建设入驻规划，以实现检察机关办案、接访、宣传和数据集成等功能。2018年8月22日，检察官办公室正式入驻海洋产业集聚区。通过签署合作行动备忘录、参加区块联席会议等形式，建立起与自贸区管理机构和职能部门的紧密型沟通联系机制。

检察官办公室工作职责、运作模式及联络机制：加强与海洋产业集聚区管委会协作配合，准确把握相关部门与企业司法需求，分析把握影响发展的深层次问题，做好司法服务工作。会同检察相关业务部门，依法惩治侵犯投资者、管理者和从业人员合法权益的各类犯罪活动，保障自贸区安全良好的市场经营环境。以检察官办公室为基点，建立健全行政执法与刑事司法、行政检察衔接机制，建立行政执法与司法优势互补、有机衔接的保护体系。立足办案剖析规律，运用检察建议、年度报告、专项报告等手段，帮助行业主管、监管部门堵塞漏洞，完善内部监督制约机制。坚持"谁执法、谁普法"，采取普法讲座、以案释法等方式，帮助和促进强化依法经营意识，有效防控经济和法律风险。

驻自贸集聚区检察官办公室运行以来，以服务保障自贸区先行先试为出发点，兼顾打击犯罪和保护创新的平衡，依法审慎处理自贸区建设中出现的新型案件。坚持以行业发展需求为导向，及时回应市场主体法律诉求。建立对片区建设中新情况新问题的协调调研机制，主动加强与自贸区市场主体的沟通联系，准确把握区内经济社会管理风险和趋势及市场主体对平等自主、公平竞争、规范有序的生产经营秩序的客观需求。例如，全面了解企业法律意识不足、区外经营存在资质风险、质押融资业务领域司法救济能力不足等法治需求，积极与自贸区管委会综合协调局、市中院、本省相关检察院等单位进行沟通协商，帮助解决企业诉求。并指派员额检察官为企业管理人员开展"企业刑事法律风险及防控"的专题讲座，通过宣传典型案例、研判发案趋势，加强对市场主体的法制宣传和法治引导。服务自贸区油品企业，为自贸区营商环境建设提供法治保障。针对注册在自贸区油品企业在区外不规范经营被查处问题，向市委、市政府报送专项报告，提出意见建议，得到市委主要领导的批示肯定，建议被自贸区综合协调局采纳，该局已制订出台《中国（浙江）自由贸易试验区油气贸易企业事中事后监管办法（试行）》。

一是立足于服务工作大局。服务集聚区建设，要立足检察职能，把依法履行法律监督职责作为服务大局的根本途径。充分利用贴近自贸区实地，贴近企业生产经营一线的优势，牢牢把握服务保障海洋经济的发展方向，对涉及企业发展的国际海运电商、油品离岸贸易、海事监管服务、海洋环境保护等前沿问题积极研究，主动作为，努力在海洋强国战略宏图中添上检察机关法律监督的精彩华章。

二是立足于服务基层群众，充分发挥扎根企业的优势和工作便利，将服务"窗口"前移，变"坐堂办案"为主动检力下沉，深入企业和群众全面收集社情民意，近距离了解企业和群众所思所忧所盼，认真为企业和群众解决问题、出谋划策。要真正实现检察服务"零距离"，定时、定点、定人为企业和群众提供法律咨询等服务，及时回应和解决群众合理诉求。进一步密切与集聚区相关部门和单位相互配合、相互支持，共同组成完整的工作机制，确保形成双赢、多赢、共赢的工作格局。

三是立足于检察工作职能，主动将关口前移，积极拓宽监督视野，扩大检察工作在基层的覆盖面，进一步健全基层法律监督体系。严格依照《浙江省民营企业发展促进条例》和《浙江省人民检察院关于充分履行检察职能依法保障服务民营经济健康发展的意见》的要求，积极主动作为、履职尽责，持续为民营企业提供优质的检察产品和检察服务，为建设"重要窗口"展现出检察机关的担当。要充分发挥打击、预防、监督、教育、保护等职能，有效引导企业在法治框架内守法、理性、有序开展生产经营，促进企业发展反哺社会。在满足企业发展司法需求的同时，着力延伸检察职能，创新工作举措，为检察机关服务保障自贸区建设提供"舟山样板"，助力自贸区域治理体系和治理能力现代化更上新台阶。

四是立足于形成法治保障合力。由于自贸试验区内经济犯罪模式趋向集团化、专业化，给司法机关在证据标准、法律适用等方面带来新的难题，且司法机关与相关职能部门缺乏常态化的联系会商机制，对新情况、新问题掌握不及时，深入研究不够，服务保障自贸区建设的质效有待提高。推动建立健全浙江自由贸易试验区法律事务联席会议制度，实现对自贸试验区涉法事项的前期评估、预警预判、路径分析、风险化解和合规支撑等系列法治保障。对有重大社会影响或社会敏感度高的案件，以及在执法司法中遇到的热点难点等问题，及时与相关部门会商沟通，统一司法标准，形成自贸试验区法治保障合力。

(四) 海洋检察的级别管辖及基层检察室的运行管理维度

目前，舟山市两级院共设有派驻乡镇基层检察室 4 个，分别为市院派驻普陀山检察室、定海区检察院派驻金塘镇检察室、普陀区检察院派驻六横镇检察室、岱山县院派驻衢山镇检察室。全市基层检察室现有检察干警及工作人员 12 人。全市基层检察室立足主责主业，积极融入海洋检察工作总布局，充分发挥基层检察室职能作用。以涉海涉渔案件为重点积极开展办案，依法加大不捕不诉力度，促进社会矛盾化解。以涉海、环保等领域为重点，加大公益诉讼线索摸排力度，提升线索成案率。全市基层检察室牢固树立公益诉讼"双赢多赢共赢"的工作理念，充分发挥扎根基层、熟悉基层的独特优势，积极加强与公益诉讼部门的协作配合。经摸排向公益诉讼部门移送涉及海滩垃圾清理、海域使用权超期未缴费、非法采伐公益林、中小学周边售卖卷烟等各类公益诉讼线索，取得较好成效。普陀山检察室在日常摸排线索中发现朱家尖某船舶修造厂在海域使用权期限届满后未办理有关手续仍继续使用海域，属于非法占用海域行为，及时将线索移送普陀区检察院办理。普陀区检察院经调查后，依法向舟山市自然资源和规划局普陀山分局制发检察建议，督促其履行监管职责，得到相关部门高度重视，及时回复并落实整改措施，有效促进了功能区内海域的合法规范使用，保护了功能区的良好生态环境。2020 年 7 月，"东海渔嫂监督员"普朱功能区工作站揭牌，普陀山检察室向朱家尖街道全体"东海渔嫂监督员"颁发聘书，建立了"东海渔嫂监督员"队伍。"东海渔嫂监督员"工作的推进，将有效解决检察机关法律监督线索获取与基层群众法律监督诉求之间的信息不对称、渠道不畅通问题，提高监督线索移送数量及成案率，进一步推动全市检察机关法律监督职能向渔农村基层一线延伸。

完善基层检察室推进海洋检察工作运行机制，需要重点把握以下几点：

一是发挥窗口优势。基层检察室是检察机关延伸法律监督触角、服务区域社会治理的重要平台。这个平台不但是检察机关下沉检力，在基层开展法律监督和法制宣传的阵地，也是检察机关从基层收集、获取监督线索和了解社情民意，促进海洋检察工作发展的有效途径。因此，要利用基层检察室独有的地缘优势，深化海洋检察工作与基层网络融合，开展海洋公益诉讼工作、海洋行政执法监督、涉海刑事诉讼监督、海洋法治宣传教育以及参与海洋综合治理，推进基层社会治理现代化。创新工作机制，开展派驻海岛检察、巡回检察、"东海渔嫂监督员"等工作，扩大海洋检察工作的社会影响，积极打造"海上枫桥经验"检察版。

二是积极加强内部对接。坚持基层检察室与本院业务工作的互补互动，一方面，基层检察室是检察机关监督触角在基层的延伸，要通过窗口接待、基层法律监督、参与社会治安综合治理和平安社区建设等工作，扩大检察机关的涉海线索来源和监督成效。另一方面，基层检察室工作是检察机关服务法治要求在基层的延伸，要通过走访人大代表、渔业从业人员、代表委员专场活动、街镇社会治理例会等形式，倾听群众声音，寻觅涉海案件线索，加强与街镇机关单位、社区群众、社会各界、新闻媒体的互动，使检察室成为检察机关了解群众对海洋检察工作发展意见和评价的"感应器"，对基层涉海问题处理的"过滤器"。

三是强化海洋检察宣传工作。基层检察室扎根基层，更适合开展宣传，因此要用好这个平台优势，在海洋宣传上下大功夫。基层检察室要积极通过主流媒体开展海洋检察工作系列报道、典型宣传和专题推介工作，展示海洋检察工作成果，以案释法，引导群众自觉保护海洋资源、维护海洋环境，不断提升社会群众对海洋检察法律监督职能的认同感和知晓度。

（五）海洋检察人才队伍专业化建设的维度

检察职能要根据司法实践的变化适时作出调整，这种调整既可能会削弱或强化某些职能，也可能会建立新的职能。检察职能的细化和深化是司法实践的客观需要，反映在司法实践中就是专业化办案。强化海洋检察职能就是检察职能面对新的形势所作出的调整，是适应海洋事业发展、确保海洋强国战略实施的必然需要，也是检察机关自身转型发展的必然要求。海洋管理、海洋执法具有很强的专业性和科学性，要以专业化、职业化为方向，提高海洋检察工作能力和水平，更好地适应执法办案的专业化要求。与现阶段海洋检察工作实际需要相比，海洋检察专业化建设还存在许多问题，海洋检察队伍人才供给远不能满足现实需要，海洋检察人才开发和管理迫在眉睫，海洋检察绩效评价机制建设滞后于工作开展。构建与海洋检察监督职能相适应的管理体制，全面开展海洋检察专业化理论和实务研究，建立一套符合舟山实际情况的分层次的海洋检察检务管理机制，既能够促进检察职能的有效延伸，加强海洋检察特色品牌的精细化办案、前瞻性研究，又能加快海洋检察专业人才培养，进一步推进海洋检察的专业化发展，为我国检察理论的发展和繁荣注入新的活力。

三、健全海洋检察工作综合配套机制

目前，现行的海洋检察工作的有效运行依然面临着诸多制约因素，因此有必要积极适应海洋检察工作的新情况新要求，在组织领导机制、议事决策机制、综合考评机制等方面综合施策，不断健全海洋检察工作综合配套机制。

第八章　海洋检察管理体制及专业化海洋检察人才培养制度的建设

（一）海洋检察组织领导机制

舟山海洋检察工作主要有四大职能：一是刑事打击职能，主要是涉海刑事案件的审查逮捕、审查起诉、立案监督工作；二是民商事诉讼监督职能，主要是对法院（含基层法庭）、海事法庭审理的涉海民商事案件开展诉讼监督、执行监督；三是行政执法监督与公益诉讼职能，主要是开展涉海行政执法监督、摸排线索和办理涉海公益诉讼案件；四是海上平安综治职能，主要是涉海信访维稳、矛盾调处、司法救助、社会治理、普法宣传等工作。

舟山海洋检察的办案机构主要分为三种模式：一是集中管辖模式。2017年5月，舟山市普陀区检察院率先成立全国首个海洋检察部，实现了海洋检察案件从批捕、起诉、行政执法监督、犯罪预防、海上巡回检察等职能由海洋检察部一管到底的办案模式。2019年8月全省检察机关内设机构改革后，普陀区院海洋检察部内设机构不复存在，普陀区院集中管辖模式由此转变为分散管辖模式。二是分散管辖模式。一直以来，除普陀区检察院外，舟山的其他三个基层院——定海区检察院、岱山县检察院、嵊泗县检察院分别由侦查监督、公诉、民行、控申、刑事执行、基层检察室等业务部门承担相应的海洋检察职责。三是"集中＋分散"管辖模式。2018年舟山市检察院设立了自贸检察部，对走私犯罪案件、涉自贸性质案件一管到底，其他涉海刑事案件以及法律监督、公益诉讼、平安综治等海洋检察职能由不同业务部门分别承担。

海洋检察工作涉及多个部门，为防止各部门单打独斗的现象，必须要加强组织领导，完善海洋检察一体化机制。为强化责任落实，应成立以检察长为组长，各涉海部门分管副检察长为副组长，各相关部门负责人为成员的领导小组。领导小组须定期召开专题会议，听取各项工作进展、落实情况。海洋检察工作开展中，各级检察院检察长和分管副检察长要靠前指挥，统筹调配力量。建立工作通报制度，各部门积极发挥各自职能作用，紧密配合，加强信息沟通、线索移送、办案协作，实现横向"一条线"，以监督促办案，打好整体战。

（二）海洋检察议事决策机制

我国的海洋执法具有广泛性和综合性，执法范围包含一切管辖海域，管理内容涉及海洋环境保护、海洋资源管理、海域使用、海上交通安全、海洋权益等海洋事务。2019年3月，浙江省、市、县区三级政府海洋行政执法机构根据中央机构改革意见进行了调整重组，调整重组后舟山涉海部门主要有海警、自然资源与规划局、生态环境局、农业农村局、海洋与渔业局和海事局。各涉海部门应打破扎起篱笆筑牢围墙、不通信息各自为政的局面，形成海洋综合管控的合力。

海洋检察议事决策机制的组织机构要实现有效运作,应从三个方面入手建立相应的议事决策协调制度:一是加强检察机关内部海洋检察议事决策机构建设。检察机关涉海相关部门要统一思想认识,把发展海洋检察事业的责任抗在肩上,做好本职工作,全院一盘棋,形成海洋检察工作合力。二是要加强检察机关与多主体的议事决策机构建设。参与主体除了涉海执法管理的有关单位和部门外,还可以包括海洋管理和执法的研究者、涉海企业和民众团体等。检察机关要与这些主体良性互动,当好社会公共利益的代表,当好党委政府的参谋,实现双赢共赢。三是要加强海洋检察智库建设。鉴于涉海案件具有专业性较强的特点,特别是海洋环境损害的评估认定的检测鉴定,损害行为与损害结果之间因果关系的认定等问题,专业性极强,需积极借助外脑,聘请海洋和法学领域的专家学者,建立海洋检察专家咨询委,及时主动向相关领域专家学者进行专业咨询,积极发挥海洋专家的智囊作用,提供专业知识、专业技术支持,弥补检察人员专业知识的不足,为案件依法办理奠定坚实的专业基础。舟山检察机关充分运用外脑借智借力,从全市人大代表、政协委员、高校学者、检验检测机构等范围内选聘涉及环境、生态资源修复等方面的专家形成"外脑智囊团"。如舟山检察机关在办理的全国首例向海事法院提起海洋生物资源民事公益诉讼案件中,及时听取高校专家对海洋资源损害后果的意见,解决相关损害赔偿金额等专业问题,取得了较好的效果。

海洋检察议事决策机制具体可以采用以下几种形式进行:

1. 联席会议制度。联合主要涉海执法管理的不同单位和部门,建立联席会议制度,定期或不定期地为解决海洋执法管理中存在的问题进行信息沟通、意见交流,协调一些具体工作中的矛盾,研究发现具体问题。明确各海洋行政部门、海警、公安机关、检察机关的牵头机构和联系人,加强日常工作沟通与协作。定期召开联席会议,协调解决重要问题,并以会议纪要等方式明确议定事项。

2. 临时组织协调机构设立制度。针对某一涉海案件的办理或海洋环境、海洋资源保护公益诉讼举报线索等制度的运行,也可建立临时性的具有权威的机构来实现协调决策。由于海洋检察工作中相关对象的广泛性,与会代表可以邀请公众、人大代表、传媒代表、科研人员、企业代表等。

3. 海洋执法信息共享制度。海洋管理和海上执法所涉及的单位、部门往往具有较强的技术性和专业性,且有各自的知识优势,并容易在实践中形成一定的知识保护,不同的部门间很难完全沟通和了解,且海上执法办案有不同于陆地的地理特殊性,为有效提升海上执法办案的效率与效能,应建立海洋行政管理数据、信息系统和海警执法信息系统的执法信息共享机制，为海洋管理和海上执法工作提供支持。各海洋行政部门、海警、检察机关应当运用信息化手段，逐步实现涉海上违法犯罪案件的网上移送、网上受理和网上监督。并且需规定各涉海单位、部门所应公开的信息范围，以及涉及具体海洋管理事务时，各部门应提供协助信息，以便于议事决策更加科学合理。如舟山市检察机关和舟山市海警局在加强信息资源共享，健全通报、反馈机制方面，以联合签署意见的形式明确应畅通渠道，互通行政执法、刑事侦查等核心数据及典型案例等。海警机构应为派驻检察官办公室开展工作提供便利，并于每月10日前全面提供上个月行政执法立案、处罚、执行，刑事侦查受案、立案、破案、撤案等执法信息。检察机关应按上述时间要求提供检察建议、纠正违法、立案监督、追捕追诉等数据和情况。

4. 联合办案机制。因海上办案环境复杂，执法办案存在取证难、固证难的情况，且长期以来存在涉海行政部门不及时移送刑事案件等顽疾，应建立联合办案机制加强对海上案件的办理。对于海上发生的各类船舶交通事故、渔业生产安全事故、重大海洋环境污染损害事件的调查，应明确由相关海洋行政部门第一时间通知海警介入调查，检察机关相关办案部门派员提前介入监督，以加强案件证据的收集、固定与保全，案件法律适用问题的协商，对涉及刑事犯罪的及时移送、立案、批捕、起诉。

5. 联合调研和督查工作机制。联合调研和督查机制的主要目的是改变分散的海洋执法体制带来的弊端，使海洋管理和海洋执法决策更具科学性、整体性和全面性，实现海洋管理和海洋执法决策的综合制定。

（三）海洋检察综合考评机制

绩效考评对检察业务的发展具有全方位引导、激励和约束作用。为了保证海洋检察工作的有效性，最大限度调动工作积极性、主动性，应该设立相应的综合考评制度，对本单位各个相关部门和各个基层院一段时间内主要海洋检察工作情况定期检查，总结工作效果，对存在的问题进行分析。要将海洋检察工作开展情况纳入年度对基层检察院检察工作绩效评价办法，年度市检察院机关部门工作绩效评价办法以及对检察人员绩效评价办法，制定考核条例和细则，使海洋工作不致流于形式，有其名无其实。

2020年3月，舟山市人民检察院、舟山海警局联合签发的《关于加强检警协作配合的若干意见》对海洋检察考评制度作出了有益探索，明确要将落实意见工作情况纳入双方绩效考评制度中，确保双方具体责任部门和工作人员应当认真执行该意见。在总结以往经验、深入调研论证的基础上，要找准当前海洋检察工作实际，建立体现海洋检察司法理念、突出海洋检察核心指标、凸显海洋检察品牌建设的海洋检察综合考评机制,充分发挥考评"指挥棒"作用。

同时,要突出结果导向,发挥绩效考评激励引导作用,拓展结果运用的广度和深度。一方面,将评价结果作为对基层检察院、市检察院各部门创先评优、领导班子和领导干部评价的主要依据。另一方面,要把结果评价与过程监管、日常评价与年终评价、综合评价与个案评查结合起来。加强海洋检察工作的常态化指导及结果分析,及时发现、梳理问题,为有针对性地开展指导督促海洋工作提供有力抓手。

四、创新海洋检察数字化监督体系

数字化监督,是指利用信息化、智能化技术,通过大数据分析比对来发现类案监督线索的新型法律监督模式。数字化监督模式与传统法律监督模式既有明显区别,也有一定相同之处。

二者的主要区别有两点:一是线索来源是依申请还是依职权发现不同。以往的法律监督线索大多数来自案件当事人提出的个案监督申请,监督相对滞后;而数字化监督的线索大多来自检察机关依职权自行排查发现,能实现实时、动态、全流程监督。二是获取线索的手段是以卷面审查还是数字化分析为主不同。卷面审查多侧重于个案,办案效率低,成案数量偏少;数字化分析更多利用大数据、人工智能等先进的科技手段,通过预设的分析研判规则和数据碰撞,批量发现类案监督线索,拓展了监督领域,实现成案数量倍数提升。

需要注意的是,数字化监督只是获取监督线索、证据材料的手段更加先进,检察官在办案中还是要通过调取案卷、审查证据、实地调查等方式进行调查核实,这点与以往的法律监督模式并无太大差异,只是监督更加精准、高效。

下面以舟山市海洋检察数字化监督为例,简要阐明数字化检察监督体系中的相关问题:

(一)加快推进海洋检察数字化监督体系建设的现实必要性

1. 传统监督模式固有的线索获取难、效率低等问题难以解决。舟山海域面积广阔、海岛众多、海岸线曲折漫长,涉海经济主体分散遍布于全市各个岛屿,人员通过舟楫往来,靠检察官实地走访发现法律监督线索的传统监督模式成本高且效率低,难以满足全面履行海洋检察工作职能的要求。

2. 检察人员知识背景单一难以满足专业化办案需要。海洋行政执法权高度交叉重叠、机构职能多次合并拆分,相关领域的政策法规体系烦琐复杂又难以检索，办案检察官不仅需要具备专业法律知识，还应熟悉了解机构职能、执法依据、地方政策、典型案例等知识，亟须专业的知识图谱、办案指引和典型案例指导，亟须加快复合型海洋检察人才的培养步伐。

3. 个案监督向类案监督的高质量发展需求。数字化改革为检察机关法律监督从个案监督向类案监督转型、实现监督质效跨越式发展提供了难得的契机。但目前所谓的检察机关与行政单位的执法信息共享机制多为采取案情通报、案件移送、文件抄送等常规方式开展，在监督对象上多以个案监督为主。主要原因是海洋执法司法单位多为垂直管理单位，办案系统尚未实现与检察机关的互联互通，难以通过采集执法数据后开展大数据分析，排查发现类案监督线索。

4. 海洋检察监督质效与党委政府的司法需求不匹配。舟山海洋检察监督的智能化系统建设方面目前仍为空白，个案及类案监督经验没有及时转化上升为可实时、动态、精准开展数字化监督的海洋检察监督应用场景。由于智能化支撑不足，海洋检察监督的广度、力度及成效与党委政府对检察机关提出的司法服务保障需求不相匹配。

（二）构建海洋检察数字化监督体系的可行性路径

数字化改革是 2021 年浙江省委部署的"一号工程"。舟山检察机关要果断乘势而上，借力数字化改革的东风，打通数据共享壁垒，全面推进舟山海洋检察工作的流程再造、制度重塑和赋能监督，通过依法全面履行检察职能，在保障全市海洋安全、促进海洋经济、保护海洋资源、推进海洋法治等方面发挥更大作用，积极打造全省乃至全国海洋检察工作创新发展标杆。在具体的实现路径上，需要坚持"数字化办案＋系统化监督"双向并行、分步推进的总体策略，最终形成一个覆盖四大检察十大业务、契合实际、逻辑清晰、功能完善的海洋检察智慧监督体系。

1. 数字化办案是基础层面，要挖掘提炼更多具有"舟山检察""海洋检察"辨识度的数字化监督典型案例，营造"头雁效应"。数字化办案是海洋检察数字化监督的基础，这主要是基于两个方面的判断：一是数字化办案扎根于法律监督工作实践，本质上是对法律监督经验的数字化解构和重塑，它可以快速形成一个个法律监督"小切口"，难度小、投入少、上手快、效果好，经验可复制、可推广，既有持续生命力，又可以迅速打响品牌、形成声势效果；二是数字化办案中总结提炼的数字化监督规则是建设各类智慧监督平台的底层技术基础，否则智慧监督平台就是无源之水、华而不实的空架子。

推进数字化办案，需要着力解决以下四个关键问题：

（1）获取必要的监督数据资源是前提条件。数字化办案的常见形式是通过采集执法司法数据后，利用数据库、EXCEL 等软件开展大数据分析，因此打破数据共享壁垒、接入数据资源势在必行。从当前各级党委高度重视和大力支持检察机关加强法律监督工作的大格局来看，推进执法司法数据互联共享是难得的机遇。在具体操作上，可以根据实际情况灵活推进，综合采取对接执法司法单位办案系统、对接公共数据中心、自动抓取互联网数据、双方协商人工定期获取等方式取得数据资源。之所以是"必要"而非"全部"，也是基于数字化办案的"小切口"特点，根据具体的数字化办案所涉领域来精准提出数据需求、精准获取数据资源。以民事检察部门的失信被执行人社保金发放专项监督为例，仅需要获取法院的失信被执行人名录、身份证号、决定起止日期，和社保局的社保金发放账号、姓名、身份证号、关联银行卡号、账户余额及被执行的银行流水信息，即可开展精准的数据碰撞分析。

（2）提炼数字化监督规则是核心要义。数字化办案不仅是一种技术手段，更是一种新型的监督理念。它与以往的智慧检务、智慧检察建设的根本区别在于，不着重于系统建设层面，而是更关注构建行之有效的监督规则，与实际办案贴合更加紧密。因此，数字化办案的责任主体并非传统的技术人员，而是业务部门的每一位检察官。要求办案检察官不仅要实现"案结事了"，还要注重办案经验的总结提炼，提取出可用于数据碰撞的关键词和分析研判规则，精准提出数据需求，在全市乃至全省迅速推广复制经验成果，实现从个案办理到类案监督、促进治理的转型升级。

（3）组建"数字办案机构"是重要保障。从长远而言，每一位业务部门的检察官都应当培养成为数字办案人才，具备熟练运用数字化思维和数字化手段来分析问题、解决问题的意识和能力。从短期来看，在目前尚不具备这个条件的情况下，组建"数字办案团队"或"数字办案中心"或许是较为可行的模式。"数字办案团队"是指"办案检察官+技术人员+数字办案人才"的融合式专业团队，可根据各级检察院业务部门的机构设置情况灵活设置若干个团队，在具体落实上，业务部门检察官负责提供基础研究案例、提出初步监督规则和具体数据需求、后期跟进调查核实，技术人员负责获取数据和开展大数据分析，数字办案人才负责牵头统筹协调和修改完善监督规则、形成数字化办案指引案例。"数字办案中心"是指专门设立的大数据分析机构，集中数字办案人才研究各领域的数字监督规则，利用专业化分析软件为相关业务部门批量提供各类法律监督线索，为相关业务部门精准高效开展监督提供方向指引和技术支持。

（4）完善分类考核评价体系是动力源泉。目前，数字检察考核主要针对案件管理部门，对相关业务部门并未设置实质性的考核规则加以约束和激励；

第八章 海洋检察管理体制及专业化海洋检察人才培养制度的建设

检察官、检察官助理、书记员、技术人员等都是采取全院统一的绩效评价体系，需要根据办案数量、办案质量、办案效果、理论调研等成绩综合评价个人年度绩效，且数字办案团队成员分散于各部门，如果时间精力全部投入全院的数字化办案，虽然单项工作成效好，但个人总体考核得分未必高，在部门内部推荐评先评优方面存在一定阻力，不利于打破部门界限、一体化全力推进数字化办案工作。数字化办案是全院乃至全市的重点工作，也是检察监督高质量发展的基础和保障，有必要根据工作需要设置单独的考核评价标准。对于业务部门，应将数字化办案作为评先评优的基础性条件，年度没有开展数字化办案的业务部门不得评先评优，取得成效的予以相应加分或记功表彰，以切实提高业务部门的重视程度；对于数字化办案团队的成员，单独设置数字化办案成效考核项目，根据岗位特点分别设置监督规则贡献数量、大数据分析成效、移送监督线索成案情况、数字化办案案例被推广或上级院转发等考核指标，提高数字化办案考核分值占比，对成效突出的及时予以记功表彰。

2. 系统化监督是集成层面，要重点打造"舟山海洋检察智慧监督平台"，进一步深化"海洋检察"品牌内涵，提升品牌影响力。数字化办案是基础支撑，智慧监督平台是应用集成展示和办案辅助资源。在数字化办案不断取得成效的基础上，要及时将数字化办案的经验成果集成到"舟山海洋检察智慧监督平台"，不断丰富海洋检察监督多跨应用场景，实现模块化、可视化、人性化操作，同时积极引入人工智能、GIS、知识图谱、办案指引、协同办案系统、指挥调度平台等办案辅助资源，迅速提升全体检察人员开展海洋检察数字化监督的能力和水平，并进而向全省沿海地市检察院移送涉海监督线索、辐射海洋检察品牌影响力，谋划推动和升级打造"浙江海洋检察指挥中心"。

在建设内容上，海洋检察智慧监督平台主要包括1个大数据基础能力平台，N个海洋检察监督多跨应用场景，1个指挥调度平台和存证中心，并集成相关办案辅助资源。多跨应用场景包括但不限于：（1）具体检察监督应用，例如刑事裁判文书审查监督、民事淘宝网拍专项监督、行政非诉执行专项监督、海洋公益诉讼专项行动，等等，在四大检察十大业务中具体细分为一个个具体的专项监督场景，不断丰富完善；（2）嵌入一件事场景，平台接入本地执法司法单位牵头建设的渔船紧密智控系统、涉海涉渔社区矫正监管系统、无人岛管控系统、雪亮工程视频监控资源，等等，提供巡回检察和远程取证固证功能，实现派驻检察官办公室"线上化"运作；（3）引入公众参与体系，通过与微信随手拍、移送办案小程序、浙里办等平台，为代表委员、人民监督员、志愿者、社会公众等提供线索举报、参与调查、反馈整改成效、评估办案效果、统计展示等功能，形成全市支持配合检察监督的大格局。整体方案应在吸收借鉴数字化办案成果的基础上，结合舟山海洋检察监督实际需要，重点强化案件线索获取、精准分析推送、实时取证指挥、吸收公众参与、知识图谱辅助、业务决策分析等能力，健全海洋检察智慧监督办案机制，推动海洋检察监督理论创新，利用"科技+检察"融入参与海洋治理体系和治理能力现代化。

在总体框架上，海洋检察智慧监督平台项目按照"四横两纵"的设计路线开展。四横包含：基础层、服务层、应用层及门户层。基础层包含基础服务和基础网络，构建面向业务协同、辅助办案、数据赋能监督的基础服务和支撑体系，系统同时满足建设制度标准体系和网络安全体系要求；服务层包含数据中心和智能中心；应用层包含数据赋能监督体系、辅助办案应用体系；门户层将应用指挥调度中心，利用 GIS 及数据深度挖掘技术总体将海洋检察进行展示。两纵包含：制度标准体系和统一网络安全保障体系。

在建设任务上，将海洋检察智慧监督平台一件事纳为一级任务，拆解出数据资源库建设、监督模型建设、全民参与体系与区域协同机制四大二级任务。数据资源库建设，主要是构建一个数据采集、数据处理、数据检索、数据对接的衔接体系，具备采集互联网数据、公共平台数据、裁判文书关键词解析数据等能力，利用智能化技术把获取的数据处理成可用数据，并提供数据关键词检索。监督模型库建设，主要是针对办理的海洋环境污染、海洋生态资源保护、非法采矿、非法用海等类型案件，把类案监督规则和需采集的特定数据资源解构形成计算机语言，为各个海洋检察专项监督应用提供底层的分析研判规则。多维度公众参与体系建设，主要是构建人大代表、志愿者、市民群众等全民参与治理体系，从线索发现、线索移送、专项的开展以及调查和反馈等过程实现对线索事前发现、事中整改、事后检查的共治机制。区域协同办案机制建设，主要是对平台发现的涉及省内外其他检察院的海洋检察监督线索，通过线上、线下的线索移送机制，加强海洋检察一体化异地协作。

在改革效果上，通过聚焦业务协同、数据赋能、智能辅助办案，实现"全渠道案源发现、全自动研判预警、全要素资源智库、全体系指挥调度"的四位一体建设目标。具体如下：（1）全渠道案源发现：全渠道汇集数据，通过对接行政执法单位业务数据、自动采集互联网及投诉举报数据、收集或对接司法案件线索数据等，组建全市的统一大数据中心。通过对海量原始案件及线索数据的存储、管理、调度、分类、并行计算、处理、明细数据钻取，实现案源线索的挖掘和发现。（2）全自动研判预警：根据研判预警规则，通过对数据的时空碰撞案件分析、智能化案件归类分析、核心行业专题分析、案件预警分析等数据挖掘分析手段，根据成案指数大小，对案件全自动研判和红黄蓝预警，极大减轻办案压力，提高办案效率。（3）全要素资源智库：知识资源平台集成行政法规库、权力清单库、专家库、公益诉讼案例库等多维度、全要素的智库资源,可以为办案人员提供知识匹配和办案指引,拓展办案人员办案思路,提高案件办理准确度。(4)全体系指挥调度:在指挥调度中心大屏幕上,从多个维度可视化地进行展示,统一管理案源线索和数据、集中研判难点或典型案件、集中调配办案力量指挥办案,提高办案水平质量,降低办案及培训成本。指挥调度中心综合统计模块,与大数据中心实时共享数据,可视化直观汇报展示海洋检察监督成果,辅助远程取证指挥调度、在线办案研讨;科技辅证模块,可随时调取无人机视频和卫星地图,为海洋检察案件办理提供各类证据。

第三节 海洋检察人才培养的目标定位及其战略价值

一、海洋检察人才培养的目标

"人才"一词出于古老的《易经》"三才之道",即孔子及孔门弟子的《易传》讲:"《易》之为书也,广大悉备。有天道焉,有人道焉,有地道焉。兼三才而两之,故六。六者非它也,三才之道也。""人才"一词沿用到现在,已经发展成了一个很丰富的概念,在不同的领域、不同的场合蕴含不同的意义。改革开放以来,随着社会经济的不断发展和社会法治建设的不断深化,对于法律人才的需求也日渐增加。检察机关是国家的法律监督机关,而检察官则是国家检察权的行使者,是法律监督权使用的主体,是国家法律忠诚的捍卫者。检察官在社会中充当弘扬社会法制、主持公正执法、维护法律尊严的角色,其素质的高低决定了一个国家执法状况的良莠。而检察机关在自身队伍的建设和打造中也花费了大量的精力。随着监察体制改革、内设机构改革的开展,四大检察全面充分协调发展新定位提出,以及现阶段我国海洋强国战略的实施要求,给检察机关在人才建设方面提出了新的需求。在结合检察自身工作特点和海洋发展需求的基础上,海洋检察人才应当具备以下能力:

(一)良好的法学理论功底及法律知识体系

法学理论是学习法律的基础,是整个法律架构的核心,就好比我们在学习刑法时,一开始最先学习的是总论,然后才学习分论。总论包括整个刑法的架构、原理,分论中的每一个概念、每一条规定都能在总论中找到出处、找到原理,这也是法学理论十分重要的原因。法律人与一般人的区别,不仅在于对法律规范的熟悉度,更因为法律人知道相对应的法学理论。正所谓"知其然知其所以然",只有具备了系统的、深厚的法学理论知识,才能在具体的执法活动中,真正做到规范、公正、高效执法,才能深刻地领会法律的精神和价值,正确地把握法律与政策的关系,真正使法律发挥应有的效用。

(二)一定的司法实践经验

拥有扎实的法律专业基础知识,是每一个法律人的最基本要求,在成为一名合格的法律人之前都需要通过严格的考试,才能获得资质,才算是拥有了扎实的法律专业基础知识。在检察工作中运用最多的是刑事法律,包括刑法、刑事诉讼法,同时也涉及民事,而在海洋检察各项业务的开展中,需要检察官运用的法律更多,这对于检察官也提出了更高要求。法律实践经验是对法律知识的运用能力,也是对具备的法律知识素养的检验,它是法律人法律知识素养的有机组成部分,包括运用法律对外沟通、协调,平衡法律效果和社会效果等各方面的能力。在海洋检察工作中,会遇到很多突发的事件和问题,拥有一定的法律实践经验,对于处理海洋检察业务十分有益。

(三)海洋、海事方面的知识储备

相对于法治建设的初期社会对法治人才的需要更偏重于普通型,在法治发展到现阶段的情况下,社会对法治人才的需求更倾向于有特殊、有优势的特殊法学人才。[①]复合型人才不仅要在自身专业上有过硬的本领,更要在其他领域有涉及、有熟悉,多方面技能兼而有之。检察官的职责是监督国家法律正确实施,但是随着社会不断的发展,新情况新问题层出不穷,海洋检察作为检察工作的新领域,更是需要检察官储备有关海洋管理、海洋行政执法、海洋开发等各个方面的知识,以适应海洋检察工作的需要。而在海洋检察中遇到的新问题,往往没有先例可循,更是需要检察官具备创新思维,跳出常规,创造解决问题的新方法新思路,这就需要检察官在具有知识储备的同时,也要有创新的能力。

(四)坚守政治、崇尚法律的素养和开拓创新能力

法谚云"法律必须被信仰,否则它形同虚设"。由于每一个国家的政治体制和文化背景不同,对检察官的素养要求也有一定差异,但对现代法治国家的检察官来说,法治信仰是共同的、不可或缺的精神条件。检察机关作为国家法

---

① 单娟:《海洋强国战略下海洋法学专业人才培养体系构建》,载《中国成人教育》2019年第5期。

律监督机关是法治建设的重要力量，检察官掌握着公权力，我们要培养对权力、法律和人民的敬畏感和谦卑意识。检察官要以法治为信仰，相信法治的力量，关注法治的发展，维护法治的权威，做法治的实践者和参与者。在办案中始终坚持"以法律为依据，以事实为准绳"，敬畏权力、敬畏法律、敬畏人民，才能在公正执法的道路上一路向前。

综合以上条件，海洋检察人才应当是具有良好政治素养，具备深厚法学知识功底，具有创新精神和较强创新能力、实践能力，同时具备一定海洋管理、海洋执法与海洋司法知识储备的，在检察机关从事法律工作的应用型、复合型人才。

二、海洋检察人才培养的战略价值

（一）海洋检察人才的开发与管理迎合了海洋强国战略的法律人才需求

我们生活在一个蔚蓝色的地球上，海洋占据了地球表面积的71%，在浩瀚的海洋中蕴藏着极其丰富的资源，而我们对于海洋的探索还不到10%。在世界发展史上，几乎每一个强国的崛起都与海洋的开拓和利用有着密切的联系，荷兰、英国、德国、日本、美国，无一例外。21世纪是海洋的世纪，海洋大国在海洋资源、海权以及海洋经济等方面的竞争日益激烈，而走向海洋也成为我们国家必然的选择。

我国是一个陆地大国，国土面积960万平方公里，同时我国也是一个海洋大国，大陆海岸线北起鸭绿江口，南到北仑河口，长达18000多公里，岛屿有6500个，划归我国管辖的海域约200多万平方公里。2012年党的十八大报告明确提出，要提高海洋资源开发能力，大力发展海洋经济，加大海洋生态保护力度，坚决维护国家海洋权益，建设海洋强国。习近平总书记也曾强调："21世纪，人类进入了大规模开发利用海洋的时期。海洋在国家经济发展格局和对外开放中的作用更加重要，在维护国家主权、安全、发展利益中的地位更加突出，在国家生态文明建设中的角色更加显著，在国际政治、经济、军事、科技竞争中的战略地位也明显上升。"我国是一个陆海兼备的发展中大国，建设海洋强国是全面建设社会主义现代化强国的重要组成部分。

"海洋强国"战略的提出既是对国家发展新的挑战，也是一次机遇。习总书记对于扎实推进"海洋强国"战略的实施与建设，也提出了四方面的基本任务要求：一是提高海洋资源开发能力，着力推动海洋经济向质量效益型转变；二是保护海洋生态环境，着力推动海洋开发方式向循环利用型转变；三是发展海洋科学技术,着力推动海洋科技向创新引领型转变;四是维护国家海洋权益,着力推动海洋维权向统筹兼顾型转变。这四个基本任务的实现,方方面面都离不开人才的支撑,尤其是法律人才的支持。目前我国在有关海洋法律和政策等方面的研究和人才培养方面还相对比较薄弱,因而打造一支专业化的海洋检察队伍,全面充分发挥法律监督效用,显得尤为必要。

（二）海洋检察人才的开发与管理体现了为实现海洋治理现代化的检察担当

党的十八届三中全会提出:"全面深化改革的总目标是完善和发展中国特色社会主义制度,推进国家治理体系和治理能力现代化。"国家治理体系和治理能力是一个国家制度和制度执行能力的集中体现。所谓国家治理体系是在党领导下管理国家的制度体系,包括经济、政治、文化、社会、生态文明和党的建设等各领域体制机制、法律法规安排,是一整套紧密相连、相互协调的国家制度。国家治理能力则是运用国家制度管理社会各方面事务的能力,包括改革发展稳定、内政外交国防、治党治国治军等各个方面。海洋治理是国家治理的重要组成部分,推动海洋治理体系和治理能力现代化对于实现国家治理现代化具有非常突出的战略意义。

我国海洋产业起步晚于世界老牌海洋国家,从目前海洋大国的现状到海洋强国的实现是量变到质变的转变,需要高素质人才长期不懈努力之"量"的积累。在"推进国家治理体系与治理能力现代化"政治理念不断发展的背景下,我们应吸收借鉴美国、日本、欧盟、东盟等主要海洋国家和地区的海洋生态环境治理经验,立足于本国海洋生态环境现状和现行海洋管理体制机制存在的弊端,不断完善海洋治理法律法规、政策体系,加强区域合作,推进中国海洋生态治理体系与治理能力现代化。作为法律监督机关的检察机关,肩负着维护司法公正、促进社会公平正义的神圣职责,在推进海洋治理现代化中也应当承担起相应的责任,首要的关键在于人才。党的十九届四中全会全面总结了我国国家制度和国家治理体系13个方面的显著优势。"坚持德才兼备、选贤任能,聚天下英才而用之,培养造就更多更优秀人才的显著优势",是其中之一。人才作为经济社会发展的第一资源、第一动能,是国家治理体系中需要优先关注的重点领域,这一点在海洋治理现代化中也同样适用。检察机关要积极主动适应海洋现代化治理的需求,培养一批能承担起海洋管理法律监督职责的人才。

（三）海洋检察人才的开发与管理是四大检察职能在海洋领域拓展的需要

2016年11月4日,中央办公室厅印发《关于在北京市、山西省、浙江省开展国家监察体制改革试点方案》，同年 12 月 25 日，第二十届全国人民代表大会常务委员会第二十五次会议作出《关于在北京市、山西省、浙江省开展国家监察体制改革试点工作的决定》。至此，国家监察体制改革正式拉开序幕，并在北京、山西、浙江三个试点省市稳步高效推进。随着监察体制改革的不断深入，检察机关在挑战中寻求机遇，迅速整合现有职能，重新规划工作重点，以反贪职能转隶为契机，以内设机构改革为突破口，破解"重刑轻民"，提出刑事检察、民事检察、行政检察、公益诉讼检察"四大检察"全面协调充分发展的目标，明确要求：做优刑事检察工作，突出专业化。通过完善办案机制，把捕诉一体在办案质量和效率方面的优势发挥出来。做强民事检察工作，在"深"字上做文章。进一步拓宽思路、积极作为，将民事检察工作做得更实更富成效。做实行政检察工作。要做到精准，抓好典型性、引领性案件的监督，做一件成一件、成一件影响一片，争取双赢多赢共赢效果。做好公益诉讼检察工作，加大工作力度。要把握规律、发现问题、加强指导，与法院和有关行政执法部门进一步加强衔接，完善顶层设计。检察机关通过内设机构的系统性、整体性、重塑性改革，实现了刑事、民事、行政、公益诉讼"四大检察"并行的法律监督总体布局，优化了法律监督职能，推动了检察工作换挡升级。

我国是海洋大国，随着"海洋强国"战略的实施，国家对于海洋的发展与保护达到了前所未有的高度。而针对在海洋的生态环境等方面的保护尤其需要法律上的保驾护航。相较于在"陆域"上的四大检察业务，"海域"上的四大检察业务更具有自身的海洋特色，海洋生态保护公益诉讼业务的开展、非法捕捞等一系列海洋案件的办理，都需要培养一批"海域"检察官，守护蓝色海洋。

第四节 我国海洋检察人才开发不足的原因及其完善措施

海洋检察人才作为奠定海洋检察体系框架的最根本单元和要素，是海洋检察工作能够顺利开展和运作的根本保证，因此，必须从"夯实海洋检察人才基础是海洋检察发展的第一要务"的要求出发，多措并举、多管齐下、多元发展，做实、做强、做精、做优海洋检察人才开发与管理工作。

一、海洋检察人才开发不足的原因

(一) 人员流动机制的固化束缚了人才的选拔

司法体制改革和内设机构改革后,人员流动性降低,岗位固化。检察机关基于绩效目标的潜在需求,检察官长期固定在某一工作岗位的现象较为突出。实践中,岗位调整通常来自新招录人员到岗、原岗位人员借调等客观因素带来的被动性调整,而非基于专业化发展考虑的主动性调整。总体来看,因为员额制的实施使得检察官队伍开始向着年轻化发展,而这个阶段的检察官处于积累丰富法律工作经验的黄金时期,岗位固化十分不利于其充分发挥自身的潜力。在司法改革和人员分类管理后,各地检察机关内部人员的流动性大大降低,尽管对于检察队伍的职业化建设来说,相对稳定的队伍结构有助于维持一支专业高效的办案团队。但长期的岗位固化,既不利于检察官专业化的全面提升,也影响了检察官队伍专业化的长远建设。

(二) 专门化培养海洋法律人才的高校和院所失之厥如

法学教育的最终目的在于对有志于从事法律实务的人进行科学且严格的职业训练,使他们掌握法律的实践技能及操作技巧,能够娴熟地处理社会当中各种错综复杂的矛盾。[①] 20 世纪 90 年代以后,我国市场经济深入发展,依法治国的方针逐步实施,从目前社会的整体情况来看,法治观念已成为全社会的主流思想,创建一个良好有序的法治社会已成为全国人民的普遍共识。在和谐社会的构建及依法治国的理念影响下,全社会对于法律专业人才的需求在增加。关注每年的"两高"报告不难发现,司法机关每年的案件数量都在逐年增加,而在一年一度的省级公务员考试、国家级公务员考试中,法学专业的需求量仍排在整体需求额的首位,随着依法治国、依法行政理念的不断深化,不管是司法机关还是行政机关,对于法律人才的需求有增无减。但是在高校的人才培养储备上,当前各大高校的法学课程设置过于专业和单一,高校教育还停留在重专业知识讲授、轻辅助知识接受及岗位技能的培养方面,沿用的是"以课堂为中心,以教材和教师对专业知识的讲授为基本点"的教学模式。在教学内容上,则都是以现行的国内法为主,很少涉及法学专业之外的学科。培养出来的学生缺乏法律实务经验,与当今社会的需求严重脱节。因此尽管每年走出大学校门的毕业生成千上万,但真正能学有所用的很少。

---

① 郭明瑞、王福华:《创新法学教育推进依法治国——"现代法学教育论坛"综述》,载《法学论坛》2001 年第 6 期。

（三）在人才流失后无法及时有效补充

一方面虽然各个检察院每年都在通过国家公务员考试、省公务员考试、选调等各种方式招录人才，但因为受到编制数、当地组织部门招录的限制等原因，每年可以通过考试、选调等招录的人数十分有限，有时甚至无法跟上流失的速度，每年的人数都成负增长。另一方面因为近些年毕业生就业压力增大，许多应届毕业生在毕业的时候往往会选择通过公务员招考而取得一份稳定的工作，且应届毕业生因为在校园的关系，往往有更充裕的时间准备考试，考试通过率较高。而通过公务员考试招录进来的应届毕业生仅有理论知识，在法律实务上缺乏经验，需要一定年限的培养才可能成为具备独立办案能力的业务骨干。流失出去的是骨干，招进来的是新兵，很容易造成检察队伍青黄不接的状况。

二、树立海洋检察专业化人才建设的全局意识

（一）重视和加强海洋检察专业化人才建设是维护海洋法治领域司法公正的前提

检察官素质、职业水准的高低，直接影响到整个检察机关独立行使检察权的质量，特别是办案质效、服务的广度深度等，都对社会各个阶层和群体的感受造成直接的冲击和影响。检察职业化、专业化体系的建立，必须以检察专业化人才培养机制的建立以及专业人才的充足和多样为保障。只有充足的人才储备才能够保障海洋检察工作的目标、做法、需求得到最及时有效和高质量的落实，并在此基础上保证海洋检察权行使的公正性、效力性以及实效性，从而最终有利于确立社会公众对检察机关在海洋法治领域司法权的实现产生法律的信赖感，进而有效地实现维护涉海领域法律权威和尊严，维护社会公平正义。

"检察专业化已经成为一种趋势。各地检察机关在推进专业化建设中形成了各具特色的检察专业化模式，出现了形式多样的专业化分工。"[①] 统筹海洋和陆地同步发展、经略海洋、发展海洋经济已经成为我国的既定战略目标，是我国未来国家安全、社会发展、经济提速的重要基础。检察机关作为国家的政治机关之一，首要责任就是落实党和国家的重大战略，表现在海洋领域就是以检察权的充分运用保障、服务国家海洋开发、保护、利用战略的实现。在这个过程中，要确保相关海洋活动都能在法治的轨道上行稳致远，就需要一大批懂

[①] 夏阳、陶维俊：《检察专业化的实践检视及优化路径》，载《中国法律评论》2018年第3期。

海洋、懂法律、专业精、实践强的人才，这些人才是检察院在海洋领域贯彻落实相关法律政策的最基本和最重要的单元，从夯实基础的要求上构成了检察机关维护海洋法治根本任务实现的有力保障。

（二）重视和加强海洋检察专业化人才建设是丰富司法体制改革内容的重要举措

由于长期以来司法精英人才短缺，特别是精英型检察官数量占比不足。而且，长期以来偏重刑事法律业务，导致检察官群体专业较为单一。这些问题的产生既有历史因素，又有管理体制因素。而这些问题又影响到海洋检察工作的开展，只有逐步解决此类问题，检察官的素质才能在加快海洋检察发展的进程中得到不断提高，才能使检察官逐步在海洋法治领域成为具有社会公信力、切实承担起海洋领域法律监督职责的国家工作人员。

司法体制改革以来，党中央对检察官队伍提出了更高更广的要求，检察官的第一职责是法律监督，办案则是法律监督的实现方式之一，但不是唯一的实现方式。因此，新形势下"注重更新政治工作方法理念。增强大局意识，增强实际、实用、实效观念，增强'大政工'理念，增强'一盘棋'思想，增强智能自觉"①，才能全面提升检察政治工作质量。由于经济社会领域内容的多元性，司法体制改革对检察官的素能也提出了多元化的要求，这些要求倒逼检察官必须跳出单一的刑事领域，通过刑事、民事、行政、公益诉讼等多领域职能的发挥服务经济社会发展的需求。而海洋检察作为检察工作的新领域，不断涉及法律领域，更涉及经济、文化、社会、科技等多个与法律相互交织的领域，只有培养出既懂海洋又懂法律的复合型检察人才，才能够让海洋检察工作在专业人才支撑的基础上走得更深更远。

（三）加强海洋检察人才开发与管理是新时期检察队伍建设的必由之路

经济社会发展日新月异，检察工作不但要低头干活，更要抬头看路，要适应新形势发展和改革要求。只有大力推进检察队伍专业化职业化建设和专业化管理，加快建设专业齐备、结构合理、数量充足、素质优良的检察人才队伍，才能真正培养一支能够适应社会发展和检察事业需要的高素质、职业化的检察队伍，这也是未来"四大检察"充分发展的必然趋势。

海洋检察工作涉及海洋刑事、海洋民商事、海洋公益诉讼等多个领域，而

---

① 郭兴旺：《努力打造过硬检察队伍服务促进各项检察工作全面协调充分发展》，载《人民检察》2019年第3期。

且由于我国海域面积广大，在海洋整体性强的基础上，各地海洋又呈现出多类型化。由于经济社会区位等的不同，导致在海洋管理、海洋问题、海洋诉求等方面呈现出不同的特点，而这些特点又与沿海所在地区的经济发展状况紧密联系在一起。同时，海洋环境生态等科学领域的发展研究程度也关系到海洋检察的发展程度。正因为海洋的高度专业化，这就对海洋检察工作提出更高的要求，没有专业化的人才及管理体制机制，海洋检察是无法深入发展的，人才专业化及其体制机制是海洋检察发展最根本的基础和动力。

三、明确海洋检察专业化人才保障的思路和方向

（一）注重综合配套完善发挥制度的保障性作用

海洋检察作为检察工作的新领域，目前尚处于探索之中，由于海洋检察工作地域的特殊性，首先是沿海检察机关的第一责任和第一要务，同时与海洋利益相关的内陆地区也应承担一定职责。由于海洋学科领域的发展作为一个新兴学科领域，很多内容还在探索实践之中，检察权的履职在依法的基础上不可能脱离沿海及其相应各个地区的社会、经济及科学技术发展的实际，因此，必须从地方海洋发展的相关需求开展充分的研究，结合全面的海洋需求实际有针对性地确立海洋检察工作，并在此基础上研究制定必要的海洋检察人才供给和人才培养管理规划，只有这样才能做到规划合理、配套有序、有的放矢。

对此，最高检有必要对海洋检察工作及沿海地区海洋检察的服务需求和服务内容进行总体上的调查研究，建议出台海洋检察建设规划纲要，对海洋检察各领域的内容进行五年一个周期的规划。同时鼓励各海洋地区先行先试，出台海洋检察专业人才配合和管理规划，同时，逐步建立完善专门的海洋检察工作机构或者工作组。通过规划和机构的完善，让海洋检察人才培养和成长能够在必要的检察载体上开展，使海洋检察人才培养与海洋检察工作机构建设同步共进，从而进一步推动海洋检察人才专业化和职业化的有序发展。

（二）通过试点海洋检察工作提供海洋检察发展建设样本

由于我国发展海洋经济、提升海洋管理相对与欧美等国家起步较晚，在成熟的海洋制度体系、海洋法律体系以及海洋司法体系的建设上相对薄弱，因此，直接在全国开展海洋检察人才专业化培养和管理，尚缺乏必要的参考和可供借鉴的模板。因此，有必要根据我国各地检察机关海洋检察工作发展的程度和成熟度，在综合比较分析的基础上，选取有代表性的地区及其检察机关，以最高检开展海洋检察工作试点的方式，结合各涉海区域的特点，开展海洋检察工作创新试点，通过两至三年的试点，形成可供参考的海洋检察数据，以及可

资借鉴的海洋检察模板,并在试点的基础上不断推动涉及海洋检察方面的法律法规和相关制度的完善,同时,通过试点期间海洋检察典型案例、经验成果的宣传发布等措施,提升海洋检察工作的社会关注度和知名度,让社会认可和接受检察机关在海洋方面法律监督工作的开展。

以浙江舟山为例,可以在舟山检察机关开展海洋检察工作起步较早的基础上,针对当前海洋检察工作中存在的薄弱问题,广泛开展标准统一、内容科学、条理清晰、全面系统的大走访、大调研工作,进一步摸清地区海洋检察工作底数,全面细致掌握海洋检察方面专业人才的构成、分布、职责等内容,同时,就海洋检察工作中人才的培养和管理经验进行必要的整理分析,从而进一步完善和强化舟山海洋检察人才培养和管理实施方案及其近期和远期规划,筑牢工作基础。同时,舟山检察机关可以根据新时代检察工作主要内容,积极向上争取,结合地方实际,打破固有模式,在全市设置统一的海洋检察机构,重新组建新型海洋检察工作团队,明确职责和运行模式,重新划分内设机构,通过一定时期的努力,为全国海洋检察工作提供典型的舟山样本。

(三) 结合海洋检察发展需要积极争取党委政府支持

海洋检察工作涉及面广、涉及单位多,且跨学科、跨专业、跨领域要求高,海洋检察工作单靠检察机关一家是无法完全开展的,因此,必须积极争取党委政府的支持,特别是获得相关海洋行政执法机关的支持,特别是在人员联合培养、交流互派、教育培训等方面给予支持,这样才有利于海洋检察专业人才的培养,以及在职业发展和职业规划方面更具备全面性和延续性。特别是从中央到地方,要与公务员招录主管部门沟通,以优化海洋检察人才来源结构为目标,坚持服务海洋检察工作的招录导向,把有海洋知识和专业背景的人才纳入招录范围,特别是要创新考试内容方式,在传统笔试科目基础上增加海洋相关专业科目笔试,突出对报考海洋检察考生综合素质的考察。

对于检察机关来说,以专业化为导向开展海洋检察人才培养,党委政府必须在人才招录上给予编制和数额的支持,要以资格为基础要件、以能力为核心要素、以地域为客观条件、以案件种类特点标准、以年龄结构为参考因素、以性别配比为补充条件,通过原有人才的选拔和后备力量的招录,特别是要考虑通过聘任制或者特招制等方式,招录具有法律知识的专业化海洋人才。对于非行政编制招录的海洋检察人才,因考虑到无法纳入检察员额管理,可以给予单独的与员额待遇等同的薪资待遇体系。只有通过自身人才培养和高端人才招录,才能够有助于尽快建成专业、系统、科学、规范的海洋检察人才体系和海洋检察工作人才支撑和保障体系。

四、建立科学合理的海洋检察专业化人才保障体系及人才标准

（一）提升对海洋检察专业化人才保障及标准体系建设的重视度

从严格的意义上讲，海洋检察专业化人才保障需求体系及标准属于人力资源管理标准体系建设中的一部分，是比较特殊和专业性强的领域，具有一套较高的标准且符合较高专业程度要求的体系。因此，这就需要检察系统内部纵向和横向间共同努力建设。例如，在海洋检察人才开发培养中，什么是海洋检察人才，海洋检察人才如何评价、海洋检察人才包括哪些领域，以及海洋检察人才开发和管理要达到什么样的标准和体系，目前均没有明确指标、体系和规范。

专业化人才保障的需求体系及标准作为海洋检察人才专业化开发和管理的基础性机制，直接关系到海洋检察人才整体的发展和目标的实现程度。因此，必须重视建立科学合理的海洋检察专业化人才保障体系，制定长期和短期的培养计划，依托涉海高校定期组织岗位培训及业务训练，成为检校长合作的有机组成部分。针对不同类型的海洋违法犯罪定期组织司法机关及专家学者共同进行专业研讨，借助省检察院的力量在全省范围内定期发布典型案例。在海洋检察人才培养工作中，率先完成保障需求体系，从对海洋专业化人才工作的研究分析入手，通过对不同地区海洋人才培养基础目标需求样本的对比出发，建立符合海洋检察工作实际和海洋检察人才开发管理现状的保障。

（二）探索出台海洋检察人才专业建设的标准体系

近几年，全国检察机关越来越重视专业人才队伍建设，出台了不同内容和领域的人才保障需求标准，建立了多种符合检察工作实际的体系。但是，目前各地检察机关出台和建立的保障需求和标准体系多是从传统检察工作领域考虑，而还有检察职能从陆地到海洋的延伸，现有保障需求体系及标准无法概括和体现出海洋检察人才专业化建设的需求。传统标准没有具体规定，海洋检察自身的标准体系尚未建立，制度的空窗导致传统的保障需求标准体系无法适用，新的标准体系尚未建立，在一定程度上对海洋检察人才开发管理标准化体系的建设产生了限制，导致检察机关海洋检察领域人才开发和管理标准化体系的建设低水平空转。

结合传统人才专业建设保障需求和标准体系来看，海洋检察人才专业化领域的管理标准体系包括诸多模块，各模块负责各自相关内容且各有侧重点。虽然各模块独立使用但却又彼此联系，比如海洋检察人才评价和绩效管理模块与人才待遇实现和提升管理相关，海洋检察人才培训保障模块与人才自身能力提

升和对检察工作发展的促进作用相关等,这些海洋检察人才专业建设保障需求和标准体系下的模块共同形成了海洋检察人才开发和管理标准体系。由于这些模块缺乏统一整合,目前呈现出孤立存在的状态,进而使得现有海洋检察人才管理标准化体系无法建立且无法发挥出其过程管理的功能。因此,有必要从地方海洋检察工作实践的实际出发,列入以沿海省为单位,允许省内各地根据自身实际尽快探索出台海洋检察人才专业建设保障需求和标准体系,并通过相应的实践不断予以完善,形成省域范围内的相关机制,最终在各相关省的探索和完善下,通过最高检的整合形成检察机关人才专业建设保障需求和标准体系的重要组成部分和不可或缺的模块。

(三)积极推进和落实海洋检察人才队伍建设

根据出台的海洋检察人才专业建设保障需求和标准,及时和全面开展海洋检察人才资源管理培训,夯实海洋检察人才开发和管理能力基础。特别是在互联网时代下,由于单位机构多,可利用的资源丰富,因此,培训的方式应当不拘泥于线下,更要通过互联网、微信、直播等多种新媒体平台为海洋检察人才进行系统的培训,同时,网络培训要创新学习考核和学习检测机制,真正激发检察干警的学习热情。同时,根据建立的保障需求标准化体系,结合各地检察机关海洋检察工作的实际,对海洋检察人才开发和管理中涉及人员等的绩效管理制度、薪酬管理制度进行个性化调整,从而有效调动海洋检察人才的主观能动性。

此外,还应考虑在海洋检察工作的新常态下建立多重人才梯队机制,扩大海洋检察人才专业化保障需求体系及标准的灵活性、可操作性和最大效用。海洋检察人才的开发和管理,应当以人才为主导,要将围绕人才开展的海洋检察工作团队放在首要位置,通过司法改革管理机制扁平化释放出来的人力和管理效能,提升海洋检察人才的综合能力,特别是海洋检察各项工作的传帮带能力,旨在围绕海洋人才打造一个多重复合型海洋人才运行梯队,从而最大化地实现保障标准体系对海洋人才开发使用的价值。特别是要建立起"通过发展阶段、业务类型、专业分类及培养策略等人才队伍建设的四个要素维度,将人才从低到高依次划分为基础库—培训库—后备库—成熟库。构建以专业化战略发展阶段及人才类型为基础,需求分类策略及长期培养策略为主体的'四维'人才队伍建设模式。"[①]

---

① 高绪红:《金字塔形人才培养体系建设》,载《中国电力企业管理》2019年第9期。

五、多措并举化解人才缺乏短板和培训资源不足问题

（一）强化海洋检察人才管理培养责任制、推动工作有效开展

海洋检察工作由于具有探索的性质，作为检察工作新的领域，其人才开发和管理模式同样具有很强的探索性质，因此必须将海洋检察人才开发与管理工作的推动情况作为相关具有海洋检察职能或者开展海洋检察工作的检察机关的重要工作项目，明确工作责任，出台工作推动指标体系。

1.强化海洋检察人才开发与管理的职责意识。海洋检察人才培养面对的各种短板和资源不足问题，与海洋检察工作起步晚、体系化不足、理论和制度支撑不够具有较为紧密的关系，因此，必须将解决海洋检察人才开发与管理作为相关检察机关的重要责任，出台支持机制，相关检察机关根据自身实际出台推动规划，实现海洋检察人才培养权责明确，整体推进。

2.构筑责任体系。把海洋检察人才专业化培养纳入最高检对相关检察机关的考评体系，根据各地实际，出台合理科学的考评项目，从人才规划、招录、选拔、使用等全体系全周期的专业化职业化培养出发，明确考评项目，进而将日常考评与年终考评相结合，使相关检察机关既感到责任又能体会到压力。

3.建立海洋检察人才培养指标评价体系，同时，对相关机关海域检察工作要求按年或者分阶段量化，将评价指标和量化的工作与对海洋检察人才自身的考评结合起来，让海洋检察人才在整体培养的基础上，更加注重自身的学习和专业提升，从而有效将外力和内因结合，促进海洋检察专业化人才的最优成长。

（二）强化资源整合和互联互通筑牢海洋检察人才培养多元化基础

海洋检察是检察机关在海洋专业领域开展法律监督的实践，仅仅依靠单一的法律专业是无法做好海洋检察工作的，因此，依靠检察机关自身力量也是无法做好海洋检察人才的开发和管理的。除了传统的政府职能部门支持，涉及海洋领域的还有大量的政府涉海管理服务机构、高校、科研院所、公益组织，以及相关海洋领域长期从事涉海职业的社会人员，他们都是海洋领域某一或者某几个方面的专业机构、专家能手。检察机关在海洋检察人才开发和培养管理的过程中，必须把眼光放在检察机关之外，有效地借助整合社会资源，提升检察人才培养的质效。

1.与政府涉海执法和服务机构开展全面合作，加强对检察海洋人才开发和培养管理的支持力度。由于政府涉海相关部门，以及引航、船务、检测等服

务部门,长期从事不同海洋领域的工作,积累了丰富的工作经验和做法,特别是在海洋执法特点、问题、漏洞和对策等方面具有专业独到的认识和见解,因此,加强这些机构和服务部门对检察海洋人才培养的支持,特别是检察人才挂职锻炼,有利于更加直观和直接地了解海洋领域相关执法工作的特点,从而更加有利于对海洋检察人才监督能力的培养和形成。

2. 加强与高校及海洋科研院所的合作力度。以舟山为例,办理的相关涉海案件,特别是对海洋的破坏污染等领域的刑事案件,均需要委托专业机构进行鉴定或者出具专家意见。很多问题仅仅从法律的角度或者法律的领域理解,是很难完全解决案件中涉及海洋的问题。高校和海洋科研院所在这方面具有极强的专业化研究能力,因此,与这些机构开展合作,能够为海洋检察人才培养过程中强化海洋基础领域知识的普及和具体法律工作中的合作提供催化作用,强化海洋检察人才的综合知识面和专业领域认知度。此外,有计划地安排海洋检察工作人员参加高层次的学历教育,有计划地培养海洋检察专家型人才。

3. 加强海洋检察人才与社会公益组织的沟通联系。通过规划海洋检察人才参与海洋公益实践等活动,提高海洋检察人才更好地从理论、办案落实到实际工作中,从而增强海洋人才海洋社会综合适应能力,注重复合型人才培养。

(三)以海洋检察专业灵魂塑造和团队建设推动人才培养不断深化

"打破'就检察谈检察'的本位格局,把检察业务和实务操作放在整个司法过程之中,既要瞻前熟悉公安实务,又要顾后把握审判动态,还要全面了解刑事执行业务;把法律监督和司法办案置于社会主义法治的大局之内"[1]。因此,破解海洋检察人才缺乏短板也必须从营造海洋检察文化入手,让具有海洋检察权能的检察机关认识海洋检察、理解海洋检察、贯彻海洋检察,从而形成与海洋检察同命运共呼吸的大格局。只有检察机关更好地认识到海洋检察的重要性、形成的长期性,特别是与沿海地区经济社会的共生性问题,海洋检察人才的培养才能更加受到重视,对海洋人才的培养管理和规划才能够更符合地方实际,更加融入地方的经济社会生活之中。

1. 大力宣传海洋检察文化,通过举办类型多样的文化活动引导检察人才在活动中增强共识、增进了解,提升整个队伍特别是海洋检察人才在海洋检察工作中的凝聚力和战斗力。通过海洋检察文化的导向、激励、规范、凝聚和宣传作用,塑造和宣传检察队伍中海洋检察人才的典型,提升海洋检察人才的自

---

[1] 黄河:《新时代检察教育培训的方向和方法》,载《国家检察官学院学报》2019年第1期。

第八章 海洋检察管理体制及专业化海洋检察人才培养制度的建设

我认可度和自信心,以及培育典型的海洋人才在社会中的良好形象,从而有效促进社会各界共同参与支持海洋检察人才培养深化发展。

2. 通过开展海洋检察人才团队化建设,提升海洋检察人才管理水平。由于海洋领域广泛,因此,海洋检察人才的培养必须开展团队化建设,在最高检的统一指导下,建立省市县(区)三级团队管理体制,将不同领域的海洋检察人才纳入不同的团队管理,通过团队管理的方式做大不同领域海洋检察人才的影响力和专业化能力,从而实现不同海洋检察人才团队间的精细化分工,有效破解海洋检察人才管理难、管理散等问题。

3. 通过深化海洋检察领域的检务公开工作,有效拓宽海洋检察人才面对社会、面对群众的渠道,加强人民群众对海洋检察工作的深入了解和民主监督,加强与人大代表、政协委员的联系,及时了解群众对检察机关的反映和评价,从而通过海洋检察人才工作公开公示及成效通报工作,实现海洋检察人才培养工作的社会化评价,倒逼海洋检察人才工作不断提升开发和管理的水平和能力。

后 记

　　海洋检察是伴随着舟山市检察机关向海洋领域延伸职能、参与海洋治理过程中逐步提出的一个概念，并非正式的法律概念和司法专门术语，现有国内外研究文献尚无对海洋检察进行准确化、清晰化的专门界定。系统化地开展海洋检察理论与实务研究，对于舟山检察机关来说无疑是一件十分光荣而又艰巨的任务。在浙江省人民检察院贾宇检察长的支持鼓励下，舟山市人民检察院上一任检察长黄辉同志组织发起《海洋检察的理论与实务》一书的研究工作，邀请上海交通大学凯原法学院李学尧教授、林喜芬教授进行学术指导，抽调两级检察院理论研究人才、业务骨干成立研究专班。糜方强代检察长到任后，对本书的框架体系、研究内容进一步明确，带领研究专班开展资料收集、研究撰写。舟山市人民检察院副检察长虞英波以及挂职副检察长、宁波大学法学院张亚平教授在研究事项的组织落实、修改论证、出版联络等工作中发挥了主导作用，法律政策研究室主任邵海凤在研究体例的编排、研究工作的执行落实上发挥了骨干作用。

　　本书的出版凝聚着全体人员的辛勤汗水、感情投入和智慧火花，汇聚了全市海洋检察工作的经验与成效、特色与亮点、探索与思考，是全市检察机关共同努力的结果，更是浙江省人民检察院领导关心支持的结果。在此，谨致以由衷的敬意和感谢！特别致谢黄辉检察长对舟山海洋检察品牌创建作出的积极贡献！

　　本书系国内有关海洋检察工作的第一本研究著作，由来自实务一线的检察人员撰写完成，因可借鉴参考的研究文献较少，国内海

后　记

洋检察的实践素材不多，再加上研究能力水平有限，书中定有不少缺陷和疏漏，有些观点也有待商榷，敬请检察同仁和广大读者批评指正。

浙江省舟山市人民检察院
2022年1月